マルサス書簡のなかの知的交流

未邦訳史料と思索の軌跡

柳田芳伸
山﨑好裕 編

Intellectual exchange in Malthus's letters

昭和堂

序文

本書は、マルサス（Malthus, Thomas Robert 1766-1834）が同時代人たちと取り交わした書簡（以下、「マルサス書簡」と略記）を手掛かりにして、マルサスと彼らの知的交流の足跡を辿ることによって、これまでのマルサス研究に新生面を付け加えようする試みである。マルサス＝リカードウ論争の研究（たとえば、豊倉三子雄『古典派恐慌論』弘文堂、一九五九年、小林時三郎『古典学派の考察』未来社、一九六六年、羽鳥卓也『リカードウ研究』未来社、一九八二年、中村廣治『リカードウ経済学研究』九州大学出版会、一九九六年など）ではもとより、また既刊の中矢俊博・柳田芳伸編著『マルサス派の経済学者たち』日本経済評論社、二〇〇〇年や、飯田裕康・出雲雅志・柳田芳伸編著『マルサスと同時代人たち』日本経済評論社、二〇〇六年に収録されている幾つかの論文、あるいは小林時三郎『マルサスの経済理論』現代書館、一九七一年や、森下宏美『マルサス人口論争と「改革の時代」』日本経済評論社、二〇〇一年、並びに喜多見洋『ピエール・プレヴォの経済思想』一橋大学社会科学古典資料センター、二〇一五年等においても、何通かのマルサス書簡が引用され、傍証に用いられてはいる。これらの研究では、概して、マルサス等の諸著作の解読、解釈していく際の補助資料としてマルサス書簡が利用されていると言えよう。これに対し、本研究では、むしろマルサス書簡を研究の糸口にして、マルサスや同時代人の著作や知的交流を解明していこうとするものである。もちろん、マルサス書簡はあくまでも副次的資料であり、かつ将来新たなマルサス書簡が発見され、再考を迫られる可能性が生じることも十分に自覚してはいるけれども、本書は、マルサスの幾人かの同時代人たちとの交流の墨痕の意味を明らかにしていると考える。

さて、主要なイギリス古典派経済学者のうちで、今日に至るもいまだ全集が刊行されていないのは、マルサスのみである。マルサスの著作集は一九八六年に刊行されてはいるけれども、そこにはマルサスと同時代人たちとの間の書簡はほとんど収められてはいない（井上琢智「T・R・マルサス〔一七六六〜一八三四〕の自筆書簡下書き」『時計台』第八〇号、関西学院大学図書館、二〇一〇年、二〇頁を参照）。これまでに書物として集成されているのは、N. W. Senor, *Two Lectures on Popoulation with a Correspondense between the Author and T. R. Malthus* John Murray, 1830, London., James Bonar, ed., *Letters of David Ricard to Thomas Robert Malthus 1810-1823*, George Harding's Bookshop Ltd.1887, London. 中野正訳『リカアドのマルサスへの手紙』（上）・（下）、岩波書店、一九四二〜三年、Jean-Baptiste Say, *Letters to Thomas Robert Malthus on Political Economy and Stagnation of Commerce* George Harding's Bookshop Ltd., 1936, London. 中野正訳『恐慌に関する書簡』日本評論社、一九五五年、James Bonar, *Life of Thomas Malthus*, Unpublished manuscript left by Authur at death in 1941. 橋本比登志『マルサス研究序説』嵯峨野書院、一九八七年、二八九〜三五一頁、および *Works and Correspondence of David Ricard*,ed., P. Sraffa, Vol. 6-9, Cambridge Univ. Press, 1952, Cambridge. 中野正監訳『リカードウ全集』（Ⅵ〜Ⅸ巻）、雄松堂、一九七〇〜五年に過ぎないであろう。

今回、世界の各所に所蔵されているマルサス書簡（R. P. Sturges, *Economists' Papers 1750-1950*, Macmillan Press Ltd., 1975, London, pp. 70-1、橋本前掲書、九三〜五頁、Hashimoto, H., "Three Unpublished Letters of Malthus," *History of Political Economy*, 22 (2), 1990, pp. 353-8、久保芳和編著『スミス・マルサス研究論集』大阪経済法科大学出版、一九九六年、一九八〜九頁、Hitoshi Hashimoto & John Pullen, "Two More Unpublished Malthus Letters in Japan," *History of Political Economy*, 28 (2), 1996, pp. 295-305、およびHitoshi Hashimoto & John Pullen, "Two Unpublished Letters of Malthus," *History of Political Economy*, 37 (2), 2005, pp. 371-9 などを参照）の一部（未刊を含む）を利用し、マルサスがその時ど

きに、W・ゴドウィン、H・パーネル、S・ウィットブレッド、F・ホーナー、F・ジェフリー、A・ヤング、T・チャーマーズ、R・J・W・ホートン、およびW・ヒューウェルと遣り取りした書簡の読解を端緒にして、マルサスと彼らとの知的交流の軌跡を辿りながら、既存の研究を幾許かでも豊富化しようとするものである。その趣旨はおよそ以下のようである。

(1) 今日では、もはや厖大ともいうべき内外における既存のマルサス研究の成果から多くのものを学びえる（田中育久男「わが国におけるマルサス研究の動向」『マルサス学会年報』第二〇号、二〇一一年、六一～八四頁を参照）。それらの大多数は、なべて、マルサスの諸著作、とりわけ主著である『人口論』（初版一七九八年、生前最終版一八二六年）と『経済学原理』（初版一八二〇年、第二版は没後の一八三六年）の読解を通して、解釈、理解されてきたものと言える。またそれらのなかには、最終的に推察によって論じているものも少なからず見受けられる。そこで、本書は、ほんの一部にとどまるものの、マルサスの同時代人への手紙やそれに対する返信を考証することで、それらの推考の正否や適否を再考する幾ばくかの材料を提供しようとするものである。もとより私信はあくまでも二次的資料にとどめるべき性格のものではあろう。けれども、それでもなおマルサス自身の旅行日記（拙論「マルサスの『北欧旅行日記』瞥見」『長崎県立大学論集』第三六巻第四号、二〇〇三年を参照）や、東インド・カレッジでの講義録（ジョン・マイケル・プレン〔溝川喜一・橋本比登志訳〕『マルサスを語る』ミネルヴァ書房、一九九四年、並びに拙論「マルサスの東インド・カレッジ擁護論」『長崎県立大学論集』第三五巻第四号、二〇〇二年を参照）、ならびに説法録や備忘録（柳澤哲哉「書評 John Pullen and Trevor Hughes Parry ed. *T. R. Malthus: the unpublished papers in the collection of Kanto Gakuen University*, vol. 2, Cambridge Univ. Press, 2004」『経済学史研究』第四七巻第１号、二〇〇五年、一〇六頁を参照）とともに、極端な推論に対して時として有益な反証や疑念を提出しうるであろう。したがって、本書は何よりもまず、地道に真のマルサス像を描き出していこうとする研究に資するものと考えている。

(2) たとえば、一八〇七年以降A・ハミルトンを介してマルサスとの親交を深めていったF・ジェフリーは、エディンバラ大学で経済学を講じたD・ステュアートの高弟の一人であった。ほかの多くの門下生がマルサスに冷淡であったのに対し、ジェフリーは終始マルサス支持者であった。マルサスが『エディンバラ評論』誌と関わりをもちえたのは編集者ジェフリーの厚情によるところが大である。その際ジェフリーがどれほどマルサスの著作の意義を理解し、マルサスを支持していたのか。こうした視点から、両者の手紙が検討されうる。また、一八三〇年前後にW・ヒューウェルとの間で遣り取りされた四通の私信は、マルサスが単純な帰納主義経済学者でなかったことを傍証するであろう。さらに、マルサスが一八三三年三月六日付でT・チャーマーズに宛てた手紙(これまでにその全文は公刊されていない原資料、ただしその断片は、*Patricia James, Population Malthus*, Routledge & Kegan Paul Ltd. 1979, pp. 431-3 などに収録されてはいる)もマルサスの課税論や神学的精神論等の究明には極めて有益な材となろう。

(3) 本書で扱っているマルサスの私信相手は僅かに九人にとどまってはいるけれども、多様とはいえる。出版者のジョンソン(Johnson, Joseph 1783-1809)を介し、遅くとも一八〇〇年一二月にはマルサスに出会った近代的無政府主義者ゴドウィンから、一八二二年九月下旬にヘーリーベリーにマルサスを訪ね、マルサスの方も一八二六年六月二九日木曜日にはセント・アンドリューズにまで足を伸ばし、その朝食をともにしたチャーマーズに至る九人である。濃淡はあるけれども、ウィッグ派であったパーネル、ウィットブレッド、ホーナー、ジェフリーもいれば、チャーマーズ、ホートン、およびヒューウェルといったリベラル・トーリー派もしくはその共鳴者もいる。さらにはカントリー・ジェントルマンを擁護したヤングもいる。まさに多士済済である。マルサスがこれらの名士と取り交わした書簡をそれらの手紙に付されている日付順に並べてみる（付録のマルサス書簡一覧表を参照）ことだけで、マルサスの政治的傾向を忖度するのは葦の髄から天井を覗くの類にすぎないであろうけれども、一八一〇年代の後半からマルサスの非ウィッグ派の人びととの交信が増加していることは窺知できよう。だからといってマルサス派はウィッグ派の知人たちとの親交を断ったわけでもない。

続いては、読者のための見取り図として、以上のような共通の問題関心の下で生み出され、本書に収録されている各章の概要を示しておきたい。第一章　中野力「マルサス＝ゴドウィン人口論争の一展開――マルサスのゴドウィン宛て書簡（一七九八年八月二〇日）を中心に――」では、ゴドウィンが一七九三年に出版した『政治的正義』からマルサスが一八〇三年に出版した『人口論』第二版までの流れを考察しながら、マルサスからゴドウィンへの手紙が二人の議論にとってどのような意味を持っていたかが論じられている。ゴドウィンの『政治的正義』やマルサスの『人口論』は当然に重要な著作であるが、実のところ、その議論をつなぐものとして、マルサスからゴドウィン宛ての手紙やゴドウィンの説教である『諸考察』も重要なものである。しかしながら、これまでこの手紙が議論の対象となることはほとんどなかったし、『諸考察』も充分に研究されたとは言い難かった。

ゴドウィンは『政治的正義』で平等社会について論じ、『研究者』で「貪欲と浪費について」を論じる。この「貪欲と浪費について」はとくにマルサスに影響を与え、これによってマルサスは『人口論』初版を執筆するに至った。マルサスの『人口論』初版では平等社会と「貪欲と浪費について」の両方を批判する見解がみられる。

しかしながら、マルサスからゴドウィンへの手紙を読むと本質的な議論は等比数列的に増加する人口と等差数列的にしか増加しない食料との関係が本質的な問題であり、「貪欲と浪費について」の議論は、人口問題に比べると重要度が落ちるように述べられている。

この手紙の後に出版された『諸考察』でおこなわれたマルサスへの反論で、ゴドウィンは人口理論について議論を展開しているが、「貪欲と浪費について」の議論については反論を展開していない。マルサスは『人口論』第二版ではこの議論を削除し、論争の焦点から外すこととなる。二人の議論で「貪欲と浪費について」が削除されるのは、手紙で展開された議論を考察することによって理解できるものである。

人口法則については、ゴドウィンはマルサスの等比数列的増加を部分的に認めるものの、新興国に限定し、ヨーロッパの古くからの国ぐにではそのような議論はあてはまらないと主張する。ゴドウィンは人口抑制として、幼児死亡が多いことに加えて慎慮の役割を重視する。

マルサスは『人口論』第二版で新たに道徳的抑制を付け加える。これはゴドウィンの影響を受けたものと考えられる。しかしながら、これは『人口論』初版で論じた予防的妨げに含まれるものでしかなく、人口抑制策として十全に役立つものではなかった。慎慮が人口抑制に役立つことに対しての疑いはすでに手紙でも見られたものであった。手紙では慎慮が人口抑制に役立つことに対して懐疑的であったマルサスは、『人口論』第二版でその議論を取り入れるものの、決してゴドウィンほどの役割を認めなかったのである。

本章はとくにマルサスからゴドウィンへの手紙に焦点を当てたものである。それによってゴドウィンが反論をおこなった『諸考察』とのつながりが見えてくることで、ゴドウィンやマルサスのほかの著作とのつながりもまた見えてくるようになったと思われる。

第二章　柳田芳伸「『人口論』第二版書評以降のA・ヤングとマルサスとの知的交流」では、『人口論』第二版（一八〇三年）を読んだヤングが『農業年報』第四一巻二三九号（一八〇四年）に寄稿した「人口の諸原理を小屋に土地を付与する問題へ適用することについて」という論評を受けて、マルサスが『人口論』第三版（一八〇六年）

の付録のなかでヤングの反論に批評を加えながらも、付帯条件付きでヤングの主張を受容していったことを検証する。また併せて、マルサスが一八〇八年七月頃には失明に近い状態になっていたヤングに宛てた四通の書簡（一八一六〜九年）から二人の間でどのような知的交信がなされていたのかを解明している。

元来、救貧法の害悪を唱えていたヤングは一七九五年の食糧暴動を目撃したのを契機に、救貧に対して同調的になっていく。『平易に述べられた食糧不足問題と救済策』（一八〇〇年）ではスピーナムランド制度に基づく救貧には反対しつつも、「三人以上の子供を持つ王国のすべての農村労働者にジャガイモ用の半エーカーと、一〜二頭の牝牛を飼育するに足る牧草を保証する」ような小土地割り当て案を提起した。マルサスは『人口論』第二版においてこの提案を詳細に批評した。その主旨は、小土地割り当て案がイングランドの農業労働者をアイルランドの下層並みの貧困多産の窮状に陥らせるもの以外の何物でもないということであった。ヤングは一八〇四年の書評のなかで、性急な救貧法の撤廃を戒めつつ、小屋住み農が失った共有権の代償に自主的に小土地割り当てを受け入れていくのが望ましいと抗弁した。この反論に対して、マルサスは『人口論』第三版において、あくまでも救貧法の全廃を前提としたうえではあるけれども、勤労階級の形成に合致するかぎりでヤングの小土地割り当て案に賛成した。この点はこれまでの研究では等閑にされてきた論点であろう。

また一八一〇年代に両者の間で交わされた書簡からは、二人が農業保護主義者として共鳴し合っていたことが伝わってくる。たとえば、マルサスは踏み鋤深耕という農業改良法についてヤングに問い合わせている。それは農作物の収量の増大をもたらすと同時に、農業労働の需要をも確保できるという農法であった。マルサスは、議会土地囲い込みによって熟練農業労働者が未熟練農業労働者へと転落していくことを余儀なくされ、加えて脱穀機による省力化がナポレオン戦争後の農業不況において一段と加速化していくという潮流のなかで、農業労働者たちが可能なかぎり離農していかないような方策を模索していたと考えられるのである。

第三章　田中育久男「救貧法改革におけるウィットブレッドとマルサスの交流」では、下院議員サミュエル・ウィットブレッド（Whitbread, Samuel 1764-1815）によって一八〇七年二月の下院での演説を経て提出された救貧法改正法案（以下、救貧法案と略記）をめぐって、マルサスが刊行した公開書簡とともに、これまでさほど脚光を浴びることのなかったウィットブレッドの返信をもとに、両者の救貧法論を考察する。

一八世紀後半より深刻化する貧困の拡大などを背景とするウィットブレッドの救貧法案は、マルサスの思想的な影響を受けつつも、救貧法の部分的な修正を意図して、多岐にわたる提案がなされるものであった。それは貧民の区別を基本としながら、彼らの自立心や節約心を刺激し、公的な救済を制限することを主旨としたものであり、書簡やパンフレット、雑誌などを通じてさまざまな思想家たちが論争を繰り広げるきっかけを与えた。

マルサスは『人口論』初版より一貫して救貧法の漸次的な廃止を唱えたが、書簡でもその見解に変更はなく、人口原理に基づき救貧法案の検討をおこなった。一方、ウィットブレッドは書簡のなかで、マルサスの人口原理を意識しつつも、南部諸州での深刻な困窮など、地域の現状を踏まえたうえで救貧法改革をおこなおうとしたことを明かしている。しかし両者は、下層階級の人格向上を共通の目標に掲げており、勤労や節倹を備える自立した人間を育成しようとする方針を共有していた。マルサスは書簡において救貧法案に対し断固反対とすべき部分はあるとしながらも、提案の多くを容認しており、議会での救貧法改革に一定の理解を示していたと言える。また、書簡での両者のやりとりは、「貧困と困窮」の区別や貧民の劣等処遇、中央集権的な救貧行政などの問題にも触れており、のちの救貧法改革や新救貧法の成立（一八三四年）につながる萌芽的な議論がなされていたことが明らかになる。

本章に見られるこうした事実は、一八〇七年における救貧法論争を考察する第一歩につながるとともに、一八一七年に設置されたスタージェス・バーン委員会の救貧法に関する報告にマルサスの思想的な影響を考察する先行研究を補強するものであると考えられる。

第四章　柳田芳伸「マルサスとパーネル――アイルランドの一〇分の一税制度の改革と関連して――」では、マルサスとH・パーネルが一八〇八年五月に取り交わした三通の書簡を分析し、その意味について考察する。ウィッグ派の下院議員であったパーネルは処女作『アイルランドの通貨の状態に関する考察』（一八〇四年）で『人口論』第二版を称賛していたし、マルサスの方も一八〇九年の論文のなかでパーネルのアイルランドの観察を高く評価していた。それゆえ両者は基本的には相互に信頼し合いながら交流している。

三通の書面の主たる話題は「アイルランドの一〇分の一税の制度とその改革案」である。およそ、マルサスが「一〇分の一税の代わりに全体の一定量の純地代を割り当てること」を提起したのに対して、パーネルの方は、それを実際に「アイルランドで実行することは不可能である」と返答し、年額三〇万ポンド弱に及ぶ一〇分の一税の代わりとして「大蔵省による聖職者への〔貨幣〕支払い」、ないしは「〔一〇分の一税の取得権者による一部の〕土地の代用」を提案している点に収縮できよう。別言するなら、マルサスはイングランドでは「一定量の純地代やそれに類する地代を……一〇分の一税の最良の代替物とみなす習慣」が定着しているので、それをアイルランドにも適用してはどうかと考えた。他方、アイルランドの実情に通暁したパーネルの方は、アイルランドの「あらゆる階層の人びとは事業またはこまごまとした仕事をする習慣には不慣れであり、かつまた、支払われるべき地代量の正当な割り当てのようなものを保証することもまたほぼ不可能」とみなした、こう言い換えよう。二人は、等しく、あくまでもアイルランド貧民の救済という視点に立って、一〇分の一税の改革案を模索したにもかかわらず、「一〇分の一税支払いの代替案」に関しては、どうしてかくも異なる見解を立言したのであろうか。本章では、論点をこの点に絞り、追究している。

第五章　荒井智行「地金論争期におけるジェフリー、ホーナーとマルサス――ホーナーの金融思想に与えたマルサスの影響を中心に――」では、『エディンバラ評論』の編者であったフランシス・ジェフリーおよびフランシス・

ホーナーと、マルサスとの「書簡」の考察を通じて、それらの論争の知られざる知的な営みを明らかにすることを目的としている。本章で利用されている「書簡」のなかには、これまで内外で発見されてこなかった、スコットランド国立図書館所蔵の「ホーナーからマルサスへの手紙」（一八〇九年六月六日）や「マルサスからジェフリーへの手紙」（一八一一年四月七日）が含まれている。これらの「書簡」の研究の特徴は、マルサスを中心とする知的交流の一側面を描き出すことにある。より具体的には、それらの論争の裏舞台で繰り広げられた論文投稿をめぐる細かな経緯や地金論争におけるマルサスのホーナーに与えた影響関係等についてである。

地金論争におけるマルサスの貢献は、『エディンバラ評論』に掲載された論文であると言われている。マルサスがこの『エディンバラ評論』に投稿したのは、その当時、同誌の編集者であったジェフリーとホーナーによるマルサスへの熱心かつ巧みな論文投稿依頼があったからである。そして、こうしたジェフリーおよびホーナーとマルサスとの「書簡」のやり取りを通じて、とくにホーナーは、マルサスと友好的な関係を築くようになる。

一八〇〇年代後半以降、ホーナーは、「書簡」を通じて、地金論争に関する自身の見解をマルサスに問いかけながら、地金や穀物貿易に関するマルサスの論考を学ぶようになる。そして、地金論争や自由貿易をめぐる議論について積極的に発言するようになる。イギリス議会において、これらの主題についてホーナーは演説することになるが、その背後にはマルサスとの綿密な打ち合わせがあったのではないかと窺わせる「書簡」も残されている。本章では、地金論争において、地金主義や銀行の紙幣の過剰発行に対するホーナーの批判が、マルサスに与えた影響関係についても検討を加えている。

以上の考察を通じて、一九世紀初頭における地金論争期において、これまではあまり目立たなかったジェフリーとホーナーの存在の大きさを再認識することになるといえるだろう。

第六章　真鍋智嗣「救貧法をめぐるマルサスとチャーマーズ」では、一八二〇年代にマルサスがチャーマーズに宛てた書簡を検討することにより、当時の救貧法問題に対する両者の見解を比較する。彼らはマルサスの人口原理を基礎として、公的な救済を撤廃することを共通の目標とする一方、現状での救貧法廃止については考え方を異にしていた。この両者の異同の背景を書簡の検討を通じて明らかにしていく。

一九世紀前半にスコットランドで活躍したチャーマーズは聖職者や救貧活動の実践者として有名であるけれども、経済学者としての一面も有している。これまでは「マルサスの弟子」として単純に捉えられることが多かったチャーマーズであるが、近年は多面的な経済思想史上での捉え直しが進んでいる。そのなかで、両者に共通する点として、第一にチャーマーズがマルサスの人口理論の強い影響のもとに経済理論を構築していること、第二に一般的供給過剰論を展開したこと、第三にキリスト教思想との強い関連性があること、という三点が注目されてきた。

こうした両者の比較研究を深めていくうえで、エディンバラ大学ニューカレッジに所蔵されているチャーマーズ宛てマルサス書簡は注目される。全八通の書簡は、これまでの経済思想史研究においても部分的に引用されることはあったものの、その全体像に十分な照射がなされることはなかった。そこで本章では、八通の書簡の概要を明らかにするとともに、とくに両者の共通の課題であった救貧問題に注目し、両者の経済思想の比較研究を試みた。

具体的には、一八二一年から一八二二年にマルサスがチャーマーズに宛てた三通の書簡を中心的に検討し、両者の救貧思想の相違点を明らかにしようとした。チャーマーズはあくまでも救貧法の廃止をめざし、教区内での相互扶助のシステムを追求していった。他方でマルサスは、スコットランドでのチャーマーズの実践に希望を見出しつつも、次第にイングランドの現実に即して、より現実的な救貧法の運用上の改良を目指す立場へと考えが変わっていくことになった。しかしそのなかでも、マルサスは理想としての救貧法廃止の考えは持ち続けており、完全に救貧法廃止を諦めたとは言えないことが本章で指摘されている。

第七章　山﨑好裕「マルサス植民政策論の態様と変遷：ウィルモット‐ホートン宛てマルサス書簡の調査から」では、一八三〇年にマルサスがウィルモット‐ホートンに宛てた一連の書簡を通して、両者の植民論について考察する。これにより、両者の植民論の異同が明らかになるとともに、マルサスが当時の植民政策論をめぐって、ウェイクフィールドに批判的な姿勢であったのに対し、ウィルモット‐ホートンには好意的な姿勢であったことも示される。

ウィルモット‐ホートンはトーリー内のカニング派に属しており、自由貿易とカトリック解放に賛成の進歩派な立場であった。そして、一八一八年から一八三〇年までニューカッスル・アンダー・ライム選出の下院メンバーを務め、その間一八二一年から一八二七年まで戦争・植民地担当国務次官の要職に就いた。ウィルモット‐ホートンの主張は、イギリスやアイルランドの貧民を植民地に移住させることで本国の貧困問題を解決できるというものであった。彼は議会に植民委員会を設立し、二年間その委員長を務めた。その後一八三一年、ウィルモット‐ホートンはウィリアム四世からナイト・グランドクロスに叙せられ、セイロン総督を任された。現地でも改革的な行政をおこなったウィルモット‐ホートンであったが、一八三七年に帰国して四年後に五六歳で没している。

経済学への反対者として知られていたサドラーに対して、ウィルモット‐ホートンは経済学を背景にして移民政策を展開しようとしていた。議会植民委員会でもマルサスに有識者としての発言を依頼するなど、自身の植民政策を経済学によって正当化することに尽力した。ちょうどこの時期、ウィルモット‐ホートンはマルサスと二一通に及ぶ書簡を交わしており、それがダービーシャー郡記録保管局に保存されている。

マルサスの方も、ウィッグへの接近に失敗した後、ウィルモット‐ホートンのような進歩的トーリーに自らの理論への支援を求めたことが考えられる。移民を巡る両者のやり取りにはお互いの利害の一致があったと思われるのである。

ウィルモット・ホートンとマルサスの相違は、理論的な相違ではなく現状認識の違いである。また、書簡からは、マルサスが、ウィルモット・ホートンの植民論にかなり親和的であるのに対して、ウェイクフィールドの植民論には明確に批判的なことがわかる。そして、ウェイクフィールドへの批判は実現可能性や費用の過大性といったことから来る批判というより、ある程度、体系的・理論的なものであった。

第八章　山﨑好裕「マルサスとケンブリッジ帰納論者：ヒューウェル宛てマルサス書簡を通して」では、マルサスが一八二九年、一八三一年（二通）、一八三三年に渡ってヒューウェル（Whewell, William 1794-1866）に四通の書簡を送っていることに注目している。この書簡の内容は、ケンブリッジ帰納論者と呼ばれるヒューウェルとジョーンズ（Jones, Richard 1790-1855）の方法論との違いを通じて、マルサスのこの時期の方法論について詳細な情報を与えてくれるものである。

また、マルサスは一八二〇年に出版した『経済学原理』を改定し、死後一八三六年に再出版されている。手紙のやり取りはこの間におこなわれており、一八二〇年のマルサスと一八三六年のマルサスの間で大きな方法論上の変化があったかを考える際の資料となり得るものと思われる。

リカードウ派の演繹主義に関しては、マルサスはヒューウェル、ジョーンズとともに批判的な立場を取っていることは間違いない。しかし、ヒューウェル、ジョーンズが、成熟した経済学が、ニュートン力学のような演繹的な体系となると考えていたのに対して、マルサスは帰納と演繹を相互に使いながら経済学を展開することを考えているのである。

したがって、ヒューウェルとジョーンズにとっては、完成した経済学は演繹的な体系となることが前提にあり、この点でマルサスとはまったく異なっている。ヒューウェルらの場合、現代において経済学は未完成な状態であり、そこでは徹底して帰納主義が取られなくてはならない。これに対してマルサスの場合は、帰納主義と演繹主義はともに必要な要素として経済学を形作っている。

この意味で、マルサスの方法論的立場は『経済学原理』初版から一貫したものであり、帰納主義のみをことさらに強調するものではないと言えよう。

佐々木の言を借りるなら、「マルサスは、経済現象に影響を及ぼす主要な諸原因をできるだけ考察に含め、原理と経験的事実の適合の可能性を高めようとしていた」（佐々木憲介『経済学方法論の形成――理論と現実との相克 1776-1875――』北海道大学図書刊行会、二〇〇一年、八二頁）。「一般的通則」から演繹された内容と経験的事実の対応を重視する点で、むしろ、フリードマンの実証経済学の方法論に近いと言っていいかもしれないのである。

以上の研究成果は、科学研究費補助金：基盤研究（C）「マルサス書簡から見たマルサスとヤング、ジェフリー、チャーマーズ、ヒューウェル」（研究代表者：柳田芳伸、二〇一二～一四年度）に基づき、この三年に亘って福岡大学で都合四回開催してきた研究会での報告を原形としている。その経過を略記しておけば、次のようである。二〇一二年の四月、柳田は共同研究者である山﨑と相談したうえで、研究協力者として荒井、中野、真鍋の三氏に本研究への参加を呼びかけ、快諾を得た。これで本研究の陣容は整った。同年の夏、山﨑と荒井の両氏には実際に渡英してもらい、イギリスの各所に散在する本研究に不可欠なマルサス書簡の検出と収集にあたっていただいた。短期の滞在のなかでの大変な難事であったかと拝察する（その実相については、第五章の補論および第七章第一節を参照）。この場を借りて、改めてお二人のご尽力に衷心より深謝したい。

一一月の最初の研究会で、こうして持ち帰っていただいたマルサス書簡の原文の複写を整理、分類し、それぞれが担当するものに仕分け、配布した。その後、各自はおよそ一年かけて、マルサスがネピア（Napier, Macvey 1776-1847）に宛てた書簡の原文の複写（一八二一～三〇年）と活字化されたもの（Napier, Macvey ed., *Selections from the Correspondence of the late Macvey Napier*, 1879, London, pp. 29,31-2," および Hollander, J. H. "Letters of Malthus to Macvey Napier," *Economic Journal*, 7（25), Mar. 1897, pp. 264-71）とを手引きにしながら、それぞれが対象とするマルサス書簡を適宜解読、判読していった。

二〇一三年一一月三日の第二回研究会では、本研究で対象とする活字化された書簡とそれらの訳文とが出揃い、五人の間で相互に交換された。併せて、中野はマルサスとゴドウィンとの書簡について、柳田はマルサスとパーネルとの私信に関して、そして山崎はマルサスとウィルモット・ホートンとの間で交わされた書信について、それぞれ検証、考察しえた結果を報告した。またウィットブレッドに取り組んでいる田中を研究協力者に加えることで、マルサス＝ウィットブレッド書簡をも視野に入れ、本研究をより拡充することも決定した。

そして二〇一四年一一月二日の第三回研究会と二〇一五年二月二二日の第四回研究会では、中野を除く、すべての研究参加者が一度、ないしは二度の中間報告をおこない、ついで田中以外の執筆者は二〇一五年五月三一日に第七九回経済学史学会全国大会でセッション報告をおこない、その後各自が最終的に上述したような研究成果を脱稿し、編者がこれらを集成していった次第である。本書での研究は、もとよりマルサス書簡のすべてに及んでいるわけではない。むしろ本書で取り扱い、訳載した四三通の書簡はわたしたちの目が届きえたかぎりのものにすぎず、マルサス書簡全体のほんの一部でしかないであろう。しかしマルサス書簡のなかで蔑ろにできないものを選択し、俎上にあげえたであろうとは考えている。本書を機に、マルサスと同時代人たちとの知的交流の足跡がさらに広範に、かつ細密に描出されていくことを望んでやまない。こうした積み重ねで、マルサスが人口論や経済学を完成させていく際に、性急な「単純化し一般化する方法」を厳に戒め、多数の有識者との知的交流を通して、より「広大で包括的な経験」で裏付け、その客観性を担保、保持しようと努めようとしていた多元的な側面があったことが一層浮かび上がってくるであろう（小林時三郎『マルサス経済学の方法』現代書館、一九六八年、七六頁）。

末筆になってしまったけれども、執筆者を代表して、本書の企画に意義を理解し、今回も編集上の一切の煩瑣な仕事を担ってくださった昭和堂編集部の鈴木了市氏に一言お礼を申し上げるとともに、本書全体の校正や索引の作成に尽力いただいた田中育久男氏にも心底よりの謝辞を付記しておきたい。

二〇一六年五月

編者を代表して　柳田　芳伸

マルサス書簡のなかの知的交流　目次

第一章　**マルサス＝ゴドウィン人口論争の一展開**
——マルサスのゴドウィン宛て書簡（一七九八年八月二〇日）を中心に——

中野力

第二章　『人口論』第二版書評以降のA・ヤングとマルサスとの知的交流

柳田芳伸

第三章　救貧法改革におけるウィットブレッドとマルサスの交流

田中育久男

凡例

◎書簡の訳文からの引用文はその頁数を原則明記し、それ以外はこの限りではない。
◎他の著作などからの引用の場合は引用元の表記に従った。
◎年号や頁数が連続する場合、共通の部分は略記した。（例えば、一八一八～一八二三年は一八一八～二三年と略記）

マルサス書簡一覧表

【書簡1】一七九八年八月二〇日付のマルサスからゴドウィン宛ての書簡
Paul, C. K., *William Godwin: his Friends and Contemporaries*, vol. 1, Henry S. King & Co, 1876, pp. 321-5.

【書簡2】一八〇三年のマルサスからホーナー宛ての書簡
K. Bourne and W. B. Taylor eds., *The Horner Papers: Selections from the Letters and Miscellaneous Writings of Francis Horner, M. P. 1795-1817*, Edinburgh Univ. Press, 1994, Edinburgh, pp. 311-3.

【書簡3】一八〇七年三月二七日付のマルサスからウィットブレッド宛ての書簡
D. V. Glass ed., *Introduction to Malthus*, Watts, 1953, pp. 185-205.

【書簡4】一八〇七年四月五日付のウィットブレッドからマルサス宛ての書簡
John Pullen and Trevor Hughes Parry eds., *T. R. Malthus: The Unpublished Papers in the Collection of Kanto Gakuen University*, Vol. I, Cambridge Univ. Press, 1997, Cambridge, pp. 80-5.

【書簡5】一八〇八年五月四日付のマルサスからパーネル宛ての書簡
James, P., *Population Malthus: His Life and Times*, Routledge & Kegan Paul, 1979, London, Boston and Henley, pp. 157-9.

【書簡6】一八〇八年五月九日付のパーネルからマルサス宛ての書簡
Pullen, *op. cit.*, pp. 85-7.

【書簡7】一八〇八年五月一二日付のマルサスからパーネル宛ての書簡
James, *op. cit.*, pp. 157-9.

【書簡8】一八〇九年六月六日付のホーナーからマルサス宛ての書簡

【書簡9】一八一〇年二月五日付のマルサスからホーナー宛ての書簡
Bourne, *op. cit.*, pp.627-30.

【書簡10】一八一〇年九月一五日付のホーナーからマルサス宛ての書簡
Bourne, *op. cit.*, pp. 650-1.

【書簡11】一八一一年一月四日付のホーナーからマルサス宛ての書簡
Bourne, *op. cit.*, pp. 664-5.

【書簡12】一八一一年四月二日付のジェフリーからマルサス宛ての書簡
Pullen, *op. cit.*, pp. 114-5.

【書簡13】一八一一年四月七日付のマルサスからジェフリー宛ての書簡

【書簡14】一八一一年四月八日付のホーナーからマルサス宛ての書簡
Bourne, *op. cit.*, pp. 676-7.

【書簡15】一八一三年六月一六日付のマルサスからホーナー宛ての書簡
Bourne, *op. cit.*, pp. 763-4.

【書簡16】一八一四年五月一二日付のジェフリーからマルサス宛ての書簡
Pullen, *op. cit.*, pp. 117-9.

【書簡17】一八一四年六月三日付のマルサスからヤング宛ての書簡

【書簡18】一八一五年二月一六日付のマルサスからホーナー宛ての書簡
Bourne, *op. cit.*, pp. 820-2.

【書簡19】一八一五年三月一四日付のマルサスからホーナー宛ての書簡
Bourne, *op. cit.*, pp. 833-4.

【書簡20】一八一六年二月六日付のマルサスからヤング宛ての書簡
Bonar, J., *Theories of Population from Raleigh to Arthur Young*, Allen & Unwin, 1931, London, pp. 235-6.（一部掲載）

【書簡21】一八一六年五月二六日付のマルサスからヤング宛ての書簡
Bonar, *op. cit.*, pp. 235-6.（一部掲載）

【書簡22】一八一九年一一月二一日付のマルサスからヤング宛ての書簡
James, *op. cit.*, p. 325

【書簡23】一八二一年八月二三日付のマルサスからチャーマーズ宛ての書簡
Winch, D., *Riches and Poverty: An Intellectual History of Political Economy in Britain, 1750-1834*, Cambridge University Press, 1996, Cambridge, p. 320.

【書簡24】一八二二年七月二一日付のマルサスからチャーマーズ宛ての書簡
Winch, *op. cit.*, pp. 320-1.

【書簡25】一八二二年一〇月付とされるマルサスからチャーマーズ宛ての書簡
James, *op. cit.*, p. 429.

【書簡26】一八二二年一一月九日付のマルサスからチャーマーズ宛での書簡
Winch, *op. cit.*, p. 321.

【書簡27】一八二三年二月二一日付のマルサスからウィルモット・ホートン宛ての書簡
R. N. Ghosh, "Malthus on Emigration and Colonization: Letters to Wilmot-Horton", *Economica*, 30, 1963, p. 48.

【書簡28】一八二七年一月一八日付のマルサスからチャーマーズ宛ての書簡
James, *op. cit.*, p. 430, Waterman, A. M. C, *Revolution, Economics and Religion: Christian Political Economy, 1798-1833*, Cambridge University Press, 1991, Cambridge, pp. 232-3, Winch, *op. cit.*, pp. 342-3.

【書簡29】一八二七年三月八日付のマルサスからウィルモット・ホートン宛の書簡
Ghosh, *op. cit.*, p. 49.

【書簡30】一八二七年一一月八日付のマルサスからウィルモット・ホートン宛ての書簡
Ghosh, *op. cit.*, p. 50.

【書簡31】一八二九年五月二六日付のマルサスからヒューエル宛ての書簡
N. B. de Marchi and R. P. Sturges, "Malthus and Ricardo's Inductivist Critics: Four Letters to William Whewell", *Economica*, 40, 1973, pp. 387-8.

【書簡32】一八三〇年二月一五日付のマルサスからウィルモット・ホートン宛ての書簡
Ghosh, *op. cit.*, pp. 51-2.

【書簡33】一八三〇年六月九日付のマルサスからウィルモット・ホートン宛ての書簡
Ghosh, *op. cit.*, pp. 52-4.

【書簡34】一八三〇年八月一七日付のマルサスからウィルモット・ホートン宛ての書簡
Ghosh, *op. cit.*, p. 48.

【書簡35】一八三〇年八月二三日付のマルサスからウィルモット・ホートン宛ての書簡
Ghosh, *op. cit.*, pp. 54-5.

【書簡36】一八三〇年八月二五日付のマルサスからウィルモット・ホートン宛ての書簡
Ghosh, *op. cit.*, pp. 57-60.

【書簡37】一八三一年二月二八日付のマルサスからヒューエル宛ての書簡
Marchi, *op.cit.*, pp. 389-90.

【書簡38】一八三一年五月五日付のマルサスからウィルモット・ホートン宛ての書簡
Ghosh, *op. cit.*, p. 60.

【書簡39】一八三一年五月三一日付のマルサスからヒューエル宛ての書簡
Marchi, *op. cit.*, pp. 390-2.

【書簡40】一八三二年三月六日付のマルサスからチャーマーズ宛ての書簡
James, *op. cit.*, pp. 431-3, Waterman, *op. cit.* ,p. 243, Winch, *op. cit.*, pp. 383-4.

【書簡41】一八三三年二月一六日付のマルサスからチャーマーズ宛ての書簡
James, *op. cit.*, p. 434.

【書簡42】一八三三年四月一日付のマルサスからヒューエル宛ての書簡
Marchi, *op. cit.*, pp. 392-3.

【書簡43】一八三三年六月二三日付のマルサスからチャーマーズ宛ての書簡
Waterman, *op. cit.*, pp. 251-2, Winch, *op. cit.*, p. 237.

第一章　マルサス＝ゴドウィン人口論争の一展開

――マルサスのゴドウィン宛て書簡（一七九八年八月二〇日）を中心に――

中野　力

第一節　はじめに

ウィリアム・ゴドウィン（Godwin, William 1756-1836）はイングランドで生まれ、カルヴァン派の神学を学ぶことになる。しかしながら、ゴドウィンは神学を捨てることとなり、関心を社会問題に移し、政治上、経済上、教育上の権力批判に力点を置くようになった。

ゴドウィンの文筆活動は一七八三年の大ピットの伝記から始まる。彼の名を一躍高めたのは『政治的正義とそれが全般的美徳ならびに幸福に及ぼす影響とについての一研究（*An Enquiry Concerning Political Justice and its Influence on General Virtue and Happiness*, 1793）』（以下『政治的正義』と略す）であった。彼は一七九一年に『政治的正義』を計画し始めている。この時期はフランス革命が勃発した後であり、彼はフランス革命に大いに期待を寄せていた。

ゴドウィンは一七九七年には『研究者（*The Enquirer*）』を出版する。『研究者』は教育論に加えて、富や貧困、貪欲や浪費について論じるなど、『政治的正義』よりも多角的な視野からの議論が展開されている。

この『研究者』の「貪欲と浪費について」に触発されたのがトマス・ロバート・マルサス（Malthus, Thomas Robert 1766-1834）であった。[1] マルサスは父親のダニエル・マルサス（Malthus, Daniel 1730-1800）と『研究者』について議論をおこなっていた。ダニエルはゴドウィン批判を意図していたわけではなかった。ルソー（Rousseau, Jean-Jacques 1712-78）と友人であり、知識人でもあったダニエルはゴドウィンの思想に共感を覚えていたのである。しかしながら、ロバート・マルサスは結論としてゴドウィン批判を展開することになった。それが一七九八年に出版された『人口の原理に関する一論――将来社会の改善への影響との関連で――付論としてゴドウィン氏、コンドルセ氏、およびそのほかの著作家たちの思索に言及する――（*An essay on the principle of population, as it affects the future improvement of society. With remarks on the speculations of Mr. Godwin, M. Condorcet, and other writers*, 1798）』（以下『人口論』と略す）である。副題にあるように、マルサスの意図はゴドウィン批判にある。ゴドウィンは政治制度を改革すれば人類は進歩していくと考えるのに対して、マルサスは過剰人口論を展開し、平等社会が現実に成立してしまえば、食料不足によって人口を養うことができず、過剰人口から平等社会は崩壊すると論じる。このようにマルサスは人口問題からゴドウィンを批判したのである。

この時点では名声を博していたゴドウィンに無名のマルサスが挑戦を挑んだことになるのだが、この『人口論』は最終的にマルサスの名前を世間に知らしめることとなった。

このようなか、一七九八年八月二〇日マルサスからゴドウィンに手紙が届けられている。この手紙はゴドウィンの手紙に対する返信と考えられている。残念ながら手紙はこのマルサスからゴドウィンへの手紙しか残されていない。それでも、この手紙だけでも二人の思想の差異が端的に理解できる。

マルサスからの批判を受けて、ゴドウィンは一八〇一年に『諸考察(*Thoughts occasioned by the Perusal of Dr. Parr's Spital Sermons, being a Reply to the Attacks of Dr. Parr, Mr. Mackintosh, the Author of an Essay on Population, and Others.*)』を執筆する。これは大著であった『政治的正義』や『研究者』とは異なり短い説教であるが、このなかで、マッキントッシュ(Mackintosh, James 1765-1832)(2)、パー(Parr, Samuel 1747-1825)とともにマルサスを批判している。マルサスはゴドウィンの批判を受けて、道徳的抑制を認めるようになるものの、それでも根本的な見解を変えることはなかった。マルサスは一七九八年の『人口論』初版の後、一八〇三年には第二版、〇六年には第三版、〇七年には第四版、一七年には第五版を出版していく。しかしながら、マルサスのゴドウィンへの関心はもはや初版ほどではなかった。第二版以降では副題にあげられていたゴドウィンたちの名前が消されているし(3)、第五版ではコンドルセやゴドウィンへの関心は大いに失われたと述べている(4)。

このような状況に対して、ゴドウィンは『人口について――人類の数の増加力に関する一研究、その主題に関するマルサス氏の論考への一答弁として――(*Of Population. An Enquiry concerning the Power of Increase in the Numbers of Mankind, being on Answer to Mr. Malthus's Essay on that Subject*, 1820)』(以下『人口について』と略す)を出版して、マルサス批判をおこなう。しかしながら、ゴドウィンのこの著書の評価は芳しくなかった。

一八二六年に出版された『人口論』第六版の最後でゴドウィンに抗弁するのは不愉快であるとマルサスは述べて相手にもしていないし(5)、『エディンバラ評論』に匿名で書かれた記事では(6)、「高名な著述家[ゴドウィン]の筆になるこれまでで最も貧弱で、かつ最もかまびすしい作品(the poorest and most old-womanish performance)」([2] p. 362, 訳三一六頁)だと酷評されている。

この時点ではもはやゴドウィンはマルサスに相手にされる立場ですらなくなっていたのである。『政治的正義』で名を高めたゴドウィンに対して挑戦したマルサスは、幾度と改訂された『人口論』で最後には勝利を収めたと言ってもいいであろう。

以上までがゴドウィンとマルサスとの人口論争の一連の流れである。二人の人口論争を研究するうえで、ゴドウィンの『人口について』が本当に貧弱な議論であるか確かめる必要もあるだろうが、議論の都合上、本章では重要となる一七九八年八月二〇日の手紙に焦点を当てながら、二人の思想について論じていくこととする。

第二節　ゴドウィンの平等社会——

(一)『政治的正義』

ゴドウィンが『政治的正義』で主張するのは平等な社会である。とくに商業社会においては貧富の格差が大きくなり、貧民は大いに苦しむこととなる。この貧困の格差の是正こそゴドウィンが目指したものであった。

私は一〇〇個のパンを持っている。そして隣の街には、餓死に瀕していて、これらのパン塊が一つあればその生命を取り止める事が出来るというような貧しい人がいる。もし私がこの一塊のパンを彼に与えないなら、私は不正ではないか。もし私がそれを分け与えるなら、私は正義の要求に応じているのではないか。その一塊のパンは正当に誰に属しているのか。

……。もし一人の人が、他の人の奢侈品を豊かにさすために、自分の健康もしくは自分の生命が破滅するほど労働するなら、それは不正である。もしある人は一般の物資を増し加えるために一つの努力すら献げていないにもかかわらず、他の人は自分の理性力を培うための閑暇すら奪われているなら、それは不正である。人間の性能は甲も乙も、同じである。そこで正義は命令する。各人はもし公共のために一層有益な仕事に雇われるのでさえなかったら、各人が共に消費する一般の収穫物の耕作に貢献すべきだと。この互恵作用こそ、前章において別個の問題として考察したときにすでに観察されたように、実に正義の本質なのである。（［5］pp.422-3. 訳四三二～三頁）

このような平等な社会は制度においてこそ実現可能となる。たしかに豊かな人の慈善活動で貧者は富者から援助を受けられる。慈善活動でキリスト教の果たした役割は大きい。しかしながら、ゴドウィンが目指すのは慈善的な社会ではなかった。

もし宗教が大声に叫んで、すべての人々が自分の要求に対する供給を受けるのが正しいのだと我々に告げたら、我々は富めるものによってなされる不条理な分配はこの目的に到達する非常に間接的な無効な方法だと気づくようになっただろう。すべての時代の経験は、現在の制度は非常に不確かな供給をするために生産しているに過ぎないことを教えた。現制度が提供する主要な目的は、この供給を少数者の意のままにさせて、真に自分のではないところのものをもって慈善の見えを張ったり、貧しい者等に負えるものを支払うことによって彼らの感謝を購ったりすることをさせるにある。それは仁慈および慈善の制度であって、正義の制度ではない。それは富める者に、彼らの行為を飾る偽の名称によって不合理な誇りを満たしめ、貧しい者に、彼らの獲得する僅かの慰安を、彼らの当然受くべきものと見做さしめずに、富める隣人の好意と恩恵であると見做さしめるようにして彼等に奴隷根性を注ぎ込むのである。（［5］p. 426. 訳四二七～八頁）

かくしてゴドウィンは富者の慈善に頼って平等に近づけようと試みるのではなく、制度として平等社会を設立させようとする。平等な社会が設立されると、そこにおいては罪や戦争はなくなる。犯罪は貧富の差があるからこそ生じるのであり、平等な社会が成立すると、幸福な社会が到来するとゴドウィンは考えていた。

（二）『研究者』

『研究者』は『政治的正義』では展開されなかった議論が多くみられるが、それでもゴドウィンの思想が大きく変わったわけではなく、本質的には同じ思想に基づいている。『研究者』で有名な議論が、「貪欲と浪費について」であり、この論考を読んだことにより、マルサスが『人口論』を執筆したと考えられている。

ここでも『政治的正義』と同様に平等な社会を目指すことが論じられる。

> 貧富ということは、人間の社会生活にはある程度必然的にありがちなことである。……。だから、不平等はある程度まで避けられない。不平等がうみだす実際の悪に抵抗することが、正義と徳の本分なのである。たしかに、勤勉と倹約の程度は人によって異なる。しかし、人間の欲求は、互いに似ており、しかも、彼の生まれた社会の抑圧と虐政によって堕落しないかぎり、各人の改善と幸福に役立つこともまた確かなのである。人間性は要請している、人間はそれぞれ自由裁量の権限を委託されなければならない、と。徳の原則は要求している。どの地域にも存在している利益は、同時に実地され、やむなく起こる不平等は、抑制され、できるかぎり狭い範囲におさえられるべきだ、と。（［6］pp.153-4. 訳一一八～九頁）。

ゴドウィンは「貪欲と浪費について」で、貪欲と浪費のどちらが正義の原理に近いかという問いを立てる。貪欲な人と浪費的な質の人と、どちらの性格がわれわれの好みに合うか。どちらの行為が社会にとって最も利益と

なるか。どちらが正義と徳に最も合った動機でうごかされるか。（［6］p. 153. 訳一一八頁）

ゴドウィンは、浪費は労働者の労働を増すだけで、賃金の上昇が生じないので、貪欲な行為のほうが望ましいと結論づける。

富者の家屋、庭園、備品、馬、贅沢なテーブル、多数の召使いといったものは、鷹揚さを装う道具立てではあるが、実際には、貧民を苦しめ人間の惨禍を増す手段を追加しているに過ぎない。（［6］p. 157. 訳一二四頁）

彼［貪欲な人］の行為は、その収入を自由に気前よく使ってしまう人よりは、人類に対して害がずっと少ないし、正義に関する不変の原理にはるかに近い。そこで、彼らの動機を比較し、どちらが道徳の原理に最もよく通じているかを考えることが残っている。……。

守銭奴を仁愛の一形態と考えるのは、根拠のないことであろう。だが、彼の精神が道徳の最上の原理にしばしば立ち戻る習性を持っているということは、あながち誤りではない。（［6］p. 158. 訳一二五頁）

第三節　マルサスのゴドウィン批判

（一）人口理論

このようなゴドウィンの思想に対して、マルサスは『人口論』を出版し、ゴドウィンを批判する。マルサスの著書のタイトルにあるように、批判の主眼は人口理論にあった。

人口は、制限されなければ、等比数列的に増大する。生活資料は、等差数列的にしか増大しない。数学をほんのすこしでもしれば、第一の力が、第二の力にくらべて強大なことが、わかるであろう。[7]（［10］p. 9. 訳二三頁）

世界の人口を、任意の数、たとえば一〇億とすれば、人類は、一、二、四、八、一六、三二、六四、一二八、二五六、五一二などの比率において、また生活資料は、一、二、三、四、五、六、七、八、九、一〇などのように増大するであろう。（［10］p. 13. 訳三〇頁）

マルサスは人口と食料との関係を持ち出す。食料は等差数列的にしか増加しないが、人口は等比数列的に増加する。かくして、世界は食料不足に陥る。マルサスはこの見解を決して理論上のものとみなしていたのではなく、現実に世界は食料不足に陥っていると考えていたのである。とくにゴドウィンは平等社会の観点から、小土地所有を主張する。しかしながら、ゴドウィンの考えるような平等社会がもし成立すると、その社会は人口増加にとって適しているために、ますます人口の抑制が難しくなってしまい、最終的には過剰人口から平等社会は崩壊することになる。

ああ！人々がゆたかさのさなかで生活し、だれもたえまない欠乏による不安と苦痛にそなえる必要がなく、利己心というせまい原理は存在せず、精神が肉体の扶養について永久的な不安から解放されてそれに適した思索の分野を気ままに逍遥できるという情景はどうなるのか。想像のこのうつくしい建造物はきびしい真理にふれて消失する。

ゆたかさによってはぐくまれ勇気づけられた慈愛の精神は、ひややかな欠乏の吐息により圧倒される。消失した憎悪の情念がふたたびあらわれる。自己保存の強力な法則が、より柔和かつ高貴なすべての精神感情を駆逐する。害悪にたいする誘惑は人間性が抵抗できないほどつよい。穀物は、成熟するまえにひきぬかれるか、あるいは不正なわけまえをうけて秘匿されるし、そして虚偽に属する一連の黒い悪徳全部がただちにうまれてくる。食料は、もはや大きな家族をもつ母を扶養するためにながれこむことはなくなる。子どもたちは食料の不足から病気がちとなる。ばら色の健康のかがやきは不幸な蒼白いほおとくぼんだ目にとってかわられる。まだ少数のものの胸にたちさりかねている慈愛は、かすかな、死にたえてゆく苦闘をおこなうが、ついには利己心がその住みなれた王国をとりもどし、勝ちほこって世界に君臨する。(〔10〕p. 69. 訳一一七頁)。

このようにマルサスは平等社会のような小土地所有制度のもとでは人口の増加は避けられず、最終的に食料が人びとを養えなくなるので、ゴドウィンの理想社会は崩壊すると主張したのである。

(二) 貪欲と浪費

『研究者』の「貪欲と浪費について」を読んで、マルサスが『人口論』を執筆したことにより、人口理論に加えて、貪欲と浪費もまたマルサスの議論の対象となった。マルサスはゴドウィンとアダム・スミス(Smith, Adam 1723-90)との思想を比較しながらゴドウィンを批判する。

アダム・スミス博士は、諸個人だけでなく諸国民は倹約により富を、浪費により貧困をそだてる、それゆえすべての節約家は祖国の友人であり、すべての浪費家はその敵である、ときわめて正当にものべた。かれのしめしている理由は、収入から貯蓄されたものはつねに資財《ストック》につけくわえられ、またしたがって、一般に不生産的である労働の維持からひきあげられて、価値ある商品に自己を実現する労働の維持にもちいられる、ということである。これ以上あきらかにただしい考察はありえない。ゴドウィン氏の論文の主題は、一見するとすこしにているが、本質においてはまったくべつのものである。かれは、浪費の害悪を周知の真理と考えており、したがって貪欲な人と自分の所得を費消してしまう人との比較をしている。しかしゴドウィン氏の貪欲な人は、すくなくとも国の繁栄にたいするその影響にかんして、アダム・スミス博士の節約家とはまったくことなる性格である。貨幣を増大させるために、節約家は自分の所得から貯蓄をし、自分の資本につけくわえる。そしてこの資本をかれは自分で生産的労働の維持にもちいるか、あるいはおそらくこのような方法でもちいるある他人にそれを貸しつける。かれは国に利益をあたえる。なぜなら、かれは国の総資本をふやすからであり、また資本としてもちいられる富は、所得として費消されるばあいよりもおおくの労働をうごかすだけでなく、労働はそのうえ、いっそう価値のある種類のものだからである。しかしゴドウィン氏の貪欲な人は、富を金庫の中にいれて鍵をかけておき、生産的あるいは不生産的のいずれの種類の労働をもうごかさない。このことは、きわめて本質的な相違であるから、アダム・スミス博士の命題があきらかにただしいように、その論文におけるゴドウィン氏の結論は、あきらかにまちがいであることがただちに判明する。（［10］pp.100-1. 訳一六六〜七頁）。

ゴドウィン氏の制度にしたがってつくられる社会は、われわれの不可避的な自然法則から、財産所有者階級と労働者階級とに堕落せざるをえないし、また社会の動力因として、利己心に慈愛がとってかわることは、そのようにうつくしい名前から期待される幸福な結果をうみださないで、いま一部分だけかんじられているのとおなじ欠乏の圧力を、社会の全員にかんじられるようにするだろうということが、あきらかとなった。（［10］p. 101. 訳一六八頁）。

マルサスはゴドウィンとアダム・スミスとの見解を比較考察する。スミスは倹約による貯蓄が資財を増加させるとして、国の利益となると考える。それに対してゴドウィンはスミスと同じように倹約を奨励するものの、それが国の資本として用いられることを意味しなかった。マルサスから見るとスミスの議論は経済的であるのに対して、ゴドウィンの議論は道徳的である。マルサスにとってこの両者の差異は非常に大きなものであった。ゴドウィンの議論では倹約をしてもそれが資本として用いられることがない。これを打破するものがゴドウィンの考える平等社会だとマルサスは考える。しかしながら、人口と食料との関係から社会は困窮に陥ることになるので、資本に回らない倹約というゴドウィンの見解をマルサスは批判することになるのである。

第四節　マルサスからゴドウィンへの手紙

マルサスの『人口論』が出版された後、マルサスとゴドウィンは手紙を交わすことになる。残念ながら今残されているのは、マルサスからゴドウィン宛ての一通だけでしかないが、それでもこの手紙でもゴドウィンに対するマルサスの見解が述べられており、マルサスの思想を知るうえで重要なものである。この手紙は白井などでも紹介されているが、手紙の文面だけで、この手紙を用いた議論はおこなわれていない(8)。

以下に手紙の抄訳を掲げておく(9)。

一七九八年八月二〇日

拝啓

水曜日の朝にあなたのところを発ってから間もなくロンドンから離れましたので、オルバリーに到着するまで、

あなたの親切な手紙を私は受け取ることができませんでした。ジョンソン氏が親切にも手紙を届けてくれたのです。(10)

……。さて、あなたが問題提起した見解によりますと、完全性や幸福の問題から、人間の数の問題へと、ある程度の変化がみられるのではないでしょうか。永遠に幸福が増加することもないのに、将来の状態について注意を払うこともなく、人口の増加が本当に望ましいということは、疑わしいことのように思われます。

……。人口増加を抑制するものとしてあなたが語っておられる慎慮は困難の予見を意味しています。そしてこの困難の予見は、その困難を取り除きたいという願望を必然的に意味します。これらの困難を取り除きたいという自然で一般的な願望が、社会の必要な労働を等しく分割するためのあらゆる機会をつぶしてしまうような競争を引き起こすこともないし、わたしがすでに述べたような状態を生み出すこともないのだ、という適切な理由をわたしに教えていただけるでしょうか。もしこの問題についてあなたがわたしの疑問を解消していただけるのでしたら、あなたがおこなっておられる労働が増加することに対しての非難についても、貪欲と浪費についてのあなたの試論の全般的な意見について も、心からあなたに賛成しましょう。細かい議論に入ることをお許しください。といいますのも、われわれの研究の重大な目的である真理は、そのことなしには手に入れることができないとわたしは考えるからです。

現在の社会構造が実現可能な最大数の人口増加を妨げるものであるという理由から、あなたは現在の社会構造に反対しておられますが、それはあなたの慎慮の理論、すなわち、わたしの想像するところでは、生活資料の範囲内に人口を常にとどめておこうとするのがその目的だと思うのですが、その理論に若干反するのではないでしょうか。もしそういう理論が一般におこなわれて、食物の量を増加させる必要もないことになれば、耕作が現在よりもさらにゆっくりとおこなわれるようになる、ということが大いに考えられます。わたしが現在の社会構造を是認するのはとても簡単な理由で、正しい学説の法則に従うかぎり、個人の自由と衝突せずに、文明と人口とを等しく進めていくような構造は、ほかにはないと考えるからです。社会状態に大きな改良が生じることはありえるでしょう。しかしながら、未開状態に逆戻りするような危険もなしに、どのようにすれば現在の構造や制度を、根本的に、本質的に、変えることができるのかわたしにはわかりません。人間の制度について現在認められている不完全性にもかかわらず、社会で感じられる苦痛のほとんどがこの不完全性から生じるとはわたしには決して考えられません。過剰人口から生じる窮乏を防ぐためには慎慮が必要であるということを認めること自体が、責任を社会の制度から個人の行動へと移すものではないでしょうか。……。

敬具

A・マルサス。（【書簡1】二一八〜二一一頁。傍点は原文のイタリック）

マルサスは手紙でゴドウィン批判を展開している。その根幹となるのは人口理論であった。マルサスは人口が等比数列的に増加するのに対して、食料は等差数列的にしか増加しないと考えるので、平等社会は最終的に過剰人口に陥ってしまう。しかしながら、マルサスは頭ごなしに平等社会を批判するのではなく、元来平等社会は望ましいものであるという前提をゴドウィンと共有している。もしゴドウィンの考える平等社会が成立して、マルサスの考えるような過剰人口も生じなければ、ゴドウィンの見解が正しくなり、「貪欲と浪費について」でおこなわれた議論ですら、ゴドウィンが正しくなるとマルサスは認めている。それゆえ、この議論から「貪欲と浪費について」の議論よりも人口理論の議論のほうが重要であることが読み取れる。しかしながら、マルサスにとっては平等社会での人口抑制は難しいものであった。

またほかに重要となるのが慎慮（prudence）についてである。[11] 後述するが、[12] マルサスは『人口論』第二版で人口抑制手段として道徳的抑制を加える。道徳的抑制とは自らの考えで結婚を慎み、その間、道徳的な行為を順守するもので、広義の慎慮（prudence）に属するものである。マルサスは道徳的抑制を『人口論』第二版以降で加えているものの、ここでは困難の予見としての慎慮そのものの効力に疑問を呈している。それゆえに、マルサスはゴドウィンの平等社会に共感を抱いているかのように書いてはいるものの、人口が抑制されないかぎり、ゴドウィンの考えるような平等社会は不可能であると論じたのである。

第五節 『諸考察』

マルサスからゴドウィンに手紙が送られた後、ゴドウィンはマッキントッシュ、パーとならんでマルサスを批判する説教を一八〇〇年におこなう。翌年にその説教が出版されることとなった。『諸考察』は白井によって紹介されているが、[13] 短いものでしかなく、重要な個所が抜けているので、ここでは多少詳細な議論を展開しておきたい。

白井によれば「この書において、ゴドウィンはパーおよびマッキントッシ〔マッキントッシュ〕に対しては烈しく攻撃したにもかかわらず、マルサスに対しては極めて好意的」（〔21〕一六二頁）であり、「ゴドウィンはマルサスの人口法則を認めて」（〔21〕一六二頁）おり、「北アメリカにマルサスの人口法則がおこなわれていることを承認」（〔21〕一六三頁）したと考えられる。

たしかにゴドウィンはパーやマッキントッシュに比べてマルサスに好意的であるが、しかしながら、それはゴドウィンにとっては、パーやマッキントッシュがゴドウィンを強く非難したのに対して、マルサスはゴドウィンに対して敬意を払いつつ批判したからである。それゆえに、ゴドウィンがマルサスに好意的であるからといって、マルサスの議論を認めたわけではない。好意的であるということと、議論を認めるということはまた別問題である。さらにゴドウィンは決してマルサスの人口法則を普遍的なものと認めたわけではない。

ヨーロッパの古くに設立された統治下では、ある場合においては人口は停滞しているし、別の場合にはむしろ減少している傾向にあると考えられる。この差異の唯一の原因は、古くに設立された国々では、子どもの数の増加がほとんどすべての場合において両親の負担になることが認められているのに対して、今まさに初めて定住しようとする国々では、子どもは定住者が自分で持つことのできる最も貴重な財産であるという状況に帰せられるだろう。それゆえ、人口原理の真で純然の作用は新興国で行われたのである。かくしてその推移は等比数列の性質から、つまりは二、四、八、一六、三二、六四と二〇年ごとに人口が倍増していくと思われる。（［7］p. 195.）

ゴドウィンは人口の等比数列的増加を認めているが、それは新興国に限られており、ヨーロッパではこのような人口増加が生じていないと考えている。白井はこの点を省略しているが[14]、ここにこそ二人の思想の大きな違いが存在する。

人口に関する試論［マルサスの『人口論』］の全般的な教義は、とても明白で、非常に抵抗できない証拠に基づいているので、斬新で予想外の主旨を併せ持ったこの状況は、知性をあわてさせ、忠告や識別のあらゆる力を私たちから奪い去ってしまう傾向にある。しかしながら、最初の驚きの印象から私たちが立ち直ると、反省力に富んだ人がまず気づくのは、食料の原理を人口の原理が上回るというこの過剰な力が、どんな過去の実例や、世界のどの地域や時代においても、これらの驚くべき結果――すなわち『試論』が将来のある場合において私たちに予期させるような、社会の全構造と全格言の完全な崩壊――を生み出すことはなかったということなのである。（［7］p. 202）

たしかに白井が主張するようにゴドウィンは北アメリカでの等比的数列の人口増加を認めているが、ゴドウィンの主張は、新興国においては認められると肯定的にとらえたのではなく、新興国でしか認められないと否定的にとらえたと考えるべきである。ゴドウィンはマルサスとは違って、現実問題として過剰人口が危機的な状況にあるとは考えなかったのである。概して見ると、ゴドウィンはマルサスの人口法則を認めていなかったといってもいいであろう。

ゴドウィンは人口抑制についても述べている。一つが幼児死亡であった。多くの人が幼い時に亡くなってしまう。しかしこれによって、人口の抑制がおこなわれているとゴドウィンは考える。

もう一つが慎慮（prudence）であった。

> 私たちが住んでいる国において、とても強力に広範囲に作用している人口増加に対するもう一つの抑制は、美徳、慎慮、誇りに基づくものにせよ、婚約の普遍性とその頻繁な繰り返しを不断に抑制しようとする感情である。この国では成長した少年と少女との間の早婚はまれな出来事である。先見の明という才能を少しでも持っているあらゆる人は、そのような極めて重大な行為を行う前に、熟考するものである。彼は結婚によって生まれる子どもをどのようにして養うことができるかを何度も何度も自問する。最初に繰り返し調べるというこの質問をすることもなく、結婚が行われるというのは、イングランドではめったに生じないと私は確信している。（[7] p. 203）

かくしてゴドウィンはマルサスとは異なり、人口の抑制は可能であると考える。ゴドウィンは現実に過剰人口に陥っている国はほとんどないと考えているし、慎慮などによって対処可能なものであった。

いま私たちが議論をしているような社会状態［平等や博愛の精神が大いに広まった状態］においては、私たちが述べている過ちにある人が不注意から陥ることはありえないだろう。人口に関する試論の教義は、もしその教義が真実であるならば――私はその教義が真理であることを疑っていないが――充分に理解されるだろう。社会は現在のようにばらばらになったり、その構造の複雑さから、困惑したり戸惑うこともなくなるだろう。すべての人が自分の前や周りに広大な道を見ることができるような規則性や公正が広まるだろう。すべての人は共同社会の利益を理解し、その政治的状態の原則を理解するだろう。ほとんどの人々は自分自身の利益をほかとは切り離して独自にもつことはできないし、またできないと考えるので、あらゆる人々は全般的な利益によって自分の行動が大いに影響されるだろう。彼は自分の同胞を愛すだろう。彼は社会全体を大きな一つの家族のように理解するだろう。彼は自分の幸福が当該社会の諸制度に完全に依存していると感じるので、穢れた手で聖櫃に触れるあらゆる誘惑をとりのぞこうとするであろう。彼は隣人の評判や敬意なしには生活することができず、どんな熟考によってもそれらを失わせるようにあえて行動することはないであろう。（［7］p. 204）

ゴドウィンとマルサスとの見解の相違は人口理論にある。マルサスが手紙で人口問題を克服できたら「貪欲と浪費について」の議論についても認めると述べているように、マルサスにとって過剰人口は必然であった。しかしながら、ゴドウィンは人口問題は慎慮によって避けられる問題であり、それならば現実社会よりも平等社会のほうが望ましいと考えたのであった。

さらにここで注目しておくべきことは、マルサスが『人口論』初版で「貪欲と浪費について」の批判をおこなったことに対するゴドウィンの反論がおこなわれていないことである。手紙で考察したようにマルサスは「貪欲と浪費について」批判よりも人口理論の観点からの平等批判に重きを置いていたので、ゴドウィンも人口理論に焦

点を当てたのであろう。それゆえに、手紙は『人口論』初版と『諸考察』をつなぐものとして重要である。(15)

以上がゴドウィンのマルサス批判である。(16)

第六節　『人口論』第二版以降のマルサス

一八〇一年に『諸考察』が出版された後、一八〇三年にマルサスは『人口論』第二版を出版する。マルサスとゴドウィンとの問題で議論となるのが、第二版でマルサスがゴドウィンの説を受け入れ、道徳的抑制の作用を認めるようになったことである。(17)マルサスは第二版の序文で次のように述べている。

> 本書の全体を通じて私は、原理において、前著とは、罪悪と窮乏のいずれの部類にも入らない人口に対するもう一つの妨げの作用を想定する点で、意見を異にした。（[11] p. vii. 訳Ｉ五八頁）

このようにもう一つの人口妨げという道徳的抑制が新しく付け加えられる。だからといって、マルサスがこれで人口の増加を防ぐことができると考えたわけではなかった。同じ序文で次のように述べられている。

> 人口に対する妨げはそれがいかなるものであろうと、それはそれが除去せんとする害悪よりも悪いものだと、なお考えるものには、前版『人口論』の結論が依然十全の力を有つであろう。そしてもしわれわれがこの意見を採用するならば、われわれは、社会の下層階級の間に広く存在する貧困と窮乏とは絶対的に救治しがたいものであると、認めざるをえないであろう。（[11] p. vii. 訳 Ｉ五八～九頁）

さらにゴドウィンの『諸考察』の議論を受けて、マルサスは次のように述べる。

ゴドウィン氏が最後に述べている妨げで、思うに彼が一生懸命に推奨せんとする唯一の妨げは、「徳であろうと慎慮であろうと誇りであろうと、引き続き結婚の普遍性と頻々たる反復とを抑制する感情」である。……。従ってこの妨げそのものは私はまったく承認する。しかし、ゴドウィン氏の政治的正義の制度はその普及に対して決して好都合であるとは思わない。早婚への傾向は非常に強いものであるから、われわれはこれに対抗するため、われわれの手にし得るあらゆる可能な助力を必要とする。そしていずれかの仕方において私有財産の基礎を弱め、かつ各個人がその慎慮から得ることのできる完全な利益と優越性とを少しでも減少する制度は、何らかの本質的結果を期待し得る、愛の情欲に対抗する唯一の力を除去しなければならない。（［11］p. 385. 訳Ⅲ九二〜三頁）

マルサスはゴドウィンの批判を受けて道徳的抑制を加えるけれども、それで人口を抑制できるとは考えなかった。マルサスは『人口論』初版での人口抑制策として、予防的妨げと積極的妨げの二つを挙げている。予防的妨げとは理性による抑制であり、積極的妨げとは病気や貧困による抑制である。道徳的抑制を新たに追加したとしても、それは予防的妨げの一つでしかなかった。マルサスは第一編第一四章の「ローマ人における人口に対する妨げについて」で次のように述べる。

かくのごとく人類社会を概観するにあたってこれまで考察を加えた一切の人口に対する妨げは、明らかに、道徳的抑制、罪悪、および、窮乏の三つとすることができる。

予防的妨げの中で私が道徳的抑制となづけた部門は、たしかに人口の自然的力を抑止する上で幾分の役割を果たしてはいるけれども、しかし、厳密な意味にとれば、ほかの妨げに比較すると、その働く力が弱いことを認めなければならない（［11］p. 180. 訳 I 二七四～五頁）。

ここでの議論はローマ人における人口の妨げであるから、この議論は必ずしも普遍的なものではないが、それでも道徳的抑制がほかの妨げに比べて弱い事例があったことを示している。そして、『人口論』第二版で道徳的抑制を加えたものの、それでも道徳的抑制を包含する予防的妨げが『人口論』初版から存在したことは、マルサスの議論が大きく変わっていないことを、さらに言えば、ゴドウィン宛ての手紙で述べた慎慮の効力への疑いが拭い去れなかったことを示しているであろう。

第七節　最後に

以上でゴドウィンが一七九三年に出版した『政治的正義』から一八〇三年にマルサスが出版した『人口論』第二版までの流れを簡単に見てきた。『政治的正義』や『人口論』は当然に重要な著作であるが、実のところ、その議論をつなぐものとして、マルサスからゴドウィン宛ての手紙やゴドウィンの説教である『諸考察』も重要なものである。しかしながら、手紙が議論の対象となることはほとんどなかったし、『諸考察』も充分に研究されたとは言い難い。

ゴドウィンは『政治的正義』で平等社会について論じ、『研究者』で「貪欲と浪費について」を論じる。この「貪欲と浪費について」はとくにマルサスに影響を与え、これによってマルサスは『人口論』初版を執筆するに至った。マルサスの『人口論』初版では平等社会と「貪欲と浪費について」の両方を批判する見解がみられる。

しかしながらマルサスからゴドウィンへの手紙を読むと、等比数列的に増加する人口と等差数列的にしか増加しない食料との関係が本質的な問題であり、「貪欲と浪費について」の議論は、人口問題に比べると重要度が落ちるように述べられている。

ゴドウィンもそれを理解していたのであろう。『諸考察』でおこなったマルサスの反論では、ゴドウィンは人口理論について議論を展開しており、「貪欲と浪費について」の議論については反論を展開していない。マルサスは『人口論』第二版ではこの議論を削除し、論争の焦点から外している。二人の議論で「貪欲と浪費について」が削除されるのは、手紙で展開された議論を考察することによって理解できるものである。

ゴドウィンは理想社会についての議論を展開し、小土地所有制を中心とした平等社会を主張する。人口法則については、彼はマルサスの等比数列的増加を部分的に認めるものの、新興国に限定し、ヨーロッパの古くからの国ぐにではそのような議論はあてはまらないと主張する。彼は人口抑制として、幼児死亡が多いことに加えて慎慮の役割を重視する。

マルサスは『人口論』第二版で新たに道徳的抑制を付け加える。これはゴドウィンの影響を受けたものと考えられる。しかしながら、これは『人口論』初版で論じた予防的妨げに含まれるものでしかなく、人口抑制策として十全に役立つものではなかった。慎慮が人口抑制に役立つことに対しての疑いはすでに手紙でも見られたものであった。手紙では慎慮が人口抑制に役立つことに対して懐疑的であったマルサスは、『人口論』第二版でその議論を展開させるものの、決してゴドウィンほどの役割を認めなかったのである。

マルサスは人口理論を展開させることで、ゴドウィンの平等社会を批判する。ゴドウィンの小土地所有を中心とした平等社会がひとたび成立すると、人口増加を抑制することができず、過剰人口から平等社会が崩壊するというものであった。この人口理論によってマルサスはゴドウィンが批判した財産制度を擁護したのである。『人口論』初版のマルサスの主要な意図はここにあったと言える。

本章はとくにマルサスからゴドウィンへの手紙に焦点を当てたものである。それによってゴドウィンが反論をおこなった『諸考察』とのつながりがわかり、ゴドウィンやマルサスのほかの著作とのつながりもまた見えてくるようになったと思われる。

注

（1）マルサスは『政治的正義』も目を通しており、『人口論』初版中に『政治的正義』のタイトルがあがっている。

（2）マッキントッシュは最初はフランス革命を擁護していたものの、次第にフランス革命を批判する立場に変わっていった。マッキントッシュについては［22］、［23］を参照。

（3）*An Essay on the Principle of Population; or, a View of its Past and Present Effects on Human Happiness; with an enquiry into our Prospects respecting the Future Removal or Mitigation of the Evils which it occasions* が『人口論』第二版以降のタイトルである。

（4）［12］vol. 2, p. 271. 訳七七頁。

（5）［13］vol. 3, p. 623. 訳六九七頁。

（6）匿名ではあるが、マルサスだという説もある。この記事の詳細は［2］を参照。

（7）参考文献には高野岩三郎・大内兵衛訳も挙げているが、訳文は永井訳を利用している。

（8）この手紙は高野岩三郎・大内兵衛訳『ロバート・マルサス　初版人口の原理』の付録、ジェームズ・ボナーの「マルサスの第一論文について」で翻訳されており（二二九～二三二頁）、本章中の手紙はそれを改訳したものである。

（9）手紙の全訳は本書所収の【書簡1】を参照。

（10）『人口論』初版は匿名で出版されたため、ゴドウィンとマルサスの著書の当時の出版業者であったジョンソンが手紙を仲介したと考えられる。ジョンソンについては［4］、［20］を参照。

(11) 慎慮という言葉は『人口論』初版でも見られる。「もっとつよい情念によってか、あるいはもっとよわい判断によってかのいずれかによって導かれるほかの人びとは、これらの制限をつきやぶるが、道徳的な愛のようなきわめてこのましい情念の満足が、それにともなうすべての害悪をときとしてせいぜい相殺するだけでしかないとすれば、それは、じつにつらいものであろう。しかしわたくしは、このような結婚のもっと一般的な結果は、慎慮（prudent）あるものの予感を抑制するというよりは、むしろそれを正当化するものであることが、みとめられなければならないとおもう」（［10］p. 27. 訳 五一～二頁）。

(12) 本章一八～二〇頁を参照。

(13) ［21］一六一～三頁。

(14) ［21］一六一～三頁。白井は「ゴドウィンは、フランクリンがアメリカについて示した資料を見て、北アメリカにマルサスの人口法則が行われていることを承認している」（［21］一六三頁）と述べており、ゴドウィンがマルサスの等比数列的増加を承認したことに重きを置いているようであるが、ゴドウィンは新興国でしか等比数列的増加を認めず、ヨーロッパでは当てはまらないと考えていたと解釈するほうがいいように思われる。

(15) マルサスは『人口論』第二版で「貪欲と浪費について」の議論を削除している。

(16) ほかにも悪徳（vice）と窮乏（misery）をめぐる議論があり、これがゴドウィンの『人口について』やそれに対する匿名の反論につながっていくのだが、ここではこの議論については省略しておく。

(17) ［21］の一六三～六頁、またこの道徳的抑制のマルサスの受容についてはとくに［19］の二三四～六頁を参照。

参考文献

［1］Albrecht, W. P., “Godwin and Malthus”, *Publication of the Modern Language Association of America*, 70 (3), 1955, pp. 552-5.

［2］Anon., “Review of Godwin on Malthus”, *Edinburgh Review*, 35 (70), 1821, pp. 362-77. 柳田芳伸訳「ゴドウィンの『人口について』を評す」『長崎県立大学論集』第四一巻四号、二〇〇八年、三〇九～三八頁。

［3］Everett, A. H., *New Ideas on Population; with Remarks on the Theories of Malthus and Godwin*, 1823, rep., Augustus M.

Kelley, 1970.

［4］ Gerald P. T., "Joseph Johnson, an Eighteenth Century Bookseller" *Studies in Bibliography*, Bibliographical Society of the University of Virginia, 28, 1975, pp. 1-16.

［5］ Godwin, W., *An Enquiry Concerning Political Justice and its Influence on General Virtue and Happiness*, in *The Political and Philosophical Writings of William Godwin*, vol. 3, 1793, rep., William Pickering, 1993.
加藤一夫訳『政治的正義』春秋社、一九三〇年。

［6］ ———, *The Enquirer, in The Political and Philosophical Writings of William Godwin*, vol. 5, 1797, rep., William Pickering, 1993. 片岡徳雄・住岡英毅・山根祥雄訳『探究者　アナキズム教育論の源流』黎明書房、一九七七年。

［7］ ———, *Thoughts occasioned by the Perusal of Dr. Parr's Spital Sermons, being a Reply to the Attacks of Dr. Parr, Mr. Mackintosh, the Author of an Essay on Population, and Others,* in *The Political and Philosophical Writings of William Godwin,* vol. 2, 1801, rep., William Pickering, 1993.

［8］ ———, *Of Population. An Enquiry concerning the Power of Increase in the Numbers of Mankind, being on Answer to Mr. Malthus's Essay on that Subject,* 1820, rep., Augustus M. Kelley, 1964.

［9］ Gottfried, P., "Malthus as Anti-Utopian", *The Social Contract,* 8（3）, 1998, pp. 267-9.

［10］ Malthus, T. R., *An Essay on the Principle of Population as it affects the Future Improvement of Society. With Remarks on the Speculations of Mr. Godwin, M. Condorcet, and other Writers,* rep., in *The Works of Thomas Robert Malthus,* vol. 1, 1798. rep., William Pickering, 1986. 永井義雄訳『人口論』中央公論新社、一九七三年。高野岩三郎・大内兵衛訳『ロバート・マルサス　初版人口の原理』岩波書店、一九三五年。

［11］ ———, *An Essay on the Principle of Population; or, a View of its Past and Present Effects on Human Happiness; with an enquiry into our Prospects respecting the Future Removal or Mitigation of the Evils which it occasions.* in *The Works of Thomas Robert Malthus,* 1803. rep., Routledge Thoemmes Press, 1996. 吉田秀夫訳『各版対照人口論Ⅰ～Ⅳ』春秋社、一九四八～九年。

［12］ ———, *An Essay on the Principle of Population; or, a View of its Past and Present Effects on Human Happiness; with an enquiry into our Prospects respecting the Future Removal or Mitigation of the Evils which it occasions.* in *The Works of Thomas Robert Malthus,* vol. 2, 1817. rep., Routledge Thoemmes Press, 1996. 吉田秀夫訳『各版対照人口論Ⅰ～Ⅳ』春秋社、

一九四八～九年。

［13］――――, *An Essay on the Principle of Population; or, a View of its Past and Present Effects on Human Happiness; with an enquiry into our Prospects respecting the Future Removal or Mitigation of the Evils which it occasions*. in *The Works of Thomas Robert Malthus*, vol. 2-3, 1826, rep., William Pickering, 1986. 南亮三郎監修　大淵寛・森岡仁・吉田忠雄・水野朝夫訳『マルサス人口の原理〔第六版〕』、中央大学出版部、一九八五年。

［14］Paul, C. K., *William Godwin: his Friends and Contemporaries*, vol. 1, 1876, pp. 321-5, Henry S. King & Co.

［15］Petersen, W., "The Malthus-Godwin Debate, Then and Now", *Demography*, 8 (1), 1971, pp. 13-26.

［16］――――, *Malthus: Founder of Modern Demography*, Transaction Publishers, 1999.

［17］Smith, K., *The Malthusian Controversy*, Routledge & Kegan Paul, 1951.

［18］Spengler, J. J., "Malthus on Godwin's of population", *Demography*, 8 (1), 1971, pp. 1-12.

［19］伊藤久秋「マルサス対ゴッドウィンの人口論争」『商学討究』第九号、一九三四年、二一九～五一頁。

［20］嘉陽英朗「『マルサス北欧旅行日記』とウルストンクラフト」『調査と研究』第三二号、二〇〇六年、五七～六八頁。

［21］白井厚『ウィリアム・ゴドウィン研究』未来社、一九七二年。

［22］中宮光隆「シスモンディとリカードウの一接点」熊本県立大学総合管理学会編『新千年紀のパラダイム――アドミニストレーション――〔熊本県立大学総合管理学部創立一〇周年記念論文集〕』（上）、九州大学出版会、二〇〇四年、二三七～四二頁。

［23］――――「シスモンディの経済思想とその由来――マッキントッシュ、コンスタン、ピクテ＝ド＝ロシュモンを中心に――」飯田裕康・出雲雅志・柳田芳伸編著『マルサスと同時代人たち』日本経済評論社、二〇〇六年、一一七～一三六頁。

［24］仲村政文「いわゆる人口問題の位相（1）：論点開示」『経済学論集』七一号、二〇〇九年、四一～五九頁。

［25］――――「いわゆる人口問題の位相（2）：ゴドウィン・マルサス論争(i)」『経済学論集』七二号、二〇〇九年、六九～八五頁。

［26］――――「いわゆる人口問題の位相（3）：ゴドウィン・マルサス論争(ii)」『経済学論集』七四号、二〇一〇年、七三～九六頁。

［27］――――「いわゆる人口問題の位相（4）：ゴドウィン・マルサス論争(iii)」『経済学論集』七七号、二〇一一年、一五～四〇頁。

［28］柳沢哲哉「『人口論』初版における功利主義」柳田芳伸・諸泉俊介・近藤真司編著『マルサス　ミル　マーシャル――人間と富との経済思想――』昭和堂、二〇一三年、三～二五頁。

第二章　『人口論』第二版書評以降のA・ヤングとマルサスとの知的交流

柳田芳伸

第一節　はじめに

マルサス（Malthus, Thomas Robert, 1766-1834）が『人口論』第二版（一八〇三年）のなかで、ヤング（Young, Arhur, 1741-1820）を一人の先行者に数え（［1］Ⅰ序五四頁）、かつ一再ならずヤングに言及している（［1］Ⅱ一一一頁注一、一一八～九頁、Ⅳ一二七～四一頁、一六九頁注一、また［2］Ⅳ二一三頁、二三一頁注一、二三三～六頁、二三八、二四〇、二四三～四、二四六頁等も参照）ことは周知の事柄である。筆者も、すでに、「クラムプとマルサス」永井義雄・柳田芳伸・中澤信彦編著『マルサス理論の歴史的形成』昭和堂、二〇〇三年、二二八～三一頁や、柳田芳伸『マルサス人口論の源泉』ユーリカ・プレス、二〇〇六年、二五～八頁において、このことについて多少なりとも筆を費やしてきた。

そこでの一論点は、マルサスがヤングの提案した小土地割り当て（allotment）案をどのように受容していったのかについてであった。ここでは、この点にとどまらず、ヤングは一八〇八年頃には失明に近い状態になっていたのではあるけれども、英国図書館に所蔵されているマルサスがヤングに宛てた四通の書簡（一八一六～九年）を解読しながら、ほかの両者の共通点をも究明していきたい。

本章では、ヤング自らが『農業年報（*Annals of Agriculture and other Useful Arts*）』（一七八四～一八一五年、全四六巻、各巻は六号より成る）の第四一巻第二三九号（一八〇四年）二〇八～三一頁に寄稿した「人口の諸原理を小屋に土地を付与する問題へ適用することについて」を付録資料として訳載している。この論説は、『フランス旅行記』（一七九二年）を再三引用したり、『平易に述べられた食糧不足問題と救済策』（一八〇〇年）を参照したりしているマルサスの『人口論』第二版に対するヤングによる書評でもある。他方、マルサスの方はこのヤングの論評を受けて、『人口論』第三版（一八〇六年）の付録のなかでこのヤングの見解に批評を加えながらも、付帯条件付きでヤング説を受容していく。まずは、この過程を辿っていきたい。ついで、書簡を繙きながら、マルサスが後年ヤングからどのような影響を受けているかを推察していくこととしたい。これは、いわゆるMalthusian controversyの一起点をなすものであり、明瞭にしておかれるべき論争の一局面であるといえよう。

第二節　小土地割り当てをめぐる論争とその帰結

ヤングは生涯にわたって「大農場」（たとえば、犂三～六台、馬六～一二頭を用いる）における四輪作（小麦―かぶ―大麦―クローヴァー）の「ノーフォーク農法（Norforlk husbandry）」の普及を提唱し続けたとされる、[1]かつヤングは議会囲い込みによる大農場の創出や、それに伴う農業雇用の拡大を奨励した。しかし実際には一八世紀末における議会囲い込みの進行は、[2]小農、とりわけ小屋住み農の困窮化をもたらし、[3]一七九五年五月に決議されたスピーナムランド制度（Speenhamland System）に基づく賃金補助を増大させ、救貧税の膨張を招来させていった。[4]ヤングが『平易に述べられた食糧不足問題と救済策』において、救貧制度の代替として、「三人以上の子供を持つ王国のすべての農村（country）労働者にジャガイモ用の半エーカーと、一～二頭の牝牛を飼育するに足る牧草を保証する」という小土地割り当て案を提起したのは[5]こうした時局においてであった。

ヤングがかかる提言に至った経緯を略記すれば、およそ次のようである。ヤングは『農民への手紙』（一七六七年）で救貧法の害悪（怠惰や奢侈の助長）を説き、同書第四版（一七八三年）に至っても救貧法が安易な結婚を誘発し、人口増加を惹起させていると論じていた。[6]ところが、ヤングは一七九三年九月から肺結核を患っていた三女アンネ（Anne, Marth 1783-97）が翌年八月に夭逝したことを転機に改宗し、[7]「娘の死によって愛の対象をなくした自己と革命理論に対する無知ゆえに貧困である貧民のイメージ」[8]を重ね合わせて、下層階級に同情を寄せるようになった。一七九五年の食糧暴動[9]に直面したヤングは、まず、スピーナムランド制度を食糧暴動の防止策として評価し、「賢明かつ人道的な規定」と称賛するようになる。[10]ついで、ヤングは農業調査局のウインチェルシア伯（Winchilsea, George Finch, 9th Earl 1752-1826）がラトランド州の所領地で実行していた小土地割り当てに共鳴するようになるとともに、[11]併せてスピーナムランド制度を自主独立の農業労働者から勤労や節倹といった美質を喪失させていくもの解するようになったのである。[12]そしてヤングは具体的に、農業労働者世帯に小土地と小屋を貸与するとともに一頭の牝牛、種子、農具を支給する、一方、小屋住み農の方はその謝礼として「正当な平均的地代」を支払うとともに、牝牛代が完済されるまで毎年四〇シリングを払い続けるという案を発案したのである。[13]

こうして創案されたヤングの小土地割り当て案は、マルサスの『人口論』第二版（一八〇三年）において詳細に批評を加えられた[14]（［1］Ⅳ一二九～四一頁）。このこと自体はつとに紹介されてきている既知事実であるので、[15]もはや多言を要しない。その要点だけを記せば、ヤングの小土地割り当て案は、畢竟イングランドの農業労働者を

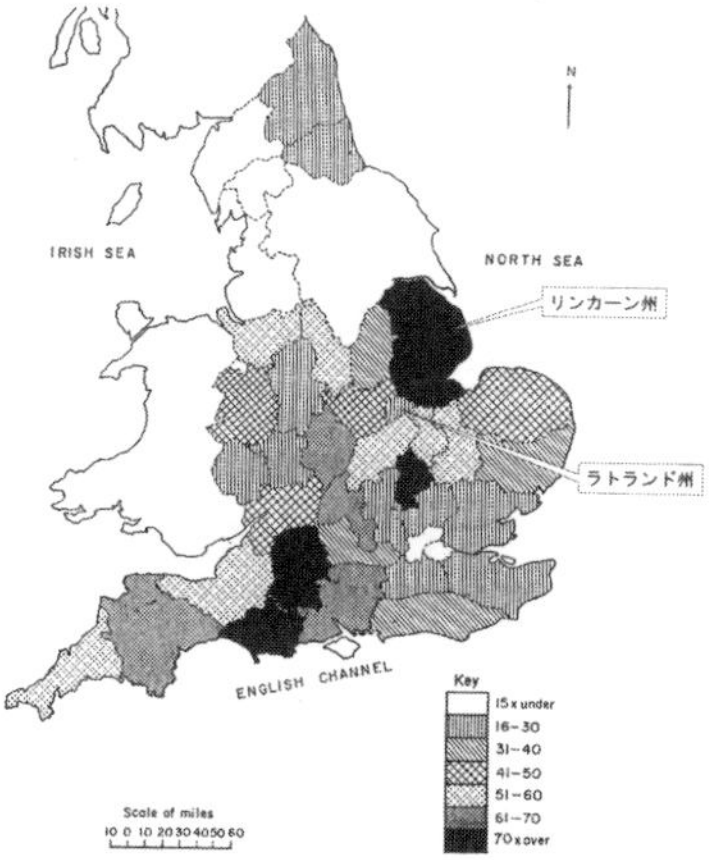

出典：D.C.Barnett,“Allotments and the Problem of Rural Poverty, 1780-1840”, in E.L.Jones & G.E.Mingay, ed., *Land, Labour and Population in the Industrial Revolution*（London: Edward Arnold, 1967）p.163より。

図1　各州別にみた小土地割当て案が実施された教区の比率（1833年）

アイルランドの下層階級並みの窮状（貧困多産）に陥らせるもの以外の何物でもなく、労働者が「規則的雇用によってのみ得られえる勤労の習慣」（［1］Ⅳ一四一頁）を身に付けていくほか救済策はないということに尽きる。ここで俎上にあげたいのは、マルサスが『人口論』第三版で極めて厳格な限定を付してではあるけれども、ヤングの提案を受け入れている点である。この点に寓目、配慮した先行研究は鮮少であろう(16)。

ヤングはマルサスの批判に対して、スピーナムランド制度を農業労働者における「勤労、節制、及び節倹」（本書五四頁）を奪ってしまうものと把握しつつも、性急な救貧法の撤廃を「身の毛のよだつ計画」（本書四八頁）であると戒め、小屋住み農が失った共有権（common right）の代償(17)、あるいは「救貧税の一緩和策」（本書四二頁）(18)として小土地割り当てを自主的に受け入れていくのが望ましいと抗弁した（本書四八頁）。この反論に対して、マルサスの方はあくまでも救貧法の全廃を前提としたうえではあるけれども、勤労階級の形成を促進する範囲でヤングの小土地割り当て案に同意しているのである(19)（［2］Ⅳ二四〇頁）。すなわち、マルサスの所論によれば、やはり小屋や小農園を有した小屋住み農の男女児たちは汗水の結晶から二〇〜三〇ポンドの貯金をなし、結婚するのが大原則であって、たとえ小土地割り当てる場合であっても、「土地の分配が小屋住み農の通常労働を本質的に妨げるほど大きくてはならないこと」と、「労働の価格が、土地から得られる扶助（any assistance）は別として、穀物の平均価格で、三人または少なくとも二人の子供を養い得ない場合には、常により以上の土地と小屋との分配を停止する」（［2］Ⅳ二四三頁、また［2］Ⅳ二三八頁も参照）こととが必須であった[20]。それゆえにマルサスは、ヤングが称賛し、再三引き合いに出しているリンカーン州とラトランド州における小土地割り当て（本著五九、六二、六三頁）の進捗状況（前頁図1を参照）についても、「現在大英国領内で最も豊かな農業を作り出しているが、この制度すら適切な注意を払わず拡張されれば、結局はわが国の労働者の境遇をアイルランドの下層階級のそれと同等にしてしまう」（［2］Ⅳ二四四頁）と憂慮しているのである。

第三節　一八一〇年代後半の知的交流

ともあれ『人口論』の第二版から第三版に至る過程で、マルサスとヤングとは小土地割り当てに関して相互に理解を深め合った。少なくとも、両者は、勤労、慎慮、節制といった有徳を体得した自立した小屋住み農家族の「五〇万戸」（本書四七頁、［2］Ⅳ二四〇頁）がイングランドおよびウェールズの農村部にしっかりと根をおろすことを願望していた点では一致していて[21]、この面では紛れもなく歩調を揃えていた。ただその実現方法に関して所見を異にしていたにすぎない[22]。爾後、ヤングが一八〇八年七月に光を失ったために、二人の意見や情報の交換は暫時中断されたように推される。残存する資料から判断するかぎり、交流が再開されたのは、一八一四年六月三日付で、マルサスがヤングの「ヨーロッパの物価上昇についての研究」が掲載された『農業年報』の巻号をヤングに尋ねてからであろう。この論文は実際には四六巻二七一号（一八一五年）一四一〜二二〇頁に収録され、マルサスは逸早くこれに目を通し（【書簡20】二五四頁）、一六年には同論文の冊子をヤングから恵与されている（【書簡21】二五五頁）。

マルサスがヤングに宛てた都合四通の書信を披見、通読するなら、とりわけ「地代を上昇させた農業資本は、借地人と地主のどちらによって主にもたらされたのでしょうか。」（【書簡20】二五四頁）という大難問(24)をためらわず問いかけていることに目を奪われるけれども、三通目までの主要な話題は穀価の高低と流通紙幣の多寡との相関関係についてである。すなわち、マルサスはこれらの私信において『エディンバラ評論』第一七巻三四号（一八一一年二月）に寄稿した論説「紙幣通貨の減価」のなかで主張していた「紙幣流通が及ぼす効果(25)」に関してかみくだいて略説しているのである（【書簡21】二五五頁）。それは、ヤングが「イングランドの漸増しつつある貨幣価値についての研究」（一八一二年）のなかで、穀価と通貨量との比例関係との関連でこの論文に言及していること(26)や、また「ヨーロッパの物価上昇についての研究」において『外国穀物輸入制限政策に関する意見の諸根拠』（一八一五年）から「物価の累進的上昇によって、社会の勤労諸階級に与えられた勤労、並びに蓄積力に対する大なる刺激であることはほとんど疑いえない。」（［4］九三頁）という件を引用していること(27)に応じてのことであった。

そのほか、三通目で、マルサスが「現在の穀物法のもとでは」小麦一クォーターあたり七五〜八〇シリングという価格は小麦の国内生産にとっては適価であると認めている（【書簡21】二五五頁）ことも黙過できないであろう。ヤングも首尾一貫して穀物輸出奨励金制度の維持を主張し(28)、かつ「ヨーロッパの物価上昇についての研究」で『穀物法の諸効果に関する諸考察』（一八一四年）、『地代の性質と増進についての研究』（一八一五年）、および『外国穀物輸入制限政策に関する意見の諸根拠』のマルサスの三著作を参考文献として挙げ(29)、実際に『外国穀物輸入制限政策に関する意見の諸根拠』から公債の発行高や利子、穀価などの数値を引用している(30)。農業保護主義者マルサスはこうしたヤングを心強い同志の一人と目していたと推考できよう。

最後に、マルサスが一八一九年一一月一二日付で踏み鋤深耕という農業改良法について問い合わせている（【書簡22】二五六〜七頁）点に注目しておきたい。これは高性能の深耕犂に続いて踏み鋤で下層土を一二インチ（三六センチ余り）以上掘り返す手法で、「犂一台につき同時に九〜一〇名を犂耕方向に配し、犂が進んだあと土を踏み鋤で深く畝溝から掘り上げて作条に重ねていく。屈強な働き手九〜一〇名なら、特別に粘土質の土壌でもないかぎり犂一台に追従できる」[31]というものである。つまり、深く掘り返せば、それだけ収量の増加が見込めると同時に、また農業労働の需要をも確保できるという農法である。マルサスは基本的には馬力を原動力とした脱穀機等による農業の機械化を「農業労働節約の過程」（［1］Ⅲ三四二頁）と理解していた。加えて、ナポレオン戦争後には脱穀機による省力化が一段と加速され、多数の農業労働者が失業の憂き目にあっていた。[32]マルサスはこうした実相に向き合い、農業等改良の進行を生産性の向上をもたらすものとして是としつつも、農業労働者たちが可能なかぎり離農しないことを望んでやまなかった。マルサスはその切り札の一つとして踏み鋤深耕の大きな期待を寄せていたと忖度できるであろう。

第四節　まとめ

マルサスもヤングと同様に議会土地囲い込みを支持していた。現実に、一七九三〜一八一五年の期間に一〇〇万エーカーの荒蕪地や共同地が囲い込まれた。[33]その結果、農業労働者の「あらゆる農作業を単独でこなしていた個人的熟練は、徐々にうしなわれていい[34]」き、彼らは未熟練労働者へと転化していった。そのうえ、ナポレオン戦争の終結に伴う農業不況や、総勢三五〜四〇万人にも及ぶ大量復員によって農村の労働市場は過剰状態に陥った[35]。マルサスとヤングはこのまま放置しておけば、多くの農業労働者たちが踵を接して離村してしまうのではと危惧していた[36]。小屋のみを、あるいはあわせて一エーカー前後の土地を有するにすぎない零細農民に小土地を割り当て、その離農を食い止めようとする点では、二人はすでに大筋で一致していた。この範囲において、「精密な観察者[37]」であったヤングと「実際的科学」の確立を目指したマルサス[38]とは遅くとも一八〇六年以降友好的な知的交流を交していた。さしずめ、こう大観しても大過ないであろう。

注

(1) 飯沼二郎『農業革命の研究』農山漁村文化協会、一九八五年、二八六、三一九、三二一頁。

(2) 一七九〇～一八一〇年代は一七六〇～七〇年代のそれ〔主として後進地帯であったミットランドの重土壌地帯でなされた〕に続く議会囲い込みの第二のピークで、主として高地の限界地、軽土壌地、南部諸州といった広範囲の共同耕地(common field)、共有地(common land)、および荒蕪地(waste)で実施された(重富公生『イギリス議会エンクロジャー研究』勁草書房、一九九九年、六一～二頁、また西村孝夫「アーサー・ヤングと allotment 運動」『政経論叢』第四巻第一号、広島大学政経学部、一九五四年、六六頁等も参照)。

(3) こうした見解の代表はハモンド夫妻(Hammond, John Lawrence & Lucy Barbara)の『農村労働者一七六〇～一八三二年』(一九一一年)である。ハモンド説は一九六〇年代、チェンバーズ(Chambers, Jonathan David 1898-1970)、ミンゲイ(Mingay, Gordon Edmund 1923-2006)、テイト(Tate, William Edward)、ディーン(Deane, Phyllis 1918-2012)らから反駁された(フィリス・ディーン〔石井摩耶子・宮川淑訳〕『イギリス産業革命分析』社会思想社、一九七三年、五六～七頁)。しかしその後、ターナー(Turner, Michael Edward)らによって修正を加えながらも、継承されている(G・E・ミンゲイ、E・L・ジョーンズ〔角山榮訳〕『イギリス産業革命期の農業問題』成文堂、一九七八年、二九、四九～五二頁や重富前掲書二〇～二頁を参照)。

(4) 救貧税の支出は一七八五年の二〇〇万ポンドから、一八〇三年の四二五万ポンドへと増加し、ピーク時の一八一八年には七八〇万ポンドに達した(大前朔朗『英国労働政策史序説』有斐閣、一九六一年、二八～三〇、五八～六八頁や、小山路男『西

洋社会事業史』光生館、一九七八年、一〇三～八、一一三～五頁を参照）。

(5) 西村前掲論文六一～二頁や、飯沼前掲書三九六～七頁を参照。

(6) 飯沼前掲書三二三、三二六頁。

(7) 飯沼前掲書三九〇、三九四頁。ヤングはウィルバーフォース（Wilberforce, William 1759-1833）の『自称キリスト教の一般的宗教制度実践観』（一七九四年四月）から多大な影響を受けたとされている（福士正博「アーサー・ヤングと貧困問題」『土地制度史学』第一〇五号、土地制度史学会、一九八四年、五四～五頁）。ちなみにヤングの小冊子『下層階級の公共心についての調査』（一七九八年）はウィルバーフォースに宛てた公開書簡である（飯沼前掲書三九〇頁）。

(8) 福士同上論文五八頁。ちなみに、ヤングが論難していたのは旧友のプリーストリ（Priestley, Joseph 1733-1804）を含むマッキントッシュ（Mackintosh, James, Sir 1765-1832）、カートライト（Cartwright, John 1740-1824）、クーパー（Cooper, Thomas 1759-1839）、およびシェリダン（Sheridan, Richard Brinsley 1751-1816）であり、とりわけペイン（Paine, Thomas 1737-1809）を手厳しく難じた(John G. Gazley, *The Life of Arthur Young1741-1820*, American Philosophical Society, 1973, Philadelphia, p. 296)。

(9) ハモンド夫妻によって「主婦の反乱（The revolt of the housewives）」と呼称されているように、多数の女性が参加した規律正しい温和な暴動ではあった。参加者たちは公正価格での食糧の頒布を借地農や商人に訴えた（新井嘉之作『イギリス農村社会経済史』御茶の水書房、一九五九年、四三一～三頁や、あるいはE・P・トムソン（Thompson, Edward Palmer 1924-93）〔市橋秀夫・芳賀健一訳〕『イングランド労働者階級の形成』青弓社、二〇〇三年、七九～八一頁、および近藤和彦『民のモラル』山川出版社、一九九三年、一二一～三、二〇一～二頁を参照）。ちなみに、ヤングは『南部諸州の六週間紀行』（一七六八年）のなかで、「暴動や騒擾は貧民の困窮の指標ではない……真面目で勤労である働き手はけっして蜂起しない」と述べている（近藤同書一三二～三頁）。

(10) 福士前掲論文五七～八頁。

(11) ほかにも、ポファム（Popham, Alexander 1729-1810）、ケント（Kent, Nathaniel 1737-1810）、ピット（Pitt, William Morton 1759-1806）、シンクレア卿（Sinclair, John Sir 1754-1853）、一三代ウィンチェスター伯（Earl of Winchestor 1764-1843）、イーデン卿（Eden,Frederick Morton, Sir 1766-1809）、バーナード卿（Bernard, Thomas, Sir 1750-1818）、ウィルバーフォース、あるいはデイヴィス（Davies, David 1742-1819）ら多数の人たち（表1を参照）が小土地割り当てを提唱していた（西村前掲論文五九頁や、吉尾清『社会保障の原点を求めて』関西学院大学出版会、二〇〇八年、一一七、一四三～四頁）。また一七九六年にロンドンで創設された「貧民の境遇を改善し愉楽を増進するための協会」もこの普及に努めていた（福士前掲論文五九頁）。ちなみに、一八一九年救貧法改正案第一三条は教区会に対して「貧困ではあるが、勤労である教区住民に」小土地を手頃な地代で貸与できる権限を与えた（吉尾同書七二、一四四頁、並びにD. C. Barnett, "Allotments and the Problem of Rural Poverty,1780-1840", in E. L. Jones & G. E. Mingay, ed., *Land, Labour and Population in the Industrial Revolution*, Edward Arnold , Arnold. 1967, London, pp. 167,178）。

(12) ヤングは、小土地割り当てに肯定的であった農業調査会の会長カリントン男爵（Carrington, Robert Smith,1st Baron, 1752-1838）らからさえその過激さのゆえに発禁処分を受け、やむなく一八〇一年三月に『農業年報』第三六巻四九七～六五八頁に採録した論文「貧民をより良く維持するために荒地を充当することの妥当性について」を同年五月に自費で出版した〔版元はBurry St. Edmunds〕（飯沼前掲書三九九～四〇〇頁）。ヤングはこの書において、囲い込みに伴う弊害と小土地割り当ての必要を確信をもって詳論し、土地の性質と家族数に応じて一～五エーカーの小土地と小屋を分与する案を提起した（伊藤久秋『マルサス人口論の研究』丸善、一九二八年、三一七頁注、飯沼前掲書三九九、四〇一頁）。

(13) 荒井政治『近代イギリス社会経済史』未来社、一九六八年、二八三頁、二八四頁注五。なお小土地割り当て論者のなかには、その地代を「ほんの名目的なもの、いな無償にせよ」と主張する者もいた（荒井同書二八三頁）。

(14) 後年、ミル（Mill, John Stuart 1806-73）も小土地割り当て制度について、「教区からの手当てに比べて、疑うことのできない長所をもつものであるけれども、賃金や人口に対する効果からいえば」、両者は大同小異であると論評している（ミル〔末永茂喜訳〕『経済学原理〔一八四八年〕』（二）、岩波書店、

表1　1795～1835年に小土地割り当て案を提唱した小冊子の刊行数

Period	Pamphlets published	Percentage of total
1795–6	12	6.5
1797–9	2	1.0
1800–1	12	6.5
1802–15	18	9.8
1816–19	40	21.7
1820–9	28	15.2
1830–3	62	33.7
1834–5	10	5.6
	184	100.0

出典：D.C.Barnett, "Allotments and the Problem of Rural Poverty, 1780-1840", in E.L.Jones & G.E.Mingay, ed., *Land, Labour and Population in the Industrial Revolution* (London: Edward Arnold, 1967) p.175より。

一九六〇年、三二四頁)。

(15) ボナア(堀経夫・吉田秀夫訳)『マルサスと彼の業績〔一九二四年〕』改造社、一九三〇年、五二一～三頁、福田徳三『続経済学』同文館、一九二五年、一二二七～三六頁、伊藤前掲書二一六～二二頁、西村前掲論文六四～五頁、および飯沼前掲書三九七～八、四〇二頁等。

(16) 伊藤前掲書三二四～三二頁、D. C. Barnett, *op. cit.* ,pp. 176-7. Patricia James, *Population Malthus*, Routledge & Kegan Paul, 1979, London, pp. 147-8、および拙著『増補版マルサス勤労階級論の展開』昭和堂、二〇〇五年、七八頁。

(17) 福士前掲論文五九～六〇頁。ちなみに、五人家族を院内救済すれば年間六〇ポンド要したし、院外救済(賃金補助)の場合でも二〇ポンド必要とした。それに対し小土地割り当てでは、小屋住農が自立できれば、一世帯あたり約五〇ポンドの支出のみで済んだ(荒井前掲書二八三頁)。

(18) 伊藤前掲書三二八～三〇頁。

(19) マルサスが『人口論』第三版でヤングの小農創出案に一定の譲歩をなすようになったのは、ヤングの『人口論』第二版の書評に接してのことと推されるけれども(前掲拙著二六七頁注二三)、同時にまた「健康で有徳、かつ幸福な人口」(〔2〕Ⅳ二一〇～一頁)の緩徐な増加を求める議論とも符合するであろう。

(20) 前掲拙著五二～三頁。ちなみにマルサスは当時の通常の家賃を世帯年収(三〇～四〇ポンド)の約六パーセントと見積っている(〔3〕一三頁、および吉尾前掲書一七一頁)。また幸運にも借地に恵まれ〔およそ二〇組のうち一組の夫婦のみ〕、小屋を新築する場合、二五～六〇ポンドの建造費を要した(飯沼前掲書三七三頁、また前掲拙著九二～三頁も参照)。

(21) 居住法(laws of settlement)は、一七九五年に、「ジョージⅢ世第三五年法第一〇一号によって修正せられ、労働者は救貧法に依存しないで、自ら生計を営むかぎり、いかなる教区においても住み、かつ働くことが」できるようになっていた(西村前掲論文七〇頁)。なおマルサスもヤングも職工を含む製造業労働者や兵士を視野に入れているし(本書五四頁、〔2〕Ⅳ二四五頁)、また労働者の農村から都市への移動を意識している(本書四七頁、〔1〕Ⅳ一六二頁、〔2〕Ⅳ二三五頁)。

(22) ちなみに、マルサスも議会土地囲い込みを支持していたけれども(前掲拙著五三頁)、囲い込みが「実施されたうえは、その他のことは個人的利害の作用に委ねられなければならない」(〔1〕Ⅲ三六八頁)と述べている。また貧困階級の生存権に関しては、マルサスがそれを否定した(南亮三郎『人口法則と生存権論』同文館、一九二八年、四〇～七七頁)のに対して、ヤングはこれを肯定し、コベット(Cobbett, William 1763-1835)と同調している(大前朔朗前掲書二二七～九頁、また John G. Gazley, *op. cit.*, pp. 537-44 を参照)。この点においては、両者はむしろ対立していたといえる。

(23) マルサスは『経済学原理』(一八二〇年)のなかで、この論文やヤング「イングランドの漸増しつつある貨幣価値についての研究」『農業年報』第四六巻二七〇号、一八一一年、六九～一三五頁に依拠しながら、近代イングランドにおける労賃の推移を辿っている(小林時三郎訳『マルサス経済学原理』(下)、岩波書店、一九六八年、五九～六二頁)。

(24) マルサスが「自営地主(gentleman farmers)」([1] Ⅱ一七頁)をどちらに分類していたかは不分明であるけれども、少なくともマルサスは地代の増加の要因を農業資本家による農業革命に求め(前掲拙著一九～二〇頁)、一方ヤングの方は地主こそ農業進歩の牽引者であると考えていた(飯沼前掲書二九七～八頁)。

(25) その要旨は、「ある程度の通貨量増大は諸商品価格の騰貴を連続的に誘発し、それを契機にして不生産的階級から生産的階級への流通媒介物ないしは国民生産物の移転が生じていき、その結果として生産とインダストリが促進される」と約言できる(前掲拙著六〇頁)。

(26) Arthur Young, "An Enquiry into the Progressive Value of Money in England", *Annals of Agriculture*, 46 (270), 1812, p. 115.

(27) Arthur Young, "An Enquiry into the Rise of Prices in Europe", *Annals of Agriculture*, 46 (271), 1815, p. 197.

(28) 飯沼二郎「アーサー・ヤングの大農法と国家論との関連について」『歴史学研究』第二一三号、歴史学研究会、一九五八年、二六～七頁。および飯沼前掲書四〇五～八頁。

(29) Young, "An Enquiry into the Rise of Prices in Europe", p. 220.

(30) *Ibid.*, pp. 148, 166-7, 187, 199. なお、引用されているマルサス著作の該当頁は、[4] 六三、八三、八八、九四頁である。

(31) テーア(Thaer, Albrecht Daniel 1752-1828)(相川哲夫訳)『合理的農業の原理』(中)農山漁村文化協会、二〇〇八年、三八四頁、また同訳書一四三～五、三二五、三七六～八頁も参照。

(32) 前掲拙著五四～七頁を参照。

(33) 重富前掲書四六頁。

(34) ミンゲイ、ジョーンズ前掲訳書四四頁。

(35) 同上訳書九〇頁。

(36) 西村前掲論文七六～七頁。

(37) マルクス(Marx, Karl 1818-83)は『資本論』第一巻(一八六七年)のなかで、ヤングのことを「皮相な思索家ではあったが、精密な観察者であった」と評している(飯沼前掲書二八五頁)。

（38）　前掲拙著六頁。なお、もとより「マルサスにとって、帰納法（実際的精神）と演繹法は決して矛盾・対立するものではなく、互いに補い合うものであった」（中澤信彦「需要定義問題とマルサスにおける経済学方法論の形成」只腰親和・佐々木憲介編著『イギリス経済学における方法論の展開』昭和堂、二〇一〇年、九一頁）けれども、マルサスがコンドルセ（Condorcet, Marie 1743-94）の『人間精神進歩史』（一七九五年）を「あらゆる理論の真理たることを立証できる理論と適用とを欠いている」（マルサス〔永井義雄訳〕『人口論』中央公論社、一九七三年、九五頁、なお初版のこの文言は第二版以降も再説される、［1］Ⅲ七頁）と批評していることも忘失してはならないであろう。

アーサー・ヤング「人口の諸原理を小屋に土地を付与する問題に適用することについて」
『農業年報（Annals of Agriculture and other Useful Arts）』第四一（XLI）巻第二三九号、一八〇四年、pp. 208-31.

凡例

一・訳文中の［ ］のなかの字句は訳者が便宜上補足したものである。
二・原文にある dash や（ ）は訳文でもそのまま表記している。ただし、dash が文章の中略を意味している場合は「……」で表示している。
三・原文にある italic 部は傍点で、また boldface 部は太字で示している。
四・原文にある注は（ ）のなかに該当する番号を付した。また訳者が付した訳注は〔 〕のなかに、それぞれ該当する通し番号を記入し、訳文の適切な個所に配している。

経済学の全領域において、経済学に付随する考察、すなわち貧民に関する立法の研究ほど重要な問題はほかにはない。もしも試みという利点がなければ、イングランドにおける試みは二〇〇年後には政策上陳腐なものに化していると思われる。また多数の公刊物が現れ、かつその議論の大半は具現化されたけれども、あまりに理論的、推論的すぎて、著述家たちは試行してもそれを決して解決しえない問題と考えていたように思われる。偉才の著述家である牧師マルサス氏は近時、四ッ折版の人口諸原理に関する一巻を刊行した。この著をもって、氏はその筆陣に加わったけれども、研究に関しては、理論一辺倒で、既存の論者と同様にとどまっている。この書のなかで、氏は機会を設けて、拙著『フランス紀行』〔一七九二年〕に挿入されているフランスの貧民の状態と、主にリンカーン州やラトランド州〔一〕に見られるイングランドの小屋制度（cottage system）の現況とを比較している。そこでの氏の見立てでは、フランスの状態について書き記したこととわたしがまったく異なっているとされる。この所見において、わたしは氏がかなりな思い違いを犯していると考える。すなわち、フランスにおける土地財産の成り行きと、わたしがイングランドに適っていると推奨しているそれをもたらす方法との間には、理論上ではなく、多くの事実に基づいた直接的な結論という点で明確で、かつ本質的な相違があるのである。

ともあれ、読者はわたしに正確な記述をなすことを寛容してくれよう。それはこうである。氏が途切れなく、少しずつ公衆に提示している諸事実の入手に長時日を割いてきた筆者のような著者は、こうした諸事実を調和しえないか、あるいはまたいずれかの事実を無視するかのどちらかである。なんとなれば氏がかつて示した別な事実と矛盾するからである。いなむしろ氏は実直に正反対の行動をとってさえいる。氏の仕事は公共的使用のために重要な事実を探し出すことである。氏は、一方では自らの諸帰結や高見を差し出している。しかし他方では、それらの事実が脳裏に浮かんでくるまさにその時に、研究を進め、思考が停止したままでいるということを想見しえなくなっている。氏の認識では、主目的が諸事実であり、事実についての論評はより下位の仕事である。それればかりか、自らの関心を何にもまして極めて異なる諸前提から導出された元来の見解に向けた暁には、それは有害なものに、つまり一層有害な単なる理論に陥ってしまうことを知ってもいる。かくして、まずは、それがかつての状況と調和されるということに何らかの注意が払われないかぎり、進んで自らの新情報を説明したり、適用したりしなくなるであろう。仮に、将来わたしが国内、または大陸への旅行を完遂し、既知の制度[2]とはまったく異なる貧民扶助制度に逢着した場合、沸き起こった所感とともにその特色を間を置かずきっと公表するであろう。またたとえ非常に異なった根拠から導き出された従来の私見がわたしの心から消え去ったとしても、旧来の自説に立ち返らないとは断言しないであろう。とはいえ、もちろんより良いものに注意を傾ける人はより少数である。というのも、こうした注意はともすればただ単に利己的な動機によって、その際に生じた新たな問題についての十分な説明に対してよりも表面上の矛盾を避けるという関心の方にずっと多く向けられるであろうからである。ある人は自己の評判ばかりを気にして行動する。別な人は、自らが手に入れた諸事実やその時に抱いた心象を読者に余蘊なく伝えることばかりに気をとられる。したがって、もしもマルサス氏が、わたしがいろいろな時期に、かつ極めて異なる事実に基づいて報じていることに気付いていたなら、そのゆえに氏はわたしに非を鳴らすべきではなく、むしろ、小心翼翼の継続を心掛けていくという条件を付けずに、そのことをもってわたしが山ほど有する情報を公にした一証左とみなすべきであったであろう。しかしながら目下の問題に関しては、フランスについて記述された制度とイングランドにおいて推奨された制度とがかなり異なっていることを立証するのは容易であろうと思われる。

わたしはフランスの人口が小土地所有のゆえに過度に至り、多くの窮乏と貧窮とをもたらしていることを探りあてた。それゆえ、一帰結としてわたしはこの制度への反対を表明する。

イングランドに関しては、わたしは小屋住み農が土地を賃借して（その結果所有して）、食物不足の時でさえ教区救済を受けたり、あるいは適用されたりすることが露ほどもないほどの愉楽を享受している諸地方を見出した。それゆえ、一帰結としてわたしはこの制度への賛意を言明する。

マルサス氏はわたしの不調和を難じている。

万が一にも私見が本当に不調和であったなら、この寸評は少なからずわたしの関心を喚起したであろう。諸事実が揺らぐことなくマルサスおよびそのほかの人に突きつけられる。ともあれこの事例がいかなる状況であるのか立ち入ってみよう。

フランスでは、小屋住み農たちが問題の土地所有を正式な権利として行使していて、しかも思うままに処分できる。加えて一般的な慣習によれば、それを随意に子どもたちに均等に分割して譲渡できる。イングランドに関しては、小屋の周囲に小地所は一片もない。大抵の場合、その住居は村落または町（town）にあり、土地は少し離れた所にある。ゆえにわたしは次のように明言する。すなわち、土地分割が過度に進んでいけば、そこは斑模様に包まれた一本の桜の木で覆い尽くされ、それが全財産となってしまう。にもかかわらず所有者は相変わらず財産の魔性に取りつかれたまま居住している、と。マルサス氏は、こうした事実をイングランドで部分的に採用されている制度や、あるいはまたそれに基づいた提案とどのように対比しえるのであろうか。わたしにはまるで見当もつかない。なぜなら人びとは多種多様であるからである。

紳士［マルサス］はわが国の救貧制度に起因する害を十二分に理解している。人びとがリンカーン州やラトランド州での実施を推奨していることから覚醒させるべきであった。マルサス氏は『人口論』の五七三頁[3]でこのことに触れていて、拙著『平易に述べられた食料不足問題と救済策』［一八〇〇年］の七〇頁[4]に対する納得に足る記述がなされている。わたしはそれをそれらの地方における結果として記している。そして七九頁でのわたしの提案は明らかに救貧税[5]に対する一緩和策である。しかし氏の抜粋だけに目を通された場合には、この効果に関するこの部分がすっかり見落とされてしまう。その結果、次の章句が、『農業年報』第三六巻の四九七頁にある覚書きに対するマルサス氏の返答のすべてとなる。

> ヤング氏はその後、『貧民をより良く維持するために荒地を充当することの妥当性について』［一八〇一年］と題する小冊子において、自分の考えを詳細に展開した。しかし私の受けた印象は依然として同じであり、わが国の労働者の状態をアイルランド人の下層階級のそれと同列にすることを意図しているように思われる。ヤング氏はまったくどうしたわけか、この問題に関する彼のすべての一般的原理を忘れてしまったようである。彼は貧民対策（provision）の問題を、あたかも一定数の人々への対策をいかに最も低廉かつ最良の方法でなすかにすぎないかの

ように取り扱った。もしこれが唯一の問題であったなら、解決するのに決してこれほど多くの歳月を要しなかったであろう。しかし真の問題は、欠乏状態にある人々の数を不断に累増させないような方法で、こうした人々にいかなる対策を講じるかである。彼らに土地と牝牛を与える計画がこの点で大きな成功を約束しえないことは、読者も容易に察しられよう。もしすべての共有地が分割されてしまった後、救貧法が依然として効力を保持するならば、土地と家畜の購入に費やされた支出は別にして、救貧税が数年内に現在と同じ高さにならないという理由はまったく考えられない。〔6〕

諸事実に散漫な注意を払うにとどまり、その反面自らの理論的推論にこれほどまでに信を置く著述家たちは、「わが国の労働者の状態をアイルランド人の下層階級のそれと同列にすることを意図している」との根拠に十分な配慮をはらわないまま、性急な結論にあまりにも走りがちである。リンカーン州やラトランド州でのかの制度によって創出されている恐らくはイギリスの領土における最も愉楽な小農が、わが国の貧民の状態と同一にされたなら、国中の貧民がヨーロッパで一番悲惨になってしまうというのは、夢にも信じられないことであろう。なぜならマルサス氏が繰り返し再説しているような容易に土地を入手する人は誰一人もいないからである。――それどころか、アイルランド人は現在最大の労苦を強いられて、つまり非常に法外な地代を支払って土地を賃貸しているのである。〔7〕それゆえ、氏、あるいはわたしが理解している所からして、こうした状況はアイルランド人の窮乏の増大をもたらすであろう。

一定数の人びとへ対策を施すことと、人口（numbers）のやむことのない累増を防止することとの区別に関しては、わたしはマルサス氏の所見を不適切なものと考える。小屋に土地を付与するという提案はそれを有する家族を愉楽に扶養する。またこうして生まれてくる人びとの全員に継承されていくなら、それへの反発は勢いを増すであろう。なんとなれば増殖には際限がないであろうからである。しかしこの点に対してははっきりと釘を刺している。すなわち、次の文言の如くである。「割り当て時に生命を有するすべての家族、もしくはその後その父から生まれた家族については、付与された貧民の財産であり続ける割り当て地は、当該教区によって負担される必要はない。同じ条件の下で、その子孫へと相続されていくからである。」『農業年報』第三六巻四六一頁。どこであれ家族が一つ屋根の下で暮らしているという現実を思い浮かべれば、以上は概ね真実である。ここでそうした教区からの一例を引こう。住民の状態は窮乏ではなく愉楽であり、かつ怠惰で依存的ではなく勤労になるよう奨励されている。またその増加していく人口は貧民名簿に追記されるのではなく、教区救済から生じている。人口は同一か、あるいはほぼ同じのままであるかもしれない、恐らくはそうであろう。けれども現状では、人口の増進が救貧法の下で続いている。ただし、こうした人口が救貧法の影響によって逝去し、しかも結婚への奨励が現在と厳密に比べてより少ないという前提に立つならばである。現在、人びとは教区へ依存することで結婚している。また人びとは勤労と貯蓄とによって、依存暮らしよりもずっと良い備えを準備できるまでは、結婚を控えるであろう。したがってこの制度は人口の有害な累増を緩和する直接的傾向を有している。土地の不動産権をその所有者に与え給え、さすれば所有者はフランス方式で土地を分配するであろう。けれども、もしもそのことが教区内でなされるならば、フランスにおいて土地財産に随伴しているあらゆる諸害悪は防止される。

救貧法が引き続き強大であろうという見通しに関して言えば、それは根も葉もないことである。その見通しは正反対である。救貧法の拡大を阻むという目先の思惑から土地を付与すること、ましてやこのように付与を受けた人たちに合法的に土地を残すことなどは正気の沙汰以外なにものでもないであろう。救貧法が目下その運営を委ねているどのような計画も失敗に終わるのは疑うべくもない。

マルサス氏は次のような所見を抱懐している。

ある農業者または紳士がその農場に一定数の小屋を持つものと仮定しよう。寛大な人間であり、周囲の人の全員に愉楽な暮らしをさせたいので、一つの小屋毎に、一、二頭の牛を飼うに足る猫額の土地を付属させ、その上に高賃金を与えるかもしれない。彼の労働者は言うまでもなく豊かに生活し、そして大家族を養うことができるであろう。しかし彼の農場は多数の人手を必要としないかもしれない。そして彼は雇用している者には十分な支払をするかもしれないけれども、恐らく自分の仕事に必要な以上の労働者をその土地に持とうとしないであろう。したがって、彼はこれ以上の家屋を建造せず、そこで雇用労働者の子どもらは明らかにそこを去って他国に住まわなければならない。こうした制度が一定の家族が一定の地方だけに限られている間は、移住者も容易にほかの場所で仕事を見出しえよう。そしてこうした農場に雇用されている個々の労働者が羨むべき境遇にあり、わが国のすべての労働者がこうした境遇に置かれるべきことをわれわれが当然希望していることは疑いえない。しかしこうした制度が一般的になれば、事の性質上、それが同一の利益を持ちえないことはまったく明らかである。なぜならその際には、子どもたちが同一の仕事を見出す期待をもって移住しえる国はないからである。人口は明らかに都市と工場との需要の増加以上に増加し、普遍的な貧困が必ず引き起こるに違いない。[8]

もしもこの著者が言及している小屋制度を牧畜地方だけに見られるものと想定しているなら、著者は考え違いを犯している。著者がグルレー［Gourlay, Robert 1778-1863］の研究[9]の付録にある地代から知ったであろうように、多産の地域であるか否かを問わず、小屋制度は牧畜地方では稀にしか見受けられない。したがって彼が上記の状況判断に立って異論を唱えているかぎり、それは徒労に終わる。子どもたちが土地を離れ、ほかの地域に定住するというのは真実であり、帰着してくる不変の結論は決して小屋に付与される土地ではなかったであろう。たしかに、マルサス氏は若い男女が農業者の需要を見込んで結婚するのではなく、千差万別の感情に駆り立てられて結婚することを知っている。たとえ政治的議論が彼らに影響を及ぼすとしても、このことは用心深く生じるであろう。しかしこうした議論は何らの争点となるものではなく、われわれの研究は専ら増殖（propagation）に対する抑制か、あるいは妨げに向かうべきである。ここで見方を変える必要がある。何事かが双方の側で主張されるであろう。土地を所有すれば、家族の食事は改善され、安楽（ease）も増し、その結果結婚へとより導かれるであろう。他方、貧民の子どもたちよりもはるかに規則的勤労（regular industry）の習慣のうちに育てられたなら、財産を一片も持っていなくとも、人びとは自らの愉楽な状況を夢見ながら、それを成就するに足る貯蓄を達成するまで結婚を延期するよう導かれるであろう。否、わけても小屋を手に入れるまで遅らせる。以上が必要不可欠である。一方、単純な労働に頼り、結局は教区扶養に依存するという場合には、結婚はたびたび非合法関係という結末となる。[10] しかしそれでもなお、あらゆる身近な例で示しうるように、人びとは結婚する。人びとが勤労者でもなく、かつ節倹家でもないのであればあるほど、それゆえ散財家であればあるほど、性的乱交が一般的となり、その結果間違いなく人口の微増を招来させる。にもかかわらず、マルサス氏は有徳、慎慮、および勤労を推奨する際に、こうした事情を酌まないのであろうか、あるいはバーナード［Berbard, Thomas 1750-1818］氏に賛同しないのであろうか（五八五頁）。[11] というのも、金子を浪費し、毅然としている少女の方が、六つほどの教区の徳性によって増進されるであろう有徳よりもマルサス氏により等閑にされたその増加を遥かに多く妨げるであろうからである。

これに対して、マルサス氏は依然としてその制度が一般化しえないと抗弁しているけれども、われわれはそれに基づいて判断する何らかの共通の月日について合意しておかねばならない。この考察にあたり、何をもって小屋と家族とを同義語として受け取ることを否定しえないのかについて自問しておこう。前述の引用章句のなかで、この紳士は説明を一切しないまま、自らが移住（emigration）と呼称することが惹起するに違いないとして、土地を付属していない小屋がすでに家族で充満していることを忘失しているように思われる。このことはわが王国の津々浦々の実相である。それゆえ多くの町や製造業などが男女の過剰（superfluity）を駆逐しないかぎり、村落は溢れ返り、窮乏を生み出すに相違ない。このことに疑いをはさむ余地は一点もない。それは至る所で多少なりとも見られる。仮にこの増加した人口を家庭で養うために新しい家を建造できない場合には、町などへ移住する。またわたしは、土地がない場合には住民を愉楽にするために小屋を建てるべきではないと主張する。マルサス氏は土地を伴った住民の増加を想定し、誰がそれを疑うのかと説いている。なるほど住民は恐らく土地がない場合と同じほどには増加しないであろう。その過剰は移住しなければならない。すべての事例において、必ずやそうなる。しかもこの過剰に対する需要がなければ、窮乏がその結末となる。まぎれもなく、このことは両方の事例に寸分違わずあてはまる。こうした小屋はイングランドとウェールズには五〇万戸であるであろう。されば、マルサス氏と筆者自身との間にある争点は、そこの住民が教区救済を断たれても、愉楽な状況にあるとするのか、それとも住民が増加していく救貧税に依存したまま、悲惨な貧民であり続けるのか、ということになる。ここでの考察は小屋住み農に絞られる。すると、前者の場合には、後者の場合に比べて小屋住み農の増加に対する対処法が少ない。その増加した小屋住み農の安楽や愉楽は浮き沈みする織物（fabrics）の需要の如何にかかっている。そうであるにもかかわらず、小屋住み農の増加を見込んで、五〇万戸の家族に愉楽をあたえるべきではないなどとどの人が口にできようか。すなわち、万人がその反証を目にするのではあるけれども、小屋住み農は愉楽になれば、増加しないであろうという誤った仮定を思い浮かべているように思われる。

付随的な状況から判断しても、その増加した貧民が教区の厄介になる途を断つというわたしの提案は一つの方策であり、かつ恐らくはこの計画の広がりに応じて救貧税を削減していく極めて有効な方策である。また貧民の側も自発的にこの状況を受け入れるであろう。それゆえ、この紳士［マルサス］が提案した向後生まれてくるすべての子どもたちを一切の教区救済から断つと布告するという方策に勝るとも劣らないほどの暴力的で、かつまったく独断的な方策に向けられる不服を受けはしないであろう。ある法律はその暴力性にゆえに決して実施されはしないであろうけれども、氏が提案しているように厳格に施行されたなら、王国の至る所で害や暴動が起こり、水泡に帰してしまおう。寛大なる方策でもって、かつ貧民たち自身の賛同を得て、同じ目的、ないしはほぼ同一の目的を達成することがきっとより安全で、人間味のある方策であるであろう。

実際に、マルサス氏のこの計画は、氏が現になしているように、頻発する食料不足の予測と結び合わされていて（四四四頁）、氏は食料不足を避けえないもので、かつまた食料不足とともに食料価格の漸次的上昇があると考えている。そうだとすれば、氏が提案している計画内では、またこの施行の厳格さが及ぶかぎりでは、非情極まりない処置がなされるであろう。そして困窮（distress）の光景が四方八方に広がるであろう。それはあらゆる欠点を有する救貧税そのもの以上で、感情を持ち合わせているあらゆる心にのしかかるより冷酷な税にも匹敵するものであろう。したがって非常な大変更に先立ってなされるべき然るべき十分な準備が整っていなければ、増大していく世代はこうした旧救貧法の下で、救済を受けて、養育、教育されるであろう。また孤児を抱えた数多の家族はたちまちマルサス氏が暗示していないある手段を除いては、いずれの頼みの綱（resource）をも断たれる羽目に陥ろう。神の手がじきじきに人びとに食べ物を施したり、あるいはその世話をしたりするほかない。この身の毛がよだつような計画は、大帝国の政策としては、幾つかの点では次第に実施されるであろうけれども、そのほかの大半の諸点に関しては、かつまたその一般的な実施に関しては、俄かであり（大抵の場合、二、三年間という期間は免れない）、暴力的、かつ危険な大変革となるであろう。そしてこの大変革の成否の鍵は何なのか。妙齢の男女は何故に結婚生活を回避し、かつ結婚生活をなさずして純潔を保つのか。非常に分別のある一人の男性がこの通りに行動したとしよう、彼はどのようにして思いをめぐらせ、判断を下す気持ちになるのか、わたしには不思議でならない。氏はこの不可思議が自らの計画に必ず付きまとうことを理解し、かつそれゆえにありそうなことを示そうと努めている。たとえば、マルサス氏はこうした男性には生存権がない[1]と主張している。氏の主張によれば、きっとこうした男性は女性に対する権利を持っていないのであろう。――つまりこうした男性には、神や自然、それに天啓が貧民に対して教え諭すという正道がないとはっきりと申し渡され済みなのである。人間の心のなかの最も強力な情欲に背くという制度（system）は間違いなく砂上の楼閣であるし、そればかりか計画者たちの注意を混乱させ、ひいてはそのために多くを堕落させるであろう。

　マルサス氏はかなりな才覚を発揮して、増加している人口の帰結を分析し、人口に対する諸妨げの傾向を指摘している。――けれども、氏はその著作から引き出されるに違いない道徳的結論を十分に理解している（氏は一、二の節で少しばかりこの問題に触れ、明らかに非難からわが身を擁護してはいるけれども）ようには思われない。浪費の習俗（manners）を除けば、氏の計画は何事も功を奏しえないのはまさにこのことに起因する。――ちなみに、氏の大目標は結婚の抑制である。氏の次の段階として、独身の際に純潔を保つということが大国に適用された場合、それは到底実現不可能である。だから氏は、どのような結末になるであろうか、またそのうちの何れだけが氏の目的に適っていそうかを予知しておかねばならない――それは性的乱交の一般化である。以上が氏によって探し求められた妨げの終末であり、またこのような制度の必然の末路であろう。第四編第二章でのこの有能な著者の所感は卓越していて、その制度は概してひょっとすればありそうであり、また氏の結論も十分に根拠付けられている。しかしそれらは人間の性格や状態とまるで矛盾しているように思われる。――氏が所持していない、また今までにも所持したことのない諸徳目を頭に浮かべよ。また人びとがどんなに請い願われようとも、夢想だにもしえない偶然に任せよ。したがって、二〇〇年続いてきた制度上の俄かで、暴力的な変化に引けを取らないほど極端な手段に対するあまりに薄弱な根拠に委ねよ。

労働の賃金がほとんど二人の子供を養うに足らない時には、人は結婚して五、六人の子供を持つ。彼は言うまでもなく、ひどい貧苦に陥る。そこで彼は労働の価格が一家を養うに足らないことを非難する。彼は教区が自分を援助すべき義務の履行に鈍重で、物惜しみしていると非難する。彼は富者が貪欲であって、彼に十分分け得るものを惜しんで、彼も欠乏に悩ませていると非難する。彼は社会制度が不完全で、かつ不正であって、土地の生産物の適当な分け前を彼に与えていないと非難する。彼は、恐らく神の配剤が避けることができない貧苦と依存とにこれほど悩まされる社会的地位に自分を置いたことを非難する。こうして、彼は非難の対象を探す際に、その不幸をもたらす源泉には決して注意を向けない。彼が一番非難しようと思わないのは彼自身であるけれども、社会の上流階級に欺かれている場合を除けば、実は彼自身こそが主として責めを負うべきである。彼は結婚しなければ良かったと思っているかもしれない。なぜなら彼は現に結婚の不都合を感じているからである。しかし彼は何か間違ったことをしてしまったとは微塵も思い至らない。彼はこれまで国王と国のために臣民を養うのは極めて名誉ある行いと教えられてきている。彼はこれを実行したけれども、かえってそのために苦しんである。彼は国王と国がとくに必要としているると絶えず宣言しているものを彼らに与えたのに、それと引き換えにこれほどまでに自分を苦しめるのは、不当でかつ残虐極まりないと感じざるを得ない。」――「（結婚することで）彼ら自身が自らの貧困の原因である。……彼らが住んでいる社会とそれを統轄する政府はこの点で何ら直接的な力を持っていない。[12]（五〇六頁）

この章句において、著者はある大胆な所説でもって一切合切を覆すために一連の非難を並べ立てている。こと神の摂理に関するものを省けば、わたしには、貧民たちはこれらの不満の一切を正当化しているように思われる。労働の価格は大家族に維持するには足らない。教区は十中八九鈍重で、出し渋る。富裕な地主は自分を扶養してくれる土地の足ることを知らない。大地の生産物のうち地主がとる取り分は不充分である。地主の不満には根拠がある。地主は悪事を働いてはいない。だから地主は神や自然、それに天啓の命に服しているのであって、何ら非難されるべきでない。地主は貧民たちが近隣の農業者と同程度の地代を払っているので、三、四エーカーの土地を持っているほかの小屋住み農が愉楽に、かつ教区から独立して暮らしているとみなすであろう。それに、地主は、富者たる者には十分な取り分があり、かつ己が欲するすべてのものを与えられるということを阻む慣行(institutions)を非難する理由を持っていないのか。それは健康で活力のあるような人に自分が単に心を燃え上がらせて結婚したわけではないことを伝えんがためである。つまり高収入の生活を約二〇年間も待ち侘びているカレッジの特別研究員のように、心を燃え上がらせて、結婚することをである。純潔の保持は無慈悲な侮辱である。――何事かが生じるまで、すなわち家族を収容する家、あるいは家族に食べ物を与える土地を持っていなくても家族を扶養するに足るものを蓄えるまで、純潔を保つことである！たとえ彼が忍耐強くて、純潔であるとしても、彼の見通しはまったく絶望的である。金銭を貯めるために二〇年待った後、一人の小屋住み農のためにもう二〇年待つことになろう！――だとしたら、彼の行動はどうあらねばならないか。住居を確保できる時に自信をもって結婚することである。もしも彼がこの機を逸すれば、その機会は決して再度訪れないであろう。家と家族とが同義語であるということを牢記しておかねばならない。マルサス氏は忍耐、自制(forbearance)、および純潔を表示しているけれども、結局の所、どこの家がそれらを具現させてきているのか。読者諸賢は忍耐以外に何をもって氏の期待に応えるのか、それでは目標に全然達しないことになってしまう。――結婚という救済のないまま心を燃え上がらせること――娶る希望のない純潔――毛頭所有できないものを所有するために貯蓄する慎慮―寝台を持たずに妻を、また家、土地、あるいは牝牛を持たずに子どもたちを一〇年待望すること。有能にして、冷徹、かつ哲学的な頭脳にも引けを取らない先見の明のある着想は、まったくもって詩人の燃え立つ想像力から湧出したものではないけれども、まさにその全推理力が法に裏付けられた実行策に浸透しているのである。

貧民の状態を考察する際、マルサス氏はわたしが精通している地方の教区に遍在している事情に十分目配りしているようには思われない。それは家と家族とが同義語であるという様相である。イングランドのそこのこうした状態は長年にわたって続いてきていて、それぞれの小屋毎に一家族が住んでいる。だからより多数の住居が不足して、時には、結婚は生じない。管見のかぎり、仮に土地の所有者がより多くの小屋を建てた場合には、所有者が最大限に譲歩して課す地代を支払うだけで、それらの小屋が即座に埋まってしまうといった教区を知らない。この事情は現下のイングランドにおいて強力に作用している人口に対する一つの明白な妨げの例である。わたしからすれば、それは思われているほど強力には作用していず、それゆえむしろ労働の急激な高騰が顕著であるか否かの方が問題である。それは一時的な騰貴ではなく、数年間継続する騰貴についてである。そしてこの事情がこの考察と非常に密接に関連しているので、わたしはかくも有能な著者にこれへの関心を推奨せずにはいられないのである。実際に不足した時には、何らかの平均を目安にして判断されるべきではない。――労働の価格の如何を問わず、一クォーター当たり四ないしは五ポンド[13]というのは小麦だけを消費している人びとを大困窮に至らしめるに相違ない。しかしもしもこうした時期を慮外の置かないなら、次のことはとくに考察するに値しよう。すなわち、労働の賃金の安価がこれまで想定されてきたであろうよりも十分なものであると推断される場合、この前の不作の期間に、どれほど多くの家族が幾ばくかの小片の土地財産によって、換言するなら、もしもこのような土地財産を持っていなかったら、事の道理からして自らの教区から受け取ったであろうものとほぼ同等の利益(profit)を生みえないような土地財産によって、どのようにして自らを扶養できたかということである。ただし、教区への依存が断たれたとしてのことである。救貧法によって不用心の精神や倹約（economy）の欠如が育成された所では、労働の価格が十分であることを目の当たりにすることはない。それゆえもしも一片の空き地の所有もしくは占有がこの節制、勤労、および貯蓄の精神を引き起こす有力な手段であるなら、われわれは下層諸階級を可能な最良の状況に置く手段を手中に持っている。すなわち、愉楽で、救貧税とは無縁な状況にある小屋住み貧民としてである。また町など等から排除された小屋住み貧民の人口の余剰（superlucration）としてである。この後者の階級では、製造業の衰退が窮乏をもたらすであろう。――とはいえ、この害悪が絶対的に、かつ物理的に現在では問題にならないとみなすのには慎重を期すのが良い。この害悪が出現するに応じて、新しい小屋に制限を設けるべきである。反対に、新しい小屋が増える時にはいつも、製造（manufacturing）諸階級を増加させる力がもたらされる。これは多分、人間の制度が許容する最大量の幸福を貧民の間に保証する至高の手段であるかもしれない。

労働の価格を生活費と比較する時、ある事情に注意を払う価値がある。ある貧民家族の冬季の支出は、少なくとも蝋燭代と燃料費（それがどれ程であれ）の分だけ夏季のそれより多大である[14]。それに衣服代も嵩むことにも配慮する必要がある。それゆえ冬季賃金が彼らの生活費（support）と同じでなければならない。けれども夏季賃金の方が冬季賃金をはるかに上回っているに違いない。多くの地方では、かなりの程度そうである。したがってわたしは、貧民のなかの何人かが教区に支援を求めずに、愉楽の平均的状況を引き上げることができるのは夏季の貯蓄次第であると考える。たとえ救貧税が皆無であったにしろ、わたしはこのことをもって労働の賃金があるべき水準と同一であるとは結論付けない。けれどもわたしは只管、問題が推論によってではなく、数多の事実へ言及されて熟議されることを切望する。救貧税が相変わらずのままであるのに、一般的に勤労や節倹を引き起こすのは到底不可能である。

一般的な当然の帰結

Ⅰ・現行の救貧法は初めて引き起こした害悪ではないけれども、その大半の害悪を取り除いてはいない。とはいえ、その実施の範囲、継続期間、および影響力が過大であるので、いかなる俄かな、あるいは専制的な変更をも容認することはできない。

Ⅱ・現救貧法は勤労、節制、および節倹を妨げている。

Ⅲ・現救貧法は労働の比例した増加がないまま口だけを増加させている。

Ⅳ・結婚数は主として小屋の数に左右されるであろう。したがって人口はまったく小屋の数に左右されであろう。

Ⅴ・人口は人びとの安楽にはほとんど左右されない。家族が愉楽であろうと、あるいは窮乏状態にあろうと、家は家族を含むであろう。

Ⅵ・道徳は許さないけれども、それと同様に法律、政策、および制度の類が増加を防止することはできない。人びとがある一定年数にわたって、その期間の末には結婚できるという見通しを持たずに、つまり住居の確保に見通しを持たないままに、結婚を抑制するのは可能である。だからこうした見込みでは、抑制は不道徳な性交に対する褒美であるであろう。

Ⅶ・貧民が小片の空き地を所有したり、あるいは占有したりすれば、食料不足の折でさえ教区に足を向けないであろう。そして現制度の大部分を漸次消滅させていく手段が講じられるであろう。

Ⅷ・かくして土地を付与された小屋はその住民を愉楽の良い状況に置く。また勤労を奨励し、一定数の人びとからの労働量を増加させる。それに節制を促進し、節倹を生み出す。その結果、こうして育てられた子どもたちは貧困と罪悪の内に教育されたほかの子どもたちと比べてより良い労働者、奉公人、職人（workman）、および兵士になっていく。(2)

原注

（1）「既に所有された世界に生まれてくる者は、彼が正当に要求しうる両親から生存資料を得ることができず、また社会が彼の労働を求めなければ、最少量の食物に対する請求権を持たず、それゆえ事実上生きていても仕方がない。自然の大饗宴には彼に対する空席はない。〔15〕」（第二版，五三一頁）もしこうした人にとって全能者の摂理の方がこのような哲学的政治家の思索に比べて断然劣ったものであったなら、じつに嘆かわしい。けれども人類にとっては人間よりも大カラスの子であるほうがましであるであろう！

「私は法律施行の日時から一年を経過した後に行われた結婚から生まれた子供と、同じ日時から二年を経過した後に生まれた私生児とは、教区の補助を受ける資格がないことを宣言した法令を提唱したい。……彼にはこうした教区の補助は一切拒絶されるべきである……彼は神の法則たる自然の法則の再三の訓戒に従わないのでこの法則が彼とその家族とを苦難に陥れたのであり、彼の労働が正当に購いえるもの以上には最少量の食物さえ社会に請求する権利を有しない……と教えられるべきである。……私生児について言えば、適当な戒告を与えられた後は、彼らには教区の補助に対する請求権を一切認めるべきではない……もし両親がその子供を遺棄するならば、彼らはこの犯罪の責任を負わされるべきである。比較して言うなら、幼児は社会にとってまったく価値がないが、それは他の幼児が直ちにその地位を補充するからである。[16]」！！！つまり、万一私的慈善が幼児を引き受けなければ、当然餓死することになろう。このようなことが現実に制度としてわが国のあらゆる地方において実施されたとしたら、浪費、売春、中絶、および殺人以外に、それは何を物語るであろうか。

(2) ジャガイモに関するマルサス氏の見解に回答したり、氏がわたしの推論を誤解していることを示したりするには、当面あまりにも時間を要するであろう。ここでは次の評言をなすにとどめておく。すなわち、アイルランドの人口はまったくその食物であるジャガイモに左右されてきたのと同様に、泥小屋（cabins）によって（彼らの習俗に応じて）高められる極度の安楽に左右されてきた、と。人口のその本来的結果については、今後詳論したい。

訳注

〔1〕この二州は農業州に区分されている（吉尾清『社会保障の原点を求めて』関西学院大学出版会、二〇〇八年、四八頁）。マルサスも『人口論』第三版（一八〇六年）のなかで、「リンカーン州とラトランド州で行われている制度は今日大英国領内における最も豊かな農業を生み出している」（[2] Ⅳ二四四頁）と記述している。

〔2〕一七九五年に五月六日にバーク州（Berkshire）のスピーナムランド（Speenhamland）にあるペリカン・イン（Pelican Inn）で決議され、翌年にウィリアム・ヤング法（39 George. c. 23, 1796）によって制度化された賃金補助制度のこと。この制度では、

たとえば男性には週に三ガロン（一ガロンは約三・九四キログラム）の二等小麦のパン塊を、またその妻子にはそれぞれ一ガロン半のパン塊を救済水準に設定して、パンの価格と家族数とから各家族が得るべき賃金を算出し、その額と実際の賃金との差額が貧民に賃金補助として支給された（小山路男『西洋社会事業史論』光生館、一九七八年、一〇四～五頁、および吉尾前掲書三五～六頁などを参照）。ちなみに、一八〇二～三年のリンカーン州とラトランド州では、人口の八、九パーセントが被救恤民であり、またその被救恤民のうちの約三割が一時的被救恤民であったけれども、その数はほかの農業諸州に比べると少なかった（吉尾前掲書四九頁）。

〔3〕〔1〕Ⅳ一三三～四頁。

〔4〕〔1〕Ⅳ一三九頁注二を参照。

〔5〕救貧税は主に不動産（家屋や家賃、とりわけ土地財産）に賦課された。それゆえ農業地域で救貧税の負担者は主として地主と借地農であった。地主は、「本来ならば、借地農のみが労働者に支払うべき賃金のいくらかを、救貧税という名のもとで、負担させられていた……つまり地主の救貧税負担は、結果として、借地農の労働者に対する低賃金政策、借地農の利潤蓄積を促進、援助」（吉尾前掲書八九頁）していた。しかし、小借地農や小土地保有者は、「低賃金労働の利益をうけることなしに、重い救貧税を負担した。彼らが経済的に困窮しても、土地を失うまでは貧民救済を」（小山前掲書一〇五頁）受けられなかった。なお、救貧税の査定は州の行政官（magistrate）の管轄下にあった小法廷（petty session）、あるいは治安判事機構や四季裁判を通して確定された（吉尾同書八五頁）。たとえば、一八〇三年には、総額五三四万八二〇五ポンドの救貧税が徴収され、そのうちの四〇七万七八九一ポンドが実際に貧民救済に充当された（吉尾同書四〇頁）。

〔6〕〔1〕Ⅳ一四〇～一頁注一六。

〔7〕アイルランドの年間の総地代は約一五〇万ポンド（一七九七年）で、アイルランドの小屋住み農は一アイルランド・エーカー（イングランド・エーカーの一・六倍）当たり年間四ポンド前後の地代を納めていた（本書一二〇～一頁）。

〔8〕〔1〕Ⅳ一六一～二頁。

〔9〕Gourlay, Robert, "An Inquiry into the State of the Cottagers in the Counties of Lincoln and Rutland", *Annals of Agriculture and other Useful Arts*, Vol. XXXVII, 1801. なお、スコットランドのファイフ州に生まれたグレーは紳士教育を受けた後、一七九七年にセント・アンドリューズ大学で修士号を取得し、続いて二年間エディンバラ大学で農業を学んだ。そして一八〇〇～九年には、父の農場の一つを経営し、続いては一八〇九～一七年にはウィルト州にある農場をサマセット公爵から借り受け、経営した。一七年五月には、新天地を求めて、ケベック植民地のアッパー・カナダ（オンタリオ州）へと移住した。しか

し扇動・誹謗の廉で一八年六月に逮捕され、次いで一二月には収監され、果ては翌年八月に国外追放となり、一二月にイギリスに舞い戻った。三九年に至って追放は解除され、五六～八年に地所のあるアッパー・カナダのナイアガラ地方のDerehamに居住したが、最後はエディバラの地で長逝した。総じて、進歩的農業家にして、貧農に対する温情を持った地主として波乱万丈の半生を送ったと約言できる（Malthus,Thomas Robert, *An Essay on the Principle of Population;or A view of its past and present Effects on Human Happiness;with an Inquiry into our Prospects respecting the future Removal or Mitigation of the Evils which it occasions*. The vertion published in 1803, with the variora of 1806, 1807, 1817, and 1826, ed. Patricia James, vol. II, Cambridge Univ. Press, 1989, Cambridge, pp. 289-9 あるいは Lois Darroch Milani, *Robert Gourlay, G radfly: the biography of Robert* (*Fleming*) *Gourlay, 1778-1863, forerunner of the rebellion in Upper Canada, 1837*, Ampersand Press, 1971, Thornhill, Ontario. 等を参照）。

〔10〕農村地域では、どの時期をとってもおよそ一割以上のカップルが未婚のまま同棲生活を送っていた（ジョン・R・ギリス〔北本正章訳〕『結婚観の歴史人類学』勁草書房、二〇〇六年、三五二頁）。

〔11〕［1］Ⅳ一六三～四頁、および吉尾前掲書第二部第二章、わけても一三七頁を参照。

〔12〕［1］Ⅳ三四～五頁。

〔13〕一八〇一～一〇年における小麦一クォーター当たりの平均価格は八一シリング六ペンスであり、一八〇三年の価格は六四シリング八ペンスであった（服部正治『穀物法論争』昭和堂、一九九一年、二一、二三頁、および吉尾前掲書三四、四〇～一頁）。

〔14〕後にマルサスも『価値尺度論』（一八二三年）において、「夏季賃金が冬季賃金と価値を異にすることを良く承知している」と断ったうえで、夏季賃金が「一年全体のうちでかなり重要な部分を占め……家賃の支払いとか、家族に必要な衣料の購入とかに使用される」と記述している（拙著『増補版マルサス勤労階級論の展開』昭和堂、二〇〇五年、五六頁）。

〔15〕第二版におけるこの有名な件は第三版以降の諸版では削除される（［1］Ⅳ六八～九頁）。

〔16〕［1］Ⅳ八六、八八～九頁。

引用文献

（邦訳書を併記している原文からの引用に際しては、それが全訳の場合、原典との照合したうえで訳書の当該頁のみを付記した。また訳書からの引用にあたって幾分改訳を施したところもある。）

［1］ Malthus, Thomas Robert, *An Essay on the Principles of Population,* 2nd ed., J. Johnson, 1803, London. 吉田秀夫訳『各版対照人口論Ⅰ～Ⅳ』春秋社、一九四八～九年。

［2］ *Malthus, Thomas Robert, An Essay on the Principles of Population,*3rd ed. 2vol., J. Johnson,1806, London. 吉田秀夫訳『各版対照人口論Ⅰ～Ⅳ』春秋社、一九四八～九年。

［3］ Malthus, Thomas Robert, *Observations on the Effects of the Corn Laws,* 2nd ed., J. Johnson, 1814, London. 楠井隆三・東嘉生訳『マルサス穀物条例』岩波書店、一九四〇年、七～五六頁。

［4］ Malthus, Thomas Robert, *The Grounds of an Opinion on the Policy of restricting the importation of Foreign Corn,* John Murray, 1815, London. 楠井隆三・東嘉生訳『マルサス穀物条例』岩波書店、一九四〇年、五七～一〇二頁。

（なお、本章は『長崎県立大学経済学部論集』第四八巻第三号に掲載された拙論「二版『人口論』書評以降のA・ヤングとマルサスとの知的交流」に加筆、補正したものである）

第三章　救貧法改革におけるウィットブレッドとマルサスの交流

田中　育久男

第一節　はじめに

本章は、下院議員サミュエル・ウィットブレッド（Whitbread, Samuel 1764-1815）によって、一八〇七年二月一九日の下院での演説を経て、提出された救貧法改正法案(1)（以下、救貧法案と略記）をめぐり、マルサスとウィットブレッドがやりとりした往復書簡の分析を通して、当時の救貧法論争の一端を明らかにすることが目的である。

一八世紀後半よりイギリスでは、産業革命の進行に伴い飛躍的な経済成長を遂げる一方で、農業不振による穀物価格の高騰や不況を背景として、貧困の増大が深刻化しており、その解決が社会全体における重要な課題となっていた。こうしたなか、一九世紀初頭に登場したウィットブレッドの救貧法案は、ポインターが救貧法の「制度全体の改革を一人の議員によって提案された最後の取り組み(2)」と評しているように、多岐にわたる改革案を提示したものであり、議会内外で諸議論を巻き起こした。マルサスも同年三月二七日付でウィットブレッド宛ての公開書簡（［3］、【書簡3】）を刊行し論争に参加したことは、すでに多くの先行研究によって明らかにされている。

しかし、そのマルサスの書簡にウィットブレッドも同年四月五日付でマルサスに宛てて返信（[5]、【書簡4】）を書き送っていたことは、これまでさほど脚光を浴びることはなかった(3)。ウィットブレッドの救貧法案は救貧法を維持しつつも、できるかぎり公的な救済を抑制するとともに、労働者の境遇を改善するための改革をおこなうことを趣旨とし、後の救貧法改革にもつながる議論を含んでいたと言える。こうした救貧法案に対し、マルサスの応答だけでなく、ウィットブレッドのそれも併せて確認することは、両者の救貧法に対する考え方をより鮮明にでき、当時の救貧法論争を考察するうえでも重要な作業であると考える。

そこで本章では、マルサスとウィットブレッドの往復書簡(4)を検討することにより、当時の救貧法改革をめぐる両者の交流を明らかにし、後の救貧法改革や新救貧法につながる萌芽的な議論があったことを明らかにしたい。まず第二節で救貧法改革をめぐる大まかな流れを確認しながら、本章の視角を明らかにする。次に第三節で往復書簡の契機となるウィットブレッドの救貧法案の概要を時代背景とともに確認する。そして第四節で往復書簡を取り上げ、両者の救貧法に対する見解を比較する。最後に、第五節で当時の救貧法改革を見るうえでの往復書簡の意義を考察する。

第二節　救貧法改革の流れと研究の視角

救貧法は、エリザベス一世の治世下の一六〇一年に、それまでの救貧に関わる諸立法がまとめられることで形成され、新救貧法の成立（一八三四年）までの救貧行政の指針とされてきた。エリザベス救貧法ともいわれる同法の目的は、子どもを含むすべての労働能力のある貧民の就業支援と労働能力のない貧民の救済であり、その運営は教区（parish）を基本単位として、各地の治安判事（Justice of the Peace）により任命された貧民監督官（overseer of the poor）が、教区の住民から救貧税（poor rate）を徴収する形でなされた。貧民監督官は、教区の住民による自治組織である教区会（vestry）から選ばれる教区委員（churchwardens）や、教区の有力な戸主が務めた。(5) その後、貧民の移動制限を設け（居住法〔一六六二年〕）、貧民の救済を原則ワークハウスでおこなう（院内救済）（ナッチブル法〔一七七二年〕）など、徹底した貧民の管理がおこなわれてきた。その後、一八世紀後半になると、産業革命の進行などを背景に増え続ける貧民を効率的に管理するため、ワークハウス外での救済（院外救済）を認め（ギルバート法〔一七八二年〕）、就業者への賃金補助制度（スピーナムランド制度〔一七九五年〕）を全国的に認める（ウィリアム・ヤング法〔一七九六年〕）など、「救貧法の人道主義化」が進められるようになった。しかし、救貧行政の大幅な緩和は貧民のいっそうの増加を招き、救貧税の負担が深刻な問題となった。こうした状況に対し、マルサスは『人口論』の初版（一七九八年）より一貫して、救貧法、とりわけ賃金補助制度を批判した。彼は、救貧法には食料を増加させることなく人口を増加させる作用があり、結果的に救済すべき貧民を増加させることや、貧民の生活を向上させる一方で、貧民以外の労働者の生活水準を低下させるために、労働者全体のそれを低下させることを指摘し、(6) 救貧法の漸次的な廃止を主張した。(7) 彼の主張は社会全体に大きな影響を及ぼし、一九世紀前半、ナポレオン戦争（一七九三〜一八一五年）後の不況や失業なども背景に、議会では救貧法の本格的な改革が進められるようになった。(8)

議会は一八一七年にスタージェス・バーン（Bourne, William Sturges 1769-1845）を委員長とする下院救貧法特別委員会を設置し、救貧法の改革案を報告書にまとめた。報告では「救貧法が人口の増加を促進し、労働者の勤労意欲や節約心を弱める作用を持っており、貧困を軽減するよりも深刻化させ、救貧税の増大をもたらしている」という認識のもと、労働者の自立心や節約心を促すことを目的に、賃金補助制度の廃止や貯蓄銀行、教区学校などの設立、また、貧民を「救済に値する者」と「怠惰で浪費的な者」に区別し、救済を差別的におこなうことなどを提案し、救貧法の修正を図るものであった。[9] この改革の成果は救貧行政の部分的な修正にとどまったが、[10] 労働者階級の「勤勉・節倹・独立」を推進しようとした改革路線は、その後の一八三二年から一八三四年の救貧法改革にも受け継がれた。[11] その結果、成立する新救貧法は「貧困（poverty）と困窮（indigence）」による貧民の区別や、院内救済を原則とすること、中央集権的な救貧行政を基本方針として掲げ、本来のエリザベス救貧法の理念を強化するとともに、救貧行政の円滑化を図った。[12]

従来の研究では、こうした議会での救貧法改革におけるマルサスの影響が考察されてきた。とりわけ一八一七年の救貧法報告の基本理念がまさにマルサスの救貧法論にあったことに着目し、この改革の路線上で新救貧法が成立したことから、ボナーの言及した「新救貧法の父」[13] としてのマルサス像を強調する研究がなされてきた。[14] これに対し、本章は一八一七年より前に起きていた救貧法をめぐる論争のなかにもマルサスの影響があり、その後の救貧法改革に関わる萌芽的な議論があったことを明らかにすることが目的である。本章が対象とする一八〇七年は、救貧法の人道主義的な改革のなかで深刻化する救貧税の増大を前にして、救貧法の存廃をめぐる論争が活発化した時期でもあった。その火付け役の一つといえるのが、ウィットブレッドが一八〇七年二月一九日に下院に提出した救貧法案である。

救貧法案はマルサスの思想的な影響を受けつつも、救貧法の部分的な改正により、労働者の道徳的な向上を図ることを目的としたもので、この救貧法案をめぐって、マルサスをはじめ、政治家や福音主義者などが書簡やパンフレット、雑誌などを通じて議論を交わした。そのなかには、ウィットブレッドを媒介としながら、人口原理を応用して救貧法を批判的にみるマルサス、人道主義的な立場から救貧法を維持することを主張するウェイランド（Weyland, John 1774-1854）という対立構造もあった。[15] ウィットブレッドの救貧法案では、貧民の区別を基本としつつ、貧民の劣等処遇や全国教育制度、貧民基金の設置など、救済をできるかぎり制限し、下層階級の自立心や節約心を促すための提案がなされており、一八一七年の救貧法報告や一八三四年の救貧法改正につながる議論が展開されていたと考えられる。そこで本章では、一八〇七年の救貧法論争を明らかにしていく第一歩として、ウィットブレッドの救貧法案をめぐって、マルサスとウィットブレッドが交わした往復書簡での議論を取り上げ、後の救貧法改革につながる萌芽的な議論の一端を明らかにしていきたい。

第三節　ウィットブレッドと救貧法案

(一)　ウィットブレッドの生涯[16]

ウィットブレッドは一七六四年一月一八日、イングランド東部のベッドフォード州カーディントンで、醸造業者で下院議員を務めた同名の父(Whitbread, Samuel 1720-96)のもとに生まれた。父は一六歳の時、ロンドンのビール醸造会社で奉公人として修業を積んだ後に独立し、やがてロンドン最大のビール醸造会社のオーナーにまで上りつめるという「大規模な事業の分野での開拓者」の一人であった。[17] 彼は醸造業で得た利益をもとに、いくつかの州から土地を買い集め、ベッドフォード州のみでもおよそ一万五〇〇〇エーカーの広大な土地を有する大地主となり、それまで小ジェントリであったウィットブレッド一族に隆盛をもたらした人物でもあった。そうした彼は、私生活において最初の妻ハリエットとの間に三人の子どもをもうけたが、その末っ子で一人息子であったのがウィットブレッドであった。

ウィットブレッドは、一七七五年より学んだイートン・カレッジで、ウィッグ党の指導者フォックス(Fox, Charles James 1749-1806)の弟子で、後に首相にもなるチャールズ・グレイ(Grey, Charles, 2nd Earl Grey 1764-1845)と出会い、二人は親友となった。その後、一七八〇年、オックスフォード大学クライスト・チャーチに入学するも、二年後にはケンブリッジ大学セント・ジョンズ・カレッジに転校し、ここで再びグレイとの交流が始まる。大学卒業後、ヨーロッパ大陸旅行から帰国したウィットブレッドは一七八八年、グレイの妹エリザベスと結婚し、グレイとは義兄弟の仲となった。また、ウィットブレッドの腹違いの妹メアリも、グレイの弟でイギリス海軍の指揮官であったジョージ・グレイ（Grey, George, 1st Baronet 1767-1828）と結婚しており、グレイ一族との関係はいっそう強いものとなったと考えられる。こうしたなかで、ウィットブレッドは一七九〇年、すでにウィッグ党の下院議員であったグレイの影響を受け、ベッドフォード州から出馬し、当時、同州選出の下院議員を務めていた父に代わって、政界に進出することになった。トーリー党に属し、党首の小ピット（Pitt, William, the Younger 1759-1806）の信奉者でもあった父とは対照的に、彼はウィッグ党フォックス派の指導的な人物の一人として活躍した。一七九二年には、グレイらとともにウィッグ党の急進グループ「人民の友（Society of the Friends of the People）」の結成にも力を注ぎ、議会での改革に取り組んでいくことになった。ウィットブレッドは晩年、精神的な病に悩まされ、一八一五年七月六日、五一歳で自ら命を絶つことになったが、彼が下院議員としての半生のなかで一貫して取り組んできたことは、社会のなかで抑圧されてきた弱者に対する擁護であった。

フォックス派は市民的・宗教的自由を守ることを主要な理念としており、その議員の多くがほかの社会改革に大きな関心を示さなかったが、ウィットブレッドは、人びとが不満として訴える請願（Petition）に誰よりも耳を傾けてきた。たとえその提出にグレイらほかの議員が反対したとしても、自身の判断をもって実行に移すという姿勢を貫いた[18]。その背景には、南部の農村教区の人びとの深刻な困窮に対する彼の強い関心があり、その状態を経済的自由主義の例外と捉え、人道主義的、または政治的な観点から緩和する対策を見出そうとしたのである[19]。ウィットブレッドが議会に提出した主要な法案は三つあった。すなわち、最低賃金法案（一七九五年、一八〇〇年）、救貧法案（一八〇七年二月）、そして救貧法案を分割して提出された教育学校法案（一八〇七年四月）である。これらの法案はいずれも法制化には至らなかったけれども、大きな論議を巻き起こすことになった。ここでは、本章の主題である救貧法案が提出された時代の背景を概観したい。

（二）救貧法案の時代背景

ウィットブレッドが政治家として活動した一八世紀末から一九世紀初頭（一七九〇～一八一五年）は、国内では産業革命の進行や農業不振があり、また国外ではフランス革命とナポレオン戦争が生じていた時期（一七八九～一八一五年）と重なる。これは、産業革命による技術革新の発展が労働環境に深刻な変化をもたらした時期であるとともに、国内外で人びとを危機的な状況に陥らせた時期を指してもいる。すなわち、一八世紀末からの農業不振が民衆の生活に大きな不安をあおる一方、フランス革命とナポレオン戦争はイギリスの支配階級に政治不安や革命への恐怖心を植えつけていた。こうした「革命と飢饉の二重の恐怖」に社会はどのように対応していくのかが、この時代の重要な課題であったのである。[20]

まずこの困難に立ち向かったのが、一八世紀後半より福音主義者たちが中心となっておこなわれた人道主義的な改革である。福音主義者たちは当時の貧困問題の根底に、下層階級の怠惰や浪費などの道徳的な堕落があるとみて、彼らの勤勉や倹約を身につけさせることこそが肝要だとし、当時の社会改革に影響をもたらしてきた。そのなかには日曜学校を設立し、労働者の教育の普及に努めたモア（More, Hannah 1745-1833）やランカスター（Lancaster, Joseph 1778-1838）、一八〇二年の工場法の制定に関わったピール（Peel, Robert, 2nd Baronet 1788-1850）などの活動がみられた。[21] とりわけ、ロンドン郊外を拠点とするクラパム派は、一七九六年に貧民の境遇改善協会（The Society for Bettering the Condition of the Poor）を設立し、福音主義者の活動拠点として社会に発信していった。[22] その代表的な指導者は、下院議員で奴隷制度廃止（一八〇七年）にも尽力したウィルバーフォース（Wilberforce,

William 1759-1833）である。彼らは救貧法に批判的な立場をとり、教区救済に伴う困難の除去、ワークハウスの弊害の是正、貧民の子どもへの支援などを掲げて、貧民の幸福と安楽の増大を実現させることを目的として取り組んだ。(23)

一方、議会では「革命と飢饉の二重の恐怖」の一時的な対策として、救貧法を緩和する政策、すなわち「救貧法の人道主義化」が進められた。その代表的な法令が先述のギルバート法やウィリアム・ヤング法であり、賃金補助による救済が拡大していった。(24) また、貧民の互助組織である友愛組合の合法化を認める友愛組合法（ローズ法〔一七九三年〕）も制定され、貧民たちの自立を促進させる取り組みもおこなわれた。この頃、貧民の救済をめぐっては、ウィットブレッドと小ピットも論争を繰り広げていた。この論争で、ウィットブレッドが提案した法案が最低賃金法案（一七九五年）であり、治安判事に農業労働者の最低賃金を決定する権限を要求するものであった。一方、小ピット案（一七九六年）は多子家族への賃金補助の導入などを計画するものであり、いずれも短期的な対策としての提案ではあったが、経済的自由主義の観点から却下される。(25) しかし、こうした救貧対策は貧民の救済や経済的自由主義の問題だけでなく、次第に国家の防衛問題としても、重要な意味を持つようになる。当時はナポレオン戦争の最中で、軍事費の拡大が求められるとともに、戦時に備えた人員の確保が必要な時期でもあった。(26) 年を追うごとに増え続ける軍事費には、小ピットが一七九九年に税制改革をおこない、ヨーロッパ史上初の所得税を導入するなど、財源の確保に取り組んでいった。(27) 他方、小ピット内閣の財務官を務めたローズ（Rose, George 1744-1818）は、パンフレット『救貧法に関する考察（*Observations on the poor laws*）』（一八〇五年）で、マルサスの救貧法論を批判する。彼は、救貧法が貧民を増加させるとするマルサスの見解を事実だと認めても、戦争から祖国を守り、富を増やし繁栄を持続させるためには、人口の増加が必要なのであり、救貧法を廃止することで、いたずらに人口を減らすことがあってはならないとして、救貧法の必要性を強調する。(28) すなわち、救貧法のもつ害悪は認めるとしても、当時の国家には救貧法が無くてはならない存在であったのである。とりわけ、ウィットブレッドが救貧法案を提出した時期は、フランスとの戦況が思わしくない状況にあった。一八〇五年四月に第三回対仏大同盟が結成されるも、同年一二月のアウステルリッツの戦いでフランス軍に敗北し、翌年一月には首相の小ピットも病死する。その後、新たに成立したグレンヴィル内閣(29)(一八〇六年二月~一八〇七年三月)もフランスに大陸封鎖令(一八〇六年一一月)を発せられるなど、依然として両国の関係は緊張状態にあった。こうした不安定な情勢が救貧法を緩和した形で存続させ、国内の混乱を避けようとすることが救貧政策の基本路線となる要因の一つとなったと考える。

しかしその一方で、救貧行政の悪化が年を追うごとに深刻化していたことも事実であった。ウィットブレッドが一八〇三年の段階で被救済者の対象になった人口は一二三万四〇〇〇人であり、陸海軍を除くイングランドとウェールズの総人口八八七万人のうち、およそ七分の一に達しており、救貧税額の総額は「四二六万七〇〇〇ポンドに上り……一七八三年、八四年、八五年のおよそ二倍、さらに一七七六年の……およそ三倍に増えた」([4] p. 6. 訳六三~四頁)ことを指摘しているように、現行の救貧制度に大きな危機感を抱いていたことがうかがえる。こうした状況は、民間団体においても注目された。貧民の境遇改善協会の組織者の一人であったバーナード(Bernard. Thomas, 2nd Baronet 1750-1818)は機関誌『報告集』で、貧困が増大する要因を単なる個人の問題ではなく、教育や雇用の不足に問題があることに着目した。そして、賃金補助制度が「個人の勤労と節約とは無関係に一定の所得を与える制度であり、「貧民の活動を弱め、自活する努力を削ぐ傾向がある」として批判する。(30)こうしたなかで、マルサスの救貧法論はいよいよ現実味を増し、救貧法改革の必要性が問われるようになってきた。ウィットブレッドの「我々の現状の諸原因を徹底的に論じたある一人の思想家が、我々の中から現れました。私はマルサス氏のことを述べているのです。私の確信するところですが、彼の『人口』に関する著作は非常に広く読まれており、この作品は以前からある程度始まっている救貧法に関する見解の変更を完全に成し遂げたのです。」（[4] p. 10. 訳六六頁）という主張は、当時の議会において、マルサスの思想が受容され、浸透していたことを明瞭に示している。救貧法の害悪を強調し、その漸次的な廃止を唱えるマルサスの議論は社会に大きな影響を与え、議会でも意識せざるを得ない状況にあった。

このように、ウィットブレッドの救貧法案の背景には「革命と飢饉の二重の恐怖」という混迷した時代があり、そのなかには福音主義者たちの活動や議会での「救貧法の人道主義化」、そしてマルサスの思想的な影響などがあった。ウィットブレッドは、これらと折り合いをつける形で、すなわち救貧法を存続させながらも部分的な修正を加え、労働者の道徳的な改善を図るという救貧法案を提出することになったと考えられる。

(三) 救貧法案の概要

ウィットブレッドの救貧法案は、正式名称を「社会の労働階級の間に勤労を促進かつ奨励し、犯罪貧民および困窮貧民を救済し、規制するための法案（A Bill for promoting and encouraging industry amongst the labouring classes of the community, and the relief and regulation of the criminal and necessitous poor）[31]」と題し、救貧法の部分的な改革により、労働者の道徳的な向上を図るためのさまざまな提案をしている。[32] その際、ウィットブレッドはマルサスの著作の「どの論題にも向けられるだけの注意を払って検討してきました。私は彼の忍耐強くかつ深遠な研究に、彼の証明に見られる特有の鮮明さに、そして彼の進める原理の正しさに、最大限に十分かつ正当に取り扱うことを望んでおります」（[4] p. 10. 訳六六頁）とし、救貧法の改革案を提出するにあたり、マルサスの思想を重要な判断材料としていた。しかし同時にマルサスの到達した結論、すなわち救貧法を廃止とする結論が、自分の得た結論とは著しく異なることを明かす。ウィットブレッドによれば、現状での救貧法の廃止は政治的な動乱が生じるかもしれないし、どんな暴君的な征服者が進めた勅令よりも深刻な不運をもたらし、王国中に荒廃や飢饉、死を招き、病人や幼児、不幸な無実の者さえも早急に墓へと追い立てることにもなりかねないと考える（［4］pp. 11-2. 訳六七頁）。また、貧民の被救済権を否定すれば、彼らが物乞いになることは必至であり、現行の私有財産制度を脅かす危険な勢力にもなりかねない。それゆえ、救貧法の性急な廃止は絶対に不可能だと考えたのである（［4］pp. 12, 18-9. 訳六七、七一～二頁）。そして「同胞の困窮に無慈悲（hardened）にならないように、悲惨と悪徳が必然的に世界の基礎を維持することを学ぶ際に、……悲惨と悪徳への服従状態にあるすべての企てに屈しないように、私はマルサス氏の著作を読む誰もが、自身の心に入念な気配りをされるべき」（［4］p. 10. 訳六六頁）だと訴えるのである。とはいえ、ウィットブレッドは貧民が常に存在することは神の摂理なのであり、人が解決できるものではないことも認識していた。彼は、たとえ救貧法を改革しても「あらゆる人々に愉楽と言われるものを伴って、宿泊させ、衣類を着させ、食事をとらせるための全般的な法案など現実には絶対に不可能なこと」（［4］p. 7. 訳六四頁）であるとして、救貧法がすべての貧民の扶養をかなえる万能な法ではないことを確信していた。そのため救貧法を存続させながらも、貧民を自立した人間に矯正する制度に修正していく必要があった。

ウィットブレッドは貧民の現状を分析し、彼らの境遇が過去のどの時代よりもあらゆる面で恵まれた環境にあり、労働で公平な賃金を得られない場所はイングランドにはないと考えた。さらに本来は、大家族でも教区の救済を受けずに生活ができると考えていた[33]。すなわち「事実は節倹ある貧民が……実に多くの貨幣を稼いでおり、上品に生活し、彼らの扶助に十分と判断されていた額とは異なる収入のいくらかを貯蓄する手段を見出している」（［4］p. 84. 訳一一二頁）とする。それゆえ、彼らの自立心や節約心を刺激することで、道徳的に向上した人間へと育成することを重要視し、そのためのさまざまな提案をしていく。

ウィットブレッドが労働者の境遇改善の対策として、第一に掲げたのが全国教育制度であり、これまで教育を重視したアダム・スミスやマルサス、貧民の境遇改善協会などを挙げ、その提案の重要性を強調する。彼は、教育が充実したスコットランドでは救貧法の役割が小さいことを指摘しながら（［4］pp. 27-36. 訳七六～八二頁）、教育制度の確立が貧民の境遇改善において必要不可欠だと考えた。ただし義務教育ではなく、貧民が自発的に学ぶ形式をとるもので、ランカスターの影響から、助教制度（monitorial system）に基づく教育をおこない、基本科目は読み、書き、計算などの知育と宗教教育を考えていた[34]（［4］pp. 33-5, 106-7. 訳八〇～一、一二六頁）。彼は、もしこの提案が実現すれば、「貧民が節倹や勤労、謹厳、秩序に関する真の価値を理解するので、節倹があり、勤労を尊び、真面目で、規則を重んじ、満ち足りた賢明な農民になる……啓蒙された者たちは犯罪を忌まわしいものと理解するので、犯罪は減っていく……多くの人々にキリスト教の慣行を繰り返し教え込まれることで、その神の起源やその教義の美しさを読み解き、理解し、感じとることができるので、キリスト教の精神は広く行き渡っていく……わが祖国を守るべき価値あるものと十分に理解するので、誰もが敵の攻撃から守ろうとする」（［4］p. 95. 訳一一九頁）ことが期待できるとして、教育の重要性を貧民一人ひとりの人格形成の面からだけでなく、国防の面からも強調する。

またウィットブレッドは、貧民を自立させるためには彼らを区別することも重要であると考え、彼らの性質により二つ（勤勉な者と怠惰な者）に分け、賞罰制度を提案した。彼は、教区の救済を受けずに六人またはそれ以上の子どもを一定の年齢まで育てた自立した労働者には褒賞として金銭的な報酬を支給し、とりわけ優れた者には追加的な褒賞として、コートや帽子、功績を称える州の記章（栄誉記章）を添えた羊皮紙の証明書などを授与するとした。彼は小ピットのように単なる「賃金補助」ではなく、また、マルサスのように六人以上の子どもを持つという予期しない困窮に陥った際に手当てを与えるという形式にするのでもなく[35]、一定の年齢まで子どもを育てたという貧民の努力に対して「表彰」の形式をとることで、貧民の自発性を刺激するというものであった

（［4］pp. 71-5. 訳一〇四～六頁）。他方、怠惰や浪費のために救済を受ける犯罪貧民には罰を与える。矯正院（house of correction）に収容し、釈放後も教区の負担になり続ける場合には、罪状を示した身分証を上着に取り付けられ、手当はパンのみを与えるとした（［4］pp. 80-1. 訳一一〇頁）。貧民の救済に関して、ウィットブレッドは救済を受ける人びとの待遇を、自立した労働者のそれよりも低くする「劣等処遇」を唱えるが（［4］p. 22. 訳七三頁）、院外救済も容認しようとする。それはワークハウスが貧民に家族や友人とのつながりを断ち、若者に最悪の堕落を経験させるなどの弊害があることや、院外救済の方が救貧税を軽減できるとする一八〇三年の報告書からの判断であるが、その対象は、孤児や病人、老齢者、虚弱な貧民など自活できない不運な貧民であり、犯罪貧民にはワークハウスでの厳しい対応で臨むとしている（［4］pp. 79-88. 訳一〇九～一五頁）。また、貧民が毎年少額を出資して運営する貧民基金（Poor's Fund）なども節約心を刺激するものとして有効と考えた（［4］pp. 42-6. 訳八六～八頁）。

その一方でウィットブレッドは貧民の生活を守るために、救貧行政を改革する案もいくつか示している。その一つが地方税（county rate）、とりわけ負担の重い救貧税の公平化であった。彼は、救貧税が土地や家屋にのみ課せられていたことを問題視し、個人財産（生産的な資本）にも課税することを提案して、税負担の見直しを図る。当時、貧民救済にあたっていた教区はそれぞれ面積も人口も異なるため、不公平な負担が生じていた(36)。また、製造業を主体とする北部の諸州と、農業を主体とする南部の諸州との間での格差も生じていた(37)。そこでウィットブレッドは、土地以外の財産も課税の対象とし、税負担の公平化を主張したのである。さらに、やがては税の負担をグレート・ブリテン全体で公平にすることも目標に据えていた（［4］pp. 57-70. 訳九五～一〇三頁）。こうした提案は、教区を中心とした地方分権的な救貧行政から、中央集権的な救貧行政への転向も意図したものであり、後の新救貧法行政の基本にもつながる議論の一つをみることができると考えられる。

ウィットブレッドは貧民の暮らす小屋（cottage）にも注目する。小屋の所有のために救貧税を課せられ苦しい生活を強いられる貧民を考慮して、年価値五ポンド以下の小屋は免税とすることを提案した（［4］p. 62. 訳九八〜九頁）。また、各地で貧民の深刻な住宅不足が発生していることも問題であると考える。彼は一つの家に二つかそれ以上の家族が押し込められ、両親と子どもたちが何の品位もなく過ごしていることに注目し、貧民の健康や安楽のためには、教区に小屋を建設する権限を与えることが必要だとした（［4］pp. 75-8. 訳一〇六〜九頁）。こうした救貧法の人道主義化、とりわけ後者の提案は、後にマルサスとの間で論争になる部分でもある。このほかにも、居住法を緩和する提案（［4］pp. 46-54. 訳八八〜九三頁）や救貧行政の整備として教区会での複数投票制を盛り込む（［4］pp. 54-7. 訳九三〜五頁）など、後の救貧法改革にも影響を与える救貧法案を提示している。(38)

こうしてウィットブレッドは、一方では貧民の区別に基づき、公的救済を抑制するとともに、貧民の自立心や節約心を刺激し、彼らの境遇の改善を図るための提案をおこない、他方では税負担を見直すための行政改革の提案をおこない、貧民の健康や安楽も意識した。この救貧法案をめぐって、マルサスとウィットブレッドは書簡を通じた議論をおこなうことになった。

第四節　マルサスとウィットブレッドの往復書簡

（一）　マルサスの主張

マルサスは救貧法案が提出された八日後の二月二七日、友人のクラーク（Clarke, Edward Daniel 1769-1822）に宛て、新聞での救貧法案の報道に接し「彼の法案の真価を判断する前に、刊行されたと聞く演説［の冊子］の実物を手に入れたい。」［角括弧は筆者による］と書き送っており、早期より救貧法案に関心を寄せていた。(39) ウィットブレッド宛ての公開書簡は、その一か月後の三月二七日付で刊行される。『救貧法の改正法案に関するサミュエル・ウィットブレッド氏宛ての書簡（*A Letter to Samuel Whitbread, Esq. M. P. on His Proposed Bill for the Amendment of the Poor Laws*）』と題し、数ある著作のなかで「救貧法に関して著した唯一のパンフレット」[40]とされるこの書簡においても、マルサスは「救貧法が人口を増加させ、貧困を深刻化させる」とする見解を基本として救貧法案の検討をおこなっていく。

マルサスは過去二〇〇年を振り返っても、また現在もなお、このウィットブレッドの救貧法案が必要とされている状況からも、これまで救貧法を貧民に満足させられるものにできなかったことを証明していると強調する。彼は、神がカナンの地の住民に「貧民は彼らのなかから決して消え去りはしないだろう」と宣告したように、どの国においても貧民の存在がなくならないことを指摘し、貧困を消滅させるための取り組みは「たとえ絶対に不可能ではないとしても、法的な規制の力を明らかに超えた仕事」だとする（【書簡3】二〇九頁）。彼にとって救貧法の問題は本来の目的に反して、救済に依存する貧民の割合を増大させ、「社会の下層階級の間に備わるあらゆる尊敬すべき感情と精神を消し去る恐れがあり、社会の非常に大きく、最も重要な部分の境遇を堕落させ、抑圧している」（【書簡3】二一〇頁）ことにあると考えた。そのため、救貧法の漸次的廃止を提案するに至ったことを書簡で改めて説明する。

しかしマルサスはウィットブレッドの救貧法案に関し、その目的が「社会の下層階級の一般的な人格をできるかぎり向上すること、また依存労働者と自立労働者をより明確に区別することにあることには、わたしたちはまったくもって一致している」（【書簡3】二一二頁）として救貧法案の趣旨に賛同した。とりわけ全国教育制度の提案は「仮に法案のこの部分だけでも達成できたのならば、わたしの見解ではわが国に最も重要な恩恵をもたらしてくれる」（【書簡3】二一三頁）と高く評価し、その成功を強く願うとともに、運営の具体的な助言もおこなっている。彼は教育制度の計画を実行するにあたって、学校の創設時にかかる巨額の費用により教区行政の担い手であるカントリー・ジェントルマンの意思を弱らせないよう、できるかぎり節約を意識しながら進めていくことや、校長の意欲を高めるため、少額の授業料を得て運営する有料の教育制度であること、さらに現実には困難だが、労働者階級の少し上に位置する人びとがその学校に子どもたちを送ることで学校の品位を高められることなどを提案しており（【書簡3】二一九頁）、マルサスは教育制度の実現に期待をかけていたことがわかる。彼は「現在、読み書きのできる者は彼の境遇に不満を抱き、その境遇を克服したいと願うものです。しかし、もし彼の仲間の労働者たちも皆、同じ利益を享受したら、社会における彼の相対的な立場はこれまでと同じ状態のままでしょう。唯一の結果は、民衆全体の境遇が向上し、改善されるということなのです！」（【書簡3】二一九頁）と述べるように、教育が労働者全体の境遇改善を実現するのに最も有効な方法であると考えた。

マルサスは、そのほかの提案にも評価をおこなっている。まず、貧民を怠惰な者と勤勉な者に区別し、前者には罪状を示す身分証をつけさせ、後者には褒賞を与えることについて、マルサスは「異論を免れるとはいかない」としながらも、救貧法案の「目的を達成する」と考える。[41] また、教区に依存する貧民の扶養方法、すなわち劣等処遇にも同じ結論を出している（【書簡3】二二三、二二一頁）。

貧民の節約心の育成を目的とする貧民基金の提案も、貧民にとって身近なものとなり、彼らの励みとなる環境になることを認め、「勤労の蓄積（the savings of industry）」が有利になされる安全な場所は貧民も求めることであるので、いずれは全面的な信頼を得るだろうと考えていた（【書簡3】二一九〜二二〇頁）。また、年価値五ポンド以下の小屋を免税とする提案にも、わずかな収入から税を支払うために、労働賃金がいっそう減少し生活を貧しくしているという現状から賛同すべきだとしている（【書簡3】二二〇頁）。

以上のようにマルサスは書簡において、ウィットブレッドの救貧法案に関して、教育制度だけでなく、そのほかの提案のいくつかにも、労働者の自立心や節約心の育成や労働者の境遇改善の視点から賛同している。そして、マルサスは救貧法案が「全体として、わが国の救貧法制度を改善することを計画されている」（【書簡3】二二〇頁）

として一定の評価を下していると言える。しかし、その一方で救貧法案には、これらの提案のすべてを台無しにすると考えられる提案もあるとして批判的な検討もおこなっていく。

マルサスの反論は、貧民の住宅不足を背景として提案された「小屋の建設」を教区に権限として付与する提案と、それと同時に個人財産（生産的な資本）を課税対象に広げる「税負担の公平化」の提案を実行した時に起きると考えられる相乗効果に向けられた。

マルサスの救貧法を漸次的に廃止とする考えは終始変わることはなかったが、彼は書簡の前年に刊行された『人口論』第三版（一八〇六年）で新たに追加した「附録」のなかで、救貧法の見方に変更を加えた。すなわち、救貧法が結婚を奨励し、人口の増加を刺激するという効果を断言できないことを指摘し[42]、救貧法のもたらす効果に関する見解を修正したのである。その根拠は、第二版（一八〇三年）で「おそらくわが国における早婚を妨げる最も健全で最も害の少ない要因の一つとして、小屋を手に入れにくいこと[43]」だとしたが、第三版では文頭の「おそらく」を削除し、さらに書簡では確信的な表現に変わった。すなわち「どの国にも救貧法が確立すれば、……いっそう高い割合の出生や結婚をもたらすだろうと当然ながら予想するはずです。しかし、イングランドでは人口全体に占める出生と結婚の割合が、ヨーロッパのほかの大半の国ぐによりも小さいと思われるのです。……わたしは、この予想外の結果の特定の原因が、住居獲得の難しさにあることを少しも疑っておりません。」（【書簡3】二一三頁）として、救貧法の効果を弱める作用として、また人口の予防的妨げの一つとして「住宅不足」があると考えたのである。そのために、教区に「小屋の建設」の権限を与えるとするウィットブレッドの提案は、断固として受け入れられないものであった。

マルサスによれば、「小屋の建設」を権限として与えるのであれば、人口は増大し、大量の労働力が市場に流れ込むため、自立労働者の賃金が低下する。そうなれば「自立労働者の境遇を完全に絶望的なものにし、また日雇い労働者の通常の賃金を、教区の扶助がなければ子ども一人すら養えないほどの不十分なものにさせることをまったく疑うことができない」(【書簡3】二一四頁)として批判する。さらに、ここに「税負担の公平化」が加わると、事態は一層悪化すると考えた。マルサスは、救貧税が個人財産(生産的な資本)に課税されると、雇用者は利益を確保するために労働者を低い賃金で雇おうとする傾向があると指摘する。そのうえで、先の「小屋の建設」の提案を組み合わせると人口の増加が促され、労働者が増加する。資本家たちは利益を出すために、増加した労働者をさらに低い賃金で雇おうとするため、家族をもつ労働者の生活が苦しくなる。しかし、彼らに扶助を与えればさらに人口は増加するため、労働供給がさらに増大し賃金は低下する。その結果、労働者の生活に影響を及ぼすことになり、彼らの教区救済への依存度が高められ、救貧法の効力が一層強化されてしまうと考えたのである(【書簡3】二一四〜六頁)。その結果として生じる「一般的な依存状態は、わが国の民衆の人格をいかなる教育制度でも向上させられないほどに抑圧してしまうでしょう。財産を節約し、獲得しようとする力と意思の双方がある程度まで弱まるでしょう。あなたの善意あふれる「貧民基金」の制度に意識を傾ける者、あるいは利用できる者、さらには「友愛組合」の会員になれる者でさえもじつに少ないだろう」(【書簡3】二一六頁)と危惧するのである。そのためマルサスはこれら二つの提案を両立させることはできないと結論する。もし、「小屋の建設」を教区に認めるならば、土地にのみ課税すべきであり、「税負担の公平化」を進めるならば、住居の獲得を個人の努力によるべきとして、修正を強く求めている(【書簡3】二一八頁)。彼は小屋の状態が実際かなり不健全であることを認めていたが(【書簡3】二一五頁)、小屋の不足がもたらす害悪が「人口の八分の一または七分の一が教区に依存している時に生じることが、人口の三分の一または二分の一が同様の望ましくない状態に悪化する時に生じることよりも、貧民の恒久的な幸福にとってより良いことなのかどうか」(【書簡3】二一五頁)が問題であった。マルサスは、たとえ害悪や困難がつきまとっても、依存貧民の割合を極力おさえ込むことが、貧民の境遇改善には必要不可欠であると考えていたのである。彼が貧民の救済を自発的な慈善に求め、また貧民救済の権利をイーデン（Eden, Frederick Morton, 2nd Baronet 1766-1809）の言葉を借りて「満足に実行できないように思われる、いかなる権利も存在すると言えるかどうかは疑わしい」（【書簡3】二一二頁）と否定したことも、貧民の増加を防ぎ、貧困の拡大を食い止めるためであったと言える。

マルサスは書簡でも救貧法を否定的に見ていたが、人びとへの救済を完全に否定したわけではない。人間の制度には限界があり「老齢者や身体障害者、通常の慎慮では避けられない不幸に遭遇した人びと、予想以上に多くの子どもをもうけた人びと」（【書簡3】二一七頁）といった自分ではどうすることもできない人びとに一時的に救済することは善としており、後の「貧困と困窮」の区別にもつながる議論が見られる。そして彼は「貧民の数を一定に保ち、自立労働者のさらなる抑圧を避けることができるならば、わたしはまず現に困窮の状態にある人びとが最も寛大に救済されるべきであること、また彼らへの救済が施しとしてではなく、権利として受け取るべきものだ」（【書簡3】二一二頁）と認めていた。それゆえ、マルサスは自身の救貧法論が文字通りの「無慈悲（hardness of heart）」（【書簡3】二一一、二一二頁）ではないことを仄めかしたのである。

（二） ウィットブレッドの主張

ウィットブレッドは、マルサスの公開書簡が刊行されてから一〇日ほどたった四月五日付で書簡を送っている。書簡でまず彼が意識したことは、自身の救貧法案でマルサスを「無慈悲」とは捉えていないことを弁明することであった。彼は『人口論』を「上辺だけ考察した方がたに与える影響（深く十分に思案される方がたに与えると想定したものとはまったく異なる影響）に注意を払ってしまいました。したがって、わたしはそのご研究に読者の心が無慈悲にならないように入念な気配りをすべきだと述べたのでした。しかし、誰かに『『人口論』の』著者を無慈悲に帰すると思い込ませようと仕向けて、わたしの意図がそのように誤ったのかもしれないなどとは断じて思っておりません」［丸括弧は原文、角括弧は筆者による］（【書簡4】二二三頁）と述べ、自身の発言の趣旨に理解を求めており、また彼自身もマルサスの真意に理解を示そうとしたことがわかる。(44)

そのうえでウィットブレッドは、マルサスが救貧法案におこなった批評の一部に応答していく。まず、貧民の区別に関し、犯罪貧民に身分証を着用させる実効性は「ほかのどの条項よりも疑わしい」として、マルサスの見解に同調しつつも、国会などの意見を求めることとする。また、称賛に値する自立労働者への栄誉記章の授与についても、その実現に期待を寄せていた（【書簡4】二二三頁）。それは、彼が救貧法案で指摘するように、彼の故郷ベッドフォード州に創設されたベッドフォード州農業協会（Bedfordshire Agricultural Society）では、実際、同様の制度が機能していたからであり(45)（［4］pp. 73-5. 訳一〇五～六頁）、地方での取り組みを全国にも反映させたいとするウィットブレッドの思惑があったからだと考えられる。同様に全国教育制度も、彼がベッドフォード州の貧民の学校のパトロンであったことなどを背景に(46)、教育制度の全国的な普及を試みようとしていたと言える。

他方、マルサスが厳しく批判した「税負担の公平化」と「小屋の建設」には、自身の意図を説明し、彼の見解に修正を迫る。まず、マルサスがこの二つの条項を通して救貧法の害悪を論じる時「この二つの条項の間に一体どんな必然的な、または可能性のある関係がある［と考える］のか」［角括弧は筆者による］（【書簡4】二二三頁）と問うて、二つの条項を組み合わせるのではなく、個別に検討することを求める。

まず「税負担の公平化」は、大部分の資本が労働の作用により生産的なものになり、人口の増加にも影響を与えていることに注目する。彼は「資本の大半は、労働の作用によって生産的になります。……こうした資本はある程度の人口をもたらすのですから、この人口の緊急事態を救済するために、ある程度の課税はされるべきでしょう。」（【書簡4】二二三～四頁）として、課税の対象を広げるべきだとする。彼は自身が有する醸造業や石灰製造業を取り上げ、それらが労働によって生産的な資本となり、人口を生み出していることを指摘し、「わたしは驚くほどの利益をもたらす資本の作用により急増した人口の緊急事態を救済するためにそれ相応の分を負担しないことが妥当なのでしょうか？わたしはそうは考えられないと申し上げます。」（【書簡4】二二四頁）として、生産的な資本となる個人財産も人口をもたらすため、課税の対象にする必要があることを指摘する。当時のウィットブレッドの会計帳簿によると、一八〇三年の時点で、地代と醸造業からなる総所得三万四〇三三ポンドのうち醸造業の利益は一万二六四五ポンドで、年によって変動はあるが、[47]彼にとって醸造業が重要な産業の一つであり、彼はこうした産業にも利益が出ている以上は、公平に税を負担する必要があると考えたのである。ただ現実として、個人財産からの税の徴収は大きな困難が伴い、かなり憎悪されることであるため、条項の遵守を必ず約束するものではないとして、慎重な姿勢を示してもいる（【書簡4】二二四頁）。なお、この「税負担の公平化」はウィットブレッドの死後、救貧法改革を引き継いだウィッグ党のカーウェン（Curwen, John Christian 1756-1828）によって論じられることになるが、マルサスにより『人口論』第五版（一八一七年）で批判される。[48]

一方、「小屋の建設」を教区に権限として与えることも、マルサスに見解の修正を求める。ウィットブレッドは「小屋の新たな需要が生じるたびに、じつに限定された趣旨で（すなわち、強い必要に迫られた場合を除けば、決して行使されない権限として）小屋を建てることを教区に権限として与えるように述べたにすぎない」［丸括弧は原文による］（【書簡4】二二四頁）として、小屋の建設はあくまで緊急の場合であり、強要させるものではないことを強調する。彼は「住居獲得の困難が早期の結婚を妨げ、救貧法の効果を弱める」とするマルサスの主張を意識しながら、生活資料が品位や愉楽をもって生活できる人口よりもはるかに多い人口を養うことはありえないとして、安易に小屋の建設を促すものではないとする。彼は「（十分な生活手段を持たない人びとのための住居を生み出す心配がなく、）生活手段を十分に持って生活する人びとの住居のためにより多くの空間を提供しようとわたしは法律として制定したい」［丸括弧は原文による］（【書簡4】二二四頁）として、小屋の建設を認める対象を限定し、無差別に救済するという趣旨ではないことを明言する。すなわち、この条項もまた、貧民の性質による区別を基にした提案であると言える。そして対象者を限定し、わずかに提供される小屋は、道徳的、肉体的な面で良い影響をもたらし、愉楽を伴う住居を得るための野心をも刺激することになり、安易な人口の増加には直結せず、下層階級の人格向上に貢献できるものだと考えたのである（【書簡4】二二四～五頁）。

ウィットブレッドは、マルサスが二つの条項を組み合わせた場合に生じるとした害悪にも否定的な見解を示す。彼は「農業教区が概していえば、生産的な個人財産がほとんど見出だされない教区だということをお考えいただきたいのです。……生産的な資本は大部分が都市（Town）に限定されています。したがって、小屋を建てうる所ではこうした資本があることは極めてまれでしょう。」（【書簡4】二二五頁）と述べるように、各地の現状と照らし合わせ、必ず二つの条項が組み合されるわけでないと指摘する。また、この主張からウィットブレッドが、小屋の建設の対象を相対的に貧しい南部の農業地域に限定していたことが分かり、農村部の悲惨な状況の緩和が貧民の境遇改善において重要と捉えていたと言える[49]。

（三）　往復書簡にみるマルサスとウィットブレッドの救貧法論

往復書簡の内容を踏まえたうえで、マルサスとウィットブレッドの救貧法論の特徴を考察する。マルサスは書簡においても、救貧法が「自立労働者を抑圧し、ある程度、勤労と善行の発条を弱め、美徳と悪徳の水準を物事の自然の成り行きを上回る」（【書簡3】二一七頁）傾向があるとし、漸次的廃止を主張する立場を維持する。彼は人口原理と照らし合わせて検討し、害悪や困難が伴っても、依存的貧困を抑制することが貧困の緩和において重要だと考えた。これに対し、ウィットブレッドはマルサスの主張に理解を示しながらも、当時の地域の現状なども踏まえたうえで、現実的な側面から救貧法の改革を進める立場をとった。その理由の一つには、彼が農業地域のベッドフォード州の出身であり、相対的に貧しい南部諸州の現状の配慮も貧民の境遇改善において重要と判断したためだと考えられる。

一方、両者には共通点もあった。それは、第一に、マルサスが書簡で認めたように「下層階級の人格向上」を共通の目標に据えていたことである。彼らは貧困がなくならず、依存的な貧困を抑制することが必要であることを認識していた。そのなかで、貧民の区別に基づき、教育や貧民基金などの提案を通して、貧民が勤労や節倹を備える自立した人間に育成しようとする方針を共有していたと言える。また、マルサスは書簡で、救貧法案について一部を除き容認しており、議会での救貧法改革にもある程度の理解を示したと言える。

第二に、救貧法の将来について、ウィットブレッドもマルサスと同様に、その消滅を展望していたことである。それは、彼が救貧法案のなかで述べた言葉に端的に示されている。

私の願いは救貧法を廃止することではありません。私が思いますのは、適切な手段を講じることによって、将来には救貧法がほぼ無用な存在になるということなのです。……この最も望ましい目的を果たすために、私がすすめようと思う原理は……社会の下層階級の人格を向上させることです。（［4］p. 21. 訳七三頁）

この彼の言葉には、貧困問題に対し、救貧法の存廃を越えた共通の目標が掲げられていると言える。(50) マルサスのように救貧法の廃止は、現状では困難であるため、ウィットブレッドは貧民の境遇改善を図ることが重要だと考えた。こうして救貧法を存続させつつも、公的な救済をできるかぎり抑制するという路線ができあがっていったと言える。

第五節　まとめ

　以上、ウィットブレッドの救貧法案と、それをめぐるマルサスとウィットブレッドの往復書簡を取り上げ、両者の救貧法に対する考え方の差異を考察してきた。最後に、両者の往復書簡を検討する意義を指摘しておきたい。

　第一は、往復書簡における両者のやりとりには、後の救貧法改革につながる萌芽的な議論が見られることである。書簡での彼らの議論は下層階級の一般的な地位の向上を図るため、貧民の区別（勤勉な者と怠惰な者）を基本として、(51)貧民への賞罰制度や貧民の劣等処遇、貧民基金の設置などを提案することにより、自立心や節約心を刺激し、労働者の境遇改善を図ろうとしてきた。とりわけ教育は、労働者の道徳的な向上に不可欠と捉えるなど、当時の貧困問題への主要な対応策を議論していたことがわかる。また、マルサスは人間の制度が万能ではないことから、回避できない困窮に陥った者への一時的な救済を認めるなど、「貧困と困窮」の区別につながる議論を展開した。一方、「税負担の公平化」や「小屋の建設」をめぐるウィットブレッドの議論は「救貧行政の中央集権化」を示唆しており、書簡での両者の交流には、後の救貧法改革につながる重要な論点が出ていたと言える。

　第二は、救貧法改革でのマルサスの影響を確認できることである。議会におけるマルサスの思想の影響は、ウィットブレッドの救貧法案にも非常に強く見られるが、それだけでなく、マルサス自身が、救貧法改革の前線で活動する議員と交流があったことを示す確かな事実を往復書簡から見ることができる。周知のように、マルサスは下院議員にはならず、議会で救貧法改革を直接指導する立場にもなかった。(52)しかし、書簡であれマルサスが、議会の関係者との間で救貧法に関し率直な意見を交わす機会があったという事実は、彼の救貧法改革での影響を考察していくうえでの重要な意義を与えると考える。

マルサスは、一貫して救貧法の漸次的廃止の立場をとった。しかし、書簡でのマルサスは、ウィットブレッドの救貧法案に断固反対とすべき部分はあるものの、全体としては容認しており、議会での救貧法改革をある程度、受け入れる姿勢を示していたと言える。この後、マルサスの影響が見られるとされる一八一七年の救貧法報告がなされ、さらに一八三四年に新救貧法が成立したという流れを踏まえると、救貧法改革をめぐってマルサスとウィットブレッドが交流した一八〇七年は、議会が新救貧法の成立に至る道のりの分岐点の一つとして捉えることができると考える。

本章は、一八〇七年の救貧法論争の全体像を明らかにするための第一歩にすぎない。当時はさまざまな思想家たちが救貧法をめぐって論争に加わっていた。とりわけ、マルサスが書簡の追伸（【書簡3】二三〇～一頁）で触れたウェイランドは、人道主義的な立場から救貧法の存続を説き、マルサスと対極に位置する人物として考察に値すると考えるが、この点は別稿にゆずりたい。

注

（1） *Hansard's Parliamentary Debates*, first series, vol. 8, (February 19, 1807), col. 865-921. 本章では冊子として刊行されたもの（［4］）を用いる。
（2） ［14］p. 207. ［25］二二〇頁。
（3） ウィットブレッドの書簡は、［30］が部分的に触れている（二六頁）。
（4） マルサスの公開書簡の翻訳はすでにあるが（［19］二〇一～二三頁）、本章では筆者が新たに翻訳を試みた【書簡3】を用いる。往復書簡の引用は、訳文の該当箇所のみ示す。なお、［19］はその初出である「［資料］マルサスの『救貧法の改正にかんするフィットブレッド宛ての書簡』」『文経論叢　経済学篇』第七巻、一九六九年、五六～六五頁、および「〔資料〕マルサスの『救貧法にかんするフィトブレッド宛ての書簡』（下）」『文経論叢　経済学篇』第九巻、一九七一年、三四～四六頁を改訂したものである。

（5）［17］二二一～四頁、［21］三八～九頁。

（6）［1］pp. 83-5. 訳六一～二頁。

（7）マルサスの救貧法論の変遷は［30］、［32］、［33］、［36］、［37］、［38］、［39］、［40］等を参照。

（8）［21］二四八～九頁。

（9）［37］二〇～八頁、［21］二四八～五〇頁、［17］四一～七頁。

（10）一八一七年の救貧法報告の提出後、一八年に教区会の投票権を財産に応じて追加する複数投票制などを定め、一九年には教区会内部に救貧行政の権限をもつ特別教区会の新設、治安判事の監督権の強化、有給の貧民監督官補佐の任命などを定めた（［35］二二二～五頁）。

（11）［17］二二頁。

（12）［37］二九～三〇頁、［21］二三九～四二頁。

（13）「マルサスは単に新救貧法だけでなく、さらに後にできたあらゆる慈善組織の父であったのである。」（［7］pp. 304-5. 訳四一六頁）

（14）一八一七年の救貧法報告にマルサスの影響をみる研究は［21］、［23］、［37］、［38］、［39］、［8］等を参照。また、ウェッブ夫妻は新救貧法の成立に影響を及ぼした思想家として、公的救済を貧民の道徳的な弊害だとするタウンゼンド（Townsend, Joseph 1739-1816）、人口原理と賃金基金説より救貧の弊害を指摘するマルサス、中央政府を強化し、地方行政を監督する必要を説くベンサム（Bentham, Jeremy 1748-1832）を挙げた（［21］二五〇～一頁、［30］二四～五頁）。

（15）［8］p. 31.

（16）［10］、［15］、*Oxford dictionary of national biography*, ed. H. C. G. Matthew and Brian Harrison, vol. 58, Oxford University Press, Oxford, 2004, pp. 526-9.（本書では、以下 *Oxford DNB* と略記）を参照。

（17）［15］pp. 10-1. 当時のイギリスの醸造業は、［13］が詳しく論じている。

（18）ウィットブレッドは二〇〇名の議員が請願の提出を拒否した時、グレイに「その請願を拒んだ者たちは皆、自身で判断したのだ。わたしも自身で判断しなければならない。わたしの判断では、その請願を提出しなければ、申し開きができない。」（一八〇七年三月九日）と述べていた（［15］p. 221）。

(19)［15］pp. 212-4.

(20)［21］一五八頁。

(21)［8］p. 2.

(22)［8］p. 16.

(23)［35］一三三頁。

(24)［21］一五八〜九頁。

(25)［24］一三三頁、［27］七八〜八〇頁。

(26) ナポレオン戦争期のイギリスの軍事費の推移は、［34］一一五〜七頁を参照。

(27) 一七九九年に小ピットが新設した所得税は、六〇ポンド以上の所得を対象に、四つの項目（①不動産、②動産など、③国外の財産、④そのほか）に分類して課税や控除をおこなった。ただ納税は負担者による総額申告によったため、申告漏れなどで税収が伸び悩み、一八〇二年に廃止された。そのため、一八〇三年にアディントン（Addington, Henry, 1st Viscount Sidmouth 1757-1844）が再び所得税を導入した時、納税はできるかぎり所得が発生した源泉で課税することにした。これに伴い、五つの項目（①不動産、②農業所得、③公債利子所得、④商工業などの所得、⑤官吏などの所得、年金所得）に分類され課税がおこなわれた（五シュディール制）（［11］、［26］、［22］八六〜一二一頁、［20］四〇九〜三七頁）。なお、［22］はその初出である「ウィリアム・ピットの財政政策とナポレオン戦時の所得税」『武蔵大学論集』第八巻第二号、一九六〇年、一〜四〇頁を改訂したものである。

(28)［18］一八〇〜六頁。

(29) グレンヴィル（Grenville, William Wyndham, Baron 1759-1834）は当初、従兄の小ピット政権で内相（一七八九〜九一年）や外相（一七九一〜一八〇一年）を歴任し、ナポレオン戦争でのフランス強硬策を支持した。しかし、小ピットの旧教徒解放が国王の反対で挫折した後は次第にフォックスに接近し、一八〇六年に小ピットの死後、フォックスとともに「人材内閣（Ministry of All the Talents）」を組織して首相に就任した。しかし、フォックスの急死で統率が困難になり、翌年に内閣は瓦解した（［29］三〇〇頁）。

(30)［35］一三七〜九頁。

(31) *General index to the first and second series of Hansard's parliamentary debates forming a digest of the recorded proceedings of parliament, from 1803 to 1830*, ed. Sir John Philippart, Baldwin & Cradock, 1832. Reprint from the collections of the University of Michigan Library, p. 633.［28］七五頁。

（32）ウィットブレッドの救貧法案の概要は［18］、［25］、［15］、［16］等でも触れており、救貧法案とマルサスの教育論の関連は［31］、教育学校法案に至る経緯は［28］が詳しい。

（33）［15］p. 218.

（34）ウィットブレッドは宗教教育に関し、特定の宗派を挙げていないが、「英国国教会（the establishment）の利益は厳格に守る」ものとすることを指摘しており、宗派間の対立に配慮している（［4］p. 35. 訳八一頁）。

（35）［2］II, p. 195. 訳Ⅳ一七六頁。

（36）［21］二四三〜四頁、［35］四〇〜七頁。

（37）ブローグによれば、貧民の救済にかかる一人当たりの費用が一八〇二年の段階で、北部諸州の平均が七シリング三ペンス、南部諸州の平均が一一シリング六ペンスであり、北部で最も負担の軽いランカシャー州（四シリング六ペンス）と、南部で最も負担の重いサセックス州（二二シリング七ペンス）とでは五倍以上の差が出ていた（［6］pp. 178-9）。ウィットブレッドの故郷ベッドフォード州は、貧民救済費が一一シリング九ペンスで南部諸州の平均とほぼ同等である。州の総人口に占める貧民の割合は一一・五で南部の平均（一六・八）より低かった（［35］四八〜九頁）。

（38）ウィットブレッドは最大四票とした。複数投票制の提案は一八一八年に現実のものとなり、投票権は最大六票とした。三四年の新救貧法では、土地や家屋の占有者だけでなく、その所有者にも適応され、占有者は最大三票とした（［35］一一五頁、一二四頁注三四）。

（39）［12］p. 126.

（40）［14］p. 213.

（41）貧民の賞罰制度にはマルサスのほかにも多様な見解が寄せられ、モンク（Monck, John Berkeley 1769-1834）は、貧民の表彰を「貧民が尊敬されるか、馬鹿にされるかが紙一重であるので、冒険的な仕事」だと指摘した（［15］p. 222）。

（42）［2］II, p. 226. 訳Ⅳ二四七頁。

（43）［2］II, p. 190. 訳Ⅳ一六八頁。

（44）ウィットブレッドはマルサスの『人口論』に反感や恐怖を抱き、救貧法案を提出する数日前（二月一五日）にグレイに「貧民救済に関するマルサスの計画は実行不可能だ」と話したとされるので、当初の心境は異なっていたと考えられる（［15］pp. 212-3）。

（45）ベッドフォード州農業協会は一八〇一年、農業の促進を目的にベッドフォード公爵（Russell, Francis, 5th Duke of Bedford

1765-1802）のもとで設立した（［9］pp. 50-1）。

(46) ウィットブレッドは一八〇二年、カーディントン、エルストウ、ワーデンの教区で男女一六五人ほどが通う九つの学校に年間一一一ポンドを支出していた。また、一八〇九年の冬には、ランカスター方式に基づく学校を設立しようとしていた（［15］p. 231）。

(47) ウィットブレッドの総所得のうち醸造業の利益は、その後も一八〇四年は二万九三四四ポンドのうち六九四五ポンド、一八〇五年は二万六四七二ポンドのうち七六四四ポンド、一八〇六年は三万一〇六六ポンドのうち四六五一ポンド、一八〇七年は三万三二八二ポンドのうち九六六六ポンドで、ある程度の利益を確保していた（［15］pp. 110-1）。

(48) ［37］二〇～一頁。マルサスのカーウェン批判は［2］II pp. 178-9. 訳Ⅳ一四八～五〇頁を参照。

(49) このほか、両者は教区の救済の支出に地方債(county stock)の適用を求めるウィットブレッドの提案(［4］pp. 69-70. 訳六六頁）についてもやりとりする。マルサスは教区が貧民の増加に無関心になるとして批判したが（【書簡3】二一八～九頁）、これにもウィットブレッドは地方の実情や救貧行政の実態などを踏まえて応答した（【書簡4】二二五～六頁）。

(50) 渡会は救貧法論争の共通した部分として「救貧法廃止論も擁護論も、そして中間的な立場も、労働者の道徳的ないしは精神的な向上、すなわち自立心、将来への配慮、慎重な習慣などを彼らに身につけさせるようにすることを重視し、救済をできるだけ制限すべきとする点では共通した」（［40］五六頁）と主張している。ウィットブレッドの主張は、まさに渡会の主張を一層強化するものであると考える。

(51) 往復書簡にみる貧民の区別は、依存労働者（dependent labour）と自立労働者（independent labour）（【書簡3】二一二頁）、怠惰な貧民（Idle Poor）と勤勉な貧民（Industrious Poor）（【書簡4】二二三頁）のほか、依存貧民（dependent poor）、犯罪貧民（criminal poor）など多種多様であり、安易に統一することは難しい。そこで本章では、両者が各所で用いたものに準じた。

(52) マルサスは一八二七年に設置された下院移民特別委員会に証人として出席しており、その証言のなかで救貧対策に触れる機会はあった（柳田芳伸「〔翻訳〕下院委員会におけるマルサスの二証言」『長崎県立大学論集』第三四巻第三号、二〇〇〇年、七九～一三五頁）。マルサスの党派的姿勢を明言することは難しい。しかし、貧民への教育を重視するマルサスの姿勢は、貧民教育を危険視したウルトラ・トーリー派の路線とは距離を置くものであり、ウィッグ派に近いと考えられる。その一方で、マルサスが支持したウィットブレッドの教育案は英国国教会の利益を損なわないとするものであること、またマルサスは書簡で教育の普及のために、カントリー・ジェントルマンにも配慮していることなどから、急進的なウィッグ派とも言い難い。それゆえ書簡を見るかぎり、この当時のマルサスは穏健なウィッグ派に近い立場を示していたと考えられる（［34］一八三～四頁）。

参考文献（邦訳書からの引用は一部改訳したところもある）

一次文献

［1］ Malthus, Thomas Robert, *First essay on population 1798,* Macmillan, 1966. 永井義雄訳『人口論』中公文庫、一九七三年。

［2］ Malthus, Thomas Robert, *An essay on the principle of population, or, A view of its past and present effects on human happiness : with an inquiry into our prospects respecting the future removal or mitigation of the evils which it occasions.* The Version Published in 1803, with the variora of 1806, 1807, 1817, 1826, ed. Patricia James, 2vols., Cambridge University Press, 1989. 吉田秀夫訳『各版対照人口論Ⅰ～Ⅳ』春秋社、一九四八～九年。

［3］ Malthus, Thomas Robert, A Letter to Samuel Whitbread, Esq. M . P. on His Proposed Bill for the Amendment of the Poor Laws, *Introduction to Malthus*, ed. D. V. Glass, Watts, 1953, pp. 185-205.

［4］ Whitbread, Samuel, *Substance of a speech on the poor laws: delivered in the House of Commons, on Thursday, February 19, 1807. With an appendix*, 1807. Reprint from the collections of the University of California Libraries. 柳田芳伸・田中育久男訳「ウィットブレッドの救貧法に関する演説」『長崎県立大学経済学部論集』第四九巻第三号、二〇一五年、四九～一三六頁。

［5］ Whitbread, Samuel, Samuel Whitbread to Malthus（5 April 1807）, *T. R. Malthus: The unpublished papers in the Collection of Kanto Gakuen University*, vol. 1, ed. J. M. Pullen and Trevor Hughes Parry, 1997, Cambridge, pp. 80-5.

二次文献

［6］ Blaug, Mark, "The Myth of the Old Poor Law and The Making of the New", *The journal of economic history*, 23（2）, 1963, pp. 151-184.

［7］ Bonar, James, *Malthus and his work*, G. Allen & Unwin, 1924. 堀経夫・吉田秀夫訳『マルサスと彼の業績』改造社、一九三〇年。

［8］ Cowherd, Raymond Gibson, *Political economists and the English poor laws: a historical study of the influence of classical economics on the formation of social welfare policy,* Ohio University Press, 1977.

［9］ Chambers, Clifford Gore, *Bedfordshire,* Cambridge County Geographies, Cambridge University Press, 1917.

[10] Fulford, Roger, *Samuel Whitbread, 1764-1815 : a study in opposition*, Macmillan, 1967.
[11] Hope-Jones, Arthur, *Income tax in the Napoleonic wars*, Cambridge University Press, 1939.
[12] James, Patricia, *Population Malthus: his life and times*, Routledge & Kegan Paul, 1979.
[13] Mathias, Peter, *The brewing industry in England, 1700-1830*, At the University Press, 1959.
[14] Poynter, John Riddoch, *Society and Pauperism: English ideas on poor relief, 1795-1834*, Routledge & K. Paul, University of Toronto Press, 1969.
[15] Rapp, Dean, *Samuel Whitbread (1764-1815) : A Social and Political Study*, Garland Publishing, 1987.
[16] Smith, Kenneth, *The Malthusian controversy*, Routledge, 1951.
[17] 大沢真理『イギリス社会政策史――救貧法と福祉国家――』東京大学出版会、一九八六年。
[18] 大前朔朗『英国労働政策史序説』有斐閣、一九六一年。
[19] 小林時三郎『マルサスの経済理論』現代書館、一九七一年。
[20] 小山廣和『税財政と憲法――イギリス近・現代の点描――』有信堂、二〇〇三年。
[21] 小山路男『イギリス救貧法史論』日本評論新社、一九六二年。
[22] 佐藤進『近代税制の成立過程』東京大学出版会、一九六五年。
[23] 社本修「マルサス貧民政策論についての一考察」『明治学院論叢』第二六三号、一九七七年、九三～一一七頁。
[24] 中澤信彦『イギリス保守主義の政治経済学』ミネルヴァ書房、二〇〇九年。
[25] 長谷川貴彦『イギリス福祉国家の歴史的源流――近世・近代転換期の中間団体――』東京大学出版会、二〇一四年。
[26] 土生芳人「ナポレオン戦争期のイギリス所得税」『岡山大学法経学会雑誌』第一二巻第四号、一九六三年、四四三～八〇頁。
[27] 深貝保則「最低賃金裁定法案と政治算術一七九五～九六年：ウィットブレッド対ピット論争とハウレット」『経済学史研究』四七巻第二号、二〇〇五年、七五～九一頁。
[28] 松井一麿『イギリス国民教育に関わる国家関与の構造』東北大学出版会、二〇〇八年。
[29] 松村赳・富田虎男編著『英米史辞典』研究社、二〇〇〇年。
[30] 森下宏美『マルサス人口論争と改革の時代』日本経済評論社、二〇〇一年。
[31] 柳沢哲哉「マルサスと民衆教育」『香川大学経済論叢』第六六巻第四号、一九九四年、一〇一～三五頁。
[32] ――――「マルサス『人口論』における救貧法批判の論理」『Working Paper Series』埼玉大学経済学部、二〇一二年。

[33] ――「マルサス『人口論』における救貧法批判の論理」『マルサス学会年報』第二四号、二〇一五年、一～三一頁。
[34] 柳田芳伸『増補版マルサス勤労階級論の展開――近代イングランドの社会・経済の分析を通して――』昭和堂、二〇〇五年。
[35] 吉尾清『社会保障の原点を求めて――イギリス救貧法・貧民問題（一八世紀末～一九世紀半頃）の研究――』関西学院大学出版会、二〇〇八年。
[36] 渡会勝義「マルサスの経済思想における貧困問題」『Study Series』三八、一橋大学古典資料センター、一九九七年。
[37] ――「マルサス『人口論』の救貧法への影響――一八一七年下院救貧法特別委員会報告を中心に――」『マルサス学会年報』第八号、一九九八年、一三～三五頁。
[38] ――「古典派経済学と貧困問題」西沢保・服部正治・栗田啓子編著『経済政策思想史』有斐閣、一九九九年、四三～六〇頁。
[39] ――「デイヴィド・リカードウの救貧論と貯蓄銀行」『Study Series』四五、一橋大学古典資料センター、二〇〇〇年。
[40] ――「マルサス、リカードウと同時代の救貧思想」『立教経済学研究』第六二巻第二号、二〇〇八年、二五～六〇頁。

第四章　マルサスとパーネル

――アイルランドの一〇分の一税制度の改革と関連して――

柳田　芳伸

第一節　パーネルの生涯と著作

本章では、マルサス（Malthus, Thomas Robert 1766-1834）とパーネル（Parnell, Henry Brooke 1776-1842）との知的交流の跡を辿り、その要点を整理、紹介しようするものであるけれども、パーネルの生涯についてはいまだ存外知られてはいないであろう。そこで、まずは、管見の及ぶかぎりで、パーネルの略歴についてみておきたい。

パーネルは一七七六年七月三日にダブリンで生を受けた。父パーネル（Parnell, John 1745-1801）はアイルランド政府の財政・通貨に関する著名な書記官で、かつ財務大臣をも務めた准男爵であり、母はコールブルック（Colebrooke）の准男爵ブルク卿（Brook, Arthur）の次女で、パーネルは二人の次男であった。そして経済不況下の一八四二年六月八日に、パーネルは長患い（遅くとも四一年八月以来）の末、ロンドンのChelsea Cadogan Palaceの着衣室で自ら縊死した。この間、主としてウィッグ党（ただし、パーネルは公式には決していずれの政党や党派に属することはなかったけれども）の最自由派の下院議員としてアイルランドにおける諸改革やイギリスの財政改革のために尽力した。以下、この点を中心にパーネルの生涯を振り返っておきたい。

パーネルは一七九一～三年にイートン校で学んだ後、九四年にケンブリッジのトリニティ・カレッジに在籍したけれども、学位を取得することなく退学した。その後、リンカーン法学院に入学した九七年の夏にメリー選挙区から下院議員に選出された。そして九九年四月に摂政法案を支持したり、また父に従いアイルランドのイングランドとの合邦に反対票を投じたりした。

一八〇一年二月一七日には、ポーターリントン伯爵（Dawson, John, 1st Earl of Portarlington 1744-98）の長女ドーソン（Dawson, Caroline Elizabeth）と結婚し、三人の息子と三人の娘とをもうけた。また同年一一月の父の死に伴い、長兄（William, Parnell 1778-1812）の管理能力の欠如のゆえに(1)、クイーンズ地方の所領を相続するとともに、一二年七月の兄の死去以降は准男爵の称号を名乗ることとなった。

ついで一八〇二年四月に、クイーンズ地方選出の連合王国下院議員となったけれども、六月には国会が解散された。幸い、翌月ポーターリントン伯爵の一選挙区から再選を果たしはたけれども、今度はその議席自体が一一月にウェールズ王の友人に売却されてしまい、議席を失った。その後暫く経済学の研究に没頭した(2)けれども、〇六年二月の選挙でクイーンズ地方から返り咲き、爾後三二年一二月まで下院議員として活躍した。その後も三三年四月の補欠選挙でダンディー（Dundee）より復帰し、四一年八月二三日に上院議員となるまでその議席を保持した。また同時に、時の首相ピール卿（Peel, Robert 1788-1850）から初代コングルトン卿(3)（Lord Congleton）という美名を賜った。

焦点をパーネルの一八〇六年以降の下院議員としての諸活動に集約させていこう。パーネルはトーリー党のピット（Pitt, William 1759-1806. 一八〇四～六年首相）から薄遇を受けたため、反対陣営に回った。ようやく〇六年四月にアイルランド財務委員会委員長に就任し、翌月の七日に国会の場でアイルランド予算について演説をおこなった。これが国会でのパーネルの初演説であった。しかしウィッグ党のグレンヴィル卿（Grenville, William Wyndham 1759-1834）が〇七年三月に失脚した際、同職を辞した。また〇九年四月にはアイルランド通貨と大英国通貨の融合を提案したけれども、まったく賛同が得られなかった。

このようにパーネルは一八〇六～一八年の間、下院においてアイルランドに関する諸事への活発な発言者の役を演じた。一〇分の一税改革やカトリック教徒への差別の撤廃などがその典型である。さらに二〇年以降も、たとえば、アイルランドにおける自由保有農の選挙資格の緩和や、借地農（tenements）の又貸しに関する法改正、あるいはアイルランドの治安裁判所の規制などを唱える一方、アイルランド非合法結社案（Irish Unlawful Societies Bill of 1825）に対してはきっぱりと反対した。しかし三二年には極めて制限的なアイルランド改革案を提議したため、「ウィッグの裏切り者（Judas）」という烙印を押されもした。

パーネルが名を連ねたそのほかの主な委員会を列記すれば、地金委員会（一八一〇年）、穀物貿易委員会（一八一三年）、農業疲弊調査委員会（一八二二年）、歳入歳出調査委員（the public income & expenditure of U. K）会（一八二八年）、シビル・リスト調査特別委員会（一八三一年三月）、公会計調査委員会（一八三一年）、および消費税調査委員会（一八三二年）等が挙げられる。[4] これらのうち、まず、パーネルが一八一〇年二月一九日に委員長のホーナー（Horner, Francis 1778-1817）によって指名され、地金委員の一人に任命されたことに一瞥を加えておこう。地金委員会は二二名で構成され、そのうちの六名は[5]〇四年に設置されたアイルランド流通紙幣、正貨、並びに通貨に関する委員会の成員であった。パーネルはその委員でこそなかったけれども、〇四年のアイルランド為替の変動に関する論争に参加していた点を買われ、抜擢されたのである。[6] とはいえ、地金委員会は事実上、ホーナー、ソーントン、およびハスキッソン（Huskisson, William 1770-1830）の三人によって運営され、三一回の会合を開き、かつ延べ四八人に審問し、六月九日には周知の地金委員会報告を下院に提出した。(7) パーネルはこの報告草案に賛成票を投じたばかりか、一一年五月八日には国会でこの報告の推進を訴えもした。(8) また一九年五月二五日にも、物価騰貴と金価格の上昇の主因をイングランド銀行券の過剰発行に帰する地金論者（bullionist）の一人として「ピール通貨法（Peel's Currency Act）」（同法は一九年七月二日に成立し、二三年五月一日の正貨兌換再開への布石となった）の支持を標榜した。(9)

次に、視点を一八一三年三月二二日に設置された穀物貿易委員会の委員長としてのパーネルに向けておきたい。この委員会の目的は、当初はアイルランドの穀物輸出先をイギリス本国に限らず、西インド諸島、ブラジルそのほかにも拡大しようとするものであった。けれども、議会の要望を受け、広くイギリスの穀物法を検討することとなり、主として外国産穀物の輸入への依存を弱め、連合王国の経済的独立を確保する方策を検討することとなった。パーネルは一三年六月一五日に下院において委員会報告の趣旨説明をおこなった。これに対して、ローズ（Rose, George 1744 -1818）をはじめ各方面からの反対意見が相次いだ。暫時の休会期間を経た後の一四年五月五日に、パーネルは改めて新決議案を提出した。しかし前回と同様、ローズがこれを論難し、パーネルはこれに反論した。その結果、五月一六日に出納長のヴァンシタート（Vansitard, Nicholas 1766 -1851）による穀物および穀物粉の大英国からのいかなる輸出も自由であるとする法案は六月二七日に成立したけれども、外国産穀物に対する輸入関税に関しては、穀物の外国依存からの独立と安定した穀物価格の実現とを目指したハスキッソンの修正案に置換された。(10) しかしより見過ごせないのは、穀物法擁護論者であったパーネルが二七年の議会において穀物の自由貿易を主張し、変説している点であろう。(11)

最後に、パーネルが最も精力的に活躍した財政改革の側面に照射しておきたい。とはいえあまりにも多岐にわたっているので、主たるものを摘記するにとどめるほかない。大略、「パーネルの財政・税制改革論は当時の自由主義的財政改革の代表的イデオロギー……当時のイギリスの商工業者の大きな支持をかちえた」[12]と総評されている。とくにパーネルの『財政改革論』（一八三〇年）は実際的観察に基づいた実践的な内容で、またその一部は、実際に、グレイ（Grey, Charles, 2nd Earl 1764-1845）内閣（一八三〇～四年）下でオルソープ（Althorp, John Charles Spencer 1782-1845）蔵相によって具現化されてもいった。[13] パーネル自身は二一年に減債基金の廃止案をまさに議長票によって採決したし、[14] またトーリー党のウェリントン（Wellington, Arthur Wellesley 1769-1852）内閣（一八二八～三〇年）の下でも歳入歳出調査委員会の委員長を務め、その在任中（二八年二月～三一年一月）に、一方では消費税や粗原料への関税の縮減や廃止を、そして他方では産業に対する課税を説いた。歳費の削減では、王室費の低減や軍事費の年間六〇万ポンドの縮小を陳じた。さらには、三一年七月八日に王命によって任じられた公会計調査委員会の委員長として、一〇月一〇日に『財務府に関する報告書』を下院に提出し、翌年六月一日に成立する「海事法（Admiralty Act）」の礎を作成しもした。[15]

この部面で看過し難いのは、一八一五年にパーネルが下院でヒューム（Hume, Joseph 1777-1855）やブルーム（Brougham, Henry Peter 1778-1868）と経費削減という視点から植民地批判について共同戦線を張っている点である。[16] わけてもパーネルと急進派ヒュームとの親交はその後も続き、三一年の年始には、パーネルは「ヒュームおよびウォーバートン（Warburton, Henry 1784-1858）と共にオルソープ卿邸で会食し、経費削減問題について長い激論を交わした」[17] し、同じく同年に、フランスの郵便局との非公式な交渉を通しての内約（パーネルは郵政省の税収が増えないのを郵便税や郵便料金が高すぎることに起因するとみなしていた）をヒュームに英国郵便局に提言してくれるよう依頼してもいる。[18] それゆえ、二四年二月一二日に下院に設置された職人・機械調査委員会の委員長であったヒューム[19] がマカロク（McCulloch, John Ramsay 1789-1864）とともに一証人としてマルサスを召喚した際、パーネルの口添えがあったと推察したとしても、強ち見当外れではなかろう。[20]

ともあれ三二年一月二六日に陸軍大臣の任を解かれたパーネルは、ウィッグ党メルバーン（Melbourne, William Lamb, 2nd Viscount 1779-1848）内閣（三四、三五～四一年）の下で、三五年四月以降海軍の出納長を皮切りに、最後は新設の財務省主計長官へと上り詰め、四一年まで在任した。そしてパーネルは四一年三月一四日に砂糖税について弁じたが、これが氏の最後の国会演説となった。

パーネルの著作

Observations upon the state of Currency in Ireland, and upon the Course of Exchange between Dublin and London, M. N, Mahon, 1804, Dublin, 2nd ed, 1804, 3rd ed., 1804.

A History of the Penal Laws against the Irish Catholics, from the Treaty of Limerick to the Union, H. FitzpPatrick, 1808, Dublin, repr., 1822,1825, London.

The Principles of Currency and Exchange illustrated by Observations upon the state of Currency in Ireland , the high rate of Exchange between Dublin and London, J. Budd,1805, London,4th ed. ,1805.

Observations on the Irish Butter Acts, 1825, London [printed] and Dublin.

Coup-d'oeil sur les avantages des relations commerciales entre la France et l'Angleterre,baseees sur les vrais principes de l'economie politique,Paris,1832.

Observations on Paper Money, Banking and Overtrading, J. Ridgway, 1827, 2nd ed., 1829., New ed. ,1835, London.

On Financial Reform, London,1830, 2nd ed. ,1830 , 3rd ed. ,1831,4th ed. ,1832.

A Plan Statement of the Power of the Bank of England and of the Use it has made of it, 1832, 2nd ed., 1833, London.

A Treatise on Roads, wherein the Principles on which roads should be made are explained and illustrated by the plans, specifications, and…, 1833, 2nd ed., 1838 London.

Extracts of a treaties on roads, Gossip & Coade., 1839, Halifax [N. S.].

パーネルの議会演説概要

Speech…in the House of Commons, on…April 18, 1809, on a motion to assimilate the currencies of Great Britain and Ireland, 1809, London.

Tythes. A corrected Report of the Speech of H. Parnell…in the the House of Commons, on…the 13th of April, 1810, on a motion for a select…, 1810, London.

The Substance of the Speech…on the 9th May,1811,in the Committee of the Whole House of Commons,to which the Report of the Bullion Committee…, 1812 ,London.

Summary of the Arguments and Plan for a commutation of tithes in Ireland submitted to the House of Commons in the session of 1812, 1812, London.

The Substance of the Speeches of Sir H. Parnell, bart. in the House of Commons, with additional Observations on the Corn Laws, 1814,2nd ed. ,3rd ed. ,1814, London.

The Speech of Sir H. Parnell…delivered in the House of Commons…the 11th May, 1824, upon Lord Althorp's Mtion for a Committee on the State of Irerand, 1824, London.

A corrected Report of the Speech of Mr. H. Parnell in the House of Commons, the 10th Feb, 1825, on the motion of the Right Hon. H. Goulbourn for leave tobring in "a Bill to amend certain acts relating to unlawful societies in Ireland" , 1825, London.

Villiers, Charles Pelham Villiers., *The Speeeches of Charles Pelham Villiers, Esq., Sir W. Molesworth, the Marquis of Chandos, and Sir Henry Parnell on the Corn Laws, delivered in…*, 1838, London.

パーネルの書簡

Soames, Henry, *A Letter to Sir Henry Parnell*, 1813, London.

Campbell, John, *A Letter on the proposed alteration of the Corn Laws. Addressed to Sir Henry Parnell*, 1814, Edinburgh.

Bentham, Samuel, Sir., *Financal Reform scrutinized : in a letter to Sir Henry Parnell*, 1830, London.

Bliss, Henry, *Letter to Sir Henry Parnell. bart. M. P. on the new colonial trade bill"* 1831, London.

第二節　マルサス＝パーネル書簡のなかの一〇分の一税の改革案――

さて、ここで取り上げる書簡[21]は、①一八〇八年五月四日付のマルサスのパーネル宛ての書簡（【書簡5】）、②一八〇八年五月九日付のパーネルのマルサス宛ての書簡（【書簡6】）、および③一八〇八年五月一二日付のマルサスのパーネル宛ての書簡（【書簡7】）、以上の三通である。書肆的にみれば、マルサスが "Newenham on Others the State of Ireland," *Edinburgh Review*, Vol. XII, No. XXIV, July, 1808, pp. 336-55 と "Newenham on the State of Ireland," *Edinburgh Review*, Vol. XIII, No. XXIVII, Apr, 1809, pp. 151-70 とを匿名で寄稿した直前で遣り取りした書簡となる。パーネルはその処女作（一八〇四年）のなかで、物価高騰の原因をアイルランド銀行による銀行券の過剰発行に求めた際に「最良の説明はマルサス氏の『人口論』〔第二版〕（一八〇三年）に含まれている」と称賛していたし、またマルサスの方も一八〇九年論文のなかで、アイルランドの人口に関する自然的、政治的、および商業的な事情に精通した「極めて有能な先駆者」として、ヤング（Young, Arthur 1741-1820）と並んでパーネル兄弟の名を挙げている。[22]二人がいつ頃知り合ったかを確定するのは至難であるけれども、文面（【書簡5】、【書簡6】、【書簡7】）からしてマルサスのケンブリッジ大学在学以来の学友で一八〇七年にケンブリッジの近代史担当教授となったスミス（Smyth, William 1763 -1849）が両者の間に介在していたことは間違いあるまい。

ともあれ、三通に共通する主たる話題[23]が「アイルランドの一〇分の一税の制度とその改革案」（【書簡6】二三〇頁）についてであることは一目瞭然であろう。かつ突き詰めれば、その要点を、マルサスが「一〇分の一税の代わりに全体の一定量の純地代を割り当てること」（【書簡5】二二七～八頁、また［2］p. 167 をも参照）を提起したのに[24]対して、パーネルが、それを実際に「アイルランドで実行することは不可能である」（【書簡6】二三〇頁）と返答し、年額三〇万ポンド弱に及ぶ一〇分の一税の代わりとして「大蔵省（the Treasury）による聖職者（the Clergy）への（貨幣）支払い」、ないしは「(一〇分の一税の取得権者による一部の）土地の代用（substitution of land）」（括弧内引用者）を提案している（【書簡6】二三〇～一頁）点に収縮できよう。別言するなら、マルサスはイングランドでは「一定量の純地代やそれに類する地代を……一〇分の一税の最良の代替物とみなす習慣」（【書簡5】二二七頁）が定着しているので、それをアイルランドにも適用してはどうかと考えた。他方、アイルランドの実情に通暁したパーネルの方は、アイルランドの「あらゆる階層（ranks）の人びとは事業（business）またはこまごまとした仕事（detail）をする習慣には不慣れであり、かつまた、支払われるべき地代量の正当な割り当てのようなものを保証することもまたほぼ不可能」（【書簡6】二三〇頁）とみなした、こう言い換えよう。二人は、等しく、あくまでもアイルランド貧民の救済という視点に立って、一〇分の一税の改革案を模索したにもかかわらず、「一〇分の一税支払いの代替案」（【書簡6】二三〇頁）に関しては、どうしてかくも異なる見解を立言したのであろうか。以下では、論点をこの点に絞り、あたうかぎり追究してみたい。

第三節　一〇分の一税問題

マルサスは、当時のアイルランド人口を一七九八～一八〇〇年にアイルランド議会議員を務めたニューアナム（Newenham, Thomas 1762-1831）の推計によって「五四〇万人〔一八〇四年〕」（［1］p. 337）と推算したり、あるいはまたミース州のナヴァン（Navan）の国教会牧師であり、日曜学校の設立に寄与したボーフォート（Beaufort, Daniel Augustus 1739-1821）の『アイルランドの地図の回想』（一七九二年）に依拠して「四〇二・八万人」と見積り、一八二七年現在では「およそ七五〇万人」に達していると概算したりしている。[25] さらにこれを「カトリック人口[26]」と「プロテスタント人口」（［2］pp. 162-3）とに振り分けると、おおむね、カトリック信徒が四〇〇万人、長老派信徒（プロテスタントのうちのカルヴァン派の教徒）が五〇万人、そしてプロテスタント信徒が約五〇万人ということになる。[27]またこのうちのプロテスタント信徒が大半の農地を所有し、このことをマルサスはいみじくも「貧しいカトリック信徒（the poor Catholics）」（［2］p. 160,163）、「豊かなプロテスタント信徒（the rich Protestants）」（［2］p. 159）と表示している。

これを少しばかり敷衍すれば、一七〇三年の時点で、すでに、カトリック信徒の土地所有率はわずか一四パーセントであった。[29]しかも「一七〇三年から一七八八年にかけて、数多くのローマ・カトリックの土地所有者が改宗し、大部分が姓名を英国名にして、プロテスタントの『成り上がり者』の一部として繁栄し、……地主がますます裕福になって暴君じみてくるのに対して、借地人の方はカトリックも『非国教徒』も農奴化し……土地をもたない大多数のアイルランド人は、希望のない貧困と絶望の淵へとどんどん追いやられ[30]」ていったと概観できる。

この実相を、マルサスが最大の情報源としていたA・ヤングの全二巻の『アイルランド旅行記（一七七六～一七七九年）』（一七八〇年）の記述を手引きにして、一層詳らかにしよう。[31]アイルランドの地主は通常、ロンドン、バース、ダブリン、あるいはパリやローマに居住する不在地主（absentee）であった。彼らはおよそ土地の改良には無関心で、その管理を所領管理人に任せっきりであったけれども、年間一五〇万ポンド（一七九七年）にも上る不在地主地代を受け取っていた。こうした地主たちは、その借地人がプロテスタント信徒であるなら、三代にわたる世代借地（leasehold for lives）で、またカトリック信徒であるなら、二一年ないしは三一年という長期の定期契約（leasehold for years）で仲介借地人（Middleman）に貸し出し、仲介借地人[32]はこの借地をさらに下位借地人（under tenants）に又貸し（re-let）していた。また仲介借地人も地主と同様に、その借地には住むことはなく、ロンドン、バース、もしくはダブリンやそのほかのアイルランドの地方都市に在住していた。たとえ借地に居を構えていた場合であっても、仲介借地人が自ら土地改良をおこなうことはほとんどないばかりか、下位借地人にさまざまな用役や現物を強要するのが常で、狩猟と深酒に明け暮れていた。しかも仲介借地人の下位借地人への又貸しは極めて短期の借地契約でもってか、あるいは借地契約を一切結ばないままでなされていた。

最終的な保有借地人（大抵の場合、二、三人の転借人がいた）、すなわち「真の農夫（real farmer）」の様相は多様であるので、ここではパーネルの膝下であるクイーンズ州の例だけを示すことにする。そこの保有借地人は総じて、勤勉で、土地改良にも熱心であったけれども、借地契約期間があまりに短期であり、かつ手持ち資金が鮮少であったために、生活状況は小屋住農（cottars）と似たり寄ったりの窮状であった。[33] それでも、自らの借地をさらに分割し、これをジャガイモ畑として、あるいはまた一、二頭の牝牛用の土地として小屋住農に貸し付け、[34] このことによって何とか労働力を確保しようと努めていた。では、農村社会の底辺部に澱んでいた「カトリック信徒の下層（lower orders）」（［4］p. 162）にほかならない小屋住農の有様といえば、どうであったであろうか。かつてはアイルランドの豪農であった彼らの祖先は、その広大な所領地をイングランドによる収奪によって無産者の小屋住農と化し、農繁期には、任意解約小作人（tenant-at-will）として日雇いまたは週決めで雇用され、現物ないしは借地という形でその報酬を受け取るようになった。また、農閑期の六か月程は六ペンスもしくは六ペンス半の日当で日雇い労働に出精した。こうした末に、辛うじてジャガイモ畑の一エーカー（アイルランド・エーカーはイギリス・エーカーの約一・六倍）あたり年間二～三ポンド程度の地代を収めていたというのが小屋住農の実情であった。さらにそんなカトリック信徒の小屋住農たちにも、事実上、英国国教会を支えるための一〇分の一税が賦課されていたのである。このことが小屋住農たちに怨嗟の声を上げさせたのも当然の成り行きであったといえよう。[35]

ただし、一エーカーあたりおおよそ二シリング六ペンスの一〇分の一税[36]はあらゆる農地から徴収できていたわけではない。高目にみても、せいぜい、半分の農地から徴収できたにすぎなかったであろう。[37] たとえば、マレット（Mallet, John Lewis 1775-1861）はその模様を、「一八〇〇年には、地代を払ってなお十分の一税をも支払った土地が二九〇〇万エーカーあり、また地代を払って十分の一税を支払わない約九〇〇万エーカーあった。また地代も十分の一税も生じない土地も数百万エーカーあった。したがって土地の約半分は十分の一税を支払わなかった[38]」と伝えている。こういった概況はアイルランドについても大同小異であったと想定できよう。

第四節　二人の所論の検討

マルサスの側から吟味しよう。マルサスは一八〇三年一一月二一日には父ダニエルの従弟ドールトン（Dalton, Henry ?-1821）に推薦され、リンカーン州のマーケット・レイズンに近いウェイルズビー（Walesby）教区の不在教区牧師に就任した。したがって、それ以降亡くなるまで、毎年年間三〇〇ポンド程度の一〇分の一税の一定部[39]をおそらくは金銭で受け取っていたと推測される[40]。それゆえ、マルサスが自説を自己弁護論と受け止められてしまうことを危惧し、あえて一〇分の一税の廃止を前面に押し出したとする見方にも首肯しえよう[41]。加えて、英国国教会牧師がカトリック信徒の解放や一〇分の一税の廃止を公言するのは憚られるので、マルサスは一八〇八年論文、一八〇九年論文を意図的に名を伏せて公表したとする解釈をも考え合わせるなら、なおさらそういえよう[42]。

しかしより肝心なのは、マルサスが『人口論』第二版以降の諸著作において、「直接には農業資本家によって負担され、最終的には地主に転嫁されていた十分の一税については、これを農業発展の阻害因子の一つとして槍玉にあげている[43]」という点である。つまりマルサスの見解では、一〇分の一税は農業改良を阻むものにほかならず、仮に一〇分の一税を廃止し、その分を「商品の価格を騰貴させる傾向をもたない唯一の租税であるから、これはすべての租税中最良のもの」と解する地租[45]に付加したとしても、地主の懐は実質的に痛まない[46]というのであ[47]

る。マルサスはこのことをしかと把握したうえで一〇分の一税の廃止論を明言していたのである。このことを忘失してはならない。

ついで、翻って、パーネルの立場から辿ってみよう。パーネルもアイルランドのカトリック貧農たちが一〇分の一税の苛斂誅求で困窮の極みに陥っていることには人一倍強い義憤を抱いていた。だから『人口論』第二版を読まずとも、マルサスに勝るとも劣らないほど一〇分の一税を嫌悪していた。しかし同時に、選挙地盤である地元クイーンズ州の自由保有者たちから出された請願の実現を担ってもいた。それゆえパーネルは、一〇分の一税の代替案を地主の肩に負担が降りかからないような範囲内で模索、提言せざるをえなかったと推考される。したがって「一〇分の一税の代わりに全体の一定量の純地代を割り当てること」（【書簡5】二二七～八頁）というマルサスの提案は受け入れ難かった。そしてクイーンズ州の細分化された農地所有の状況では、「聖職者に土地を与える」（【書簡5】二二八頁）という策も非現実的であり（【書簡6】二三一頁）、地租の新設ではない「まったく新しい課税制度（the system of taxation quiet new, or an entire new system of taxation）」（【書簡6】二三一頁）に裏付けられた「大蔵省（the Treasury）による聖職者（the Clergy）への（貨幣）支払い」こそがアイルランド（少なくともクイーンズ州）における最善の一〇分の一税の代替策であると主張したのである。後年の三〇年五月に、マレットは、「ヘンリー・パーネル卿は、アイルランドでは、十分の一税についての和解が行われたところではすべてまったく一様に、かつ目立って、耕作の拡張が見られる……と語った[48]」と書き留めている。

またこうした意見の相違を相互に交す書信であったにもかかわらず、双方とも相手に細やかで行き届いた心遣いを配していることもまた読み過ごせないであろう。三通の私信から、両者における先方への一方ならぬ信頼や敬意をくみ取れよう。たとえば、マルサスは「アイルランドの情報を最近は得ていません」（【書簡7】二三二頁）と記し、再三、アイルランド事情に関する自分の一知半解を吐露している（【書簡7】二三二頁）。そのうえ、マルサスは議員パーネルに、難題の「カトリック問題（the Catholic question）」[49]（【書簡6】二三〇頁）の解消策や一〇分の一税の代替案の提出は後回しにして、まずは、「アイルランドの下層階級が蒙っている極端な抑圧と困苦についてのみ詳述し……可能であればこの点について何らかの変化が絶対に必要であるということの同意を得」（【書簡5】二二九頁）ることが肝要であると具申さえしている。一方、パーネルの方もクイーンズ州の選挙民からの要請に応える必要のあることを包み隠さず表白すると共に、機会があればハートフォード[50]に出向き、一〇分の一税の代替案についてマルサスと十分に話し合いたいとも返事している（【書簡6】二三一頁）。以上のようなことから、二人が極めて友好的な親交を重ねていたと推量できよう。

第五節　若干のまとめ

ところで、マルサスの同時代人たちはカトリック信徒解放を繰り返し説いたマルサスの一八〇八年論文や、地代による一〇分の一税の代替を提言した一八〇九年論文にいかに反応していたのであろうか。もとより両論文は匿名論文である。それゆえその反響を窺知するのは難しいけれども、幸い、『エディンバラ評論』誌の編者であったホーナーとジェフリー（Jeffrey, Francis 1773-1850）とが幾らかの印象を書き残してくれている。本章をしめくくるにあたって、まずはこれを整理し、そのうえでマルサス＝パーネル書簡の有する意味について考えてみたい。

ホーナーのそれはとても辛口の評で、一八〇八年一〇月二七日付で学友のマリ（Murray, John 1778-1843）に宛てて、「あなたはマルサスによるニューアナムの書評をご覧になりましたね。……あなたが、わたしがすでに言及しましたマルサスの全著作物に与えている欠陥をこの書評のなかに見出されることかと存じます。それは、自らの諸原理の提出における正確さと、彼がそれらから跡付ける諸結果を裏付ける際のはっきりとした明快さとの欠如です。」と書き送っている。[51]ホーナーは友人で、ヒンズー文学の研究者であるハミルトン（Hamilton, Cpt. Alexander 1762-1824. 後にマルサスの東インド・カレッジの同僚となった）を介して、〇四年にはマルサスと知り合い、その後も交流を重ねていきはするし、またジェフリーからも『人口論』第二版を『エディンバラ評論』で書評してくれよう再三にわたって懇請されてもいた。[52]にもかかわらず、マルサスの著作に対するホーナーの評価はかくも手厳しい。[53]

これに対して、ジェフリーの方は一八〇八年論文に諸手を挙げて共鳴している。すなわち、ジェフリーは一八〇八年四月二一日付でエディンバラからマルサスに宛てて、「あなたのニューアナムの書評を読み終えたところです。それは称賛に値するばかりか、わが意を得たりのもので、かつ見事で、極めて魅力あふれるものと感じ入っています。あなたが党派心や気まぐれを取り払い、追従あるいは感情を排して、男らしく、かつまた温和な論調で示されている愛国心と、わたし自身の感情や印象とが一致していると言えるのを大いに誇らしく思っています。わたしの担当した寄稿者の作品でこれほどまでのものにはいまだ出会っておりません。わたしはあなたのことを畏敬するにやまず、あなたの気高さや力強さには嫉妬心をも覚えています。あなたにほどなくお会いできるかと思うと新たに嬉しさが込みあげてきています。」という書面を差し出している。[54]佐藤の考証によれば、ジェフリーは、マルサスが一八〇八年論文で強調したカトリック信徒解放によって、無為に排除してきたアイルランドの有為な人びとの希望や熱意が呼び起こされるにとどまらず、彼らの大英帝国への愛着および忠誠心が回復されると展望していた。それゆえ二人の所見はおおむね合致していたとされる。[55]加えて、ジェフリーは一〇年八月に『人口論』第二版に関連した好意的な書評を公表してもいるし、[56]また爾後もマルサスとの友誼を深め、ついにはホェートリー（Whately, Richard 1787-1863）と同様に、マルサスには「平常から子供のように非常にいたずら好きの性癖がある」[57]と気付くほどまでの仲になっていったと推察される。[58]

話頭をパーネルに戻そう。残念なことに、パーネルがマルサスの一八〇八年論文、一八〇九年論文についてどのような心証を持っていたかを確定させてくれる原資料は見出せない。しかしながら既述したように、マルサス＝パーネル書簡から大体の見当が付きはしよう。むしろここで括目すべきは、パーネルが『財政改革論』（一八三〇年[59]）のなかで、マルサスの『経済学原理』（一八二〇年）から、「諸国民の富に影響を及ぼす第一の、かつ最も重要な原因のなかには、疑いもなく、政治学および倫理学の項目に属するものが入れられなければならない。ある程度のそれなしには個人の勤労に対する何らかの刺激もありえないところの財産の保障（security of property）は、主として、一国の政治組織、その法律の優越性および運用性に依存している。そして規則正しい努力にも一般的に公正な品性に最も好都合であり、したがってまた富の生産と維持とに最も好都合な習慣は、主に同じ諸原因、並びに道徳的および宗教的教えに依存している。[60]」という件を引用しつつ、アイルランド経済の発展の方向性を打ち出している点であろう。すなわち、パーネルは、カトリック問題を解消し、アイルランドの労働階級に市民的権利を付与し、併せてアイルランドに財産の保障をしっかりと確立することが、[61]アイルランドの経済発展にとって不可欠事であると論じているのである。[62]まぎれもなく、これは『経済学原理』におけるマルサスの所論[63]の全面的受用である。しかし遡れば、その議論の原型はすでに一八〇八年論文および一八〇九年論文のなかに存していて[64]、パーネルにとっては、まさにこうした時期[65]にマルサスとの交流を開始したのは奇しき僥倖といっても過言ではないであろう。

注

（1）ただし、ウィリアムは一八〇七年に *An Historical Apology for the Irish Cathorics* を著わしている（James.Patoricia. *Population Malthus*, Routledge & Kegan Paul Ltd. ,1979, London,p. 144)。

(2) パーネルは一八二一年六月一五日の経済学クラブの第三回会合で会員に推薦され、その後亡くなるまで会員で、一八二五年四月一一日の月例会での「アイルランドの人口増加を防止するためにいかなる方策がとられえるか」という報告を嚆矢に、都合六回の討論議題の提出をなしている。とりわけ一八二〇年代後半から三〇年代前半にかけては、頻繁に月例会に出席し、マルサスとも幾度となく同席している（藤塚知義『経済学クラブ』ミネルヴァ書房、一九七三年、二〇、七四、七六〜七、七九、八一、一五八、一七八、一八〇、一八九、一九七、二一三、二一五、二三〇、二三六、三〇七頁）。

(3) ちなみに、「コングルトン」とはウィッグ党内の最自由派の活動的な一員という称号のことである（James, P. *op. cit.*, p. 142）。

(4) 佐藤進『近代税制の成立過程』東京大学出版会、一九六五年、一五九頁注一一、佐藤芳彦「『会計制度』と財政民主主義（V）」『岩手大学人文社会科学部紀要』第八九号、二〇一一年、五〜六頁。

(5) フォスター（Foster, John Leslie 1781-1842）やソーントン（Thornton, Henry 1760-1815）を含む（峰本晫子『イギリス金融史論――通貨論争の潮流――』世界書院、一九七八年、八頁、佐藤有史「マルサスのニューアナム書評論文」『マルサス学会年報』第一五号、二〇〇六年、九二頁）。

(6) 峰本前掲書八、二九頁。

(7) アルバート・エドガー・フェヴァー、エドワード・ヴィクター・モーガン（一ノ瀬篤・川合研・中島将隆訳）『ポンド・スターリング』新評論社、一九八四年、二一一頁。

(8) 田中生夫編訳『インフレーションの古典理論』未来社、一九六一年、一四七頁。

(9) 田中編訳前掲書一六六頁。

(10) 北野大吉『英国自由貿易運動史』日本評論社、一九四三年、七七〜八九頁、および金子俊夫『イギリス近代商業史』白桃書房、一九九六年、二二三〜九頁。

(11) 服部正治『穀物法論争』昭和堂、一九九一年、一九八〜九頁、また吉岡昭彦編著『イギリス資本主義の確立』御茶の水書房、一九六八年、三九五頁注三九。ちなみにパーネルはマルサスから『地代の性質と増進についての研究』（一八一五年）と『外国穀物輸入制限政策に関する意見の諸根拠』（一八一五年）とを恵贈されている（James,P. *op. cit.*, p. 259）。

(12) 佐藤前掲書一五九頁。

(13) 吉岡編著前掲書三九四〜五頁、および佐藤前掲書一五五頁。

(14) 藤塚前掲書二三六頁、およびE・L・ハーグリーヴズ（一ノ瀬篤・斎藤忠雄・西野宗雄訳）『イギリス国債史』新評論、一九八七年、一五七頁。

(15) 佐藤芳彦「『会計制度』と財政民主主義（Ⅳ）」『岩手大学人文社会科学部紀要』第八七号、二〇一〇年、三三四～五頁。

(16) ドナルド・ウィンチ（杉原四郎・本山美彦訳）『古典派政治経済学と植民地』未来社、一九七五年、九〇頁。

(17) 藤塚前掲書一六七頁。

(18) サー・ローランド・ヒル、ジョージ・バークベッヒ・ヒル（本田静雄訳）『サー・ローランド・ヒルの生涯とペニー郵便の歴史』（上）、通信協会、一九八八年、二二一～二頁。

(19) ちなみに、ヒュームは一八二八年五月、二九年一二月、および三一年二月の都合三度、経済学クラブの会員候補に推挙されたけれども、いずれも不選出に終わった（藤塚前掲書一五七頁訳注一七、一六六頁、一七一頁訳注二）。

(20) 拙訳「下院委員会におけるマルサスの二証言」『長崎県立大学論集』第三四巻三号、二〇〇〇年、七九～八〇頁。

(21) 一六五三年から国会議員や政府高官らには無料郵便送受権が付与されていたから、パーネルは無料で、またマルサスの方はロンドンの北二〇マイルあまりのハートフォードに住んでいたから、シングルレターあたり六ペンス程度の料金で文通していたであろう（星名貞雄『郵便の文化史』みすず書房、一九八二年、一一二、一二二～三頁、xxvii頁第八表を参照）。

(22) ［2］p. 153、また佐藤有史「マルサスのニューアナム書評論文」九六～八頁や、山倉和紀「パーネルとアイルランド為替問題」『商学集志』第八二巻第四号、二〇一三年、三二一～四頁も参照。

(23) ただし、書簡のなかには、ほかにも、「農業労働と穀物との平均が最も実用的な尺度」（**【書簡5】**）等といった看過できない重要な文言が含まれている、多言の要なく、これは『経済学原理』初版（一八二〇年）における、「真実交換価値の尺度」の規定とほぼ同一である（［3］pp. 129,133、小林時三郎訳『経済学原理』（上）、岩波書店、一九六八年、一八〇、一八七頁、またJames. P. *op. cit.* pp. 318-9も参照）。

(24) なお当時、ピット首相らも一〇分の一税の定額化、地代での代納化を真剣に検討していた（勝田俊輔『真夜中の立法者キャプテン・ロック』山川出版社、二〇〇九年、一四六頁）。

(25) 拙訳「下院委員会におけるマルサスの二証言」九三～四、一二九頁。

(26) ちなみに、カトリック人口は一八世紀半ばから一八四〇年代前半までに五〇〇万人増加したと算出されている（法政大学比較経済研究所／後藤浩子編著『アイルランドの経験』法政大学出版局、二〇〇九年、一七三頁）。また同時期におけるアイルランド総人口の増加そのものが約五〇〇万人であるから、ほぼカトリック人口だけが急増したと推される（拙論「クラムプとマルサス」永井義雄・柳田芳伸・中澤信彦編著『マルサス理論の歴史的形成』昭和堂、二〇〇三年、二二九頁表一）。

(27) James. P, *op. cit.*, p. 145や勝田前掲書六頁を、あるいはまた［3］p. 349,［4］p. 163をも参照。

(28) 言うまでもなく、「十分の一税は牧場には課されず、穀物を作る土地だけに課される」(藤塚前掲書一六一頁訳者註、勝田前掲書四五頁)。
(29) 前掲拙論「クラムプとマルサス」二三〇頁。
(30) マコール(MacCall, Seamus)(大渕敦子・山奥景子訳)『アイルランド史入門』明石書店、一九九六年、六八頁。
(31) その際、西村孝夫『イギリス近代経済史の研究』有信堂、一九五四年、二一～五頁を大いに参照した。
(32) なお、仲介借地人は一八二六年になって、ようやく禁止された(佐藤有史「マルサスとアイルランド」『湘南工科大学紀要』第三九巻第一号、二〇〇五年、一一一頁)。
(33) その実態については、拙論「クラムプとマルサス」二二八～九頁や、勝田前掲書二三～四、三六～四一、一三八～四一頁を参照、またマルサスが一八〇八年論文で、初めて「愉楽の標準(standard of comfort)」という術語を用いて、人口の増減との関連で議論しているのも黙過できないであろう([1] p. 353)。
(34) 一八四〇年代に至っても、そのほぼ半数の保有借地人が五エーカー以下の零細経営であった。彼らはその零細な借地で自家消費用のジャガイモと地代支払い用のオート麦や小麦を産した。同時に、人口の半数を占める農業労働者や小屋住み農にジャガイモ生産用として一エーカー以下の土地を貸し付けていた(服部正治「ヨーロッパにおける飢餓」丸井英二編著『飢餓』ドメス出版、一九九九年、八八頁)。
(35) たとえばマンスタでは、ジャガイモ畑にも一〇分の一税が課されていた。またその査定法や徴税方式はしばしば恣意的であり、しかも一〇分の一税徴税請負業者が容赦なく取り立てていた。そのため、アイルランド貧農は一〇分の一税に強い憎悪を抱いていた(勝田前掲書四五、四七、一五四頁)。なお、マルサスは『人口論』第二版以降の著作において、アダム・スミスの『国富論』の記述を援用しながら、アイルランド貧農の間でのジャガイモ畑の争奪戦が異常な高地代を引き起こしていると論及している(上野格「経済学者とアイアランド問題」杉原四郎・菱山泉編著『セミナー経済学教室2　経済学史』日本評論社、一九七四年、一六〇頁)。
(36) 藤塚前掲書二二四頁。
(37) 英国全体におけるその年間総額はおよそ二三〇万ポンド程度と試算されている(藤塚前掲書二二三頁)。またパーネルによれば、アイルランドのそれは三〇万ポンド未満である(【書簡6】)。
(38) 藤塚前掲書一六〇頁、また同書二〇三頁も参照。ちなみに、アイルランドにおける「十分の一税の実際の徴収額は生産物の一〇パーセントの三分の一程度に過ぎなかった」と想定されている(勝田前掲書四七頁)。

(39) マルサスが不在時には、ヤング（Younge, John Cole）副牧師がマルサスの代理を務めていた（James,P. *op. cit.* ,p. 415）。

(40) 一八三六年に制定された一〇分の一税金納化法（Tithe Commutation Acct）の規定によれば、金納の基準は過去七年間における収量の一〇分の一の平均であった、ただし（勝田前掲書四五、四七、一五四頁）の取得権者は農民との協定を結び、一八世紀後半から物納より生産物の売却金での支払い（年貢和解金）を求める傾向にあった（並松信久「一八～一九世紀イギリスにおける『土地管理』の形成」『京都産業大学論集（社会科学系列）』第二四号、二〇〇七年、一八頁、および小林章夫『物語イギリス人』文藝春秋、一九九八年、一一九～二〇頁）。

(41) 拙著『増補版マルサス勤労階級論の展開』昭和堂、二〇〇五年、一四三頁注二一、二六七～八頁注二五を参照。ちなみに一〇分の一税は当時の国教会の歳入のおよそ七五パーセントを占めていた（勝田前掲書一四六頁）。

(42) James, P. *op. cit.*, p. 157-8.

(43) 上野格「イギリスとアイァランド」宮崎犀一・山中隆次編著『市民的世界の思想圏』新評論、一九八二年、一〇四頁。

(44) 前掲拙著一三七頁、また同書一六四、二四五頁も参照。

(45) 前掲拙著一三七頁。

(46) 一八〇八年では、約七六〇万ポンド、前掲拙著一三三頁を参照。

(47) マレットは、「一般の意見としては、……もし十分の一税が廃止されたら、その利益の一部は地代の形で地主の手に入り、他のより小さい一部が消費者の手に入るであろう。」（藤塚前掲書二〇三頁）と論述している。

(48) 藤塚前掲書一六〇頁。ちなみに一八二二年には、「約六〇人のアイルランド貴族と議員が集会し、一〇分の一税の地代での代納化を実現すべきとする決議を全会一致で可決し、総督に上奏していた」（勝田前掲書一四六頁）。

(49) 周知のように、一八二九年四月に新カトリック救済法が成立するまでは、「宣誓令」によってカトリック信徒は国会議員の被選挙権や高位官職への就任を認められていなかった（マーコル前掲訳書七五～六、八〇頁、一三三頁訳注五および訳注六を参照）。

(50) マルサスは一八〇九年の秋頃には、ヘーリーベリーの東インド・カレッジ内の庭のあるヘーリー・ハウス（Hailey House）の東側半分に転居していくが、少なくとも一〇年二月まではハートフォードの仮寓をも借りていた（【書簡9】）。

(51) 佐藤「マルサスとアイルランド」一一七頁。

(52) 奥田聡「フランシス・ホーナーの金融思想の形成と展開」飯田裕康・出雲雅志・柳田芳伸編著『マルサスと同時代人たち』日本経済評論社、二〇〇六年、二一三頁、および拙訳「フランシス・ジェフリーのマルサス『人口論』評」『長崎県立大学経済学部論集』第四五巻第三号、二〇一一年、一〇八頁。

(53) 佐藤「マルサスとアイルランド」一一七頁。

(54) James, P. *op. cit.*, p. 149-50.

(55) 佐藤「マルサスのニューアナム書評論文」九九頁。

(56) 拙訳「フランシス・ジェフリーのマルサス『人口論』評」。

(57) 藤塚前掲書二〇二頁。

(58) 拙訳「ゴドウィンの『人口について』を評す」『長崎県立大学論集』第四一巻第四号、二〇〇八年、三一〇～一頁。

(59) 「マルサス文庫」は必ずしもマルサスの蔵書とはいえないけれども、パーネルの『財政改革論』第二版は『アイルランドの通貨事情およびダブリン＝ロンドン間の為替相場に関する所見』（一八〇四年）とともに「マルサス文庫」に収められている（*The Malthus Library Catalogue*, Pergamon Press Inc., 1983, p. 37）。

(60) ［4］p. 252.［3］pp. 345-6. ただし、パーネルは転載の際 p. 344 と誤記している（［3］（下）一四九～五〇頁）。なお、パーネルは『財政改革論』において、「アダム・スミスやリカードウの財政理論に従いながら、一八二〇年代における現実の事態を直視し、これを反映させて、自由主義的な財政理論を一層拡大させた」（大渕利男「イギリスの選挙法改正運動とパーネルの『財政改革論』」『法学紀要』第八巻、一九六六年、三三三頁）とするのが定説ではあるけれども（高木壽一『近世財政思想史』北隆社、一九四九年、第一〇章も参照）、実際にはパーネルはバーク（Burke, Edmund 1729-97）の全一六巻の著作集（一八一五～二七年）やシンクレア（Sinclair, John, Sir 1754-1853）の全三巻からなる『イギリス帝国歳入史』（一七八五～九年）を、あるいはまたマカロクの『経済学原理』（一八二五年）やミル（Mill,James 1773-1836）の『経済学要綱』（一八二一年）など多数の文献や論説から引用している。

(61) マルサスはランデール制（rundale）を人口過剰を誘発する「財産共有社会」とみなしていたようである（拙訳「下院委員会におけるマルサスの二証言」一二六頁）。

(62) ［4］pp. 252-4.

(63) その要旨は、拙論「クラムプとマルサス」二三三～五頁を参照。なおマルサスは二七年の下院移民特別委員会においても、ほぼ同じ趣旨の答弁をおこなっている（拙訳「下院委員会におけるマルサスの二証言」一一一～二、一二五、一二九頁、また上野前掲論文一〇二頁も参照）。

(64) たとえば、［1］pp. 353-4. あるいは［2］p. 165. また上野前掲論文一〇一～二頁をも参照。

(65) この時期、「マルサスは、ホーナーたちとの交友を通じて公的・私的に自由主義的なスタンスをとろうとした」と主張されてもいる（佐藤「マルサスとアイルランド」一二一頁）。

引用文献

(邦訳を併記している原文引用にあたっては、それが全訳である場合、原典と照合したうえで、特記の要ある場合を除いて邦訳の頁のみを付記した。また邦訳からの引用に際しては幾分改訳を施したところもある)

[1] Malthus,Thomas Robert,"Newenham on Others the State of Ireland,"*Edinburgh Review,* Vol. XII, No. XXIV, July, 1808, pp. 336-55.

[2] Malthus,Thomas Robert,"Newenham on the State of Ireland,"*Edinburgh Review,* Vol. XIII, No. XXIVII, Apr, 1809, pp. 151-70.

[3] Malthus,Thomas Robert,*Principles of Political Economy,* 1st ed., John Murray, 1820, London. 小林時三郎訳『経済学原理』(上・下)、岩波書店、一九六八年。

[4] Parnell,Henry Brooke, *On Financial Reform,* 3rd ed., John Murray, 1831, London.

(なお、本章は『長崎県立大学経済学部論集』第四八巻第一号、二〇一四年に掲載された拙論「マルサスとパーネル——アイルランドの十分の一税制度の改革と関連して——」に加筆、補正したものである)

第五章　地金論争期におけるジェフリー、ホーナーとマルサス

――ホーナーの金融思想に与えたマルサスの影響を中心に――

荒井　智行

第一節　はじめに

本章では、一九世紀のイギリスにおいて、人文・社会科学の有力な雑誌で政治や経済界でも広く読まれたことで知られる『エディンバラ評論』（以下、『評論』と略記）の編者であったフランシス・ジェフリーおよびフランシス・ホーナーと、『人口論』の著者で知られるマルサスとの間で交わされた多くの「書簡」の考察を通じて、地金論争期の知られざる経済思想の営みを明らかにすることを目的とする。より具体的には、彼らの間でおそらくもっとも「書簡」のやり取りがおこなわれたであろう、一九世紀前半の地金論争の時代に焦点を当てながら、マルサスの地金論がエディンバラ・レヴュアー〔一八〇二年の『評論』の創刊から携わった、一九世紀前半のスコットランドを代表する社会科学の論者たち、フランシス・ジェフリー（Jeffrey, Francis 1773-1850）、ヘンリー・ブルーム（Brougham, Henry 1778-1868）、フランシス・ホーナー（Horner, Francis 1778-1817）、シドニー・スミス（Smith, Sydney 1771-1845）のこと。

彼ら四人が『エディンバラ評論（エディンバラ・レヴュー）』に深く関わったことから、以下、レヴュアーと略記。）に与えた影響、とりわけホーナーの金融思想に与えた影響関係を明らかにすることである。

レヴュアーのなかでも、ジェフリーとホーナーに焦点を当てたのは、マルサスとの関係がブルームやシドニー・スミスよりも深く関係していたからである。(1)この点は、現地の図書館で資料調査をおこなうなかでも明らかになった。ジェフリーとホーナーがマルサスと親しい関係を持続できたのは、そのほかのレヴュアーよりも、経済学に関心を払っていたからである。(2)ジェフリーとホーナーは、一八〇二年の『評論』創刊当初から編集者として、数多くの経済学に関する論文の編集に従事した。その背景には、彼らが、一八〇〇年にエディンバラ大学で開講されたデュガルド・ステュアートの政治経済学講義を聴講して政治経済学に関心を払うようになったことが深く関係している。

二〇一二年八月におこなったイギリスでの資料調査では、これまで内外で発見されてこなかった、スコットランド国立図書館所蔵の「ホーナーからマルサスへの書簡」（一八〇九年六月六日）や同図書館所蔵の「マルサスからジェフリーへの書簡」（一八一一年四月七日）等の未公開「書簡」を収集することができた。これらの「書簡」は、スコットランド国立図書館で文献名や著者名がリスト化されていないものであり、同図書館を含む内外のいかなる検索システムを用いてもおそらく検索ヒットしない貴重なものである。また、マルサス書簡が収められている各種の文献や『リカードウ全集』に収められているマルサス書簡を始め、マルサス研究で著名なJohn Pullen氏の諸著作や『マルサス全集』においても、これらの書簡が利用された形跡は見られない。

現地のそれらの図書館で徹底調査によって収集した未公開「書簡」の収集は、次の点で重要であると考える。それは、これらの重要「書簡」を発見することにより、これまでマルサスとレヴュアーとの間で交わされたいくつもの「書簡」のやり取りの欠落部分を穴埋めすることにより、彼らの知的交流の一貫した流れを理解することができるようになったことである。より具体的には、地金論争のいわば裏舞台で繰り広げられた論文投稿をめぐる彼らの経緯や地金論争をめぐる彼らの議論のやり取りの解明により、これまであまり注目されることが少なかったレヴュアーに与えたマルサス経済思想の影響の一端を示すことができるようになったことである。

たしかに、地金論争期のマルサスとレヴュアーとの関係について論じた研究は、決してないわけではない。ブリテンの地金論争の代表的研究であるViner（1937）、Fetter（1955）、峰本（一九七八）、渡辺（一九八四）は、いずれもホーナーの地金主義的見解について触れられているものの、マルサスとレヴュアーを含むホーナーとの関係については言及されていない。一方、Clive（1956）は、穀物法や救貧法をめぐるマルサスとレヴュアーとの議論のやりとりについては触れているものの、地金論争期の彼らの知的営為については十分に論じていない。また、カットモアやヒルトン等の先行研究を踏まえて論じられた佐藤（二〇一六）は、マルサスの政治的思考の変遷をめぐって、『エディンバラ評論』や『クォータリー評論』とマルサスとの関係も含めて探究しているが、マルサスと『評論』との関係については「書簡」も含めて必ずしも立ち入って検討しているわけではない。管見では、地金論争期のマルサスとレヴュアーとの影響関係について、彼らの往復「書簡」の内容も含めてもっとも明快に論じた研究として、James（1979）があげられる。しかしJames（1979）は、本章で取り上げるジェフリーやホーナーの書簡を通じて、マルサスが『評論』に与えた影響について決して詳細に論じているわけではない。

これに対して、本章は、マルサスとレヴュアーとの間で交わされた「書簡」を通じて、地金論争期においてマルサスがレヴュアー、とりわけレヴュアーのなかでも地金論争でもっとも活躍したホーナーの議会演説や金融思想に与えた影響の事実関係を明らかにすることを目的とする。

第二節　ジェフリー、ホーナーとマルサス

一七九八年に出版されたマルサスの『人口論』は、一八〇〇年にエディンバラ大学で政治経済学講義をおこなったデュガルド・ステュアートによって大きく取り上げられたように（荒井 二〇一六—a、一五四頁）[3]、スコットランドにおいても絶大な影響を与えた（Rutherford 2012, pp. 154-166）。そしてそのなかには、一九世紀初頭のスコットランドの社会科学に大きく貢献したレヴュアーも数えられる。レヴュアーのなかでも経済学の能力にもっとも長けていたフランシス・ホーナーは、マルサス『人口論』の出版直後からこれに強い関心を払っていた。一七九九年に、ホーナーは、エディンバラの物理学協会に向けて「人口について」と題する論文を執筆し、一八〇三年には、マルサスの『人口論』第二版の書評を計画していた。そして数年間、この書評の提案は、周りからからかわれ注意されることもあった。だが、そうしたなかでさえ、ジェフリーから『人口論』の書評の要請を幾度も受けていたホーナーは[4]、一八〇四年一〇月に論文、「穀物輸出奨励金に関する考察」の脚注のなかで、マルサス『人口論』を書評した。

ホーナーは、脚注という枠組みのなかでこの書評を執筆したにすぎなかったが、マルサスの経済学の能力についても早い時期から高く評価していた。それは、一八〇四年一月に、ホーナーが『評論』の編集の同僚であるフランシス・ジェフリーに送った書簡の内容からも窺い知ることができる。

……マルサスの著作は、こちらの有識者の間で彼の名を偉大にさせました。マルサスの学識を高く評価する一度か二度の機会を失いましたが、わたしはいっそう寛大な気持ちでその著作を評するでしょう。わたしは、自分の仕事から解放された時に、そうすることを意図しています。彼は、良識的な会話ができ、率直で寛大な人物であります。

とくに、彼の寛大さは、その代表的な人物であります、われわれの友人であるシドニー・スミス以来の、イングランドの牧師としては珍しい資質であります。（Horner 1804. 1. 26）

ホーナーは、ジェフリーに同書簡を送った三年後の一八〇七年七月に、エディンバラ時代からの友人であるウェッブ・セイモア卿に書簡を送り、そこでも、人物的な面からマルサスを高く評価している。(5) そして、マルサスが『評論』に最初に投稿した論文、「スペンスの商業論」は、一八〇八年の二月に同誌に掲載され、これもまた、とくに優れた論文としてホーナーの目に留まり、マルサスに対するホーナーの信頼を確実なものにさせた。そしてこの論文が掲載された直後に、ホーナーは、ジェフリーに書簡を送り、マルサスが再び『評論』に投稿してもらうための執筆依頼のあり方を伝えた。その内容は、ジェフリーがその執筆依頼の書簡をこれからマルサスに送った後で、マルサスから返事が長く来ないようであれば、ジェフリーからの執筆依頼をやめることが望ましい、という主旨のものであった。(6) なぜ、ホーナーは、そのような書簡をジェフリーに送ったのであろうか。それは、ホーナーが、ジェフリーとマルサスとの友好関係があまりないようであれば、（ジェフリーから）マルサスに論文投稿依頼をおこなえば、何らかの理由でマルサスの機嫌を損なわせ、今後、マルサスが『評論』に論文投稿をしなくなることを恐れたからであったと考えられる。

マルサスの経済学の能力の高さを早くから称賛していたホーナーにとって、マルサスは、自分たちの編集する雑誌の『評論』の雑誌の学術的な価値を上げる重要人物であった。またそれだけではない。ホーナーは、その書簡のなかで、地金論争に関わる経済学の論文が掲載された『評論』の売り上げが好調だったことを記しているように、マルサスが自分たちの雑誌に質の高い論文を投稿することは、雑誌の売上げの増加にとっても大きいため、マルサスとの関係を壊したくないと強く考えたのではないかと思われる。

こうしたマルサスへの慎重で丁寧なホーナーの態度は、その後の両者の関係を良好にさせた大きな要因の一つと見て取れる。また、両者の友好関係がその後も確実なものになった理由は、それだけではない。一八〇七年に、東洋学を専門とするアレクサンダー・ハミルトンが、マルサスと、ジェフリーおよびホーナーとの間を仲立ちしたことにより、彼らは親交をよりいっそう深めたことも関係している。(7) それらの交流を通じて、マルサスは、ヘーリーベリーの自宅にホーナーを招待し、ホーナーをより厚くもてなすようにもなった（【書簡10】）。

ホーナーとマルサスとの良好な関係は、単に友人としての交流面のみではなかった。これらの互いの交流を通じて、学術面においてもいっそうの知的交流を深めることになった。ホーナーは、マルサス宛ての書簡のなかで、始めの頃はインドにおける軍事費の拡大（四〇〇万英貨→一二〇〇万英貨）が地金問題にいかなる影響を与えるのかについて、マルサスにその問いを投げかける程度であった（【書簡8】）。だが、地金論争が激しくなる一八一〇年以降になると、ホーナーは、毎回の書簡で、地金問題についてより突っ込んだ質問をマルサスにするようになる。マルサスは、ホーナーからこの問題の返答を求められる書簡に対して常に好意的に受け止めていた。なぜならマルサスは、ホーナーが自分と同じ地金主義者の立場であると見ていたからである。実際に、ホーナーは、減価を生じさせているのは、紙幣の過剰発行が原因であるとし、その解決のためには、一七九三年以降停止されている金兌換制の復帰が何よりも重要と主張する地金主義者であった。一八一〇年二月五日付の「マルサスからホーナーへの書簡」を見ると、その書簡の冒頭で、マルサスが、地金問題の見解についてホーナーと考えが違わないとして、お互いがこの問題の共通の認識の立場に立っていることを喜ぶ内容が記されている（【書簡9】）。そうした点から、これ以降、両者は、知的交流をさらに深めることになった。

なお、この書簡では、マルサスが、金兌換停止によるイングランド銀行の紙幣の過剰発行を痛烈に批判する内容が記されている。マルサスはその理由について以下のように説明している。もし兌換制が機能していれば、銀行での紙幣と金との交換によって、ギニー金貨や金塊がかなりの規模で輸出が起こり、それが直ちにこの国の通貨の価値を大陸と同じ水準にまで引き上げることを可能にしたであろう。金兌換制が維持されていた時には、ブリテンの通貨に比べて大陸の通貨が増価すれば、銀行券が還流して金と交換され、その金が輸出されることで事態が正された。しかし、現在のブリテンでは、金兌換の停止に伴うイングランド銀行の紙幣の増発によって、通貨の流通を妨げ、金塊の市場価格が下がるとともに、通貨の価値が大陸諸国よりも下がっている。そして必然的に変化する大陸の通貨価値に対して、イングランド銀行は自国の通貨価値を調整できないでいる。なぜなら、金兌換制が維持されていた時には、正貨と交換するために自国の通貨価値とほぼ同じだけしか銀行券が発行されなかったが、金兌換の停止以後のイングランド銀行は、この規則を守ることができなくなっているからである（【書簡9】）。

マルサスは、同書簡のなかで、このようにイングランド銀行を厳しく批判しているが、同銀行による紙券発行の制限が容易ではない事情についても認めている。それは、イングランド銀行が半年ごとの配当や、政府に継続的に支援するための多額の支払いを余儀なくされている状況のなかで、紙券発行の制限が現実的な政策ではないということや、紙券発行の制限によって商人向けの割引を狭め、ブリテンの通商に混乱をもたらす可能性があるという点である。しかし、それでもブリテンの目下の通貨問題を解決するためには紙券の縮減以外にないと主張している。マルサスは、国内経済を混乱に陥れたイングランド銀行の理事の政策にはこれ以上任せられないとし、ブリテンの為替相場や貨幣価値の水準を回復させるためには、紙券の縮減がもっとも有効であると言うのである。

現在の地金問題についてこのように記されたマルサスの書簡は、それを受け取ったホーナーにも、地金論争の関心をいっそう引き起こしたに違いない。だが、前述のマルサスの書簡を受け取ってから半年後の一八一〇年の九月になっても、複雑な地金問題を十分に理解することは、ホーナーにとって決して簡単なことではなかった。

ホーナーは、同年九月一五日付のマルサスに宛てた書簡のなかで、地金論争の議論の難解さを吐露しているからである（【書簡10】）。その書簡では、ホーナーは、「地金報告書」[8]を高く評価する一方で、イングランドの物価の高騰による諸外国への影響や「信用」の抑制をいかにすべきかについて、マルサスに意見を求めている（【書簡10】）。

だがホーナーは、こうしたマルサスとの書簡のやり取りを通じて、地金論争についてのマルサスの見解を学び取りながら、地金論争の議論の知識を次第に深めていった。ホーナーは、一八一一年一月四日付のマルサス宛ての書簡のなかで、財政面から、イングランドにおける軍事費の支払いのあり方についてマルサスに問いを投げかけ、それを分かりやすい言葉で解説して頂きたいと記している（【書簡11】）[9]。さらにその書簡のなかで、ホーナーは、マルサスがそれ以前に論じた、オランダとブリテンにおける預金銀行の原理に基づく紙幣流通のあり方の違いについても言及している。ホーナーは、両国の紙幣流通の違いについて論じたマルサスの見解を評価する一方で、ブリテンにおける紙幣の全所有者は、オランダとは異なり、一時的な必要に応じて自分たちの保有する紙幣を金に交換することはないとして、マルサスの見解とは考えを異にする旨を記している[10]。このように、ホーナーは、マルサス宛ての書簡のなかで、マルサスと同じ地金主義的立場に立ちつつも、マルサスからの書簡の返答に触発されながら、地金の議論について次第に積極的に発言するようになっていった。

ただし、ホーナーがマルサスの見解の違いについてここで言及しているのは、地金論争への個人的な関心からだけではなかった。この当時、ホーナーは『評論』の経済学に関する投稿論文の編集者でもあり、同雑誌の売り上げを伸ばすうえでも、地金論争の議論を活発化させることは、彼にとって重要であった。一八一〇年以前のホーナーのマルサス宛て書簡のなかでも見られるように、ホーナーは、各論者の地金の議論を取り上げながら、目下の物価の高騰の理由についてマルサスに尋ねているが、その聞き出し方は、地金論争を盛り上げるための意図的なものであるように思われる。

その例として、次の点をあげることができる。一八一〇年の冬に、ホーナーは、リカードウに『評論』の招待論文を依頼したが、それに断わられた（Horner 1810. 12. 3）。それは、この依頼時に、リカードウが「ボウズンキットの『地金委員会報告書に対する実際的観察』への回答」論文（以下、「ボウズンキット氏に対する回答」論文と略記）の執筆に集中していたため、手が回らなかったからであると言われている。だが、ホーナーは、その当時、地金主義に徹していたリカードウと、商業の議論を交えながら地金論を展開したマルサスとの学問的な論争を促進することを強く望んでいた。彼らの論争が激しくなることにより、この論争についての『評論』の購買者の関心を高めると同時に、両者が互いの見解を批判するそれぞれの刺激的な論文が『評論』に掲載されることになれば、地金論争の主題の『評論』の売り上げが高くなるとおそらく考えられたからである。そこで、その論争を煽るべく、地金の高価格が銀行券の過剰発行によるものではないとするボウズンキットの主張に対して、諸外国との為替相場が、金・銀との比価の変動によって影響される点について、ボウズンキットによるその変動の値の計算が誤っている点や、ハンブルクやオランダとブリテンとの金価格の上昇率の違いを基にして（Ricardo 1951, vol. III, pp. 195-201. 訳二三一〜八頁）、彼の主張と真っ向から対立する見解が記されているリカードウの「ボウズンキット氏に対する回答」論文[11]をマルサスに別途郵送し（【書簡11】）、この論文への批評も含めて、『評論』に地金に関する論文の執筆をマルサスに依頼したのである[12]。ホーナーは、マルサスにこの書簡を送付した直後に、ジェフリーに手紙を送り、そのなかで、マルサスに宛てたその書簡に記した内容について自信をもって伝えるとともに、マルサスが、自分の提案したリカードウの同論文に対する批評論文を現在執筆しているはずだと意気揚々と記している（Horner 1811. 1. 8）。

このようなホーナーの思惑は、その通りになった。マルサスは、その書簡のなかで記されていたホーナーからの提案にすぐに承諾し、それに応じた内容を執筆した「紙幣通貨の減価」論文を『評論』に投稿した。そしてその論文は、一八一一年二月に同誌に掲載された。この論文で、マルサスは、紙幣の過剰発行が為替相場の動きに与える影響という観点から、リカードウの「ボウズンキット氏に対する回答」論文の内容も含めて、リカードウとボウズンキットの為替相場、通貨、地金についての双方の見解を批判した。彼らのうち、マルサスのリカードウ批判に限って見れば、リカードウが為替をもっぱら通貨の過剰ないし不足によるものとみなし、こうした見方では銀行券の増発下での為替相場の改善を説明できないこと（Ricardo 1951, vol. III, p. 245. 訳二八七頁）、輸出入額のそれぞれの一時的超過の原因について、諸外国の変動する欲求と欲望をリカードウが見落としていること、もし輸出国において貨幣が相対的に安価でなければ、凶作時であっても貨幣の輸出は起きないであろうとリカードウが主張していることである（Cf. Ricardo 1951, vol. III, pp. 100-3. 訳一二二〜七頁）。そしてマルサスは、その論文のなかで、各国の為替相場の変動が、通貨の減価や金銀地金の国際的移転によって生じるだけでなく、財の輸出入からも起こると主張することにより、自らが正当な地金主義者であることを示した[13]。

マルサスからこのように批判されたリカードウは、一八一一年四月に「地金の高価格」論文を発表した。リカードウは、そのなかで、イングランド銀行券が回収されることによる縮小が、ブリテンの現在の輸出入を乱すことなく、銀行券の価値を高めることから地金の価格を引き下げ、為替相場を改善させるとする従来の主張をより説得的に論じ、マルサスの同論文を反批判した[14]。その後、一八一一年の四月以降は、書簡を通じて双方の間で意見が戦わされた。一八一一年六月一六日から一八一一年七月二六日までのおよそ一か月あまりで、マルサスとリカードウはおよそ九回も書簡を交わしているが、そのなかで、通貨の「過剰」の意味や、外国為替の変動を通貨の過多または不足に帰するとするリカードウの考えをめぐって、書簡のなかで議論が何度も交わされたほか、ジャマイカとブリテンとの為替変動の例から、諸外国との為替の変動によって生じる貨幣価値の変化についても互いに論じられた（Ricardo 1952, vol. VI, pp. 24-45. 訳二四〜五二頁）。彼らによるこのような白熱した論争の発端は、元を辿れば、ホーナーによって引き起こされたものである。ホーナーが、マルサスにリカードウの「ボウズンキット氏に対する回答」論文を郵送するとともに、リカードウを批判する旨の論文の執筆依頼をマルサスに書簡で送ったところからこの論争が始まったからである。こうした点から、マルサスとリカードウによるこの論争は、ホーナーが意図的に仕組んだものであったといえる。

マルサスとリカードウの論争を煽ったのは、ホーナーにとどまらなかった。ホーナーと同じく『評論』の編集者のジェフリーもまた、マルサスとリカードウの論争に火に油を注いだ。ジェフリーは、彼らの論争を見た後で、次のような書簡をマルサスに送付しているからである。

……わたしは、五月一二日頃にここに戻りましたら、あなたの原稿に対応させて頂きたいと思っております。わたしは、地金と紙幣の主題に関する二、三のスコットランド人の書いたパンフレットをあなた宛てにお送りするよう、書籍業者に命じました。［スコットランドの］大方の人びとは、大部分の南部の人びとよりもその問題について少なくともより大胆な視点をとるように思われます。あなたは、最近のブリテン人による地金問題の一方の側に立つ議論の批評を見ているでしょうし、また、そうした一般的でかなり基本的な思索がいくらかの注意に値しないかどうかもまた考察していることでしょう。あなたの御論文の唯一の欠陥は、その地金の主題についてある程度精通している者たちによって、ほとんどもっぱら論じられているということです。そうした彼らは、有能な判断力を併せ持っているように、繊細な書き手だからこそ着手できる唯一の人たちであります。ですが、あなたの才能もさることながら、あなたは、この地金の主題についてこれまで取り扱ってきた人びとの誤った考えにもまったく動揺することがありませんでした。こうしたことから、わたしは、あなたが以前から、あなたの多くの読者たちに懸命な判断を与えてきたかもしれないと考えます。……この地金問題についてのわたしたち側の視点が不十分であることについても、何かしらおっしゃって頂けましたら、自分の考えに固持しているわけではないので、大変喜ばしいかぎりです。そうした固執しない見方は、常に何らかの新たな考えを生み出すように、わたしたちは、地金問題に関するあなたの視点を対立的に見ていないので、地金問題の主題を柔軟に考えております。……（【書簡12】二四二頁）

上の書簡のなかで目を引くのは、「あなたの御論文の唯一の欠陥は、その地金の主題についてある程度精通している者たちによって、ほとんどもっぱら論じられているということです」と記されていることである。そして、スコットランド人が論じた地金の議論の方が、マルサスよりも刺激的な視点［＝大胆な視点］で書かれているとジェフリーが主張しているようにも読み取れる。経済学の能力の面で決して十分とはいえないジェフリーが、マルサスにこのように挑発的に論じているのはなぜだろうか[15]。それは、ジェフリーが比較的厳しい言葉でマルサスの地金論を批評することによって、マルサスがこれに鼓舞して、このテーマのよりいっそうの高いレベルの論文を、『評論』に執筆するように仕向けているのではないかと考えられる。その意味で、ジェフリーもまた、ホーナーと同様に、『評論』の学術的な価値と売り上げを高めることを意図していたといえる[16]。

この書簡が送付された五日後の一八一一年四月七日に、マルサスは、ジェフリーに書簡を送り、そのなかで、ジェフリーからの『評論』への論文投稿依頼に承諾する旨を記した。そしてこの書簡のなかで、マルサスは、ジェフリーが送付したスコットランド人の地金の議論のパンフレットのうち、反減価の主張の側に立っているとするウィルソンの見解を高く評価する旨を記した（【書簡13】）[17]。ジェフリーからの書簡によってマルサスがウィルソンに注目するようになったことから、ジェフリーのこの書簡は、マルサスの地金の議論をより発展させる一つのきっかけとして見ることができる。この点で、ジェフリーもまたホーナーと同様に、白熱した地金論争を影で支えた重要人物の一人として数えられるだろう。

これらの点から、一八一〇年の冬から一八一一年にかけて地金論争が頂点に達するなかで、ホーナーとジェフリーはその論争のいわば火付け役であったといえる。地金論争の表舞台では、マルサス、リカードウ、ソーントン、ハスキッソン、キング卿などの名立たる論者たちがさまざまな雑誌やパンフレットの媒体物に論文を投稿することによって多くの熱い論争が繰り広げられたが、その論争の影の立役者や仕掛け人としてホーナーとジェフリーをあげることができるだろう。

第三節　ホーナーの議会演説へのマルサスの影響

フランシス・ホーナーは、地金論争の裏舞台の立役者だけではなかった。彼は、地金論争の只中で、議会で主導的な役割を果たした。この点でとくに思い起こされるのは、一八一一年五月六日におこなわれたイングランドの下院でのホーナーの議会演説である。この演説は、全一六箇条から成る決議案を基にして、イングランド銀行の紙幣の過剰発行に対する批判と兌換制の復帰の有効性について三時間にわたって述べられたものである。ホーナーは、この議会演説において、地金の高価格の主な原因を、銀行紙幣の過剰発行に求める一方で、兌換制の再開を求める主張をおこなった。また、穀物価格の高騰の原因についても言及し、国内の穀類の価格が銀行紙幣の増加に追随して生じたものであるとし、これはインフレのなかで避けられないものになったと述べた。

以下で見るように、ホーナーがこの演説でとくに参考にしていたのは、マルサスの考えであったように思われる。実際に、ホーナーは、この演説をおこなうおよそ一か月前の一八一一年の四月八日に、地金論争のアドバイスを受けるために[18]、マルサスに書簡を送っている[19]。この書簡のなかで、ホーナーは、穀物輸入奨励金によって貨幣が減価したと述べ、さらに穀物法も後押しして穀物の平均価格が長期間上昇したと記している。これに対して、フランスの穀類の実質価格は、ブリテンよりもずっと低く、ブリテンの栽培者たちがフランスの栽培者たちとの貿易取引において彼らに太刀打ちできないのは、この穀物法が影響しているためではないかと論じている。そしてホーナーは、同書簡の末尾において、「わたしは、減価の影響とは別のやり方で、穀物価格が上昇している状況を十分に説明することができません。わたしは、この異常な状態について、あなたの考えを心からお聞きしたいのです」(【書簡14】)と記し手紙を締め括っている。ここで注意を引くのは、ホーナーが、これまで物価の高騰の原因を紙幣の増大に求めていたロジックとは別に、穀物貿易政策の視点から、物価の高騰の原因を探っていることである。[20] ホーナーは、穀物価格の高騰の原因について、貨幣の減価による影響とは別の観点から、この問題を解決するための手がかりについて、マルサスに意見を求めている。

穀物法や穀物奨励金と関わらせてこれらの内容をマルサスに尋ねたのは、この当時、マルサスが穀物貿易の研究において確固たる権威者であったからにほかならない。ホーナーは、『人口論』第二版(一八〇三年)以降において穀物輸入奨励金を擁護し、その主張がブリテン国内に多大な影響を与えたことから、マルサスにどうしても意見を聞きたかったといえるだろう。ホーナーは、ジェフリーが述べるように、根っからのスミス主義者であるように(【書簡16】)、穀物輸入奨励金の是非についてはマルサスとは意見を異にしていた。一八一一年四月二九日までに、議会で兌換制の制限令廃止の議案の提出を委員会にかけることを四月初旬に明示していたホーナーにとって、[21] 物価の高騰の原因について、穀物奨励金が物価の変動にいかに関わるのかについて、自分とは考えが異なる理由も含めてその参考となる意見をマルサスから事前に直接教示を受けたかったといえるだろう。

ここで興味深いのは、ホーナーが、この重要な議会演説の前に、マルサスに書簡を送った四月八日の後で、マルサスと一緒に過ごしていたのではないかということである。その頃、ホーナーは、ロンドン北部にあるハートフォード州、ヘーリーベリーの東インド・カレッジで、そのカレッジ内に居を構えるマルサスと一緒に二、三日問過ごすために、知人のウィショーと一緒にロンドンを発った。不運にも、一緒に過ごした彼らの議論についての資料や記録は、残っていない。だが、上述したホーナーによる重要な議会演説を前にして、ホーナーとマルサスが一緒に話し合ったという事実は、推測可能である。彼らが一緒に過ごした後で、ホーナーが一六箇条の決議案を提出し、五月六日の議会演説をおこなったことを考えれば、ホーナーの主張の背後において、マルサスの存在を意識せざるをえないからである。

この事実を明らかにするためには、ホーナーが、この議会演説をおこなう前に、彼の地金論がいかに変化したかを整理しておく必要がある。以下では、一八一〇年二月一日の議会演説から一八一一年五月六日の議会演説へのホーナーの地金の議論の変化について、奥田（一九九〇、三一～三頁）を参照しながら、考察を進めていくことにしたい。一八一〇年の二月一日の議会では、ホーナーは、地金の高価格の原因を、主にイングランド銀行券の莫大な流通から生じたと演説し、[22]貿易収支の赤字→為替相場の下落→地金需要の増大→金価格の騰貴＋地金流出→為替相場の下落という見解を明示した。[23]すなわち、一八一一年の議会演説がおこなわれる以前では、ホーナーは、地金の高価格の原因を、主としてイングランド銀行券の過剰発行と地金需要に求めるていた。だが、一八一一年の五月六日の議会演説において、ホーナーは、一八一〇年二月一日の議会演説の時とは反対に、為替の低下が直ちに金価格を騰貴させる効果を持たないと述べた。そして実質為替論を前面に主張したが、これはイングランド銀行を徹底的に叩くためには、自らの決議案を可決させるうえでも必要なことであった。

そのほかに、一八一一年のこの演説においてとくに重要だと思われるのは、ホーナーが、外国貿易収支の赤字による為替相場の下落を変わらず問題視していることである。この演説では、イングランド銀行の紙幣の大量発行によって引き起こされた減価がもっとも問題にされているが、ブリテンにおける「外国貿易との不利な状態」についても強調されている（Great Britain Parliament 1811, vol. XIX, p. 811）。ホーナーがこの演説でとくに後者を重く見たのは、ブリテンの穀物貿易政策のあり方が誤っていると考えられたからであろう。ホーナーは、この演説をおこなう前に提出した一六箇条の決議案のうち、第一二条と一三条のなかで、ブリテンは、外国為替において長期間異常な程不利な状態が続いていると記したほか、ブリテンの貿易の不調について明記しているからである。(24)

実際に、ホーナーは、この議会演説のなかで、金価格の高騰の原因を銀行紙幣の過剰発行に求める一方で、ブリテンの穀物貿易政策を話として切り出し、穀物の価値の変動について言及したうえで、国内の穀類の価格が、銀行紙幣の増加に付随して上昇したとする旨を述べている。そして、この穀物価格の上昇は土地所有者や借地人に利益を何ももたらさず、インフレ的な経済のなかで穀物価格はただひたすら上昇し続けたと主張した。

ホーナーがこの演説でこうした穀物貿易の議論を以前よりも強調した理由として考えられるのは、マルサスからの影響が大きかったからではないかと思われる。一八一〇年二月一日の議会演説から一八一一年五月六日の議会演説までのわずか一年三か月の間で、ホーナーが地金の議論について何度もマルサスに書簡で尋ねていたほかに、五月六日の議会演説の直前におそらくマルサスとともに過ごしていたことは、何よりの証拠である。そのなかで、両者が交わした話の内容として、為替の変動とブリテン国内の減価のほかに、穀物貿易のあり方について議論された可能性は高いと考えられる。上述したように、一八一一年四月八日付の「ホーナーからマルサス宛ての書簡」のなかで、ホーナーは、穀物輸入奨励金によって貨幣が減価したと述べ、その根拠として、穀物法も後押しして穀物の平均価格が長期間上昇した点について述べていた。そしてその書簡の末尾で、ブリテンの穀物価格の高騰について、減価以外の点から説明すべきものはないかとマルサスに尋ねていた。このことは、穀物貿易との関係で為替の変動を問題にしようとするものであり、当時その点の研究にとくに優れていたマルサスから意見を求めるものであった。

先に触れたように、マルサスは、紙幣の増加以外に、財の輸出入、とりわけ輸入の増加による貿易の変化や対外補助金の増加によって為替が変動することを認めた。マルサスは、リカードウの「ボウズンキット氏に対する回答」論文を批判したのは、リカードウがブリテンの為替相場の下落について紙幣の過剰発行によってほとんど説明できるという点に不満をもっていたからであった。リカードウの同論文において、為替の変動の議論について、諸国間の貿易活動や、金銀や正貨の過剰や不足によって、諸国間の為替が絶えず変動する点について論じられていないことは、それらを重く見るマルサスにとって批判の対象であった。とりわけ前者に限っていうならば、マルサスは、一八一一年二月の『評論』に掲載された「紙幣通貨の減価」論文のなかで、一八一〇年のブリテンの輸入の激増が物価を大幅に下落させることにより、ブリテンの為替相場が下落した点について言及している。マルサスがブリテンの輸入の増大を問題視した背景には、一八〇九年の大凶作により、ブリテンでは約四〇万クォーターの穀物の輸入が必要になり、綿花や羊毛などの原材料も大幅に輸入せざるをえない状況があった（蔵方 二〇〇〇、八一頁）。この点を考慮に入れるならば、まさにその時期にマルサスとホーナーがおそらく接触していたことから、ブリテンの輸入の激増による為替相場への影響について議論された可能性は大きいと考えられる。

しかし、ホーナーは、一八一一年五月六日の議会演説において、穀物奨励金や穀物法が為替相場にいかに影響を与えるのかについてさらに立ち入って言及することはなかった。穀物奨励金の是非をめぐってマルサスと意見を異にしていたため、ホーナーは、議会演説でマルサスの見解と反する意見を十分に述べることができなかったと推察される。たしかに、ホーナーは、穀物輸出奨励金が短期的には耕作に奨励を与え、ある程度まで凶年の穀物不足を防止する作用をもつことを認めている。しかし、奨励金の全額を支弁するための租税負担による財政上の損失や、奨励金による国内市場における穀物価格の上昇に伴って短期的に生ずる実質賃金の減少を引き起こすなどの理由から、穀物奨励金の弊害をかなり問題視していたのである（山下 一九六四 五二～三頁）。

ホーナーは、一八一一年におこなった議会演説までにマルサスとはおよそ七年間の親しい関係を築いてきたと同時に、編集者として『評論』の論文投稿でマルサスから恩を受けていた。議会演説の直前まで、書簡も含めて、マルサスから何度も教示を受けているホーナーにとって、国の経済政策を動かす重要で公的な議会演説のなかで、マルサスの意に反する主張をおこなうことはあまり許されるものではなかった。そうした事情から、ホーナーは、この演説において、外国貿易の不利な状態が為替相場を下落させる強い傾向をもつと主張するにとどまり、それ以上、このテーマについて言及することを控えたのではないかと思われる[25]。

第四節　おわりに

以上のホーナーの議会演説は、結果的には実を結ばなかった。ホーナーの演説した当日、下院では、「地金報告書」を検討するための全院委員会に入り、九日まで深夜に及ぶ激しい議論がおこなわれた。ホーナーの決議案を擁護したのは、ソーントン、ハスキッソン、パーネル、キャニングであった。五月九日に討議の後で採決がおこなわれ、ホーナーの通貨政策についての決議案は、一五一対七五で否決され、二年以内にイングランド銀行が正貨支払いを再開するという最後の決議案も一八〇対四五で否決された（蔵方 二〇〇〇 七八頁）。

ホーナーの決議案は結局否決されるに至ったが、ホーナーの議会演説が、金価格の騰貴をめぐって、従来繰り返し論じられた銀行紙幣の増加のみならず、外国貿易による為替相場の下落や穀物価格の上昇を新たに問題にした点は、注目に値する。本章では、この主張が、マルサスから大いに影響を受けていたのではないかとして、これを考察した。一八一一年のホーナーの議会演説は、マルサスという、強力なブレーンがいたものの、マルサスの考えすべてに依拠していたわけではなかった。それでも、その当時の主要テーマであった物価の高騰の原因をめぐって、穀物貿易政策が絡んでいるのではないかとするホーナーの演説は、地金論争の只中で多くの論者が金兌換停止の是非の議論に集中するなかで、穀物貿易のあり方によって貨幣価値と為替への変動に影響を与えるとする新たな問題提起を加えた点で、注目すべき内容として評価に値する。実際に、一八一一年のホーナーの議会演説は、その当時の地金論争に関わる論者たち、たとえば、リカードウやパーネルなど、銀行の制度的なあり方を批判した人たちからも大きな反響があった。マルサスやリカードウが、そうしたホーナーの演説を見守っていた状況を想像すると、地金論争期のホーナーという存在の大きさを再認識するところである。

またその一方で、本章では、地金論争の只中で、知られざるマルサスの影響力の大きさについても垣間見た。第二節と第三節で見たように、マルサスとレヴュアーとの往復書簡を通じて、彼らの知的営為は次第に明らかになったことと思われる。マルサスは、ジェフリーやホーナーから『評論』への巧みな論文投稿依頼を通じて、地金問題について新たな情報を得ながら、よりいっそうの知識を高めることができた。そしてそのことは、マルサスの高度で刺激的な論文の作成に寄与することになった。マルリスが、地金論争のなかで、自らの主張を論文のなかで示すだけでなく、ホーナーの議会演説にも影響を与えていたとするならば、この時代のマルサスの影響の大きさについて改めて感じざるをえないといえるだろう。

注

（1） ヘンリー・ブルームおよびシドニー・スミスとマルサスとの間柄は、あまり親しくないように思われる。管見では、シドニー・スミスよりもブルームの方が、まだマルサスと関係性があったように思われる。だが、ブルームとマルサスとの関係は、ジェフリーとホーナーと比べれば、決して深いものではない。たとえば、『ヘンリー・ブルーム著作集』の Brougham (1856) は、全一一巻のうち、マルサスへの言及は、二箇所にすぎない。その二箇所とも、地代論と地金の議論との関わりで論じられているが、マルサスとの深い関係を示すものではない。なお、この著作集では、ブルームは、マルサスよりもむしろリカードウの議論を大きく取り上げている。Brougham（1871）は、全三巻のなかで多くの書簡が収められているが（レヴュアー、アレクサンダー・ベアリング、グレイ卿、パルマーストン、ジョン・キャンベル等）、学術的に有益だと思われるマルサスの書簡を見出すことができない。Aspinall（1972）では、ブルームとランカスターやアレン等との書簡が所収されているが、マルサス書簡は見られない。

（2）ただし、ジェフリーは、ホーナーよりも経済学に強い関心を払っていたわけではなかった。この点については本文のなかで再度言及することにしたい。

（3）デュガルド・ステュアートが講義のなかで、過剰人口にとくに注意を払った点については荒井（二〇一六―b、六六～八頁）を参照。

（4）この点の経緯については、柳田（二〇一一、一〇七～八頁）を参照。なお、ジェフリー自身も一八〇九年四月にマルサス『人口論』を書評した内容については、柳田（二〇一一、一一九～三四頁）を参照。

（5）「……マルサス氏は、町に一日か二日おり、彼の小さな会合にわたしを招いて頂きました。そこでは、彼がどのような人物か分かる程度の時間をともに過ごしました。わたしは、かなりの哲学的で、真実についての穏やかな愛、ならびに自身の重要な専門領域について思索を通じた独創的な才能を持つ彼に出会えて幸せであります。わたしは、こうした人物とはこれまでめったに会ったことがありません」（Horner 1807. 7. 6）。

（6）「マルサスが『評論』に投稿し始めて以降、もしマルサスがあなたのもとに投稿原稿を送り続けないのであれば、わたしは、あなたの方で彼に投稿依頼をされないことを望んでいます。すべての主題のうちで、経済学（political economy）は、現在のところ、有用な出版物のうちでもっとも好調（productive）です。彼の一般的な視点は、時折不完全ではありますが、彼は常に率直であり、もっともリベラルで寛大に議論を展開しています」（Horner 1808. 2. 17）。

（7）こうしたA・ハミルトンの仲立ちは、彼が東インド・カレッジに就任した一八〇六年春以降のこと思われる。この点の詳細については、James（1979, p.179）, Hashimoto（1990）を参照。

（8）地金報告は一八一〇年六月に下院の命令により出版されたものである。この地金報告書に賛成する者たちを地金主義者（地金論者）と呼び、反対者を反地金主義者（反地金論者）と呼ぶ。

（9）ここで、ホーナーがわかりやすく説明してほしいと記したのは、地金の議論に関する彼の能力が十分ではなかったからだけではなかった。これらの複数のマルサス宛ての「書簡」にも記されているように、地金論争に関する難解な議論について、『評論』の一般読者にも分かるように、噛み砕いて説明してほしかったからである。ただし、その当時、学術的にも有力な雑誌とみなされていた『評論』の水準を維持するために、単純すぎるほどに議論のレベルを落とす必要はないとも記されている。ここに、雑誌の編集者としてのホーナーの複雑な気持ちを読み取ることができる。

(10) だがその一方で、マルサスは、銀行家の場合は、紙幣を金に交換することはありうると述べているが、その理由については詳しく論じえないと言う。

(11) ボウズンキットとリカードウとの論争の詳細については、蔵方（二〇〇〇、六五～七頁）を参照。

(12) 「……わたしは、ギルドフォードの馬車の近くで……あなたにマシェットのパンフレットと報告書についての手紙をお送りしました。あなたが町に来る際に、それらの内容について、わたしに感想をお聞かせ頂けないでしょうか。わたしは、多くの素晴らしい問題が記されている、ボウズンキット氏にリカードウが応答したものをその小包のなかに加えました。ボウズンキットについてのある注意書きを、あなたの論文に加えることが重要だと思われました。とくに、価値尺度についての彼の新しい理論は、全問題についての完全な回答になるからです。／わたしは、来週の木曜日にあなたにお会いできることを楽しみにしております」（【書簡11】二四一頁なお、／は段落の変わり目を指す。以下同様）。

なお、この引用文のなかに登場するマシェット（Mushet, Robert 1782-1828）とは、一七八二年一一月に、スコットランドのミッドロジアンにあるダルケイスで生まれた人物である。彼は、王立造幣局の役員で知られ、通貨問題の論争の重要人物の一人である。マシェットの著作、『銀行制限法案による国内通貨と交換率において生じる効果に関する考察』は、『評論』第一七巻（一八一〇～一年）のなかで論じたマルサスによって注目された。その後も、紙幣と金価格の変動率の歴史について著したほか、一八二一年四月に、経済学クラブの創設者の一人として知られる（*Oxford DNB*, Vol. 40, pp. 29-30）。

(13) マルサスの為替相場観と、マルサスによるリカードウの「ボウズンキット氏に対する回答」論文批判については、蔵方（二〇〇〇、六九頁）を参照。

(14) リカードウがマルサスからの批判に対し、送金国で、財貨の輸出過剰が商品総量に占める割合に比例して通貨が縮小されなければ、送金国の通貨が過剰であることを認めた意味については、Viner（1937, pp. 139-141, 訳一四〇～二頁）を参照。

(15) だが、ジェフリーはこの論文の題目が何であるかを記していない。そのため、この論文が何であるかは不明だが、マルサスが直前に『評論』第一八巻三四号（一八一一年二月）に投稿した「紙券の減価」論文の可能性が高いと思われる。

(16) ただし、こうしたジェフリーの挑発的な態度は、マルサスの気分を損なわせるものではないように感じられる。上の書簡では、マルサスの地金論の研究レベルの高さや、地金問題に関して、自分［ジェフリー］よりもマルサスの能力の方が高い点であることが記されているからである。この点で、ジェフリーの論文投稿依頼の仕方は非常に巧みである。なお、マルサスとジェフリーとの良好な関係は、『国富論』の編集をめぐって論じられた一八一二年八月一八日付のマルサスからジェフリー宛ての書簡からも見出すことができる（Hahimoto 1990, pp. 353-6）。

（17）　ジェフリーは、一八二四年四月一一日付のマルサス宛ての書簡のなかでも、ウィルソンの見解を支持する旨を記している（Jeffrey 1824. 4. 11）。

（18）　なお、ホーナーがこの書簡をマルサスに送る直前に、ジェフリーも、一八一一年四月二日に地金と紙幣に関する論考について、『評論』に論文投稿を依頼する書簡をマルサスに送っている。ジェフリーがこの内容の書簡をマルサスに送ったことは、ジェフリーと同じ『評論』の編集者であるホーナーも知っている可能性は高いように思われる。ホーナーは、ジェフリーとともに、マルサスからの返答を待っていたと考えられる。その五日後の一八一一年四月七日に、マルサスは、この論文執筆依頼に承諾する書簡をジェフリーに送った（【書簡13】）。だが、ホーナーは、この返事の書簡を待ちきれずにいたため、マルサスがこの書簡を執筆した四月七日の翌日に（マルサスからの返事の書簡がジェフリーにまだ届いていないと思われるため）、自らが筆をとってマルサスに書簡を送ったのではないかと推測される。この点を重く見るならば、ホーナーが地金論争に関する見解について、マルサスをいかに頼りにしていたかがわかる。

（19）　「あなたの論文はロンドンでは非常に有名です。[1]ティアニー[2]は、あなたの論文の中身についてもっとも正確な視点から検討していますが、その論文についての特別の賛辞をわたしに話して頂きました。彼は、あなたが明示した論考のいくつかの論点を正しく有用なものとみなしていました。銀行の総督もまた、わたしに対して、その論文について言及し、明快で正当であるとしてあなたの論文を褒め称えておりました。わたしが、その理事たちに、その論文が誰によって書かれたのかを率直に伝えたところ、そのように称えておられました。[3]これらの点から、あなたは、双方を喜ばせる類まれな幸運を得ているといえます。わたしからは、それに加えて、あなたにとって喜ばしい、あなたにお伝えするより良いお知らせがあります。あなたの同論文の主題についての深い知識を持っており何の先入観も持ち合わせていないハラム[4]は、わたしが最近受け取った書簡のなかで次のように述べております。それは、これまで読んできたうちでも包括的な研究であり、あなたの問題提起についてももっともしっかりとしていると考えたとのことです。[5]……」（【書簡14】二四四頁）。

この書簡のなかの1）から5）については以下を参照して頂きたい。なお、5）以下の内容については、「マルサス「書簡」一覧」のなかで、上の書簡も含めて全文を記している。

1）これは、マルサスが直前に『評論』第一八巻三四号（一八一一年二月）に投稿した「紙券の減価」論文だと思われる。

2）ティアニー（Tierney, George 1761-1830）のこと。ティアニーは、一七六一年三月二〇日に、ジブラルタルで生まれた。

一七八八年に、彼は、選挙で当選し政治家としてキャリアをスタートさせる。そして、一七九一年にウィッグ・クラブに参加したほか、ピットの政策への批判者として積極的に政治活動をおこなった。一八〇三年には、フランスのボナパルテが軍事力を行使し始めるやいなや、海軍の財務長官に任務した。その後も、政府の財務関係の長官を務めるなど、政治家としての幅広い能力を発揮した（*Oxford DNB*, vol. 54, pp. 767-9）。

3）ピアース（Pearse, John 1760-1836?）は、一八一〇年一一月において、なお副支配者をしていた一方で、地金報告委員に情報を提供していた。

4）ハラム（Hallam, Henry 1777-1859）のこと。ハラムは、一七七七年七月九日に、イングランドのウィンザーで生まれた。彼の最初のキャリアは法曹界において法律の専門家からであった。そのなかで、ウィッグの有力な政治家たちとの関係を深めながら、印紙局で職を得ることになった。そして、ウィッグの機関紙で知られる『エディンバラ評論』において、一八〇五年から一八〇九年までの間で、文芸や政治など、さまざまな種類の論考が九本掲載された。彼は、議会の議員にはならなかったが、政治問題については常に関心を払い続けた（*Oxford DNB*, vol. 24, pp. 674-6）。

5）だが、ハラムの書簡はこれまで見つかっていない。

（20）もっとも、ホーナーは、一八一〇年二月一日の議会演説においても、穀物貿易が地金価格に与える影響についても若干指摘しており、一八一一年の議会演説から初めてこの論点を持ち出したわけではない。

（21）なお、その議会の開会前の四月二二日に、ホーナーは、全一六箇条から成る決議案を議会に提出した。

（22）また、ホーナーはこの言明により、通貨問題を調査するための特別委員会を近く提案する意図を示した。ホーナーのこの動議はすぐに可決され、二月一九日に地金委員会の委員が任命されることになった。この点の詳細については蔵方（二〇〇〇、六三～四頁）を参照。

（23）ただし、ホーナーは、この演説において、地金の高価格の原因を銀行券の過剰発行だけに求めていたわけではなかった。彼は、その原因について、ブリテンの穀物や軍事品等の多くの輸入商品に対して地金を支払わざるをえなかったことも関係していると述べているからである。なお、こうした主張は、一八一〇年二月五日付のリカードウのホーナー宛ての書簡のなかで、リカードウによって批判されたことでもある。リカードウによれば、その書簡のなかで、鋳造価格を上回る現在の地金の高価格は、もっぱら過剰な紙券流通のために起こったという。リカードウは、地金の高騰の原因について、主として（1）鋳貨の質の低下、（2）市場での金の銀に対する比価が鋳貨でのそれらの比価よりも大きい比率をもつこと、（3）紙券流通の過剰の三点に求めている（Ricardo 1952, vol. VI, pp. 1-6. 訳一～七頁）。

(24) これらの内容は、ホーナーの一六箇条の決議案のうち、一二条と一三条に関係するものである。一二条は、「外国の諸地方との為替は、かなりの期間にわたってわが国にとって異常なほど不利であったと思われる」とされ、一三条は、「わが国の貿易の不調や巨大な海外軍事費が、ヨーロッパ大陸との為替を不利ならしめるのに寄与したかもしれないが、かくも長期にわたって為替の下落の度合が著しかったのは、諸外国との貨幣に比べてわが国の通貨の相対的価値に生じた減価に大いに依存するものであった」と記されている（Bullion Report 1810 訳一二〇頁）

(25) しかし、その後のホーナーとマルサスは、一八一五年前後の穀物法論争の只中で、穀物法擁護の是非をめぐって意見が対立し、両者の交流は次第になくなっていたものと思われる。地金論争後、マルサスが穀物法問題に関心を持ち始める経緯については、Hashimoto and Pullen（1996, pp. 297-303）を参照。なお、マルサスが『評論』にではなくトーリー派の機関誌である『クォータリー評論』に投稿するようになった経緯については、柳田（二〇〇六、二四三～六）も含めて Semmel（1963, pp. 11-14, 22-7）、佐藤（二〇一六、二〇七～一二頁）を参照。

参考文献

Aspinall, A., *Lord Brougham and the Whig Party*, Archon Books, 1972, Hamden.

Bourne, K. and Taylor, W. B. eds., *The Horner Papers: Selections from the Letters and Miscellaneous Writings of Francis Horner, M. P., 1795-1817* Edinburgh University Press, 1994, Edinburgh.

Brougham, B. H. and Vaux eds., *The Works of Henry Lord Brougham: Lives of Philosophers of the Time of George III*, 11vols, Kessinger Publishing, 1856.

Brougham, H., *The Life and Times of Henry Lord Brougham*, William Blackwood, 1871, Edinburgh.

Great Britain Parliament, *Parliamentary Debate*, vol. XIX, T. C. Hansard, 1811, London.

Bullion Report. *Report, together with Minutes of Evidence, and Accounts, from the Select Committee on the High Price of Gold Bullion*, 1810, London. 田中生夫編訳『インフレーションの古典理論――「地金報告」の翻訳と解説――』未来社、一九六一年。

Cockburn, H. *Life Of Lord Jeffrey: With a Selection from His Correspondence*, Lippincott, Grambo, 1852, Philadelphia.

Fetter, F. W., *The Economic Writings of Francis Horner in the Edinburgh Review, 1802-6,* London School of Economics and Political Science, 1957, London.

Flynn, P., *Francis Jeffrey*, Associated University Press, 1978, London.

Fontana, B., *Rethinking the Politics of Commercial Society: the Edinburgh Review, 1802-1832*, Cambridge University Press, 1985, Cambridge.

Hashimoto, H., "Three Unpublished Letters of T. R. Malthus in Japan", *History of Political Economy*, 22 (2), 1990.

Hashimoto, H. and Pullen, J., "Two More Unpublished Malthus Letters in Japan", *History of Political Economy,* 28 (2), 1996.

Horner, F. The Letter from Horner to Malthus, National Library of Scotland, June, 6, 1809, Edinburgh.

———The Letter from Horner to Malthus, June 6, *The Horner Papers,* eds. K. Bourne and W. B. Taylor, Edinburgh University Press, 1810, Edinburgh.

———The Letter from Horner to Malthus, September 15, *The Horner Papers,* eds. K. Bourne and W. B. Taylor, Edinburgh University Press, 1810, Edinburgh.

———The Letter from Horner to Malthus, December 3, *The Horner Papers*, eds. K. Bourne and W. B. Taylor, Edinburgh University Press, 1810, Edinburgh.

———The Letter from Horner to Malthus, January 4, *The Horner Papers*, eds. K. Bourne and W. B. Taylor, Edinburgh University Press, 1811, Edinburgh.

———The Letter from Horner to Malthus, April 8, *The Horner Papers,* eds. K. Bourne and W. B. Taylor, Edinburgh University Press, 1811, Edinburgh.

———*Memoirs and Correspondence of Francis Horner,* ed., L. Horner, 2vols, John Murray, 1853, London. rep., Kessinger Publishing, 2008, London.

James, P., *Population Malthus: His Life and Times*, Routledge & K. Paul, 1979, London.

Jeffrey, F. *The Letter from Jeffrey to Malthus,* 1814., eds., J. Pullen and T. H. Parry, *Malthus: The Unpublished Papers in the Collection of Kanto Gakuen University*, 2vols, Cambridge University Press, 1997-2004, Cambridge.

———*The Letter from Jeffrey to Malthus,* National Library of Scotland, April 11, 1824, ACC. 7188, Edinburgh.

———Selections from the Essays of Francis Jeffrey, ed., L. E. Gates, London, Ginn & Company, 1894. rep., Forgotten Books,

2012, London.
Malthus, T. R. The Letter from Malthus to Horner, February 5, 1810, *The Horner Papers*, eds. K. Bourne and W. B. Taylor Edinburgh University Press, Edinburgh, 山﨑好裕訳「マルサスからホーナーへの五通の書簡」『福岡大学経済学論叢』第五七巻三・四号（通巻第二二四・二二五号）、二〇一三年、二二五～四〇頁。
——*The Letter from Malthus to Jeffrey*, Edinburgh, National Library of Scotland, April 7, MS 10997, 1811.
Pullen, J. and Parry, T. H. eds., Malthus: *The Unpublished Papers in the Collection of Kanto Gakuen University*, 2vols, Cambridge University Press, 1997-2004, Cambridge.
Ricardo, D., Pamphlets and Papers 1809-1811, in *The Works and Correspondence of David Ricardo*, ed. P. Sraffa with the Collaboration of M. H. Dobb, 10vols, vol. 3, University Press for the Royal Economic Society, 1951-1955, Cambridge. 堀経夫ほか訳『ディヴィド・リカードウ全集』（全一〇巻）、第三巻、雄松堂書店、一九六九年。
——Letters 1810-1815, in *The Works and Correspondence of David Ricardo*, ed. P. Sraffa with the Collaboration of M. H. Dobb, 10vols, vol. 6, University Press for the Royal Economic Society, 1951-1955, Cambridge. 堀経夫ほか訳『ディヴィド・リカードウ全集』（全一〇巻）、第六巻、雄松堂書店、一九六九年。
Rutherford, D., *In the Shadow of Adam Smith: Founders of Scottish Economics 1700-1900*, Palgrave Macmillan, 2012, New York.
Semmel, B., 'Malthus and the Reviews' in *Occasional Papers of T. R. Malthus On Ireland, Population, and Political Economy*, ed. B. Semmel, New York, Burt Franklin, 1963.
Thornton, H., *An Enquiry into the Nature and Effects of the Paper Credit of Great Britain: Together with His Evidence Given before the Committees of Secrecy of the Two Houses of Parliament in the Bank of England*, ed. F. A. V. Hayek, Augustus M. Kelly, [1802] 1962, New York. 渡辺佐平・杉本俊朗訳『紙券信用論』実業之日本社、一九四八年。
Viner, J., *Studies in the Theory of International Trade*, Happer & Brothers, 1937, New York and London. 中澤進一訳『国際貿易の理論』勁草書房、二〇一〇年。
荒井智行「D・ステュアートの反応」マルサス学会編著『マルサス人口論事典』昭和堂、二〇一六年―a、一五四頁。
——『スコットランド経済学の再生——デュガルド・スチュアートの経済思想——』昭和堂、二〇一六年―b。
奥田聡「フランシス・ホーナーの通貨論」『大阪府立大学経済研究』第三五巻第三号、一九九〇年、二一一～四三頁。
——「フランシス・ホーナーの金融思想の形成と展開」飯田裕康・出雲雅志・柳田芳伸編著『マルサスと同時代人たち』日本経

済評論社、二〇〇六年。

蔵方耕一「地金論争とマルサスの貨幣観」『経済と経済学』第九二号、二〇〇〇年、五九～八五頁。

佐藤有史「トマス・ロバート・マルサス『トゥック――高価格と低価格について』」（解題）『立教経済学研究』第六九巻第四号、二〇一六年、二〇五～一五頁。

田中生夫「F・W・フェター『エジンバラ評論におけるF・ホーナーの経済論文』一九五七.」『岡山大学法経学会雑誌』第二五号、一二七～三七頁、一九五八年。

中西充子「地金論者としてのマルサス――リカァドオとの比較において」『三田学会雑誌』五七巻二号、一九六四年、一三七～六一（三五～五九）頁。

柳田芳伸「サミュエル・リードのマルサス批評」飯田裕康・出雲雅志・柳田芳伸編著『マルサスと同時代人たち』日本経済評論社、二〇〇六年。

――――「フランシス・ジェフリーのマルサス『人口論』評」、『長崎県立大学経済学部論集』第四五巻第三号、二〇一一年、一〇七～三四頁。

山下博「ミルとホーナーの穀物輸出奨励金批判（一）――過渡期の穀物法批判――」『経済学論叢』第一四巻第一号、一九六四年、一～二一頁。

――――「ミルとホーナーの穀物輸出奨励金批判（二）――過渡期の穀物法批判――」『経済学論叢』第一四巻第二号、一九六四年、四七～六五頁。

渡辺佐平『地金論争・通貨論争の研究』法政大学出版局、一九八四年。

第六章　救貧法をめぐるマルサスとチャーマーズ

真鍋　智嗣

はじめに

一九世紀前半にスコットランドで活躍したチャーマーズ（Chalmers, Thomas 1780-1847）は、経済学説史上において長らく「マルサスの弟子」としての位置づけを与えられてきた。(1)その最大の根拠となっていたのが、チャーマーズがマルサスと同様に一般的供給過剰論を主張していたことである。一九世紀前半の経済学説を、リカードウを中心とする流れとマルサスを中心とする流れとに二分する際、一般的供給過剰論は大きな分かれ目であったが、チャーマーズはマルサスの側に立った数少ない経済学者の一人として認識されることになった。近年の研究では、チャーマーズの経済理論がマルサスの強い影響下にあることは認めつつも、独自性のある理論が構築されていることがわかってきた。(2)

さらにチャーマーズは経済学者という側面だけでなく、聖職者や救貧活動の実践者としても有名である。近年の経済学説史・経済思想史研究において、ヒルトンやウォーターマンの研究をはじめとして、チャーマーズの経

【資料1】チャーマーズ宛てマルサス書簡のリスト

図書館番号	年	月	日	頁数	本誌番号
CHA 4. 18. 21	1821	8	23	4p	【書簡 23】
CHA 4. 21. 51	1822	7	21	4p	【書簡 24】
CHA 4. 21. 53	1822	(10)		2p	【書簡 25】
CHA 4. 21. 54	1822	11	9	3p	【書簡 26】
CHA 4. 80. 19	1827	1	18	4p	【書簡 28】
CHA 4. 185. 32	1832	2	6	4p	【書簡 40】
CHA 4. 210. 5	1833	3	16	4p	【書簡 41】
CHA 7. 2. 28	1833	6	23	4p	【書簡 43】

済思想をより大きな流れのなかで捉えなおす取り組みが続けられている。この面でも、チャーマーズはキリスト教の影響下にある経済思想家としてマルサスと比較検討されることがあり、両者の違いが明らかにされつつある(3)。

そうした両者の違いを見ていくうえで注目されるのが、マルサスとチャーマーズの意見交流の様子である。とくに、エディンバラ大学のニューカレッジ(4)に所蔵されているチャーマーズ宛てマルサス書簡は注目される。神学を中心に扱うこのカレッジの図書館には、聖職者として活躍したチャーマーズのノートや書簡など、数多くの一次史料が「チャーマーズ・ペーパー」(Chalmers papers) 保管されている。経済学説史の研究においては、ここに収められているチャーマーズ宛てマルサス書簡がしばしば引用されてきたが(5)、その全貌については詳しい研究がされてこなかった。現在エディンバラ大学に所蔵されるチャーマーズ宛てマルサス書簡は八通であり(【資料1】参照)(6)、すでに述べたとおり、経済学説史の研究においても数多く引用されてきた。なかでも有名なのは、マルサスのチャーマーズに対する「あなたがわたしの有能で最良の同盟者」(【書簡24】二六一頁)という文言である(7)。これは救貧問題に関する両者の関係を表すものとして、しばしば取り上げられてきた。

この救貧問題に関する立場については、マルサスが、自ら展開した人口論をもとに貧民の公的救済を否定したことは周知の事実である。他方でチャーマーズは、理論面というよりは、むしろ教区牧師として実際の貧民対策にあたり、いくつかの教区において目覚ましい業績をあげたことによって注目された。そのなかでチャーマーズも公的救済を否定しており、この点がマルサスと共通する。

両者の救貧思想はこれまで個別に数多く検討されてきているが、両者の交流の様子を含めて詳細に検討する研究には余地が残されていると言える。なかでもウィンチの研究などでは、上述のチャーマーズ宛てマルサス書簡を根拠として、マルサスが救貧法の廃止という主張を完全に撤回したとされているが、書簡の全体の文脈を重視して再検討する必要があるのではないかと考えられる。(8)

そこで本章では、両者の救貧問題をめぐる思想を比較することを主要な目的とし、チャーマーズ宛てマルサス書簡を中心に検討を進める。はじめに、マルサスとチャーマーズの救貧問題に対する考えについてそれぞれ整理し、両者の比較の基礎をつくる。次に、救貧問題をめぐる内容が記された、一八二一年から一八二二年までのチャーマーズ宛てマルサス書簡三通を詳しく検討することで、両者の類似点や相違点を明らかにさせていきたい。最後に、マルサスの救貧法への立場について、書簡全体の検討を通して見えてくるものを結論として提示していきたい。(9)

第一節　マルサスの救貧思想

以下ではマルサスの救貧問題に関する主要な考え方を整理していきたい。(10)

『人口論』初版においては、人口原理に基づいて救貧法批判を展開している。よく知られているように、マルサスの人口理論は、食糧の生存への必要性と、両性間の情欲の必然性という二つの基本前提から出発し、人口の増加力が食糧の生産力を上回るというものである。そこから、人口の増加の制限には、貧困か悪徳が伴うという結論が導かれる。

マルサスによると、救貧法は貧民を救済するという目的でつくられてはいるものの、結果的には、より広い範囲の人びとに貧困を拡大するという。救貧法が、本来ならば家族を自力で養うことができないと考えられる人びとの結婚を増加させ、それが人口増加につながっていってしまうからである。

そこでマルサスは、労働者の社会全体への依存度を高める救貧法の廃止を提唱する。しかしながら、公的な救済の制度を全面的に無くすべきだと主張しているわけではなく、極端な貧困者については一時的な救済が必要であると考え、ワークハウスの設立を提案している。

『人口論』第二版におけるマルサスは、人口抑制の方策として、これまでの貧困と害悪に加え、道徳的抑制を挙げた。そして、その道徳的抑制こそが貧困の問題を解決するための唯一の恒久的な方法であると主張している。ここにおいて、公的な救済という手段が家族を養うべきという責任を不明瞭にすることに反対し、自らの手で道徳的抑制をおこなえるようにするべきであると考えた。これ以降、マルサスは救貧法の漸次的な廃止計画を提示していくことになる。

以上が、マルサスの救貧法に対する救貧問題への基本的な見方である。ただし、すでに述べたように、これ以降の書簡でマルサスが救貧法の廃止そのものを放棄したという研究もあり、この点は後に詳しく検討していくことにする。

第二節　チャーマーズの救貧思想

チャーマーズは、救貧問題に関する著作を著す以前から、現実の救貧問題に関わり、そこで大きな成果をあげた教区牧師であった[11]。

牧師としてのチャーマーズが教区の救貧の問題に取り組むきっかけとなったのは、セント・アンドリューズ近郊のキルメニーという農村である。当初、あまり熱心な教区牧師といえなかったチャーマーズは、一八一〇年頃を境に福音主義の信仰に帰依する回心を経験し、教区でも積極的な訪問活動を開始する。このなかでチャーマーズは、生活困窮者の実情を把握し、近隣の住民に相互扶助の活動をすすめ、さらには教区での寄付金や自分のお金から救済をおこなった。こうした住民の相互扶助や教区救済の活動は、教区民の自発的な意志に基づくものであり、救貧法のような公的な救済とは異なるものであった。これがその後のチャーマーズの追求する救貧問題への対処法の基本的なスタイルとなる。

一八一五年にチャーマーズは、工業都市グラズゴウのトロン教区に赴任した。キルメニーのような農村とは異なり、人口規模も大きく、人口流入も激しい大都市であったため、赴任当初はそもそも教区民を管理すること自体が困難な状況であった。そこでチャーマーズは、教区を二〇の地区に分け、それぞれに長老を配置することにより、担当地区内の家庭を定期的に訪問する地区担当制を導入した。そこでは、私的な寄付金などによる救済や、貧民の自立促進のための助言や就職斡旋などがおこなわれた。

このころのチャーマーズは、マルサスの人口原理に基づきグラズゴウの貧民の多さを過剰人口にもとめた。[12] それまでいた農村では、人口はむしろ減少していくような場所であり、都市での人口の多さについての理論的な支えとなったのが人口原理であったと言える。そして、この人口過剰を抑制していくことが、人びとの幸福につながるとして、マルサスの言う「道徳的抑制」の推奨と救貧法の廃止を提言していくことになる。ここでチャーマーズは、市単位の貧民救済を全廃し、救済の責任を教区が負うことを提唱した。

この考えは、グラズゴウで新たに作られたセント・ジョーンズ教区で実践されることになる。[13] ここに移ったチャーマーズは、救貧法に基づく公的救済を廃止し、教区のなかで救貧問題を解決すべく活動し、救済が必要になる住民のための資金を、教会募金にもとめた。「生活の自助」「親族の援助」「労働者階級の相互扶助」「有産階級の慈善」の四つを柱にした活動は、大きな成果をあげた。こうした諸実践は『大都市のキリスト教的および市民的な経済』（以下では『大都市の経済』とする）に著され、イギリス全土で名声を得ていくことになる。

第三節　チャーマーズ宛てマルサス書簡の検討

以上のように、マルサスとチャーマーズの救貧問題に対する考え方を見てきた。両者は公的救済の廃止を目指しているという点で共通していることが大きな特徴であるが、両者の相違点はどこにあったのか。これを明らかにするために、マルサスがチャーマーズに宛てた書簡の内容を検討したい。マルサスが一八二〇年代前半に書いた救貧問題をめぐる【書簡23】【書簡24】【書簡26】の三つの書簡の内容を、以下で見ていきたい(14)。

（一）【書簡23】一八二一年八月二三日付書簡（CHA 4. 18. 21）

【書簡23】は、エディンバラ大学のニューカレッジに残る、マルサスがチャーマーズに宛てて書いた書簡として最も日付の古いものである。書簡の冒頭からわかるように、この書簡をマルサスが書いた大きな目的は、チャーマーズの著作『大都市の経済』の第一巻に対する返答である。

すでに見たように、この著作はチャーマーズが大都市グラズゴウでおこなっていた実践活動などについて記されている。これを読んだマルサスの反応がいかなるものであったのか、以下では見ていきたい。

簡単に謝意を伝えたのち、マルサスは以下のように述べる。

……国の実際の状況と改善の手段の両方に関してのあなたの力強く見事な見解にどれほど喜ばされ、また教えられたかを表現することは難しいです。あなたは大いに新鮮で慰めとなるような見通しを開かれました。大多数の人々との慣習と生活様式において根本的な変化を期待するとはいえ、忍耐と根気強さでなされる熱心で賢明な努力で達成できないことではないということを明らかにされました。グラズゴウのような都市で、しかも時期は非常によくなかったのに、極端な困窮の危険もほとんどなく、貧民がほぼ完全に自らの資源のもとにおかれるということの実効性に関するあなたの個人的な経験は、最も重要なことです。わたしは、その主題についてほとんど絶望していたこと、そして人口の多くの部分が産業の変動に、すなわちそれに結果する賃金の突然の変化に従属する高度に工業化した国では、全体の利益のために非常に多くの個々人を犠牲にすることをなしにして、強制的な救済を完全になくすことは可能ではないだろうと考え始めていたことを告白します。しかしグラズゴウのような困難な状況でのあなたの異なる経験はわたしの希望を復活させ、もしわれわれが適切な道を進めば、わたしがこれまで、また少なくとも当初に予期していた重圧もほとんどなく、わたしが長く望ましいと考えていた目的を達成できると示してくれました。(【書簡23】二五八〜九頁)

マルサスは「貧民がほぼ完全に自らの資源のもとにおかれる」ことに関して、「ほとんど絶望していた」と告白する。「自らの資源におかれる」とは、貧民が、彼らが暮らす教区のなかで救済されるということを意味している。つまりこれは、貧民が教区内での取り組みによって救済されうること、言い換えれば何らかの外的な助けを必要としないことを意味している。つまり外的な救済、あるいは「強制的な救済」の制度というもののない貧民が教区内で救済されることが可能になるのであるが、マルサスはそのことに対して「絶望していた」と言うのである。このことは、そうした外的な救済が不要ということであり、救貧法の廃止ということが可能になってくることを意味する。

チャーマーズがグラズゴウの教区で実践した活動では、貧民の救済は基本的に教区内の管理によって、外的な資金をもらわずにおこなうことができるようになっており、このことはマルサスに希望を与えることとなった。しかも、チャーマーズが実践をおこなったグラズゴウは急速に産業が発展しており、人口増加も著しく貧民の数も多かった。こうした場所でのチャーマーズの成功は、公的な救済に頼らなくても、貧民を救済することができることを示しており、マルサスが当初考えていた、救貧法の廃止について、希望を与えることになった。

しかし、続けてマルサスは、以下の点について若干の留保をつけている。

しかしながら、まだ浮浪状態に関しては困難があり、わたしはいまだに道がはっきりとみえないのです。もし貧民のための食糧がないのであれば、乞食になることを妨げることは明らかに不当でしょう。しかし乞食への惜しみない公平な救済は、このような国では、救貧法廃止のあり得る結論になるでしょうが、そのような廃止の最も大きな目的の一つを打ち砕くでしょうし、それ自体、(アイルランドや革命前のフランスのように)ほとんど耐えられない大きさの害悪になるでしょう。あなたが期待する多くの人びとの道徳的および宗教的な改善のもとでは、そうした浮浪状態の増加はあり得ないと言うでしょう。これは、実際に正しく、そしておそらく害悪への唯一の対策です。しかし、まだその主題は、特別で重要な反対意見を含んでいるため、次巻でのあなたの格別な注意に値します。(【書簡23】二五九頁)

マルサスがここで注意するのは、貧困の状態の程度が著しい「浮浪状態」あるいは「乞食」についてである。マルサスは救貧法がなければ、乞食が発生すること、そしてそのことが救貧法廃止自体の目的を台無しにしてしまうことを指摘している。そしてそれが、イングランドでは起こりうることだとしている。このように、極端な事例に対しては公的な救済の必要性を認めている点に、マルサスのチャーマーズとの相違点が見られると言えよう。

また教区単位の取り組みについては以下のように賛意を示している。

わたしは地域性の有利さに関してあなたが述べたことのすべてに完全に賛成します。また、考えが広がり改善された地区が注ぐことができる力に釣り合い、とくにこの制度において大規模な援助を待つ必要がないようなごくわずかな人々の力に釣り合うことの重大さに完全に賛成します。わたしのすべての考えはそれに基づいています。（【書簡23】二五九頁）

ここでマルサスは、「地域性」の重要さを指摘する。その地域ごとに、貧者の救済を全うすることができるということが挙げられているが、チャーマーズの実践において見られた方法は、すでに述べたとおり、教区を細かく分けることにその基礎があった。この重要性をマルサスは認めているのである。

またマルサスは、この書簡の最後で、「道徳的および宗教的な改善」の重要さを指摘している。細かく分けられた教区のなかで、余裕のある人びとの資金から救済をおこなうというだけでなく、そこに暮らす人びと全体に対しても、精神的な改善を合わせておこなっていくチャーマーズの方法に、賛意を示しているのである。(15)

(二)【書簡24】一八二二年七月二一日付書簡（CHA 4. 21. 51）

【書簡24】は、先の書簡からおよそ一年後に書かれた書簡である。書簡の冒頭ではその年にマルサスがイングランドの北部にあるヨークシャーを訪れたが、スコットランドにも足を伸ばすことができたら良かったということが書かれている。

書簡のなか心的な目的は『大都市の経済』の第二巻の第九章、第一〇章にあたるものに対する返答である。第二巻の出版は翌一八二三年であるので、チャーマーズは完成していた二つの章をマルサスに先に送ったと推測される。

マルサスは以下のように言う。

わたしは、あなたの二つの最新作、とくに第一〇章によって大変喜ばされています。そして、困難な時期にもっとも親身に幾度となく観察してきた後の、貧民がもしその自然の資源にまかされるなら、自分自身を支える力があるということへのあなたの自信をうれしく思います。わたしはあなたがわたしの有能で最良の同盟者であり、主張が否定される時はいつでも、あなたの経験に言及したい気持ちになります。(【書簡24】二六〇〜一頁)

ここでマルサスは「自然の資源」によって貧民が「自分自身を支える力がある」ことをチャーマーズが説明していることに喜びを表現している。「自然の資源」とは、先の書簡にも出てきた通り、貧民が暮らす教区のなかにいる人たちの資金を基礎としていることを意味している。つまり、救貧法という外的・強制的な制度に頼らなくても貧民を救済することができるという、マルサスの元来の主張を支える根拠として、チャーマーズの実践を認めているのである。

そして、それに続いて「わたしはあなたがわたしの有能で最良の同盟者であり、主張が否定される時はいつでも、あなたの経験に言及したい気持ちになります」と述べており、チャーマーズの経験、すなわち教区を基礎とした貧民救済の成功の経験を称賛していることがわかる。

次にマルサスは教会の制度、あるいは教区のあり方について言及する。

わたしは正しいキリスト教組織がしばしば、その特定の目的を成し遂げるというよりは、文明化と進歩にはるかに大規模な影響をもつというあなたの考えに完全に賛成です。そしてわたしはこのことはかなりの程度、スコットランドの教区では前の世紀に貧民がより良い状態だったことの原因であったと思います。イングランドでは、同様のキリスト教的あるいは道徳的管理はしばしば見られるものではないと思いますが、この点に関して少しだけ改善していると思います。（【書簡24】二六一頁）

ここで注目されるのは、マルサスが、スコットランドとイングランドの相違点に言及していることである。マルサスはイングランド国教会の牧師であって、チャーマーズはスコットランド国教会の牧師である。マルサスによると、スコットランドの教区が「前の世紀に貧民がより良い状態だったこと」をあげ、その原因を「キリスト教的あるいは道徳的管理」に帰している。スコットランド国教会は長老制を中心とした教区システムを採用しており、教区全体で救貧や教育などに取り組む体制ができていた。このことがイングランドと比較して、貧民の管理の面において有意であったことを指摘している。

イングランドとスコットランドの救貧制度を比較したケイジの研究によると、一八三四年までの救貧法では、両者ともに教区レベルでの救貧管理をおこなっていた点が共通しているが、以下のように相違点がまとめられている。(16)

イングランドでは、救貧の監督官は一年任期であり、教区の状態に詳しくなる前にその任期を終えることになり、さらに制度を良くしていこうという誘因はなかった。しかもお金を払えば指名を回避することができたため、行政に疎い人物がなることが多かった。しかも、救貧の資金は与えられているものであり、訴えられる可能性もあるため、寛容に救済がされていた。

それに対して、スコットランドでは、監督官は終身であり、教区の影響力のある人がなることが多かった。長い期間に渡って救貧行政に携わることになるため、教区の状況をよく分かっており、資金の運用にも注意深くあたることができた。さらに、資金は教区民の自発的な寄付を中心としており、救済を受ける人びとは感謝の念をもってそれを受け取ることになった。この点は、イングランドで救済を権利として主張するようになることと反対であり、救貧を受けることに対する人びとの気持ちの面で大きな違いがあらわれた。

以上のことからすると、スコットランドの制度の優位な点が日立つが、これはスコットランドがイングランドに比べて経済発展が遅れており、教区の人口規模なども小さかったゆえに可能であったとケイジは見ている。マルサスも、スコットランドのこうした制度的な有利さを指摘しつつ、反対にイングランドの難しい状況を説明しているのだと言えよう。

さらにマルサスは続けて、以下のように述べている。

しかしわたしは救貧法の制度に対する意見に関して、今のところ、その廃止のための手段の採用を当然のこととすることが十分に一般的になりつつあるという見通しをほとんどもてません。人口の問題は疑いもなくこれまでよりもより一般的に理解されています。しかし、イングランドの救貧法に関わる実際の状態と、飢饉や行き過ぎた貧困が比較的無いことは、不正直の増大の大きなおそれとともに、力強く人々の気持ちに作用し、社会の上層あるいは中間層の間、そして最も知識のある労働者階級の間での、その重要さについての広く一般的な確信なしには、きっと根本的な変化を試みないでしょう。それゆえわたしは、実際には、教育と道徳の管理のより一般的な仕組みとともに、法律の運営の改善から来るであろう第一の改善を期待するつもりです。わたしは本当に、今や、人口原理はより一般的に理解されるようになっているので、もし、より思慮深く救済を管理する間に、われわれが人口抑制に対する、救貧法の間接的な影響を取り除いたり弱めたりしないように気をつけるならば、何か重要なことがこの方途でなされるだろうと思います。（【書簡24】二六一頁）

ここからマルサスはチャーマーズの言うような道徳的な管理の重要性を認めつつも、イングランドにおいては救貧法の廃止ではなく、「法律の運営の改善による第一の改善」に期待していることがわかる。

(三)【書簡26】一八二二年一一月九日付書簡（CHA 4. 21. 54）

【書簡26】は、一八二二年夏に、チャーマーズがイングランドを巡った際に、マルサスと会った後の書簡である。この会合について細かな記録は残っていないが、両者の間での中心的な議論は、救貧の問題であったと考えられる。

手紙の冒頭で、ジェイムズ・マッキントッシュについて触れた後、マルサスは以下のように述べる。

彼［＝ジェイムズ・マッキントッシュ］はわたしと同じく、あなたが望むように廃止の手順を徐々に実行するやり方が最も効果的になるであろうと考えています。しかし、逸脱が比較的軽微で、さらに本当に短い時間だけであるスコットランドと比べると、イングランドでは非常に長くそこからはずれているため、正しい道に戻すのは非常に難しいということを、わたしと同様に理解されるでしょう。（【書簡26】二六三頁）

ここでも前の【書簡24】と同様に、イングランドとスコットランドという地域の違いを理由に挙げている。そして救貧法の廃止は「徐々に実行するやり方が最も効果的」と述べている。チャーマーズの実践のように、救貧法に頼らない教区救済ができるのは、スコットランドだからこそであり、イングランドではそのようなことは容易ではないことが指摘される。

さらにマルサスは以下のように言う。

最も一般的に広まっていて、とくに下院の現在の雰囲気からくる意見には、最近わたしは救貧法の完全なる廃止のような希望を抑制せざるを得ないように感じ、そして現在の制度の改善への期待に満足しなければならないと感じていました。しかし、あなたの熱心さと労力は、あなたの経験と相まって、わたしの希望を復活させました。そしてわたしは心配しながらも何が結論になるかを待っています。（【書簡26】二六三頁）

ここからマルサスが、現実的には、救貧法の完全な廃止について「希望を抑制せざるを得ない」と述べ、「現在の制度の改善」に焦点が移っていることがわかる。しかしながら、チャーマーズの経験、すなわち教区実践によって廃止の希望はもっていることが主張されており、この点では廃止を完全にあきらめたとはいえないだろう。もちろん、「何が結論になるかを待っている」という表現からは、これ以上強硬に廃止を主張する考えのないことを感じさせるが、理論的には廃止を理想的と考えており、政治の状況なども含めた現実からは現状の改善しかないと捉えているといえるだろう。

ただしマルサスは、クラパムでのデルトリーの制度改善の試みに触れ、改善の効果に期待しつつも以下の点に注意する。

しかしながら、効果的な改善の計画にのっとって、貧民が救済される権利を否定し、あるいは少なくともわれわれ

の法律がその権利をもっていないかのようにふるまう必要があります。（【書簡26】二六三頁）

すなわち、救貧法が廃止ではなく「改善」されていくことを目指すのであるが、「貧民が救済される権利を否定」すること、あるいは実際に救済されるにしても「その権利をもっていないかのようにふるまう必要」があることが主張されている。この「救済の権利の否定」の考えは、マルサスが救貧法の廃止を諦めたのではないということを支持する証拠となるのではないだろうか。

おわりに

以上で検討したように、マルサスとチャーマーズの間には、救貧問題への見通しに大きな違いがあると言ってよいだろう。もともと両者は公的救済の撤廃という主張で共通していた。そしてそれは、人口原理に基づいたものであった。

チャーマーズはあくまでも救貧法の廃止をめざし、教区内での相互扶助のシステムを追求していった。ところがマルサスは、スコットランドでのチャーマーズの実践に希望を見出しつつも、次第にイングランドの現実に即して、より現実的な救貧法の運用上の改良を目指す立場へと考えが変わっていくことになった。両者ともに、救貧問題を重要な経済的な問題として扱ったが、旺盛な活動力によって現実を変えていったチャーマーズと、現実によって主張を少しずつ変えていったマルサスとの間には、大きな相違点があることを見ることができよう。

たしかにマルサスの主張は、チャーマーズの実践での成功とイングランドの現実との間にあって、当初の廃止から現実的な改善へとから変化していることが書簡から読み取ることができる。しかし、以上で検討してきたように、「希望」として、言い換えれば理想としての救貧法廃止の考えを持ち続けており、現実的な運用の改善を主張しているとしても、完全に救貧法廃止を諦めたとは言うことはできないように思われる(17)。

付記：本章は二〇一五年五月三一日の経済学史学会第七九回大会における報告をもとに加筆修正したものである。参加者の方々からは多くの有益なコメントをいただいた。記して感謝申し上げます。

注

(1) チャーマーズの経済思想の研究のこれまでの展望についてはWaterman (1991)、深貝（一九九七）を参照。

(2) とくに、一般的供給過剰論をめぐる両者の相違点については、今なお検討の余地が残されていると言ってよい。チャーマーズの経済理論がマルサスの人口理論の強い影響下にあるという点、さらにチャーマーズの一般的供給過剰論の構造については真鍋（二〇〇六）を参照。

(3) マルサスやチャーマーズのキリスト教思想との関わりに注目した研究としてはHilton (1988) がある。また両者をキリスト教的経済学（Christian Political Economy）として一つの流れに捉えた研究にWaterman (1991) がある。

(4) 神学を中心としたこのカレッジでチャーマーズは学長を務めた。

(5) この八つの書簡を引用する研究は多いが、複数の文章にわたって引用しているものとしてはJames (1979)、Waterman (1991)、Winch (1996) が挙げられる。各研究での引用頁と本章での書簡番号は以下の通りに対応する。
James (1979) では、p. 429 に【書簡25】、p. 430 に【書簡28】、pp. 431-3 に【書簡40】、p. 434 に【書簡41】が引用されている。ただし、p. 433 では【書簡41】が最後の手紙となされているが、この後に【書簡43】が書かれている。
Waterman (1991) では、pp. 242-3 に【書簡28】、p. 243 に【書簡40】、pp. 251-2 に【書簡43】が引用されている。
Winch (1996) では、p. 320 に【書簡23】、pp. 320-1 に【書簡24】、p. 321 に【書簡26】、pp. 383-4 に【書簡28】および【書簡40】、

p. 237に【書簡43】が引用されている。

（6）この八つの書簡であるが、一部が欠損しているものもある。またこのほかにも、チャーマーズの娘であるグレースの手紙のなかに、マルサスの書簡の一部について言及した箇所が見られる。〔(CHA 4. 201. 28) 1833, Jul. 3. 4p〕

（7）Hilton（1988）p. 65、Waterman（1991）p. 228など。

（8）Winch（1996）pp. 320-2参照。この点については益永（二〇一一、七六頁の注七）、渡会（二〇〇八、五六頁）も参照。

（9）この八つの書簡は、マルサスとチャーマーズの経済理論上の相違点を明らかにするだけでなく、両者の交流の様子などがわかる史料になると期待される。経済学説史・経済思想史としては、救貧問題以外では外国貿易をめぐる意見交換、とくにマルサスの貿易に対する見方について、この書簡の内容を加味することで両者の思想の研究の深まりが期待される。マルサスが最終的には農業保護の考えを放棄したというホランダーの主張については議論がある。この根拠は、【書簡40】（一八三二年三月六日付）における「わたしは穀物法を廃止する道徳的な利点についてはまったく同意します（I quite agree with you in regard the moral advantage of repealing of the corn laws）」という文言である。これはチャーマーズの一八三二年の著作『社会の道徳的状態および道徳的見通しとの関連での経済学（*On Political Economy in Connexion with the Moral State and Moral Prospects of Society*）』への返答であることに注意が必要であり、「道徳的な利点」という表現の真意を、両者の主張から検討していくことが有益である。ホランダーの主張は、Hollander（1992）（1995）（1997）を参照。

さらに、【書簡43】（一八三三年六月二三日付）では、両者の社会思想的な前提を見ることができる。これは一八三三年に出版されたチャーマーズの『人間の道徳的ならびに知的構成に対する外的自然の適応』（*On the Power of Wisdom and Goodness of God as manifested in the Adaptation of External Nature to the Moral and Intellectuall Constitution of Man*）への返答である。この著作の目的は、人間社会における神のデザインについて自然神学の展開である。精神、経験など、道徳哲学的な議論を検討することができるし、さらには自然神学や啓示神学との関連性も検討することができる。この著作の出版に関する経緯や社会的背景については松永（一九九六）を参照。

そのほかにも書簡全体のなかで、資本、富の定義、地代、税、製造業など、多様な経済理論上のテーマで議論が交わされている。注目されるのは、マルサスがチャーマーズの主張にしばしば異議を唱えていることであり、時には議論の行き過ぎを指摘している。チャーマーズの経済理論は非常にシンプルに作られていることに大きな原因があると考えられるのだが、そうした両者の相違点を見ることができる。

（10）本節に関する記述は、渡会（一九九七）、森下（二〇〇一）三五～七七頁を参照している。

(11) 本節に関する記述は、Brown（1982）、市瀬（二〇〇四）九五〜一三〇頁、関（二〇〇二）を参照している。

(12) チャーマーズの経済理論におけるマルサス人口理論の影響は、一八〇八年に出版された最初の経済学上の著作である『国民的資源の範囲と安定性についての考察』においてもはっきりと見られる。チャーマーズと人口理論の関係については深貝（一九九七）、真鍋（二〇〇六）、真鍋（二〇一三）を参照。

(13) 真鍋（二〇一三、二七〜八頁）では、チャーマーズの救貧活動に関して、セント・ジョーンズ教区への記述を欠いていた。本文にある三つの教区活動のなかでも、チャーマーズの名声を最も高めたのはこのセント・ジョーンズ教区での活動であった。

(14) **【書簡25】**は、チャーマーズが一八二二年にマルサスを訪問する際の書簡であり、宿のことや道案内などが書かれているが、救貧の問題を巡る内容は出てこない。

(15) この書簡のこれ以降の部分は宛先の書かれた部分の余白に小さい字で書かれており、判読が難しい。

(16) Cage（1981, pp. 83-9）を参照。

(17) 渡会（二〇〇八）は「労働者階級が広く自立心と慎慮を身につけ、彼らの間に道徳的抑制が普及する状態にいたれば、救貧法をしいて撤廃しなくても、その弊害は大きくない」というものがマルサスの考えであったとする。

参考文献

Brown, S. J., *Thomas Chalmers and the Godly Commonwealth in Scotland*, Oxford University Press, 1982, Oxford.

Chalmers, T., *An Enquiry into the Extent and Stability of National Resources*, John Moir, 1808, Edinburgh. Reprinted in *Pioneers in Social Welfare I; Thomas Chalmers: Works on Economics and Social Welfare*, 8 vols., Routledge/Thoemmes Press, 1995, London.

Cage, R. A., *The Scottish Poor Law, 1745-1845*, Scottish Academic Press, 1981, Edinburgh.

Chalmers, T., *The Christian and Civic Economy of Large Towns*, 3 vols., Vol. I and Vol. II, 1821, 1823, Chalmers & Collins, Glasgow, Vol. III, 1826, William Collins, Glasgow. Reprinted in *Pioneers in Social Welfare I; Thomas Chalmers: Works on Economics and Social Welfare*, 8 vols., Routledge/Thoemmes Press, 1995, London.

Chalmers, T., *On Political Economy in Connexion with the Moral State and Moral Prospects of Society*, William Collins, 1832, Glasgow. Reprinted in *Pioneers in Social Welfare I; Thomas Chalmers: Works on Economics and Social Welfare*, 8 vols., Routledge/Thoemmes Press, 1995, London.

Chalmers, T., *On the Power of Wisdom and Goodness of as Manifested in the Adaptation of External Nature to the Moral and Intellectual Constitution of Man*, 2vols., William Pickering, 1833, London.

Hilton, B., *The Age of Atonement: The Influence of Evangelicalism on Social and Economic Thought, 1785-1865*, 1988, Clarendon Press, Oxford.

Hollander, S., "Malthus's Abandonment of Agricultural Protectionism: A Discovery in the History of Economic Thought", *American Economic Review*, 82（3）, 1992.

Hollander, S., "More on Malthus and Agricultural Protection", *History of Political Economy*, 27（3）, 1995.

Hollander, S., *The Economics of Thomas Robert Malthus*, University of Toronto Press, 1997, Toronto.

James, P., *Population Malthus, His Life and Times*, Routledge & Kegan Paul, 1979, London

Malthus, T. R., A*n essay on the principle of population, as it affects the future improvement of society, with remarks on the speculations of Mr. Godwin, M. Condorcet, and other writers*, Johnson, 1798, London. Reprinted by Routledge/Thoemmes Press, 1996, London. 永井義雄訳『人口論』中公文庫一九七三年。

Malthus, T. R., *An Essay on the principle of population; or, a view of its past and present effects on human happiness; with an inquiry into our prospects respecting the future removal or mitigation of the evils which it occasions*. The version published in 1803, with the variora of 1806, 1807, 1817 and 1826, 2 vols., James, P. ed., Cambridge University Press, 1989, Cambridge. 吉田秀夫訳『各版対照人口論Ⅰ～Ⅳ』春秋社、一九四八～九年、大淵寛ほか訳『人口の原理〔第六版〕』中央大学出版部、一九八五年。

Waterman, A. M. C., *Revolution, Economics and Religion: Christian Political Economy, 1798-1833*, Cambridge University Press, 1991, Cambridge.

Winch, D., *Riches and Poverty: An Intellectual History of Political Economy in Britain, 1750-1834*, Cambridge University Press, 1996, Cambridge.

市瀬幸平『イギリス社会福祉運動史――ボランティア活動の源流――』川島書店、二〇〇四年。

関源太郎「トマス・チャーマーズの窮民対策思想」『経済学史学会年報』第四二号、二〇〇二年、三二～四五頁。

深貝保則「チャーマーズにおける人口三区分論と生産構造把握」『商経論叢』（神奈川大学）第三二巻第四号、一九九七年、三三～七二頁。

益永淳「マルサスの救貧思想——一時的救済の原理と実際的根拠——」小峯敦編『経済思想の中の貧困・福祉——近現代の日英における「経世済民」論』ミネルヴァ書房、二〇一一年、六四～九七頁。

松永俊男『ダーウィンの時代——宗教と科学——』名古屋大学出版会、一九九六年。

真鍋智嗣「チャーマーズの一般的供給過剰論——リカードウ学派への批判——」『マルサス学会年報』第一五号、二〇〇六年、二五～四五頁。

——「チャーマーズの「享楽の一般標準」の概念について」柳田芳伸・諸泉俊介近藤真司編『マルサス　ミル　マーシャル——人間と富との経済思想——』昭和堂、二〇一三年、二六～四五頁。

森下宏美『マルサス人口論と「改革の時代」』日本経済評論社、二〇〇一年。

渡会勝義『マルサスの経済思想における貧困問題』一橋大学社会科学古典資料センター、Study Series、38、一九九七年。

——「マルサス、リカードウと同時代の救貧思想」『立教経済学研究』第六二巻第二号、二〇〇八年、二五～六〇頁。

第七章　マルサス植民政策論の態様と変遷
――ウィルモット・ホートン宛てマルサス書簡の調査から――

山﨑　好裕

第一節　はじめに――

本章で問題にするウィルモット・ホートン（Wilmot-Horton, Robert John 1784-1841）宛てマルサス（Malthus, Thomas Robert 1766-1834）書簡が最初に調査されたのはE・G・ジョーンズという人物によってであり、一九三六年にブリストル大学の学位論文として提出されたが、出版はされなかった。そこには書簡からの短い引用がある。また、書簡がウィルモット・ホートンが所有し居住していたカットン・ホールに保管されているという記載がある。

次に学術的調査をおこなったのがR・N・ゴッシュである。彼はカットン・ホールの当時の所有者であったD・W・H・ニールソンから、ウィルモット・ホートン家の文書類がダービーの中央郡図書館に移されたと聞き、調査をおこなった。しかし、最初はマルサス書簡を発見できず、もう一人の研究者と再調査した結果、一九六二年に見出すことに成功している。調査結果は翌年、マルサス書簡数通を抄録したゴッシュ（1963）として出版された[1]。

そして、二〇一二年八月、筆者が調査をおこない、全書簡をデジタル画像化して日本に持ち帰った。ただし、今回この書簡を見出したのは、ゴッシュ（1963）の言うダービー中央郡図書館ではなく、ダービーからさらに山間部へ一時間ほど鉄道で移動したダービーシャー郡記録保管局であった。訪問当時、記録保管局の建物は改装中で、プレハブの仮庁舎での閲覧となった。帰国後、デジタル画像をゴッシュ（1963）の抄録と比較してみると、すでに破損で読めなくなっている箇所もあり、五〇年前より劣化が進んでいるようである。

これらの往復書簡は発見当時から二つの束に分けられていた。分けたのはウィルモット - ホートン自身であり、マルサス死後これらを出版する計画であったようである。しかし、彼自身それを実現する前に没している。最初の束は一八二三年から一八二七年のもの（D3155/WH/2841）であり、マルサスが下院植民委員会で証言するまでの間に交わされたものである。二つ目の束は一八二八年から一八三一年までのもの（D3155/WH/2842）であり、その後の議論の深まりが見られるもので、ウィルモット - ホートン総督としてセイロンに赴任するまでの分である。このほかに、現在は日付不明の書簡が分離されている（D3155/WH/2843）。

本章は、この書簡の調査を踏まえ、マルサスとウィルモット - ホートンの植民論の異同を確認するとともに、最晩年期のマルサス植民論の態様を明らかにすることを目的にしている。

第二節　ウィルモット - ホートンの生涯とマルサスとの関わり――

図1として示したのはロンドンのナショナル・ポートレートギャラリーが所蔵するカリカチュアである。一八二九年一〇月二日の日付があるこのリトグラフの左側にはピストルを持った男が、右側には馬に跨ってライ

図1　カリカチュア「パンフレッティアたちの戦い」
（ナショナル・ポートレートギャラリー所蔵、MW205206）

フルを持った男が描かれ、銃口を向けて弾を撃ち合っている。弾と思ったのはどうやら筒状に丸めた書類状のものであり、よく見るとそれぞれ「パンフレット」、「レポート」と書いてある。たしかにカリカチュアのタイトルは「パンフレッティアたちの戦い―ニューワーク対ニューカッスル」である。ピストルを持った男は「我らが先祖の知恵にかけて」と唱えており、馬上の男は「知性の進歩のために」と口にしている。前者がサドラーであり、後者がウィルモット・ホートンであることが鉛筆での走り書きからわかる。彼らはそれぞれマルサス人口法則の過激な反対者と熱烈な支持者であった。

　マイケル・トマス・サドラー（Sadler, Michael Thomas 1780-1835）はニューワーク選出の下院メンバーであり、ラディカル・トーリーであった。彼は当時のイギリスのカトリック解放運動に反対する保守派である一方で、一八歳以下の若者の労働日を一〇時間以下に制限する工場改革の主導者でもあった。また、人口密度が増加すれば出生率は自然に下がると主張してマルサスの人口原理に明確に反対の立場をとっていた。サドラーはダービーシャー郡スネルストンに一七八〇年に生まれたが、これはウィルモット・ホートンとほぼ同郷ということになる。

他方のウィルモット・ホートンは一七八四年、ロバート・ウィルモット准男爵の息子としてダービー近郊のオスマストンに生まれた。学校はイートン校からオックスフォードのクライストチャーチ・カレッジに進んだ。一八〇六年にアン・ビートリックス・ホートンと結婚し、義理の父の死後、ダービーシャー郡とスタフォードシャー郡の境にあるカットン・ホールと広大な地所を相続した。これを機にウィルモット・ホートンの姓を名乗るようになる。

ウィルモット・ホートンはトーリー内のカニング派に属しており、自由貿易とカトリック解放に賛成の進歩派の立場であった。そして、一八一八年から一八三〇年までニューカッスル・アンダー・ライム選出の下院メンバーを務め、その間一八二一年から一八二七年まで戦争・植民地担当国務次官の要職に就いた。ウィルモット・ホートンの主張は、イギリスやアイルランドの貧民を植民地に移住させることで本国の貧困問題を解決できるというものであった。彼は議会に植民委員会を設立し、二年間その委員長を務めた。彼の計画では貧民たちの教区での扶養料を廃止する代わりに、植民地での土地を保証することになっていた。しかし、その計画はウィルモット・ホートンが移民局を去ると廃止された。

図２　現在のカットン・ホール（筆者撮影）

一八三一年、ウィルモット・ホートンはウィリアム四世からナイト・グランドクロスに叙せられ、セイロン総督を任された。現地でも改革的な行政をおこなったウィルモット・ホートンであったが、一八三七年に帰国して四年後に五六歳で没している。

経済学への反対者として知られていたサドラーに対して、ウィルモット・ホートンは経済学を背景にして移民政策を展開しようとしていた。議会植民委員会でもマルサスに有識者としての発言を依頼するなど、自身の植民政策を経済学によって正当化することに尽力した。ちょうどこの時期、ウィルモット・ホートンはマルサスと二一通に及ぶ書簡を交わしており、それがダービーシャー郡記録保管局に保存されている。

マルサスの方も、ウィッグへの接近に失敗した後、ウィルモット・ホートンのような進歩的トーリーに自らの理論への支援を求めたことが考えられる。移民を巡る両者のやり取りにはお互いの利害の一致があったと思われるのである。

第三節　ウィルモット・ホートン植民論とマルサスの立場の推移――

本来、古典派経済学者たちの植民についての立場は消極的な容認という程度から出るものではなかった。その理由は、長期的に貫徹される人口法則によって、植民による貧民の減少もまた、更なる人口増加によって埋め戻されてしまうという認識が根強くあったためと考えられる。

基本的にマルサスの立場も、生涯を通じてそこまで積極的なものではなかったと言えよう。(2)『人口論』初版においても、植民は、「過剰人口に対する適切な救済策」と言うより、「単なる一時しのぎ」とされている。また、あくまでも「部分的、かつ、一時的な応急処置」としてのみ、有用性と正当化される理由とを持つものなのである。この観点から、マルサスは当初政府が植民を促進するなどの干渉をおこなうことには、とりわけ反対であった。そして、あくまでも人口圧力が自主的・自発的な移民に繋がることのみを是認していた。

そうしたマルサスが植民にやや積極的な立場に転じるのは、アイルランド訪問をきっかけとしてのことである。直後に出版された『人口論』第五版（一八一七年）では、公然と植民政策を支持する記述を加えている。

今もし、国外的、および、国内的な諸原因のために、一〇から二〇年の長きに渡って一国の人口に極めて大きな刺激が加わったとし、しかも、それがやがて収まることが分かっているとしてみよう。そうした場合、市場には労働がほとんど無際限の速度で流れ込み続ける一方で、それらを雇用し、給金を与える手段が著しく不足することは明らかである。植民が一時的救済策としても最も有効なのは、まさにこうした環境下においてである。そして、大ブリテンが現在置かれているのはそうした状況なのである。(3)

ここでマルサスが念頭に置いているのは、ナポレオン戦争後、その帰還兵たちが労働市場に流れ込み、多くの失業者と貧困層を生み出しているという、当時のイギリスの実情であった。ただし、この記述からでもマルサスが、国家をあげての植民促進政策を支持していたかどうかは分からない。それでも、経済学の支持者であったウィルモット・ホートンが、マルサスによるこの叙述に想を得て、植民政策の熱烈な唱道者としての自覚を深めていったことが推測される。

ウィルモット・ホートンは戦争・植民地担当国務次官に就任した翌年、自らの植民地政策論を「アッパー・カナダへの植民計画概要」としてまとめている。このなかで、展開したのが、救貧税を担保にして政府が教区に植民費用を前貸しすることを基本枠組みとする植民政策である。概要は以下のようにまとめられる。

1　政府は救貧税を担保に教区に植民費用を前貸しし、教区はこれを数年の分割払いで返済する。
2　これらの貸付は貧民の渡航費用、植民地での居住費用、そして、自活できるようになるまでの生活費に充てる。
3　アッパー・カナダに着いて後、家族の父親には一人一〇〇エーカーの土地が、独身男性にはそれより小さな土地が割り当てられる。
4　当面植民は農業人口について考えるが、工業人口の過剰を解消するための植民も考え得る。
5　植民と定住のための費用は、成人男性一人あたりおよそ三五ポンドと見積もられる。

ウィルモット‐ホートンは、このパンフレットのコピーを、マルサスを含めた数名の古典派経済学者に送った。このことが、今回調査した二一通の書簡のきっかけとなったのである。

マルサスがアイルランド訪問後、植民について積極的に発言するようになったのは、アイルランドの土地保有制度改革の準備として、現地の貧困状況を改善しておく必要があると考えたからである。そうした改善がなければ、あるランドの貧民は現地に滞留して改革を困難にすると考えられた。また、当時イングランドに流入を続けていたアイルランドの貧民の流れを植民地に向けることは、イングランドの貧民の状況を改善するために必要なことでもあった。ただ、その後、マルサスは、救貧法をアイルランドに適用すれば、植民に頼らなくても貧困状況を改善できると考えるようになった。

したがって、ウィルモット‐ホートン植民政策に対する、初期段階でのマルサスの評価は、かなりネガティヴなものであった。一八二三年当時の初期の書簡からはそのようなマルサスの姿勢がうかがえる。このことを知ったウィルモット‐ホートンは書簡を通じてマルサスを説得することを試みた。そして、救貧法よりも植民の方が安くつくかもしれないという認識までマルサスを引き戻したのであった。

結果は、一八二七年の下院植民委員会で、マルサスから自らの植民政策について支持する証言を引き出すことに成功するという、ウィルモット‐ホートンが望んだとおりのものとなった。

実際、この段階でマルサスは国家による植民の推進を肯定する立場に移っていた。ただし、その前提として、アイルランドからイングランドへの貧民の流入を食い止め、植民の効果を無に帰させないように手を講じるということが主要な論点となっていく。この点について、ウィルモット‐ホートンは何ら反対するものではないから、二人の間に表面的な対立は無くなっていったと言えよう。

それでは、マルサスが生涯を通じて植民政策へ不承不承の肯定という態度を貫いたのに対して、ウィルモット‐ホートンが自らの植民政策をマルサスらの古典派経済学の原理を政策へ適用したものだと信じるという、立場の並行状態が続いた理由は何であろうか。

ウィルモット‐ホートンのマルサス理解については二つの見解がある。言わば、一つは整合理解説であり、もう一つは変則理解説である。前者の代表として永井（一九九六）を、後者の代表として光永（一九九七）を取り上げよう。

〔整合理解説〕

ウィルモット‐ホートンにとっても海外植民は過剰人口の根本的対策ではなかった。しかし、生活保護の費用が移民の費用より大きければ、同一量の資本＝賃金基金の利用としては植民の方が効率的であると彼は考えた。

〔変則理解説〕

ウィルモット‐ホートンは「変則的」なマルサス主義者であった。彼は人口法則を棚上げにし、過剰人口を労働需給の問題に矮小化した。また、植民による貧困の一時的解消は自暴自棄の生活を改め、人口の予防的妨げに繋がることを重視していた。

ウィルモット‐ホートンの古典派経済学に対する情熱とマルサスへの傾倒を考えると、彼は自らの理解が「変則的」なものであるとは自ら考えていなかったと思われる。そうなると、なぜ二人の間に埋められなかった齟齬があったのかの説明が必要になる。その答えへの鍵となるのが「過剰人口」についての理解の相違であるが、このことを見るためにマルサス経済学体系のなかでの「過剰人口」について理論的に解析してみよう。

第四節　過剰人口とマルサスの理論体系

根岸（一九八五）はマルサスの経済学体系を、ランゲ（一九三八）の論じた最適消費性向を見出す問題として捉えた。しかし、ランゲが簡単なケインズ・モデルを用いたのに対して、賃金基金を構成要素とする古典派モデルを用いた点が異なる。

根岸（一九八五）によるマルサスの理論体系の枠組みは、マルサスとウィルモット‐ホートンとの植民論を巡る齟齬について明確に理解するために有益であると思われる。本章では根岸モデルに基づきながら、それを敷衍するかたちでマルサスとウィルモット‐ホートンにとっての「過剰人口」の意味の違いを論じてみたい。

（一）モデルの基本構成

まず、総生産は雇用される労働者数Nの関数とし、それが不生産的消費Cと総賃金に分かれるとすると、wを賃金率として、

$$F(N)=C+wN$$

と表せる。したがって、

$$w=\frac{F(N)}{N}-\frac{C}{N}$$

である。

また、総賃金は賃金基金のことであり、ここでは資本のすべてにあたるとすると、rを利潤率として、

$$F(N)=(1+r)wN$$

という関係が導ける。

後の式をNで微分すると、

$$w(1+r)=F'(N)$$

であるから、利潤率を

$$r = \frac{F'(N)}{w} - 1$$

と表すことができる。

(二) 完全雇用が成り立つ場合

すべての労働者が雇われる完全雇用の場合、雇用量Nは労働供給と等しくなるので定数である。ここで利潤率を不生産的消費で微分してみる。

すると、

$$\frac{dr}{dC} = -\frac{F'(\bar{N})}{w^2}\frac{dw}{dC}$$

の結果が得られる。先ほどの w を表した式でも雇用量を定数として、それをCで微分すると、

$$\frac{dw}{dC} = -\frac{1}{\bar{N}} < 0$$

になる。これを上式に代入すると、

$$\frac{dr}{dC}=\frac{F'(\bar{N})}{w^2\bar{N}}>0$$

となる。つまり、すべての労働者が雇われる状態では、不生産的消費の増加は利潤率を高めるが賃金率を低下させるのである。

横軸に不生産的消費を、縦軸に賃金基金を測った図を考えてみよう。過剰人口のない完全雇用のケースでは、賃金率が不生産的消費の減少関数である一方、雇用が一定であるため、賃金基金と不生産的消費の関係はある労働供給に対応した位置での右下がりの関係で与えられる。

(三) 過剰人口の存在するケース

次に、雇用量が労働供給より小さなある量に決まる不完全雇用の場合を考える。賃金基金を増やして雇用を増大させようとするのは、利潤率が大きくなる場合であると考えられるので、雇用量は利潤率の増加関数となる。この状況の下で、先ほどの利潤率 r の式と賃金率 w の式を不生産的消費Cで微分してみる。

まずは利潤率の式の微分である。

$$\frac{dr}{dC}=\frac{F''(N)N'}{w}\frac{dr}{dC}-\frac{F'(N)}{w^2}\frac{dw}{dC}$$

$$\frac{F'(N)}{w^2}\frac{dw}{dC} = \left[\frac{F''(N)N'}{w} - 1\right]\frac{dr}{dC}$$

$$\frac{dw}{dC} = \frac{w(F''(N)N' - w)}{F'(N)}\frac{dr}{dC}$$

$$\frac{dw}{dC} = \frac{F''(N)N' - w}{1+r}\frac{dr}{dC}$$

続いて賃金率の式を微分する。

$$\frac{dw}{dC} = \left[\frac{F'(N)N'}{N} - \frac{F(N)}{N^2}N'\right]\frac{dr}{dC} - \left[\frac{1}{N} - \frac{C}{N^2}N'\frac{dr}{dC}\right]$$

これに先ほどの式の右辺を代入して、

$$\frac{F''(N)N' - w}{1+r}\frac{dr}{dC} = \left[\frac{F'(N)N'}{N} - \frac{F(N)}{N^2}N'\right]\frac{dr}{dC} - \frac{1}{N} + \frac{C}{N^2}N'\frac{dr}{dC}$$

$$\frac{F''(N)N' - w}{1+r}\frac{dr}{dC} = \left[\frac{F'(N)N'}{N} - \frac{F(N) - C}{N^2}N'\right]\frac{dr}{dC} - \frac{1}{N}$$

$$\frac{F''(N)N'-w}{1+r}\frac{dr}{dC}=\left[\frac{F'(N)N'}{N}-\frac{wNN'}{N^2}\right]\frac{dr}{dC}-\frac{1}{N}$$

$$\left[\frac{F'(N)N'}{N}-\frac{wNN'}{N^2}-\frac{F''(N)N'-w}{1+r}\right]\frac{dr}{dC}=\frac{1}{N}$$

$$\{(1+r)N'(F'(N)-w)-F''(N)NN'+wN\}\frac{dr}{dC}=1+r$$

$$\frac{dr}{dC}=\frac{1+r}{(1+r)N'(F'(N)-w)-F''(N)NN'+wN}>0$$

ここで右辺の分母が正になるのは、$F''(N)<0$ かつ $F'(N)>w$ であるためである。

また、

$$\frac{dw}{dC}=\frac{F''(N)N'-w}{(1+r)N'(F'(N)-w)-F''(N)NN'+wN}<0$$

が従う。

これらを用いて、賃金基金を最大にする不生産的消費量C^*を考える。条件は、賃金基金wNを不生産的消費で微分して、

$$F'(N)N'\frac{dr}{dC}-1=0$$

である。

利潤率の不生産的消費による微分の部分に、該当する式の右辺を代入すると、完全雇用が達成されておらず、雇用量が利潤率の増加関数である場合、

$$\frac{(1+r)F'(N)N'}{(1+r)N'(F'(N)-w)-F''(N)NN'+wN}=1$$

を満たすN^*で賃金基金が最大になることがわかる。ここで横軸に不生産的消費を、縦軸に賃金基金を測った図を考えてみよう。図ではつまり、不生産的消費が増大していって利潤率が高まっていった場合、不生産的消費のある水準で賃金基金はピークを迎え、その後右下がりに転じるのである。

(四) 図による説明

図3では、雇用量が労働供給と等しい、右下がりの曲線で表わされる完全雇用のケースと、不生産的消費とともに賃金基金、したがって、雇用量が変化する不完全雇用のケースを同一の平面上に描いてある。完全雇用の場合、労働供給と雇用量は常に等しいので、その位置関係は労働供給だけによって決まる。つまり、この右下がりの曲線が意味するのは、マルサスの理論体系における労働供給の水準である。

過剰人口のある不完全雇用のケースは、先に見たようにある不生産的消費でピークを迎える山型の曲線とし

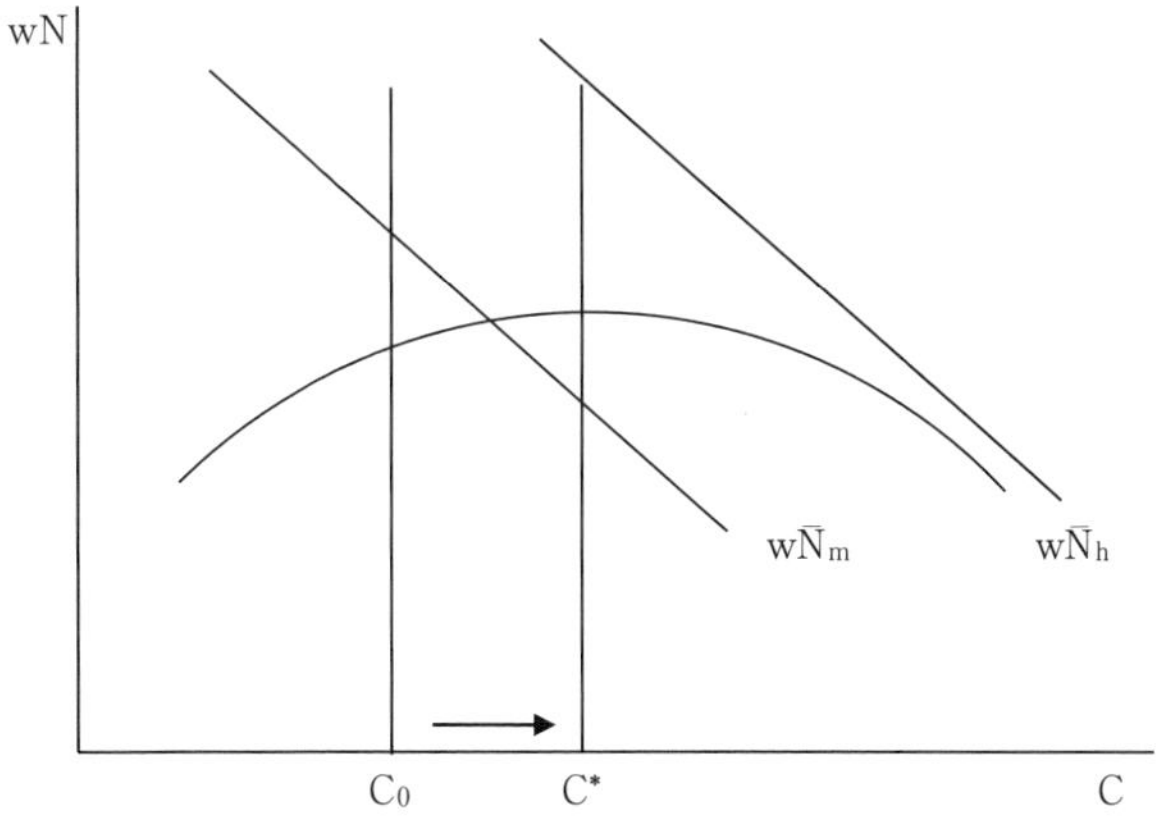

図３　マルサスとウィルモット - ホートンの過剰人口理解

て示されている。このように、不生産的消費とともに賃金基金が変動していくということは、一定の労働供給に対して労働需要が変化していくことを意味するから、この曲線は賃金基金を前提としたマルサスの理論体系における労働需要の変化を意味すると考えられよう。

これら二つの曲線が交わる場合、その水準の不生産的消費が完全雇用を満たすのに十分であるということであるから、二種類の曲線の位置関係が重要である。二種類の曲線が交わるならば、不生産的消費の増加を推し進めることによって過剰人口を解消することが可能であることになる。これに対して、山型の曲線と右下がりの曲線が交点を持たないならば、不生産的消費の拡大によって過剰人口が解消されることは決してない。

図３で労働供給が$\bar{N}m$と少なく、最適な不生産的消費C^*よりも左で労働需要を表す曲線と交わる場合、地代の増加により不生産的消費が増していくことになると、最初の不生産的消費C_0から次第に賃金基金が増加していくことで、やがて完全雇用が達成される。これは、時間が経てば解消される可能性のある労働需給の不一致を、早期に和らげる措置としてのみ移民に一定の価値を見出していたマルサスの想定に相当するものと理解できる。

他方、労働供給が$\bar{N}h$と多く、労働需要と交わらない場合は、不生産的消費が増していっても労働供給を完全に満たすような賃金基金には到達できず、過剰な労働供給そのものを取り除かないかぎり失業者の存在はなくならないのである。もちろん、同様のケースでも、労働需要の右下がりになった部分で労働供給との交点を持ち、賃金率が十分に下がることで完全雇用が達成されることがあるかもしれない。しかし、賃金率には生存水準という最下限が存在するため、現実的にはそうしたことは期待し難いであろう。

そのような場合、貧民は植民によって海外に移し、労働供給そのものを端的に減少させなければ完全雇用は達成されない。これがウィルモット・ホートンの現状理解であり、移民の必要性を主張した理由と考えられる。これに対して、マルサスは不生産的消費の増大が賃金基金を増大すれば、やがて「過剰人口」は解消していくと考えていたと推測される。このように、両者の間にあった「過剰人口」理解の相違が、植民政策の効果への認識の違いとして現れたと理解できるのである。

第五節　書簡に見るマルサスの植民政策への最終理解——

理論的な説明で見たように、マルサスとウィルモット・ホートンとの間にあったのは根本的な移民論理解の違いではなく、イギリスの「過剰人口」の現状理解にあると想定される。

それでは、ウィルモット・ホートンとの書簡のやり取りを通じて、マルサスの植民政策理解はどういった地点に到達したと考えられるであろうか。最終期に交わされた書簡のなかから、そうした植民政策理解について推し量れる箇所を瞥見してみたい。

なお、同じく最終期の書簡からは、ウィルモット・ホートンの植民論を批判し、それに取って代わることになるウェイクフィールド（Wakefield, Edward Gibbon 1796-1862）の植民論に対して、マルサスが真っ向から否定的な立場であったこともわかる。それがウィルモット‐ホートンを相手に出した手紙であることを割り引いて考えても、植民政策論では、晩年のマルサスが植民政策面でウィルモット‐ホートンに加担していたことは明白である。(4)

マルサスは一八三〇年六月九日付の手紙（【書簡33】）のなかで、ウィルモット‐ホートンの四冊目の著書にコメントするかたちで次のように書いている。

……もし、穀物法が今のままであるとしたときに、植民がひどく過剰な農業人口のために必要な救済措置であるならば、穀物法の規制が弱められた場合にはなおさら、それが廃止された場合にはもっと、植民が必要になることでしょう。そうなったら、さらに多くの労働者が仕事を失うことになるでしょうから。（【書簡33】二七二～三頁）

マルサスは穀物法が地代を守り、不生産的消費を増大させるとしていた。だから、穀物法が廃止されたり、緩和されたりすると不生産的消費の減少が賃金基金を減らして失業を増やすと考えていたことが窺える。つまり、現状の過剰人口が、不生産的消費が過小であることによる相対的なものであっても、穀物法が廃止されるとすれば、救済策として植民が必要になるのである。

しかし、直ぐに続けてマルサスは、植民によって空いた空白が即座に埋められるかどうかに自分とウィルモット‐ホートンの違いがあるとしたうえで、次のように書く。

……それが、人口は失われた数を回復する強い傾向を持つというすべての理論、すべての過去の経験に矛盾しているとしても、労働に対する有効需要を超えて労働者階級が増えないようにすることが極端に難しいとしても、わたしが思うに、政策と人間性の両方が、すべての実行可能な努力を彼らの状態を改善するためにおこなうべきだと要求しているのです。そして、わたしは疑いもなくあなたの移民計画が、疑いもない現在の救済と恒久的な改善を提供する最善の機会に寄与し、基本的にこの最も望ましい目的に合致すると感じています。……（【書簡33】二七三頁）

この記述からは、一時的な救済策であるという植民理解は変えないながらも、それが恒久的な貧困対策としての人口抑制に繋がる可能性も認めるマルサスの態度が読み取れるのではないだろうか。もちろん、ウィルモット・ホートン宛ての書簡であることは割り引かなくてはならないが。

最終期になると、ウェイクフィールドの新植民論も二人の書簡の話題となってくる。ウェイクフィールドの新植民論がウィルモット・ホートンの植民論と真っ向から対立するのは、政府による支援から自発的な植民運動という点ももちろんあるが、自作農の育成ではなく農業資本家と労働者による植民地農業経営を考えるという点においてである。ウェイクフィールドの植民論について、ウィルモット・ホートンは現在未発見の質問をマルサスに送った。これに対して、マルサスは丁寧に一〇項目の回答を一八三〇年八月二五日付の書簡（【書簡36】）で送っている。この回答は完全に、ウェイクフィールドの植民論を否定し、ウィルモット・ホートンの植民論を肯定する内容になっている(5)。しかも、それは、かなり明確な対立軸を打ち出したものなのである(6)。

まず、最初の論点として、植民地で農業資本家に農業経営をおこなわせることの不都合をマルサスは次のように述べる。

……いかなる特定の時点でも資本を利用する二つの方法を比較するならば、それぞれの利潤率は、収益の貨幣価値と比較した支出の貨幣価値を上回る分によって決定されるでしょう。それは収益の量と比較した支出の量（たとえば、穀物や衣服で測った）を上回る分によって決定されるものではありません。労働者が農民の家に暮らしていて、賃金を原則としてもので受け取る新しい植民地では、供給の過剰から来る農産物価格の低下は、比例的な量の過剰が同じであるかより大きいときに、しばしば利潤を消滅させます。他方、もし労働が貨幣で支払われていれば、農産物で評価された支出は二年の間同じであることはほとんどありません。そうであるがゆえに、与えられた穀物のクォーターで正確に表現できることはないのです。（【書簡36】二七六〜七頁）

ウェイクフィールドの主張のように、植民地で大規模農業経営を安定的におこなうことは、穀物価格の変動の激しさを考えれば不可能であるとマルサスは考えていた。ウィルモット‐ホートンの場合は、あくまでも本国における貧困状態の解消が目的であり、マルサスも基本的にはそうした観点で植民を考えていた。そうすると、本国の資本、したがって、賃金基金の移出を伴うような植民地での大規模経営は決して肯定できるものとは映らなかったのである。また、ウェイクフィールドが若いカップルを移住させることを主張していたことについても、マルサスは批判的である。それが同書簡における七番目の論点になる。

……二〇〇人の父親、二〇〇人の母親、六〇〇人の子どもを送り出すことは疑いもなく、二〇〇や三〇〇の若いカップルを送り出すことよりも高くつきます。しかし、その方が母国にとってはより大きな救済になるだろうし、植民地にも大きな利益を与えるでしょう。父親や母親はまだ働けると想定されるし、子どもは労働年齢まで成長します。そして、より自然で有利さのあるかたちで結婚するでしょう。若いカップルは一九、二〇年以下では成長した労働者を生み出せないことを思い出すべきです。しかしながら、選択の原理が母国の人口にチェックを与えてくれることを考慮しなくて

はなりません。そして、植民地には少ない費用で一定の援助を与えることになります。……（【書簡36】二七八頁）

短期的には費用のかかる貧困家庭の子どもを伴っての移民であるが、それによって一時的な救済策としての移民の機能が増大することは間違いない。一時的にせよ労働者の状態が改善されることで、人口を抑制するような自発的なチェックが効きやすくなる。同時に植民地にとっても、不足する労働が成年した夫婦とその多くの子どもたちというかたちで提供されることになり、植民地経済の発展の観点からも望ましい。こうした理由から、マルクスはここでもウィルモット・ホートンの植民論を支持している。

マルサスの植民政策理解には、当初からウィルモット・ホートンの働きかけが大きかったわけであり、最終期のウェイクフィールドに対する姿勢にもそうした経緯が色濃く影響していることは間違いない。しかし、同時に、ウィルモット・ホートン自身がマルサスの経済学に定位したかたちで自身の植民論を構築してきたのであり、その本質的な親和性がマルサスによる最終的な支持にも繋がっていると言えよう。

おわりに

本章はウィルモット・ホートン宛てマルサス書簡の調査の報告になっている。年代を追って丁寧に書簡の内容を辿ることで、幾度か大きな振幅を見せるマルサスの植民地政策観を詳細に解明することが可能である。また、本章では、マルサス経済学体系の理論モデルを参照枠としながら、ウィルモット・ホートンとマルサスの相違が、理論的な相違ではなく現状認識の違いであることも示した。そのことへの理解は、書簡の真意を解読していくうえでもたいへん重要なものであろう。

最後に、マルサスが、ウィルモット・ホートンの植民論にかなり親和的であるのに対して、ウェイクフィールドの植民論には明確に批判的なことを示した。そして、本章で見たように、ウェイクフィールドへの批判は実現可能性や費用の過大性といったことから来る批判というより、ある程度、体系的・理論的なものであった。

書簡を通じてこれらの点をより詳細に解明していくことで、植民政策論とマルサスおよび古典派経済学との歴史的関係をより立体的に明らかにすることが可能になると思われる。

注

（1）ウィルモット・ホートン宛てマルサス書簡に基づく研究として、ウィンチ（1965）と永井（一九九六）があるが、いずれも書簡についてゴッシュ（1963）を参照している。

（2）マルサスの植民論についての、わが国における最初のまとまった記述としては、黒田（一九三八）一八四～二一四頁を参照されたい。

（3）マルサス（1817）第2巻、三〇四～五頁。

（4）植民論が展開していくなかで、古典派経済学との関係がどのように推移していったかについて、通説的見解はこうしたマルサスの理解を考慮に入れてこなかったきらいがある。「古典派植民地論の懐疑主義」がウィルモット・ホートンの「移民援助論」やウェイクフィールドの「組織的植民論」の「挑戦」を受ける、というのが、現在の基本的理解であろう。しかし、マルサスはウィルモット・ホートンとの書簡を通じて相当程度積極的な理解を示していたのである。（西沢ほか一九九九　六二～八〇頁。）

（5）丹野（一九九七）は本国での植民政策論と植民地の現地官吏との認識のギャップを知らせてくれる労作である。しかし、マルサスの「一般的供給過剰」からウェイクフィールドの植民論をダイレクトに導く記述については、こうした書簡での記述を見るかぎり、若干の留保が必要かもしれない。

（6）藤川（一九九六）は、ウィルモット・ホートン、ウェイクフィールドの植民論についてコンパクトに解説しているが、ウェイクフィールドの植民論とマルサスとの関わりについてはまったく言及していない。

参考文献

Gosh, R. N., 'Malthus on Emigration and Colonization: Letters to Wilmot-Horton', *Economica, 1963*, pp. 45-62.

Lange, O., 'The Rate of Interest and the Optimum Propensity to Consume', Economica, 1938, pp. 12-32.

Malthus, T. R., *Essay on Population*, edition of 1817.

Winch, D., Classical Political Economy and Colonies, Harvard University Press, 1965. 杉原四郎・本山美彦訳『古典派政治経済学と植民地』未来社、一九七五年。

黒田謙一『植民経済論』弘文堂書房、一九三八年。

丹野清人「政策的移民・植民論の展開とマルサス」『マルサス学会年報』第七号、一九九七年、四五〜六五頁。

永井義雄「古典派経済学・功利主義と植民地——ウィルモット・ホートンとウェイクフィールドをめぐって——」『イギリス近代社会思想史研究』未来社、一九九六年、第三部第二章、二八三〜九六頁。

西沢保・服部正治・栗田啓子編著『経済政策思想史』有斐閣、一九九九年。

藤川隆男「人口論・移民・帝国」、松村昌家・長島伸一・川本静子・村上健次編著『新帝国の開花』研究社出版、一九九六年、第六章、一〇九〜二八頁。

光永雅明「人口の科学・移民の秩序——マルサス主義からみたイギリス近代社会」、阪上孝編著『統治技法の近代』（第四章）、同文館出版、一九九七年、一一七〜四五頁。

根岸隆「利潤率とマルサスの最適消費性向」『経済学における古典と近代理論』（第三章）有斐閣、一九八五年、三三〜四八頁。


（なお、本章は『マルサス学会年報』第二三号に掲載された「マルサス植民政策論の態様と変遷——ウィル・モットホートン宛マルサス書簡の調査から」に加筆・補正したものである。）

第八章

マルサスとケンブリッジ帰納論者

――ヒューウェル宛てマルサス書簡を通して――

山﨑　好裕

はじめに

マルサスは一八二九年、一八三一年（二通）、一八三三年に渡ってヒューウェルに四通の書簡を送っている。この書簡の内容は、ケンブリッジ帰納論者と呼ばれるヒューウェルとジョーンズの方法論との違いを通じて、マルサスのこの時期の方法論について詳細な情報を与えてくれるものである。

また、マルサスは一八二〇年に出版した『経済学原理』を一八三六年に改定し、再出版している。手紙のやり取りはこの間におこなわれており、一八二〇年のマルサスと一八三六年のマルサスの間で大きな方法論上の変化があったかを考える際の資料となり得るものと思われる。

単純な帰納論者ではなかったマルサスの方法論について、この書簡を通じて詳細を明らかにする。そもそも、マルサスの立場は演繹主義と帰納主義のどちらかに偏るものではなかった。本章を通じて明らかにするようにこの立場は、ヒューウェルやジョーンズらケンブリッジ帰納論者との書簡のやり取りを経た後も一貫したものであったことが、本章を通じて明らかになるであろう。

マルサスのリカードウ主義者たちに対する批判は、演繹主義を徹底するあまり、経済学の対象に多くみられる「例外」を無視することに向けられているのである。したがって、マルサスの意図は演繹主義を否定して帰納主義を徹底することではなく、帰納的な方法によって演繹的な体系を豊富化することにあったと考えられる。

ヒューウェルとの書簡ではこのことが、独占に基づく地代の説明を通じて間接的に示されていくことになる。

第一節　『経済学原理』における方法論

マルサスは『経済学原理』初版において、序論を通じて経済学の方法論を述べている。まず、マルサスは経済学には一般化の傾向が強く存在することを指摘する。

> 経済学においては、単純化しようとする願望があって、そのため、特定の結果を生み出す場合に一つ以上の原因が作用するのを認めたがらないようにさせている。そしてもし一つの原因がある種の現象のかなりの部分を説明するならば、そのような解決を許しそうもない事実に十分な注意を払いもせずに、その全体はこの一つの原因のせいに帰せられてしまっている。(マルサス　一八二〇　訳二四頁)

ここに見られるのはマルサスの基本的な考えである、物事には複数の原因があるという認識である。たとえ、有力な原因が一つ見つかったとしても、それにすべての説明を任せるわけにはいかない。通常、多くの原因が作用しているからである。

少数の有名な人びとは、経済学の一般的通則にきわめて強い愛着をもち、そのため、実際にはそれにはある例外がときどきおこるということを知っているのに、公衆の注意を余りにも多くまた余りにもしばしば例外のほうへ向け、ついには一般的通則の威力と有効性とをそこなうにいたることをおそれて、この例外に留意することを賢明で得策であると考えることをしないのである。（同上、訳三三頁）

それはリカードウなど「少数の有名な人びと」が経済学の「一般的通則」に強い愛着を持っていることに影響され、「例外」的な現象について見ることを忘れている。実際には、この例外の方に真実が含まれているかもしれないのである。

だが、まったく「一般的通則」を考えずに現象のみを追っていくこともまた逆の過ちに繋がることになる。たんに併存する現象が誤って原因と結果の関係として捉えられてしまうことも起こり得る。この場合には、「一般的通則」からの援用がおこなわれていないからである。

こうした研究方法においては、単純化の傾向から生まれる誤りとは反対の種類の誤りにおちいる可能性があることを、わたしは十分に知っている。たんに共存するだけでかつ偶然的にすぎない外見（appearance）が原因と誤りみられることもあろう。そしてこの誤りにもとづいて構成された理論は、複雑でもありまた不正確でもあるという二重の不利益をあわせもつであろう。（同上、訳四一頁）

マルサスはここで帰納法の話をしている。すなわち、現象の原因を探り、その原理に辿りつくものとして帰納科学としての経済学を見ているのである。しかし、その原因を一つの原理に絞り、事物の説明で専ら演繹的に使用するのは誤りなのである。事物には複数の原因があるのであり、それらを総合的に考えなくてはならない。

他方で、単に同時に生起する現象の間に因果関係を見出す過ちも避けなくてはならない。このためには、帰納のみを専らとするのではなく、原理から演繹的に考えることもなくてはならないであろう。

このように、マルサスは当初から帰納と演繹とを総合した柔軟な方法論を持っていたことがわかる。実際、マルサスは一八三六年の『経済学原理』第二版においても、方法論について書かれた序論については一切の改定をおこなっていない。

それでは、一八二〇年のマルサスと一八三六年のマルサスの間には方法論的な立場において一切の違いはないのであろうか。本章の目的は、ケンブリッジ帰納論者と呼ばれるヒューウェルとの四通の書簡を通じてその点を明解にすることにある。

第二節　ケンブリッジ帰納論者のマルサス方法論観

ケンブリッジ帰納論者の実態について、久保（二〇一〇）のまとめを中心に確認していこう。久保はまず、通史的な観点から演繹主義と帰納主義についてまとめをおこなう。

経済学史がその方法論の観点から論じられるとき、演繹主義は勝者として、帰納主義は敗者として描かれる。一九世紀前半のイギリスについていえば、演繹主義に基づいて精緻な経済理論を完成させたリカードウこそ勝者であり、

つねに現実的・具体的な接近方法を重視したマルサスは敗者であった。（久保 二〇一〇、九八～九頁）

これは最もよく知られた方法論を巡る歴史観であろう。古典派経済学においては、リカードウの体系こそがその後の主流になっていくが、それにつれてリカードウの演繹主義も方法論の中心となっていく。これに対して、通常マルサスの名とともに考えられる帰納主義はマイナーな地位を占めていくものとされるのである。

こうしたなかで、ヒューウェルはマルサスの帰納主義的に見える傾きに共感を持ち、接近を試みていくことになる。ケンブリッジ帰納主義の陣営の柱としてマルサスを立てようという意図があったと想定されるのである。しかし、すでに見たようにマルサスは単純な帰納論者ではなかった。彼は演繹的な「一般的通則」の必要性も最初から強調していたからである。そこで、マルサスは、ヒューウェルと同じケンブリッジ帰納論者であるジョーンズのリカードウ批判について書簡のなかで嗜めていくことになる。

……マルサスがヒューウェルに対してジョーンズのリカードウ批判が行き過ぎたものであると漏らしただけでなく（De Marchi and Sturges 1973, 391）、ヒューウェルやジョーンズもマルサスの思想を全面的に礼賛していたわけではない。（同上、一〇五頁）

当然、ヒューウェルやジョーンズもマルサスに対してかつての信頼を全面的に維持したわけではなかったのである。

ヒューウェルが経済学の方法論として帰納法を徹底するべきだと考えた背景には、久保が「歴史化された科学方法論」と呼ぶものがあった。この方法論では、科学にはその歴史的発展段階に従った方法が存在すると考える。

帰納を十分に経て「一般的通則」を確立した、ニュートン力学のような段階では、そこでの方法論は演繹主義になるであろう。しかし、帰納が不十分な段階で演繹主義を用いること自体誤りであり、そこでは最後まで帰納主義が徹底される必要がある。そして、何より経済学は未だ始まったばかりの学問であり、使うべき方法は帰納法のみであるべきなのである。

歴史段階に応じて適用すべき方法が異なるというヒューウェルの上のような認識——以下「歴史化された科学方法論」と呼ぶ——をジョーンズは同一八三一年に出版された『地代論』の序文のなかで基本的に踏襲する。（同上、一一〇頁）

ヒューウェルやジョーンズなどのケンブリッジ帰納論者は、マルサスに比べて帰納の純粋性を楽観的に考えていたと思われる。そこに、単純な帰納主義への批判をも持っていたマルサスとの大きな違いがある。

『地代論』の段階でのジョーンズはもちろん、この時期のヒューウェルは、みずからの「帰納」概念には非経験的な要素がまったく含まれていないと考えていたと思われる。だからこそ、「予断」から時期尚早にも演繹に訴えるリカードウ経済学を「経済学の先験学派」と揶揄することができた。（同上、一一三頁。）

ヒューウェルたちにとって、リカードウ経済学の基づく「一般的通則」は単なる「予断」であって信頼のできないものであったのである。

ケンブリッジ帰納主義者に括られるヒューウェルとジョーンズは、マルサスに帰納主義への傾きを見て接近を試みた。ヒューウェルは、経済学はニュートン力学のような演繹科学となるには未熟であり、当面は帰納主義の立場を徹底し、原理の確立に努めなくてはならないと考えていた。

これに対して、マルサスの場合は単なる現象の羅列では因果関係と並列関係の区別がつかないと考えていた。そこでマルサスは確立された「一般的通則」はこれも用い、演繹的な展開をおこなうことも必要であるとしていたのである。ただし、「一般的通則」には多くの「例外」もあり、これに目をつぶることは許されないと考えていた。

第三節　マルサスの一八三〇年代初の方法論

マルサスが最初にヒューウェルに送った書簡は一八二九年のものである。この最初の書簡のなかで、マルサスはペロネット・トンプソンの『地代の真実理論』を取り上げ、リカードウの差額地代論を批判していることに対して、次のように述べている。シンプソンは等級の異なる土地が連続して存在していないところでも、需要に対する供給に制限があれば地代が生じうるし、そちらの方が一般的な地代の原因であると批判した。このことに対する反批判である。

リカードウ氏が言及しているわたしの元の著作がとくに目指したのは、通常の地代と、トカイの葡萄畑のような全面的で厳密な独占が生み出す地代とをはっきり区別することでした。わたしは、地味の異なる土壌が連続的にあることは、地代の存在にとって必ずしも必要ないという点で、トンプソン氏に全面的に同意します。[1] そして、そのことは、トンプソン氏がそれについて書くずっと前に、わたし自身が印刷物で繰り返し表明していたことなのです。もちろん、実際には地味の異なる土壌がすべての国に見られるために、税金や一〇分の一税に関連するすべての現実問題は、そのことによって基本的に調整されなくてはなりません。わたし自身リカードウ氏にたびたび言ってきたように、農産物への課税や一〇分の一税は一定の品質を持つ土地を耕作から投げ出させたり、それらが耕作され続けることを妨げたりし、そのようにして地代に課されることになると、トンプソン氏が言っていることはほとんど正しいのです。他方で、供給が税金に影響されないならば、それが消費者に課されることは火を見るより明らかです。ですが、これらの問題をトカイの葡萄畑に適用することはまったく以ってできません。小麦がほぼ現在通りの量で供給されるためには、小麦が現在の価値を持つことが不可欠です。しかし、トカイは、現在よりはるかに低い価値であっても現在と同じ量が供給され続けることになるでしょう。小麦の価値が持続的に上昇しないのは、小麦が需要者にとって必需的な食糧であるという環境によって厳密に制限されているためです。これに対して、トカイの価値の上昇には、ごく一部の消費者の富や気紛れから来る限界以外になんの制約もないのです。ですから、この比較は残念なものだったと言わざるを得ません。そして、トンプソン氏がこのことに拘泥していたなら、論文は現実の状況にまったく適用できないものだったでしょう。優良地に投下される資本が劣等地の二倍、三倍、四倍に及ぶと考えることができるでしょうか。（【書簡31】二七〇～一頁）

マルサスは地代を一般的に説明できるのはリカードウの差額地代論であって、トカイの葡萄酒のような単純な独占理論ではないと言っている。ただし、独占の場合でも地代は説明できるのだからトカイのケースは「例外」に相当するのである。

この議論を受けて、『経済学原理』第二版では、第三章第一節の末尾に注を付け加えている。

さて、第一にトウケイ葡萄の価格は必要価格ではない、ということは明らかに真実である。価格は余程ヨリ低廉であっても同一分量が生産されるであろう。第二にトウケイ葡萄の購入者もその耕作者もその生産物で生活しているのではない、ということも真実である。そして、第三に、少数の富裕な個人の嗜好および財産以外にトウケイ葡萄の価格に対するどんな制限もない、ということも真実である。(マルサス 一八三六 訳二〇五頁)

つまり、トカイの葡萄酒の生産は重要ではあっても地代論にとっては「例外」をなすのであって、一般化することは決してできない。あくまでも、地代に関する「一般的通則」はリカードウの差額地代論なのである。マルサスは一八三一年の前半にもヒューウェルに二通の書簡を送っている。ここでは、主にリチャード・ジョーンズの『富の分配と課税の源泉』が主題となっている。

そして、もし筆者がこの主題についてこれでもう完了したのであれば、最も面白くて重要な分野の一つの起源と進行について考察し損ねたと感じずにはいられません。それは、古い先進国の知識や慣習が、アメリカ合衆国や、わたしたちの世界の新しい部分を埋めつつある植民地からの独立国の、無垢で肥沃な土地に適用される場合です。これらの場合は、旧世界で支配的であるように、利潤が一〇パーセント減少したり、穀物賃金が大幅に減少したりすると考えてはなりません。アメリカ合衆国では、穀物賃金がわが国の二倍を超えていることははっきりしています。他方同時に利潤率もはるかに高いのです。これらの高賃金や高利潤が低下することが、合衆国がすべて耕作され植民されることの絶対的必要条件であることはもはや明らかです。わが国で農業労働者が毎年九クォーターではなく二〇クォーターの小麦の価値を受け取るべきであるなら、現在耕作されている土地のかなりの部分で耕作を維持するのがまったく不可能になるでしょう。新しい植民地での利潤と賃金に関して言えば、それらが次第に下がることによって、農業経営の在り方が改善されなくても地代がかなり増加できるようになっています。これに対して、わたしがこれまでそれについて述べてきたような旧世界の国ぐにでは、利潤も賃金も高くないため、利潤や賃金を減らすことによって地代を増やせる余地は極めて少ないのです。そこでは、地主の所得はほとんどすべて農業技術の改善でもたらされているのです。地代が増加しているのに伴って利潤と賃金が減少しているところであっても、それを単に地主への移転と考えるのは誤りです。そのことはいつも資本と生産の増加を伴っているのです。事実、農業技術の改善を伴わない時期を考えれば、それはもちろんわたしたちが考慮に入れるべきケースなのですが、資本と生産の増加は耕作の拡大と農業の富の増大の必要条件なのです。もし、耕作の進展と人口の増加が傾向として穀物賃金を減らさないのであれば、どんな原因で新たな植民地の人口増加率を減らすのか分かりません。わたしは、ジョーンズ氏の、異なった国と異なった時期に異なった種類の地代が一般的であるという説明がとても気に入っています。新たな植民地での地代が、未成熟な独占や劣悪な政府によって中断されずに進展することは、ヨーロッパのより発達した国ぐにで農民が支払う地代同様に、最も重要な主題の一つです。それはとりわけわたしたちにとって、この移民の時代ではとくに重要なのです。(【書簡37】二八〇~一頁)

マルサスは当代を移民の時代と位置づけ、非ヨーロッパ地域での地代の問題に言及しようとしている。アメリカ大陸での例は有名であるが、新開地における収穫逓減ではなく収穫逓増が見られる場合などの事態をどう考えるかなど、地域と時代によって多くの「例外」が見受けられていたからである。ここで述べていることは、人為的な力に妨げられることがないかぎりは、基本的にリカードウの差額地代の法則が成り立つように事態が推移するということであろう。

一八三一年の二通目の書簡ではマルサスはより明確にリカードウの差額地代論を擁護しようとする。

わたしの現在の理解では、大勢はリカードウ氏に厳し過ぎるようです。また、わたしは、ジョーンズ氏も、それとは違うものの少し誤ったコースを辿っているように思えます。地代増大の唯一の原因として農業資本の収穫逓減について考えた際に、リカードウ氏が全面的に間違っていたということを示したいという情熱のあまり、たしかにそれはそうなのですが、ジョーンズ氏は、限定された空間のなかでは、農業や工業の技術改善で妨げられなければ、そのような収穫逓減という自然な傾向があるという、疑う余地のない真理をも否定する傾向があるようです。もしそのような傾向がないなら、そして、そのような傾向が頻繁に働いていないならば、なぜ新しい植民地で資本が蓄積され、最初に占拠された土地に投下され続けるのか、アメリカの東部諸州の住人が今あんなにもたくさん西部に移住しているのか、について、適切な理由が見当たらないことになるでしょう。収穫逓減の傾向が一般的な原理であることは間違いありません(2)。それは、古い諸国において、賃金と利潤がある点まで低下した後で、わたしが述べたように、地代が技術改善によって増大するかもしれないとしても、です。たとえば、賃金と利潤がとても高い状態を考えましょう。よく繁栄している新しい植民地では見られることですが、それらは人口増大と耕作の進展によって低下していくでしょう。それ以上にわたしが信頼を置く真なる命題はありません。たとえ、いかなる国においても、実質賃金がどんな大家族にも困難をもたらさない程度に高いとしても、また、高利潤からの資本蓄積がこれらの賃金を払うのに事欠かない程度に速いとしても、その国がそのままやっていき、多くの人口で繁栄するには、賃金・利潤双方の相当程度の低下は不可欠でしょう。そして、その低下はやがてもちろん地代にも及びます。観測された自然法則からしますと、すべての動植物は、なんらかの困難によって妨げられなければ、幾何級数的に増えていくのですから。(【書簡39】二八三～四頁)

書簡においても、マルサスは『原理』と同様の立場からリカードウを擁護し、ヒューウェルらを牽制しているように見える。マルサスは、ヒューウェルらのように科学を帰納主義の段階と演繹主義の段階と分けることはできず、帰納と演繹を渾然一体とさせながら経済学を進歩させていかなければならないと考えているのである。

一八三三年の四通目の著作のなかでヒューウェルと自分の立場の違いを振り返り、それぞれに必要な条件について言及している。

あなたがジェレミー氏を通じて送ってくださったご業績について、正直を言うと最初ちょっとおやっと思いました。そして、それがわたしの経済学上の定義[3]についての攻撃であると思ったのです。わたしはその定義が無意味であると思いません。もちろん、真実に至るためにいつも用語の新しい定義が必要であるという点でわたしはあなたに同意します。もっとも正確な定義が、わたしたちの知識の進歩の原因というより結果であるという点でもです。ただ同時に、後者に関しては、それらは互いに作用・反作用をしており、知識の進歩に使われる用語の意味について、何らかの理解なしには進歩はゆっくりしたものになるだろうと言わざるをえません。それは、あなたが到達した定義が最高のものだとしても、です。大きな進歩には時間がかかります。あなた自身、自分が有用と思ういくつかの定義に言及されていますね。しかし、それももっと完璧なほかの定義に席を譲ることになるかもしれません。アダム・スミスの業績に基づいている経済学では、諸事実が分類されてきましたが、それにはわたしたちが呼び、議論するときの名前が必要です。わたしが主にやってきたことは、アダム・スミスが紛れもない意味で使っている名前に従うことでした。あなたも間違いなく、人びとを説得するときに、同じ用語を同じ意味で使うことの有用性について、わたしに合意してくださるでしょう。(【書簡42】二八九~九〇頁)

おわりに

リカードウ学派の演繹主義に関しては、マルサスはヒューウェル、ジョーンズとともに批判的な立場を取っていることは間違いない。しかし、ヒューウェル、ジョーンズが、成熟した経済学が、ニュートン力学のような演繹的な体系となると考えていたのに対して、マルサスは帰納と演繹を相互に使いながら経済学を展開することを考えているのである。

したがって、ヒューウェルとジョーンズにとっては、完成した経済学は演繹的な体系となることが前提にあり、この点でマルサスとはまったく異なっている。ヒューウェルらの場合、現代において経済学は未完成な状態であり、そこでは徹底して帰納主義が取られなくてはならない。これに対してマルサスの場合は、帰納主義と演繹主義はともに必要な要素として経済学を形作っている。

マルサスの体系においては、「一般的通則」として認められたものから因果関係が導出される必要があり、同時に「例外」や複数の原因をなす事象もまた総合的に捉えられなくてはならないのである。

この意味で、マルサスの方法論的立場は『経済学原理』初版から一貫したものであり、帰納主義のみをことさらに強調するものではないと言えよう。

注

（1）最も一般的に言って、たしかに供給が制限されているときに需要が十分にあれば、地代が生じる余地があると言っていい。高級ワインなどある生産量以上が生産不可能な場合の　市場の需給の状況を考えてみよう。こうした状況では供給曲線はある生産量のところで垂直になり、それ以上の供給ができないことが示される。必需財である小麦とは異なり、マルサスも言うように高級ワインに対する需要は富裕な消費者の需要スケジュールに従うから、需要曲線も通常のそれと同じように右下がりである。供給曲線が右上がりになる数量を超えて需要があると、垂直な供給曲線に沿って価値が上昇していく。こうして高級ワインの市場価格も高騰するが、高級ワインの畑を借りている農業資本家はこれによって超過利潤を手にする。これを見たほかの農業資本家は、地主に対して地代を払ってでも自分に貸してほしいと交渉を始めることになる。こうして地代の競り上げ競争が始まり、結局超過利潤が消滅するところまで地代が押し上げられていく。

（2）土地の肥沃度が三段階に渡っている場合の差額地代の発生状況を考えよう。もっとも肥沃な土地が耕作され尽くすと穀物をそれ以上提供できなくなるため、次の等級の土地へと耕作が広がっていく。地味がまったく異なっているから、必要な限界費用は階段状に高まり、最初の等級の土地の供給曲線との間に階段状の段差ができる。やがて、二番目の等級の土地も耕作され尽くすと最も劣等な土地まで耕作が進むが、やはり先ほどと同様に供給曲線には段差が付くことになるのである。

穀物の需要曲線は垂直になる。高級ワインのときとは異なり需要曲線が垂直になるのは、穀物が必需財であり人口によってその需要が一義的に決定されるためである。穀物の価値は階段状の供給曲線と需要曲線の交点の高さになるが、その場合、上から二番目の等級の土地と最優等な土地を借りている農業資本家は超過利潤を得ることになる。それを見たほかの農業資本家は高い地代を払ってもより優等な土地を借りようとするから地代の押し上げ競争が始まり、最終的には最優等な土地、二番目の等級の土地で超過利潤が得られなくなるところまで続く。

こうした旧世界のイギリスで成り立っていると考えられる差額地代の状況に、新世界の諸国の状況も経済発展や貿易を通じて接近していくことを、マルサスはリカードウ擁護論として主張しているわけである。

（3）ヒューウェルは演繹の方法の重要性を認めつつも、その手続きが有効であるのはすでに帰納が十分におこなわれた分野においてのみであり、経済学はまだ徹底的な帰納が必要な段階にあると考えていた。この観点からするとリカードウ経済学の誤りは、徹底的な帰納を経ていない命題を前提に、そこから演繹で数々の結論を導いていることにある。

この論戦は、戦後アメリカの経済学界で経済学方法論を巡って戦われたフリードマンとサミュエルソンの論争に似ている。フリードマンは演繹の基礎に置かれる仮定の現実性はまったく問題でなく、そこから導かれた諸命題を現実のデータで検証した場合に、実証可能であるかどうかが重要であるという「実証経済学」の方法論を展開した。彼の立場は、理論的仮定はむしろ非現実的なまでに単純なものであることが望ましいというものですらあった。

これに対してサミュエルソンは、フリードマンの方法論をFツイストと揶揄し、仮定の現実性を何らかの方法で検証する作業は欠かせないとした。

もちろん、リカードウはFツイストの立場に与するものではないだろうが、ヒューウェルは現実的な諸前提なり諸公理を帰納によって導くべしというサミュエルソン的な立場からリカードウを批判しているのである。

マルサスの立場は、リカードウの論理志向に対しては複雑な現実を踏まえた反論を与えつつも、ヒューウェルらの帰納原理主義にも諸手を挙げては賛成できない、というものであったと推測される。

引用文献

Malthus. T. R., *Principles of Political Economy*, 1820. 小林時三郎訳『経済学原理』(上)、岩波文庫、一九六八年。

Malthus. T. R., *Principles of Political Economy*, 2nd ed., 1836. 依光良馨訳『経済学原理』(上)、春秋社、一九四九年。

久保真「ヒューウェルとジョーンズ、そして「帰納科学としての経済学」」只腰親和・佐々木憲介編著『イギリス経済学における方法論の展開：演繹法と帰納法』昭和堂、二〇一〇年、九七～一二九頁。

山﨑好裕訳「マルサスからヒューエルへの四通の書簡」『福岡大学経済学論叢』第五六巻三・四号、二〇一二年、三一一～一二五頁。

付記

『マルサス書簡のなかの知的交流』現地図書館奮闘記

荒井　智行

二〇一二年八月一四日から二三日まで、スコットランドにて本研究の徹底調査をおこなった。この期間の間、わたしは、スコットランドに限定して、スコットランド国立図書館（以下、NLSと略記）、エディンバラ大学図書館、ミッチェル図書館（グラズゴウ）において資料調査をおこなった。調査場所としてこれらの図書館に焦点を当てたのは、本研究に関わる資料が多く収められていることを、日本を発つ半年以上前から念入りに調べていたからである。

しかし、本研究においてもっとも重要である、マルサスが執筆した未公開の「書簡」については、国内の大学図書館にあるさまざまな検索システムを用いても、ヒットしなかった。そうした事情もあり、現地の図書館で、エディンバラ・レヴュアーとマルサスとの関連資料を直接見つけ出し、そのなかからマルサスの未公開「書簡」を発見することを調査の目標にすることにした。以下、各図書館における調査内容と成果について記したい。

エディンバラ大学図書館は、NLSと比べると、本研究に必要な書簡類は、量的に少なかったが、エディンバラ・レヴュアーやホートンなど本研究に必要なすべての書簡類を精査し、マルサスとの関わりの有無について調べた。マルサスに関連する書簡類は見つからなかったが、「封筒」に記されたマルサス署名のマニュスクリプトを発見し、それを同図書館で複写した。

グラズゴウにあるミッチェル図書館は、一八七七年に設立された公共の図書館である。古典のマニュスクリプト類も多く所蔵されている。同図書館に向かったのは、ジェフリー・コレクションが所蔵されていたからである。日本を発つ数か月前から、同図書館の貴重図書の担当者にメールにて事前に相談し、資料の収集日に、このコレクションの資料類の取り置き保管をお願いした。大英図書館などの大きな図書館ではシステマティックに貴重図書が所蔵・管理されているため、このようなメールを送る必要はないだろう。大きな図書館では、当日、貴重図書の注文票をカウンターで提出するか、図書館内に設置してあるパソコンで注文し、その数時間後に注文した資料をその場で受け取ることができる。

しかし、わたしは、それほど大きくない図書館や資料館では、事前にこのようなメールを担当者に送り、本当にその資料があるかどうかを問い合わせている。というのも、イギリスでは、現地の図書館のウェブサイトには、目的の資料が所蔵されていると記されていても、現地に行った時に、運悪くその資料が修理されていたり、その資料を別の資料館に移されたりしているなどして、当該資料を当日利用できないといった場合があるからである。

今回、日本を発つ前にミッチェル図書館に予め連絡しておいて良かったのは、その担当者から、問い合わせした一部の資料がないという連絡を受け、その担当者に当該資料の有無を事前に確認して頂けた点にある。この資料の確認に、担当者が数日間を要したことから、現地の同図書館で落ち着いて資料調査をおこなうことができた。また、同図書館では予定として一日しか調査の時間を当てることしかできなかったため、事前の問い合わせにより、資料をまとめて取り置きして頂けたことは、円滑に調査をおこなううえでも有益であった。

しかし、現地での同図書館の調査において、マルサス関連の資料を見つけることができなかった。それでも、本研究に関わるヘンリー・パーネルの長文のマニュスクリプトを資料収集することができた。

これらの図書館のうち、NLSには本研究に関わる重要文献が収められていると見ていたため、そこでの資料調査・分析を集中的におこなった。同図書館で所蔵する貴重図書は、パソコンなどにそのデータが管理されておらず、手書きのカードで管理されていた。そのため、目的のカタログのカード類を一枚一枚めくりながら、本研究に必要な書簡類のリストの作成を始めにおこなった。その作業だけでも手間暇がかかるものであった。そのカードには、誰宛の書簡などが記されていない大雑把なリストであるため、それを調べるところから始めなければならなかった。たとえば、Jeffrey の書簡は、letter of and to Jeffrey と記されているにとどまっているため、ジェフリーが送付した書簡なのか受け取った書簡なのかは分からないのである。

一日に閲覧請求できる回数が定められているNLSにおいて、効率よく資料収集をおこなうためには、開館時間の九時半からすぐに注文した資料を受け取ることである。そのためには、注文の最終時間である、前日の夜七時半に、貴重図書のカウンターに、注文票を提出しておく必要がある。そうすれば、翌日の開館と同時にその注文した資料を受け取ることができる。これをおこなわなければ、開館時に、図書館に着いてから資料を注文しなければならないため、二時間程の時間を失うことになる。

わたしは、NLSでの資料調査の期間中、一日に閲覧請求可能な回数をほとんどすべて利用して資料調査に専念した。閲覧請求したすべての書簡から、その書簡の内容を読みながら、マルサス宛てではないものについても、マルサスとの関わりがあるかどうかについても徹底的に調べ上げた。そのなかで、ジェフリーとホーナーの書簡についてはかなりの量を調べることができた。

しかし、本研究でもっとも必要なマルサスの未公開「書簡」をなかなか見つけられなかった。日にちと時間が経過するごとに、焦りと不安で仕方がなかった。ここで資料調査の成果が上げられなければ、本研究のメンバーに合わせる顔がないと考えていたからである。資料調査を終える三日前にも、このような状態が続いていたことから、昼食時には、食事がなかなか喉を通らなかった。

しかし、ようやく光明が見えたのは、資料調査を終える二日前である。エディンバラ・レヴュアーが送付した書簡が多く貼り付けられている資料を一枚一枚調べていくなかで、突然、Malthusという文字が目に飛び込んできたのである。静かな貴重図書室の空間のなかで、思わず叫び声を上げるほどの喜びであった。調査期間中、開館時間から閉館時間ぎりぎりまで資料調査に専念していたため、その成果が報われたという気持ちで一杯であった。この調査では、内外で発表されていない、ジェフリーとマルサスとの往復書簡を収集することができた。この書簡類は、スコットランド国立図書館の検索システムのみならず、そのほかの検索システムにも表れないものであり、また、マルサス研究で著名なJohn Pullen氏の諸著作や『マルサス全集』において、この書簡を利用した形跡は見られない。したがって、この資料の発見は、マルサスとジェフリーとの往復書簡の空白部分を穴埋めするうえでも、本調査におけるもっとも大きな成果であった。

検索システムなどではあらわれない重要資料は存在する。現在、情報通信技術の発達によって、文献資料検索のツールは格段に進歩している。文献資料のデジタル化は、古典的な資料においても進んでおり、国内にいながら、外国にある目的の資料を探し出すことが容易になった。しかしその一方で、今回の調査のように、マニュスクリプトのような手書きの資料については、国際的にもまだ十分にデータ化されていないのが実情である。わたしが今回調査したNLSというスコットランドでもっとも規模の大きい図書館でさえ、ほとんどの古典の資料についてはデジタル化されていなかった。ましてや、アクセスしたい資料のタイトルやカタログでさえもデジタル化されていなかった。

しかし、デジタル化されていなくても、根気よく資料調査をおこなえば、探したい資料が出てくる可能性は十分にある。NLSにおいて、紙に記された文献資料の目録を一枚一枚確認する作業は手間暇がかかったが、それでも最終的には目的のマルサス書簡を発見できた。文献資料検索のツールに慣れきっているとはいえ、地道に資料調査をおこなう作業の重要性は肌で感じられた。今後も資料調査をおこなううえで、検索システムなどに安易に依存するのでなく、現地の図書館での手探りの作業の重要性も忘れてはならないと強く認識できたのであった。

附録

――本書で対象としたマルサス書簡――

（一）〔マルサス書簡〕書簡の訳文

凡　例

一・訳文中の［　］のなかの字句は、訳者が便宜上補足したものである。
二・原文にある（　）や傍線部は、訳文でもそのまま表記している。
三・原文にある italic 部は、傍点で示している。
四・原文にある注は（　）のなかに、訳者が付した注は〔　〕のなかにそれぞれ該当する番号を記入し、訳文の適切な個所に配している。

【書簡1】一七九八年八月二〇日付のマルサスからゴドウィン宛ての書簡（中野訳）

オルバリーにて　一七九八年八月二〇日

拝　啓

水曜日の朝にあなたのところを発ってから間もなくロンドンから離れましたので、オルバリーに到着するまで、あなたの親切な手紙をわたしは受け取ることができませんでした。ジョンソン氏が親切にも手紙を届けてくれたのです。〔1〕

さて、あなたが問題提起した見解によりますと、完全性や幸福の問題から、人間の数の問題へと、ある程度の変化がみられるのではないでしょうか。永遠に幸福が増加することもないのに、将来の状態について注意を払うこともなく、人口の増加が本当に望ましいということは、疑わしいことのように思われます。

大いに並はずれた努力によって、ある国が生活資料も人口もはやこれ以上増加することができないところにまでくるとしたら、一、二世紀の間に、その最大限の人口圧力が、たびたび飢饉や疫病を生じさせる、とくに、労働の報酬を減少させるのでないかと考える理由があります。というのも、現在の社会構造のもとでは、労働の真の報酬は、それを維持するための基金の増加に依拠しているということをあなたは認めるに違いないとわたしは考えますので、これらの基金が完全に固定されるか、しばらくの間、固定され続けるときには、この報酬は自然と最も低くなるかもしれません。現在の社会構造を根本的に変えることができるかもしれないとあなたは考えています。わたしもそのように考えたいものですが。

そして、あなたが述べるように、わたしはこの主題についてあなたを説得することに完全に失敗しましたので、わたし自身が取り除くことができないこれらの困難を少しでも取り除いてくれないでしょうか。そして、あなたがわたしを納得させてくれないでしょうか。

提案された目的、すなわち、あらゆる不必要な労働を廃止し、社会のすべての構成員の間で必要な労働を等しく分配するということを、多いに望ましいものだと認めたところから、わたしは議論を始めているのです。現在の社会構造について語る際には、ある特殊な統治形態について少しも言及するのではなく、所有者階級と労働者階級の存在、物々交換と貨幣による交換制度、および、自己愛という一般原動力についてのみ言及するものである、ということもまた前提にするべきです。

現在の社会の上流階級の注意をひいているつまらないものが軽蔑される時が来るであろうとわたしは考えています。しかしながら、土地と労働の生産物のうちですべての人の手には入らない部分が、欲望の対象でなくなるような時代が来るであろうとは、わたしには考えられません。手ごろな衣服、手ごろな家屋、友をもてなす力、書物を購入する力、および、とくに家族を養う力は、人類の大多数にとっては、常に理にかなった欲望の対象であり続けるでしょう。もしこのことが認められるのなら、これらの利益を享受するための競争をどのようにすれば防ぐことが可能となるのでしょうか。もし奢侈品のための労働がなくなったとすれば、どのような実行可能な手段によって、あなたは必要な労働を平等に分けることができるのでしょうか。政府の介入――わたしと同じようにあなたも拒否するとわかっていますが――がなければ、ある人が自分の好きなだけの労働時間をこれらのより大きい利益を享受するために向けることを、どのようにして防ぐことが可能となるのでしょうか。もし、グレート・ブリテンの地域を数多くの小さな所有者に分割するとすれば――それは生産物に関してはおそらくもっとも好都合な制度でしょう――これらの所有者たち各自は、自分の農場の労働をできるだけ少量の生産物に用いることが自然の願望となります。そうすれば、慎慮の行為を欠くこともなく結婚願望を満たすことができるかもしれず、彼が大家族を持っても養うことができるかもしれないでしょう。家族を充分に養い、食べさせていくことを現実のものとしようとする所有者のこの願望から、それとともに、所有財産の利益を得ようとする労働者のこの願望から、労働者は一日に二時間働いて、三、四人、もしくは五人しか養えないよりも、一日に六時間も八時間も一〇時間も働くかもしれないでしょう。したがって、必要な労働を等しく分割するということは生じないでしょう。職のある労働者はそれほど余暇がないし、職のない労働者は貧困から死んでしまうでしょう。そしてその空いたところを所有者の家族の増加で満たすということになります。そしてその所有者もまた自分の財産で養える程度を上回るやいなや、慎慮によるか偶然によるかを問わず家族を持たないほかの人びとの労働者になるに違いないでしょう。かくして、すべての奢侈品を廃止しようとも、財産をいっそう等しく分割しようとも、労働者の競争は依然として労働に対する需要によって調整されるでしょうし、それを維持するための基金の状態によって調整されるように思われます。

人口増加を抑制するものとしてあなたが語っておられる慎

慮は困難の予見を意味しています。そしてこの困難の予見は、その困難を取り除きたいという願望を必然的に意味します。これらの困難を取り除きたいという自然で一般的な願望が、社会の必要な労働を等しく分割するためのあらゆる機会をつぶしてしまうような競争を引き起こすこともないし、わたしがすでに述べたような状態を生み出すこともないのだ、という適切な理由をわたしに教えていただけるでしょうか。もしこの問題についてあなたがわたしの疑問を解消していただけるのでしたら、あなたがおこなっておられる労働が増加することに対しての非難についても、貪欲と浪費についてのあなたの試論の全般的な意見についても、心からあなたに賛成しましょう。細かい議論に入ることをお許しください。といいますのも、われわれの研究の重大な目的である真理は、そのことなしには手に入れることができないとわたしは考えるからです。

　現在の社会構造が実現可能な最大数の人口増加を妨げるものであるという理由から、あなたは現在の社会構造に反対しておられますが、それはあなたの慎慮の理論、すなわち、わたしの想像するところでは、生活資料の範囲内に人口を常にとどめておこうとするのがその目的だと思うのですが、その理論に若干反するのではないでしょうか。もしそういう理論が一般におこなわれて、食物の量を増加させる必要もないことになれば、耕作が現在よりもさらにゆっくりとおこなわれるようになる、ということが大いに考えられます。わたしが現在の社会構造を是認するのはとても簡単な理由で、正しい学説の法則に従うかぎり、個人の自由と衝突せずに、文明と人口とを等しく進めていくような構造は、ほかにはないと考えるからです。社会状態に大きな改良が生じることはありえるでしょう。しかしながら、未開状態に逆戻りするような危険もなしに、どのようにすれば現在の構造や制度を、根本的に、本質的に、変えることができるのかわたしにはわかりません。人間の制度について現在認められている不完全性にもかかわらず、社会で感じられる苦痛のほとんどがこの不完全性から生じるとはわたしには決して考えられません。過剰人口から生じる不幸を防ぐためには慎慮が必要であるということを認めること自体が、責任を社会の制度から個人の行動へと移すものではないでしょうか。ほとんど最悪ともいえる統治形態のもとにあっても、そこでかなりの自由競争がおこなわれておれば、労働者たちは結婚をしなくなることで、結果として彼らの数が減少し、その境遇が直ちに改善されるでしょう。また、最善の統治形態のもとにあっても、結婚して労働者の数が多いに増加すれば、彼らの境遇は直ちに悪化するでしょう。あらゆる人間の制度はおそらく不完全なものであり、結果として常に非難にさらされるので、わたしが判断するかぎりでは、制度にはまったく罪がないのに、その害悪に関して、それをその制度に帰するのはたしかに公正ではありません。そして、人間の制度をすべて計画的に変える際には、どこまで害悪がこの制度に帰せられるべきなのか、また、どこまでその害悪がこの制度とまったく無関係なのかを前もってできるだけ正確に断言することが、わたしにはもっとも重要なことのように思われます。

わたしが最初に意図していたよりもはるかに長い手紙になってしまいました。そのために、多くのあなたの貴重な時間をとってしまったことを、たしかに謝らねばなりません。もし、この手紙に返事をする時間がないようでしたら、あなたにお会いできることを楽しみにしておりますので、この問題についてあなたの意見をいつの日か聞かせていただけることを願っております。

敬具

A・マルサス〔2〕

訳注

〔1〕『人口論』初版は匿名で出版されたため、ゴドウィンとマルサスの著書の当時の出版業者であったジョンソン（Johnson, Joseph. 1738-1809）が手紙を仲介したと考えられる。ジョンソンは著者発掘・育成につとめ、彼の周りには多くの知識人が集まっていた。詳細はGerald P. T., 'Joseph Johnson, an Eighteenth Century Bookseller,' in *Studies in Bibliography*, vol. 28, Bibliographical Society of the University of Virginia, 1975. と嘉陽英朗「『マルサス北欧旅行日記』とウルストンクラフト」『調査と研究』第三二号、二〇〇六年、五七〜六八頁を参照。

〔2〕Paul, C. K. (1876) ではA. MALTHUS.となっている。

【書簡2】一八〇三年のマルサスからホーナー宛ての書簡（山崎訳）

一八〇三年〔1〕

もしわたしが自分の間違いに気づいたらすぐにお知らせしますが、あなたの広く読まれている書評誌〔2〕に、以下の内容を載せて頂ける余地があればとてもうれしく思います。

『人口論』第二版の第四章において、わたしは次のことを証明しようとしました。それは、毎年の出生数に対する毎年の婚姻数の比率が、通常そう考えられているように、婚姻によって平均的に多産的になっているということとは別の形で表したことです。つまり、新生児のうち、自らが婚姻まで生きることができる者の比率のことを指しています。わたしは、かつては、この結論に至るような一連の理由を取り上げることに一生懸命でした。いくつかの国ぐにの戸籍簿を見るのは難しいですが、それが解決できると思われました。ですがほかの解決策によっても答えが容易に見つけられない程、困難でありました。数学がかなりできるわたしの友達〔3〕からの示唆と、この主題についてのわたしの父の考察から、間違っていたのはわたしであることに気付かされました。たとえ古くからの理論に間違いがあったとしても、わたしの代替案もまた、なおさら間違っているということを悟らされました。

一つの戸籍を見たとき、もちろん、出生と婚姻は同じところに記載されています。しかし、ある特定の年の戸籍を見る場合、その年の婚姻とそれによる出生が同時に起こるものではありません。結果として、どんな戸籍簿にあっても出生の婚姻に対する比率は、結婚に至る子どもの数も、一つの結婚から生まれる子どもの数を表していないということになるのです。これは人口が増加していても減少していても同じです。［判読不能］実際、出生と婚姻のさまざまな比率から引き出された推測についてのプライス博士の手記を、かつてわたしは間違いと指摘しましたが、今は正しいと思っています。もし彼に誤りがあるとすれば、それは一般的、実際的な結論にあって、結論に基づかれている理由のことではありません。

戸籍における毎年の婚姻数と出生数の比率が表しているのは、成長して結婚する新生児の比率と婚姻による多産性との両方です。これら二つの要因は、戸籍記録に対して正反対の結果を生じさせています。将来、結婚に至る新生児の比率が大きくなれば、婚姻数と出生数の比率も大きくなります。他方、婚姻による多産性が大きくなれば、婚姻数と出生数の比率は小さくなっていくでしょう。結果として、ある一定の限界の範囲内で、結婚に至る新生児の比率と婚姻の多産性とがともに大きくなれば、婚姻数と出生数の比率はまったく不変になるかもしれません。また、この理由によって、異なる国の戸籍記録で、婚姻と出生に関してしばしば同じ状況が目撃されているのに、人口増加率が著しく異なるということが起こり得るわけです。かといって、ロシアのいくつかの州で報告されている人口増加を、戸籍記録では一対三とも一対三・六とも言われる婚姻出生比率と拙速に結び付けることはできません。というのは、この場合、二回目、三回目の結婚ということを十分に考慮に入れたとしても（これは通常よくおこなわれる訂正です）、生まれたすべての子ども、あるいはほとんどすべての子どもが、自分が結婚するまで生きられることは不可能ですから。それゆえ、次のことを想定する必要があります。つまり、ロシアの戸籍記録では婚姻の数をはるかに超えて、出生数にかなりの見落としがあるということです。どうもほかの説明は考えにくいでしょう。

訳注

〔1〕 この手紙には日付がなく、キノーディに保存されているマルサス著作集第二版のホーナーによる写しに紛れ込んでいた。

〔2〕 『エディンバラ評論』誌のこと。フランシス・ホーナーはエディンバラ大学でデュガルト・ステュアートに学び、一八〇二年に創刊されたときのメンバーの一人であった。ホーナーはこの後、一四編の論説を同誌に寄稿している。

〔3〕 マルサスの友人ウィリアム・オッターの兄、エドワード・オッターのことである。

【書簡3】一八〇七年三月二七日付のマルサスからウィットブレッド宛ての書簡（田中訳）

拝　啓

あなたはわたしの「人口」に関する著作に何度も触れてくださり、またその基本的な原理の真実を確信すると述べてくださる栄誉をわたしに与えてくださいました。それゆえ、わたしがあなたの救貧法案に注意を払って熟読することで示唆したいくつかの提案をご提示する無礼をお許しいただけることと信じております。あなたのお人柄に備わる広く認められている公明正大さや高潔さ、あなたがいかなる時にも示される卓越した才能は、わが国への奉仕が必要な時はいつでも、できるかぎりあらゆる方面から情報を集めようと熱意をもたれていること、また、権力や大勢のいずれにも過度に偏見を持たれるようなことはまずありえないとしても、それでもじつに優位な立場におられるので、最初は約束したように思われる諸効果を後からもたらさないとお考えになる弁明が見られるようなどの提案も取り消されたり、変更されたりする心配がないことを確約するものであります。

過去二〇〇年の経験、そしてこの法案を必要とする状況こそが、貧民の満足する規定の確立のために［これまで］有能な立法者たちの努力が何度も挫かれてきたという説得力のある証拠であるのです。このように繰り返される失敗の原因が、あなたの言及された［「人口」に関する］「著作」のなかでわたしが説明しようと努めた諸原理に見られることは、わたしが全面的に信頼をおく事実ではあります。しかし実際、わたしがこの著作で示唆した計画、または提案しうるほかの計画が［この失敗の原因を］取り除き、法律の変わることのない目的とされてきた諸害悪への十分な救済策になるだろうと提案するというような厚かましさなど決して持ち合わせてはいないのです。事実、こうした諸原理の成り行きからすれば、そのような救済策など期待されるべきではないと思われるのです。

カナンの地の住民たちは神（divine authority）から「貧民は彼ら［カナンの住民たち］のなかから決して消え去りはしないだろう[1]」と宣告されましたが、わたしたちが精通するあらゆる国の歴史は、この宣告が決して一つの国民には限らないことを見事に証明しているのです。それは、たしかに人間の常に立ち向かうことになる宿命なのであり、また、完成された徳がなければ十分に克服できないものでもあるので、わたしたちの知的な精力と道徳的な感情の双方の訓練と改善によって、絶え間なく刺激を与えることが宿命となっているように思われる諸困難の一つを宣告したものでした。

しかし、貧困を社会から消滅させることは、たとえ絶対に不可能ではないとしても、法的な規制の力を明らかに超えた仕事になります。しかし、さまざまな国ぐにの状態をほんの少しでも眺めてみれば、この害悪の圧力における重要な変化が示されるでしょう。そして、この変化こそが、わたしたちに取り除けない負担を軽減できるという根拠のある最良な期待を抱かせるのです。しかしながら、この気高く、人に活力を与える仕事には、その視界に入るありとあらゆる方面からのきわめて大きな困難に遭遇することをわたしたちは予想しなければなりません。そして、この考察が、その［貧困を社会から消滅させるという］仕事を著しく道徳的な訓練に背くものにはしないとしても、特定の結果よりも一般的な結果に影響を受ける立法府の義務としているのです。

あなたは、わが国の貧民の強制施設が人口の原理から十中八九、必然的に起きる諸結果をもたらしたとお認めになられるでしょう。近頃の急速な［救貧］税の増大という単なる金銭面での考察は、きわめて重要な論点ではありますが、最も重要性の高いものとして考察するものではありません。むしろ、この急速な増税の原因である依存貧民（dependent poor）の割合の増大こそがじつに憂慮すべき問題なのです。これは、ある程度、社会の下層階級の間に備わるあらゆる尊敬すべき感情と精神を消し去る恐れがあり、社会の非常に大きく、最も重要な部分の境遇を堕落させ、抑圧しているようにわたしには思われるのです。

このような考えのもと、わたしは期待されてきた諸結果とはまったく異なるものをもたらしたことが認められる救貧制度を漸次的に廃止するための計画をあえて提案したのでした。さらに、もしわたしたちが一方にある救貧法のもたらす深刻な従属と依存、さらに［救貧法が］もたらす救済の種類と、もう一方にある救貧法の廃止という結果が必然的にもたらすことになる偉大な自由と高い賃金の程度を考えてみれば、たとえ、その時に困窮（distress）の状態にあった少数の人びとが自発的な慈善のほかに援助がないとしても、愉楽と幸福の量が後者の仮定を上回ることはないと信じることは難しいだろうと考えます。

しかし、わたしはこうした事態に伴う困難は、この［事態に伴う］利益によって埋め合わされるものを上回ると考えられるとしても、それでもこの国に貧民の強制施設が長く確立されてきたにもかかわらず、わたしはこうした諸困難を相当強く感じられることを承知しております。実際、わたし自身もこの諸困難を相当強く感じており、社会の上流階級や中流階級が広くその［諸困難の］必然性を確信されるまで、また貧民自身が彼らの自由と幸福のあまりに大きく広範囲にわたる犠牲を伴って、法的な施設を利用する権利を得たということを理解できるようにするまで、わたしが提案した計画に基づくどの法的な規制も見ることはじつに心苦しいことではあります。

しかしながら、とりわけこうした諸困難に深く立ち入ること、あるいはこうした諸困難を自発的な慈善、すなわち、神があの明確な目的のためにわたしたちの胸中に植えつけられたと思われる、また実定法への置き換えにより著しく害せずにはいられない諸感情に任せようとするいかなる提案も過酷で厳格なものと特徴づけることが正当なのか、あるいは賢明なのか、わたしには考えられないのです。貧民のための強制施設は通常イングランド特有のものです。大陸にはこうした施設がなく、イングランド人が享受するような優越した行政上の利益もない場所は多くあるのですが、そこでは下層階級の境遇がより優れていることを思い出さなければなりません。一人ひとりにふりかかる困窮の事例がそのような国ぐにも生じるに違いないことは、誰にも少しも疑うことはできません。しかし、法的施設の常習的な依存はないのであって、その数も比較的少ないのです。そしてわたしは救貧法がなくなった場合の結果には、時に心温まる想像によって十分に考察されてきたはずなのに、この地で救貧法が廃止されることに関してはまったく聞いたことがないのです。

そのうえ、この問題は、とりわけ複雑であり扱いにくいものです。この問題を調査検討されたあなたには、社会の下層階級の境遇を改善するための計画のすべてにヒューム氏の政治科学に関する見解[2]をあてはめる妥当性を、わたしは確信をもって訴えることができるのです。実際、最初の見た目は、この科学の部門において、ほかのどの部門よりもさらにいっそう人を欺きやすいものであり、特定の救済を与える方法の部分的かつ直接的な結果は、しばしば一般的かつ恒久的な結果とは反対になるのです。こうした状況が、この種のあらゆる調査を著しく誤解の道へといざなうのです。その特有の複雑さが求めるこの問題に注意を払う時間の余裕のない方がたは、ご自分の支持者たちが注目した最初の感情と理解に一致しない一つか二つかの断片的な章句を耳にしてしまうと、当然ながら、そのような章句が見られる著作の全体に偏見を抱くような傾向があります。あなたの先頃の「演説」の間に一瞬でも、そうした偏見に対するあなたの権威が認められたとしても、この演説が間違いなくこうした偏見を増大させる意図はなかったこと、しかし社会のあまりに大きな部分の利害に関わる論点を立法化することに関し、議会が社会の下層階級の恒久的な幸福を促進し、保護するために最善を尽くすこの制度を着実に追及しようとすることを、部分的かつ一時的な考察によって妨げられてはならないことがあなたの大いなる願いであると確信しております。特定の事例において厳格で不公平に思われない法など、人が定める法にも神が下された法則にもそれほど多くはないのです。しかし、そのために、もしもわたしたちが一般的な法則の指針を見失うのであれば、人びとの間にある秩序や徳、幸福に対する最高の保障を瞬く間に失わせてしまうのです。

わたしを親しく存じておられる方がたには、わたしが無慈悲（hardness of heart）という非難から自分の人格を擁護する機会はないと自覚しております。また、わたしをご存じない方がたも、この問題にわたしと同じほどの関心を持たれたら、貧民の境遇に関わる全般的で恒久的な改善によって、貧民を十分に補償することを確信させる非常に強力な根拠がなければ、この貧民の愉楽と満足を損なうと思われる唯一の提案を認めないと確信されるだろうということだけが、わたしが自信をもって表明できることなのです。

わたしができるかぎり最も強い口調で申し上げようとした個人による自発的で差別的な慈善に対する道徳的な義務が、貧民救済のための自然権を否定したというならば、それはF・M・イーデン卿の貧民の状態に関わる有能かつ苦心の研究に見られる彼の言葉を借りて、単に「満足に実行できないように思われる、いかなる権利も存在すると言えるかどうかは疑わしい[1]」からなのです。この結論を認めようとされない方がたにとって、このような権利の否定は、貧民には好ましくないように思われるかもしれません。しかし、社会の下層階級の愉楽を広げ、境遇を向上するという最も切実な願望を抱いてこの事実に納得される方がたは、理性に従い、本来十分に満足させられない権利を法で認めようとする試みが、失望やいらだち、さらには深刻な貧困に終わるのではないかという懸念すら表明されるかもしれません。

貧民を救済するために社会の上層階級から集められる多額の資金に関しては、この問題の議論において、常に補完的に考察がされるべきだと申し上げて差し支えないのです。

たしかに、困窮の状態にある比較的少数の人びとを単に救済するならば、また彼らのための公的な施設がないならば、彼らの数が絶えず増加の一途をたどり、自身を自立の境遇に保つことに奮闘してきた人びとの境遇を抑圧するという免れがたく避けがたい結果を伴うことなく、資金の全額、あるいは、もっと多くの金額がうまく適用されたと考えます。貧民の数を一定に保ち、自立労働者のさらなる抑圧を避けることができるならば、わたしはまず現に困窮（want）の状態にある人びとが最も寛大に救済されるべきであること、また彼らへの救済が施しとしてではなく、権利として受け取るべきものだということを提案いたします。

わたしはこの書簡の直接的な目的からあまりに長くあなたをお引止めすることをお詫びしなければなりません。しかし、たとえ無知または悪意の結果であるとわたしには思われる「無慈悲」という非難を冷静に聞く覚悟をしなければならないとしても、賢明で、じつにすぐれたイギリス元老院（the British Senate）の方がたからいただく同様のご意見のいずれも、たとえそれがわたしの知性にご配慮いただいたものだとしても、わたしに苦痛を与えざるを得ないものだということは、あなたご自身の感情で判断していただいてもお分かりになることだろうと確信しております。

しかし、問題の主要な点に話を続けましょう。救貧法の廃止に関わるあらゆる考えを論外とするならば、救貧法が改善すべき一般的な原理を考えてみましょう。そしてここで、その偉大な目的が、社会の下層階級の一般的な人格をできるかぎり向上すること、また依存労働者と自立労働者をより明確に区別することにあることには、わたしたちはまったくもって一致しているのです。

あなたが提案された一般教育に関わる計画は、［上記の］一つ目の目的を見事に達成すると考えられ、仮に法案のこの部分だけでも達成できたのならば、わたしの見解ではわが国に最も重要な恩恵をもたらしてくれることでしょう。教区に依存する人びとを扶養する方法に関してあなたが提案された諸法規や、怠惰な者と勤勉な者との間に設けようとされる区別は、たとえ完全に異論を免れるとはいかないにしても、[3]全体として、諸法規が期待する目的を達成すると考えられるように思われます。ただ、このほかにわたしが多くの疑問と懸念を抱えて将来を見据える結果につながる諸法規もあるのです。

そのような懸念を抱く主な対象は、あらゆる財産に課税することを決定する条項と組み合わせる場合の、教区に小屋を建設する権限を与える条項の作用です。これら二つの条項は疑いなく、当面の愉楽と救済をもたらすと考えられます。しかし、わたしはこれらの条項が最終的に至る諸結果は、かなり異なる性質を持つものになるかもしれず、また、あなたの改善された制度全体において根拠とされる一般的な原理を強力に妨げる傾向があるかもしれないことをとても気にかけているのです。

救貧法の作用はあまりにも複雑ですので、その［作用の］さまざまな影響（bearing）や関係性（relation）のすべてを一目で理解することはとても無理なことです。通常、どの国にも救貧法が確立すれば、［救貧法が確立していない］ほかの国ぐにとほかの事情では同じ場合でも、いっそう高い割合の出生や結婚をもたらすだろうと当然ながら予想するはずです。しかし、イングランドでは人口全体に占める出生と結婚の割合が、ヨーロッパのほかの大半の国ぐによりも小さいと思われるのです。たとえこの状況が主としてほかの原因から説明されるとしても、それでもやはり救貧法が当然予想されるほどの早婚を促進しないという決定的な証拠を提供するのです。わたしは、この予想外の結果の特定の原因が、住居獲得の難しさにあることを少しも疑っておりません。救貧税（poor's rate）の負担の大半は土地にかかります。したがって地主は労働需要が間違いなく緊急に必要とされる場合を除いて、小屋を建設することを憂慮しても不自然ではなく、多くの場合、彼らは自分の土地に恒久的に増税を負わせる危険を冒すよりも、一時的な人手不足を受け入れるか、または少なくとも小作人にその状況を受け入れさせるように強要するでしょう。こうした住居の獲得の難しさによって――それはわたしがきわめて重要と考える要因であり、実際、わたしの著作の最新版[2]で、なぜ救貧法が予想されていたほどに、その影響がそれほど広がらず、有害にもならなかったのかに関わる主要な理由として述べたのですが[3]――近年、［救貧］税は異常な速度を伴って増加しただけでなく、（唯一の正当な基準である）依存貧民の数も継続的に総人口に占める割合をいっそう大きくしているのです。もしも、この困難があなたの法案の諸規制のいずれかによって取り除かれるならば、まもなくこの割合がこれまで経験してきたものよりもはるかに大規模な増大となることをわたしたちが目にするということは、大いに起こりうることなのです。

このように早期の諸関係を形づくる［早婚する］傾向がありますので、あり余るほどの家屋［の建設］を奨励すれば、人口において相当な圧力がかかり、やがてとてつもない量の労働者たちが市場に投げ込まれることになります。そうなれば、自立労働者の境遇を完全に絶望的なものにし、また日雇い労働者の通常の賃金を、教区の扶助がなければ子ども一人すら養えないほどの不十分なものにさせることをまったく疑うことができないのです。

わたしは、いまあなたが制定されようとする法案が、確実にこのような結果をもたらすだろうとは決して申し上げるつもりはありません。しかし、とくにこの傾向がどのくらいあるのかをあなたにお考えいただきたいのです。あなたはおそらくご自分の法案で、地主も教区も双方ともに、労働需要の増大によって必要とされないかぎり、新たに家屋を建設することはないという揺るぎない主張を常に持ち合わせていると断言されることでしょう。しかし、あらゆる種類の生産的な資本（productive capital）に課税するというあなたのご提案[4]は、この主張にきわめて重要な変更をもたらすことになろうとわたしには思われるのです。

もしも実際にあらゆる財産に救貧税の負担を公平に負わせようとすれば、わたしは政治経済学の明白な原理から、この刺激が相当な程度、人口［の増加］を後押しするために、労働者を雇用するあらゆる人びとや、あなたの法案によって教区会のあらゆる決定に重要な影響力を持つことになる人びとに、金銭的な利益をもたらすことが明らかになるのではないかと懸念しております。なぜなら、彼らは資本を使用する際に労働［価格］を安価にすることによって、税の支払いにより彼らが失うであろう金銭よりもはるかに多くの利益を得るだろうからです。

第一に、人口の増加率が主として労働賃金に依存する時は、未婚者は既婚者と同じくらいの高い賃金を支払われるに違いないのですが、あなたが救貧法を人口増加の奨励に適用されるにあたって、家族を持つ人びとにのみ扶助が与えられることをお考えいただけるのなら、このことを納得していただけるのではないかとわたしは考えます。したがって、後者の制度の下では、より大きな労働供給が同じ費用によって得られるかもしれませんし、もっと少ない費用で同じくらいの労働供給が得られるかもしれません。第二に、この理由から資本家が税を手段とすることで労働力を市場に供給することは、［自分の有する］貨幣をより効率的に使用するだけでなく、こうした徴税方法により、資本家は生産された商品を直接使用しない人びとからこの［労働］供給に相当な金額の寄付を受け取ることになるでしょう。したがって、双方の観点から、救貧法の効力を拡大させることは資本家に相当な利益をもたらすことになるのです。

アダム・スミス博士は立法のいかなる効果によっても、牧師補の給料を、彼らにふさわしい生活を維持するのに必要と思われる価格まで引き上げることができなかったと述べられましたが、彼が正しく結論に至った理由は大学の奨学生やフェローであることによって、その職業に与えられた報奨金が常に過剰な供給を生じさせたということなのです。[4] 同様に、通常の労働供給以上の人口が小さな家屋という報奨によって促進されたのならば、その労働価格の大規模で一般的な下落を防ぐことができるものは何もないのです。

たしかにこの害悪は、［ほかの］諸害悪の大半と同様、究極的にはそれ自身が抑制するでしょう。しかし、わたしたちがこの抑制がなされる方法に注意を向ければ、この国が以前に至ったに違いない状態は羨ましいものとは思えないでしょう。わたしは、この［人口の］増加が続き、家屋の供給不足や労働需要の減少によって、教区の支援を受けた貧民の状況がじつに不快なものになることで、若い世代にも結婚を思いとどまらせ、確実に［貧民と］同じ状態に引き下げるのではないかと懸念しております。そして、この［人口の］増加率が緩やかになる前に人口全体の三分の一、または二分の一が教区に依存したならば――それは決してありえないことではないのですが――その社会情勢の実態はイギリスの国体にとって不名誉以外には考えられません。

労働需要の減少は、ここで想定される時点に達するよりもっと前の時点で、労働貧民の増加を抑制するだろうと思われるかもしれません。しかし、労働需要は労働価格の下落にもかかわらず増大するでしょうし、少なくとも、外国の穀物を輸入するにあたって何の困難も生じなかったのなら、同じ資本の量で、より多くの労働者の数を雇用できることを思い出さなければなりません。貧民が富裕者の施しを受け続けるなら、労働賃金がただ一人を養うにすぎない水準にまで引き下げうるのではないかとわたしは懸念しております。

わたしが説明した結果をあなたほど強く非難される方は、この王国にはまずおられないと確信しております。しかしあなたは、その結果を未然に防ぐ条項を設けてはおられないのです。

あなたは法案において、各地の教区の貧民に提供された住居が相当に不健全であると述べておられます。わたしもこの事実を疑う余地はありません。しかし、わたしが人口の増進を規制する原理（the laws which regulate the progress of population）を正しく理解するならば、たとえ現在、あなたが教区の貧民たちのためにいかなる便宜を図ろうとも、その困難はすぐに繰り返されるでしょう。ただ一つの問題は、この困難が人口の八分の一または七分の一が教区に依存している時に生じることが、人口の三分の一または二分の一が同様の望ましくない状態に悪化する時に生じることよりも、貧民の恒久的な幸福にとってより良いことなのかどうかということなのです。わたしは、これまでも繰り返し申し上げてきましたように、一般的な原理に常に心に留めておくべきだと考えても、一般的な原理を極端に推し進めることを決して望んではいないのです。もしもわが国の救貧法を継続するならば、わが国の貧民のための宿泊設備は、人口の増進と同じ進行速度を保ち続けなければならないのです。しかし、わたしたちは、住居に関する現在の困難においてさえも、民衆全体に占める依存貧民の割合が増え続けていることがわかるのですから、概して、教区が現在、この目的のために持つ権限は十分なものと無理なく結論づけることができるのです。また、わたしたちは地主や教区の関心事になるような非常に大きな変更をする前に、依存貧民の増加を抑制するというより、促すことをためらわなければなりません。

あなた自身が表明された教区小屋の効果に関しては、まさに当然といえる懸念が一つあるのですが、あなたの法案ではその原因が十分に取り払われてはいないのです。あなたは、自分の土地に小屋を持つ地主たちの財産が不正な競争で著しく不当に扱われることがないようにするため、これらの家屋は申請される最高の家賃で貸し出されるべきだとすすめておられます。しかし、教区がその小屋を貸し出す際には自由裁量の権限を持たなければならないはずで、もしも教区に原因が見られるのなら、家賃をとらずに小屋に住まわせることを許可することを間違いなくはっきりと認めておられるのです。こうした小屋の家賃をその必要な地代、またはスミス博士のいわゆる自然率を保つことができるだろうとはわたしには思われないのです。そして、このように土地所有者は、新しい小屋を建設すること、あるいはおそらく古い小屋を修理することさえも完全に思いとどまらせるので、わたしたちは、やがて教区の家屋から構成されるわが村の大半は、わが国の労働階級の大部分と同様、教区の救済に依存するとみるべきなのです。

むろん、わたしはこうした事態が生じるのであれば、あなたがご提案されたすべての法規の真意と意図とがまったく正反対に作用するということは申し上げるまでもありません。そうした一般的な依存状態は、わが国の民衆の人格をいかなる教育制度によっても向上させられないほどに抑圧してしまうでしょう。財産を節約し、獲得しようとする力と意思の双方がある程度まで弱まるでしょう。あなたの善意あふれる「貧民基金（Poor's Fund）」の制度に意識を傾ける者、あるいは利用できる者、さらには「友愛組合（Friendly Societies）」の会員になれる者でさえもじつに少ないだろうとわたしは考えます。

現在実施される救貧税が社会の特定の階級にじつに不公平に課せられていることは、よく承知しております。しかし、救貧税を主として土地が負担していることから救い出すことは、国家の現状において、それほど考慮すべき重要性のある問題ではないと考えるべきです。［たしかに］税の負担は地主の純地代だけでなく、一部には農業で使用された資本にも課せられるのですから、必然的に耕作の進歩を妨げるに違いありません。しかし、わたしが指摘した危険に有効で満足できる明確な規定が設けられるまでは、一つの害悪を避けようと努力しても、わたしたちはその結果として、はるかにいっそう深刻で広範囲に及ぶ別の害悪に陥るのではないかと非常に心配しております。

たしかにそのような規定が設けられるのならば、救貧法への主要な反論は取り払われるでしょう。たとえ依存貧民の数が人口の増加に伴って増えるとしても、しかし、わたしたちが人口の増加に占める依存貧民の割合が同じ水準を保つことを保証できるのなら、また、この割合が人口全体に非常に著しい影響を及ぼすほど大きいものではないのなら、この問題はやがて別の形をとるでしょう。しかしながら、こうした状況でさえ、救貧法が自立労働者を抑圧し、ある程度、勤労と善行の発条を弱め、美徳と悪徳の水準を物事の自然の成り行きを上回る水準に据えることは、やはり真実なのです。ただし、あらゆる人間の制度では、いくつかの不利益を［被ることを］避けることができないため、老齢者や身体障害者、通常の慎慮では避けられない不幸に遭遇した人びと、予想を上回る多くの子どもをもうけた人びとへの一定の救済は、こうした不都合をはるかに凌ぐものであり、善は悪に勝るとはっきりと申し上げることができるのです。貧民には、疑う余地のない明らかな困窮（positive distress）を深く考えさせることよりもむしろ、依存的な貧困（dependent poverty）の恐怖から、あまりに尚早で慎慮に欠けた結婚を思いとどまらせることの方がたしかによほど重要なことなのです。しかし、依存的な貧困はじつに望ましくないものであるので、これを容認するということは、もしもこの依存的な貧困が社会の大半を占めるようならば悪が善を完全に圧倒してしまうということを意味するのです。

救貧法制度の利点と欠点とを釣り合わせるには、労働賃金をそれぞれの結婚から予想される平均的な子どもの数を十分に扶養しうる水準を下回るほど抑え込まないように、救貧法制度が持つ効力を制限することが必要なように思われます。もしも救貧法がこの制限の範囲であるならば、結婚している誰もが勤労と善行によって自立を保てるという正当かつ合理的な希望を抱くことができるのです。また単に大家族であるという理由で、この希望が打ち砕かれたとしても、彼は自身の目で見ても、また彼の仲間の労働者の目で見ても、著しく品位をおとしめられるようなことはないのです。しかし、この希望がいったん完全に消え失せてしまうのなら、またこの勤労と慎慮を刺激するものが取り除かれてしまうのなら、さらに救貧法制度の拡大により出生と結婚の高い割合が実際にもたらされるのなら、（どの国にも長きにわたって際限のない人口を養うことは、自然資源や後天的な資源には物理的に無理なことですので）わたしたちは現在の死亡率の低下が——これはまさにわが国の幸福に関わる優れた基準（great test）の一つと考えるものですが——まもなくじつに好ましくない変化を招くとわかるでしょう。そして、死亡率の高い割合は常に出生率の高い割合を伴って生じるでしょう。しかしながら、やはり出生率が死亡率を凌ぐかもしれず、人口はなお増え続けるかもしれませんが、その人口増加の性質は大いに変化するでしょう。すなわち、人口は努力しても国家の資源に対して、これ以上加えることのできない人口の非常に高い割合を構成するでしょう。各世代はさらに早く消滅し、死亡率の上昇は社会の状態の悲惨さを十分に示すことでしょう。

ここまで考察した諸害悪に達しないようにわたしたちを有効に保護し、またわたしたちの貧民との約束を反故にしたという非難にもつながらないようないかなる規定もわたしにはまったく提案することができないのです。実際、こうした規定は、あなたの法案にある諸条項、またはこれらの条項から生じうる効力でも見つけ出すことはできません。依存的な貧困の割合を小さくし、大きくさせないことがあなたの目的なのであり、国家の目的なのだとわたしは確信しております。しかし、わたしが現状としてあなたの法案から懸念される特定の害悪とは、そうした依存的な貧困の割合が増大することなのです。

いずれにせよ、何よりわたしがとくにご注意申し上げた二つの条項のうちのどちらかをおやめになるべきだと本気でおすすめしなければなりません。もしも小屋の権限を教区に与えられるのなら、救貧税は小屋の増加に対する唯一の適正な抑制策として、土地にかけ続けるべきなのです。あるいは、あらゆる資本に課税できるようにされるなら、家屋の建設という新たな権限は教区に与えるべきではなく、すべてはこれまでと同様、それぞれの関心と努力に任せるべきなのです。

たしかに王国中の貧民の小屋を改善することが何よりも望ましいことですが、どんなに自発的な慈善の方法によるものとしても、土地の所有者に指示することはできないのです。それは概して、彼らが自分の土地に建てたすべての小屋に清潔や安楽、十分な修理作業に入念な気配りをするといった、きわめて重要な慈善（benefit）を労働貧民や国家に与えることができるからです。しかし、公費で小屋を建設する一般的な計画となると、そのどれもが特定の階級の人びとのための宿泊設備に限定するか、あるいは何か別の方法で相当厳しく制限されないかぎり、きわめて乱用されやすいため、わたしはこの計画の実施を見ることを非常に気にかけているのです。

教区に課せられる税が一般的な平均の税額の二倍に達した場合、地方債（county stock）により援助を受けることを許可する条項も、まさにご注意申し上げた二つの条項と同じ根拠により反対すべきものであるとわたしには思われます。この条項は一時的には大変望ましい救済を与えるかもしれません。しかし、概して教区を依存貧民の増加にいっそう無関心にさせる傾向があるでしょうから、この条項が善よりも悪をもたらすのではないかとわたしは気にかけております。農民は税の大半を負担しますが、各教区における労働価格と救済される人口の割合の違いから、すでに一部の地域では、低い賃金と高い税、または低い税と高い賃金とを選ぶことを学んだと思われます[5]。この選択の結果が、戦時のために人員を必要とすることが、労働価格を低くしておくことをじつに難しいものにしなければ、実際よりもいっそう注意を払われてきたとわたしは信じたいと思います。しかし実際、この状況は救貧税が課される高額な地代の割合の違いにも関わって、名目税額に非常に大きな違いをもたらすので、州は正当に［救済を］申請する［資格の］のない教区からも頻繁に申請を受けるでしょう。そして治安判事に与えられた自由裁量の権限は、この申請を十分に抑制することになるかどうかは疑わしいかもしれません。

法案のほかの部分で、わたしはこれ以上、あなたをお引止めするつもりはありません。

貧民に教育の恩恵を広げようとするあなたの計画が成功することを、わたしがどれほど熱烈に望んでいるか、あなたはもうお気づきのはずです。現在、ヨーロッパのほかの国ぐににはイングランドやアイルランドほど小作人が無知な国はほとんどないとわたしは確信しておりますが、あなたがこの非難を取り払われるきっかけになられるのなら、あなたはご自身の努力を誇りに思う正当な根拠を持たれることでしょう。わたしたちの畏敬すべき隣国（neighbour）は明らかに、その臣民に対し教育が、戦争においても、労働においても妨げになるとは考えていないのです。近代的軍隊の主要部を形成する社会の上流階級がとる徴兵の指揮は、明らかにこの隣国の意見を正当化するのです。貧民教育に関しこれまで聞かされ、出されてきた主要な反論は教育が一般化すれば取り払われます。現在、読み書きのできる者は彼の境遇に不満を抱き、その境遇を克服したいと願うものです。しかし、彼の仲間の労働者たちも皆、同じ利益を享受したら、社会における彼の相対的な立場はこれまでと同じ状態のままでしょう。唯一の結果は民衆全体の境遇が向上し、改善されるということなのです！

わたしは学校の創設にかかる最初の巨額の費用が、教育計画全体に向けるカントリー・ジェントルマンの意欲をそぐ恐れがあるので、適切な場所を提供するのにできるかぎり実行できる節約をおすすめしなければなりません。また、もし子ども一人ひとりが定額を支払うならば、（当然ながら［その金額は］じつに少額であり、孤児や教区貧民の場合は税で免除されるものですが）その結果として校長は、生徒の数を増やすことに強い関心を持つでしょう。そして、好ましくない条項、すなわち両親の支払い能力に応じて支払う金額を決定するという自由裁量の権限を教区に与えるという条項は取り除かれることでしょう。各学校に立派な品位を与えるためには、労働階級の少し上に位置する人びとがその学校に子どもたちを入学させることが大変望ましいのですが、彼らがよりすぐれた資力に応じて［金額を］支払うとすれば、決してそうはしないでしょう。そのうえ、こうした自由裁量の権限を正当に行使することは、きわめて難しいでしょう。そして、しばしば当然といえる不愉快の原因をもたらすことなく行使することに、とても期待はできないのです。

「貧民基金」に関わる条項に関しては、貧民に身近であることがとても都合がよく、彼らの励みになる状況であることを認めなければならないにしても、わたしはあなたの国家施設の建設への反論には道理があることを承知しております。あなたがおっしゃったように、勤労の蓄積（the savings of industry）が有利になされる安全な場所は、貧民、とりわけ召使いにじつに広く認められた欲求であることは紛れもない真実です。そして、この欲求が貧民に最善と思われる方法で取り除かれることがなければ、ロンドンの施設が最初は魅力的なものでなくても、しばらくすれば全面的な信頼を得るだろうと心から望んでおります。

五ポンド以下の家賃の小屋には免税が妥当とすることに関しては、あらゆる人びとがあなたに同意を示すだろうと考えます。こうした家に居住する人びとの状況は、とくにつらいものです。現在、彼らは他者を救済するために、自身の必需品［を買うため］のほとんど節約できないはずの額から支払っているにとどまらず、実際、彼らの稼得に都合の悪い競争者の手助けをしてさえいるのです。彼らは、税として金銭を支払うことによるだけでなく、こうした税の適用による一般的な労働賃金の下落によっても、自らをいっそう貧しくしているのです。それゆえ、彼らはこの免税という提案をできるかぎり最も強く求めるように思われます。

あなたの法案のほかの条項は、全体として、わが国の救貧法制度を改善することを計画されているようにわたしには思われます。しかし、今はもはや適切な考察を必要とする条項の詳細に立ち入るための時間の余裕がありません。それに、わたしは法案の実施によって生じるかもしれない諸困難を正しく認識するための資格もないのです。

この書簡の主な目的は、あなたが十分に注意を向けておられるとは思えないある特定の危険に、また、たしかにあなたの法案ではその危険への対策が取られていないことに、あなたのご注意を向けていただくことなのです。あなたがわたしと同じ考察をしていただき、この反論をご理解いただければ、あなたは間違いなくその危険を取り除くために能力を発揮する第一人者になられるだろうと確信しております。貧民の境遇を引き上げ、改善しようとするあなたの惜しみないご尽力によって、あなたが最高の成功をおさめられることがわたしの心からの願いなのです。

最も誠実な敬意を表して、あなたの最も従順でつつましく、忠実な者であることをあなた様に信じていただきたいのです。

トマス・ロバート・マルサス

追伸。わたしは先頃『救貧法の政策、人間性、過去の諸効果に関する小研究（A Short Inquiry into the Policy, Humanity, and past Effects of the Poor Laws）』[5]と題する著作に接しました。その作品には、ほかの重要な問題の一つである、将来の救貧法の効力の大きさを規制する計画が収録されています。この著作には「所得税（Income Tax）」に関して、多くの異論があると考えられる財産の研究を継続することを求めていますので、わたしは承認されないように思われます。しかしほかの部分では、わたしがこれまで目にしてきたどの研究よりも異議を唱えるところが少なく、明らかにあなたのご注意を向けるに十分値する作品です。わたしは、まだ著作全体を読む時間がとれていないのですが、ざっと見たところ、豊富な実際的な知識はもちろんのこと、一般的な原理に対する大変な知識を備えていることを示しているように思われます。ただそうは言っても、著者の見解は、わたしがこの書簡で注意をひこうと努めた危険の種にそのままつながってしまうと申し上げねばなりません。そして、もしもこの著者の見解が制限なく採用されることになれば、わたしは社会の下層階級の幸福に対し、じつに最悪な結果をもたらしかねないと考えるのです。この著者は全体的に人口の原理をたしかに理解されているように思われます。しかし彼はその真実を十分に強調されてはいないのです。依存状態に関する考察は論外としても、教区によって救済される人びとを永久に望ましい状態にしておくことは、すなわち、青年が結婚したいという気持ちになり、実際に結婚しても何の不満も感じないような状態にすることは明らかに無理なことだということなのです。

ハートフォードにて
一八〇七年三月二七日

注

（1）『申命記』一五—二〔6〕。

（2）「全ての学問のうちで、政治学ほど最初に一見した外観が人を欺きやすいものはない」ヒューム『論集』第I部〔7〕、XI、四一六頁（田中敏弘訳『ヒューム 道徳・政治・文学論集〔完訳版〕』名古屋大学出版会、二〇一一年、三一七頁）。彼〔ヒューム氏〕は、いま議論している科学の部門に明らかに属している捨て子養育院（Founding Hospitals）に関して述べる時、この主張に至るのです。

（3）わたしは犯罪貧民（criminal poor）を区別する実現の可能性を疑います。自身の怠惰と悪徳のために教区に自分と家族をゆだねた人は、ただ不幸になった人びととはこのように区別に値することは確かです。栄誉記章（honorary badges）のご提案に関しては、高い人格を持つ特定の気高き人に与えられる場合には、ある種の良い影響をもたらすかもしれません。しかし、一般的な対策として、とくにこの栄誉記章が不適切に与えられる機会があるために効果がないと考えております。

（4）わたしは法案によって提案された方法で個人財産（personal property）に課税することには、非常に大きな諸困難が生じるだろうと考えます。しかし、ここではこの条項が有効に実行されるという仮定のもとでわたしは議論していきます。

（5）ローズ氏〔8〕は、著書『救貧法に関する考察（*Observations on the Poor Laws*）』の一四頁の注で「イングランドの多くの地方では、土地の耕作者たちは救貧税を低くしておくことよりも、労働価格を抑制することにいっそうの注意を向ける。その場合、後者は実のところ、前者の一部を成している。農業地区のサセックス州では、救済される教区民は人口一〇〇名のうち二三名であり、教区税の平均は一人につき一ポンド五シリング一一・五ペンスであった。サリー州では一〇〇名のうち一三名で一三シリング三と二分の一ペンス、ケント州では一〇〇名のうち一四名で一六シリング七と四分の一ペンス、ハント州では一〇〇名のうち一五名で一六シリング三ペンスである。」と述べておられます。

訳注

〔1〕イーデン（Eden, Frederic Morton, Sir 1766-1809）の『貧民の状態（*The State of Poor*）』（一七九七年）第一巻、四四七頁。マルサスはこの書簡で引用した文章を『人口論』でも取り上げており、

イーデンの研究を高く評価している（Malthus, Thomas Robert, *An Essay on the Principle of Population; or, A View of its Past and Present Effects on Human Happiness; with an Inquiry into Our Prospects Respecting the Future Removal or Mitigation of the Evils which it Occasions,* The Version Published in 1803, with the variora of 1806, 1807, 1817, 1826, ed. Patricia James, 2vols, Vol. 1, Cambridge University Press, 1989, pp. 364-7. 吉田秀夫訳『各版対照人口論Ⅰ〜Ⅳ』（Ⅲ）、春秋社、一九四八〜九年、一四二頁）。

〔2〕『人口論』第三版（一八〇六年）の可能性が高い。ウィットブレッドが法案で明記した『人口論』の箇所を確認するかぎり、第三版が最も適合しており（Malthus, Thomas Robert. *An essay on population 1806*, An essay on population : the six editions, Routledge, 1996, 11 volumes.）、マルサスも第三版を用いて応答した可能性がある。

〔3〕Malthus (1989), *op. cit.*, Ⅱ, p. 190. 吉田前掲書、Ⅳ一六八頁。

〔4〕アダム・スミス『国富論』第一編第一〇章を参照。（Smith, Adam, *An inquiry into the nature and causes of the wealth of nations*, ed. R. H. Campbell and A. S. Skinner, vol. 1,W. B. Todd, Clarendon Press, 1976, Oxford, pp. 146-7. 水田洋訳『国富論』（上）、河出書房新社、一九六五年、一一七〜一二一頁）。

〔5〕著者はジョン・ウェイランド(Weyland, John 1774-1854)である。彼はオクスフォードで学ぶも学位はとらず、法廷弁護士（bar）として活動する。他方、オクスフォード州やバーク州などの治安判事を務めるなか、救貧法の問題に関心を持ち、キリスト教的な視点から救貧法を維持することを主張して、マルサスの救貧法論に反論した（*Oxford DNB*, Vol. 58, pp. 335-6.）。

〔6〕マルサスは『申命記』の引用を一五―一二とし、また小林訳では一五―一〇（小林時三郎『マルサスの経済理論』現代書館、一九七一年、二〇二頁）としているが、文章の内容から一五―一一が最も近いと考えられる（『バイリンガル聖書』第二版、いのちのことば社、二〇一五年、旧、三六二〜三頁）。

〔7〕マルサスはヒュームの著作の引用を第Ⅰ部のⅪとしているが、第Ⅱ部のⅪからの引用だと考えられる（田中前掲訳書、三一七頁）。

〔8〕ジョージ・ローズ（Rose, George 1744-1818）は、小ピット政権時代に大蔵省や海軍省の財務官を歴任し、一七九三年には友愛組合を合法化するなど労働階級の境遇改善に尽力した。ここでマルサスが触れた著作の正式名称は『グレート・ブリテンにおける救貧法と貧民の管理に関する考察（*Observations on the poor laws and on the management of the poor in Great Britain*）』（一八〇五年）であり、このなかで貧民救済の必要性を説き、マルサスの救貧法論を批判した（*Oxford DNB*, Vol. 47, pp. 745-9. および大前朔朗『英国労働政策史序説』有斐閣、一九六一年、一八〇〜六頁）。

【書簡4】一八〇七年四月五日付のウィットブレッドからマルサス宛ての書簡（田中訳）

拝啓

あなたの刊行された書簡の一通を受け取り、丁寧に拝読させていただきました。あなたがわたしに親しみをもって適切と思われる敬意ある言及をしてくださり、またわたしの真意を信頼していただき、ご親切にもわたしの仕事の多くに称賛を送ってくださっていることに、まずはお礼を申し上げます。わたしがこの書簡を差し上げるのは、あなたにお手間を取らせる二つの真意があるからなのです。まず一つは、わたしが少しでも「無慈悲（hardness of heart）」のような何かをあなたに負わせたとお考えになっているのなら、わたしの意図がまったくご理解いただけていないことをあなたに納得していただくことです。もしも刊行された［わたしの］『演説』の一〇頁[1]をご参照いただけるのなら、わたしがあなたの見解に当然の敬意を表しているだけではなく、わたしが『人口論』の著者に最も好意的な意図をもって（その意図も、わたしがその著者の著作集から集めたものなのですが）信念を述べていることをおわかりいただけるでしょう。わたしは［あなたの］著作［『人口論』］を上辺だけ考察した方がたに与える影響（深く十分に思案される方がたに与えると想定したものとはまったく異なる影響）に注意を払ってしまいました。したがって、わたしはそのご研究に読者の心が無慈悲にならないように入念な気配りをすべきだと述べたのでした。しかし、誰かに［『人口論』の］著者を無慈悲に帰するよう思い込ませようと仕向けて、わたしの意図がそのように誤ったのかもしれないなどとは断じて思っておりません。したがって、上記のようにわたしにはそのような意図がなかったことをあなたに納得していただくことを心より念じております。

あなたに申し入れるもう一つの真意は、あなたが強く反論しておられる救貧法案の条項のいくつかを検討することです。わたしたちは、怠惰な貧民と勤勉な貧民を区別する原理に思うことでは一致しており、またその原理を実施する難しさ［に思うこと］もあまり本質的に異なることはありません。わたしは犯罪貧民に有罪を宣告したり、［罪状を示す］身分証を着用させたりする実現の可能性には救貧法案のほかのどの条項よりも疑わしいと思いますが、法案の立法化に向けて国会や協議会の意見を求めることがふさわしいと思いました。あるきわめて限定された状況で実施される称賛に値する労働者たちへの褒賞は、たとえ良い結果につながらないとしても、少なくとも実害がなければ、わたしはその成功の可能性に向けて実験を試みたいと思います。

あなたが深刻な損害になると捉えておられる複合的な結果を懸念して、救貧法案の二つの「条項」に表明されたいっそう重要な反論に筆を転じます。この二つの条項が一つの観点から考察しうる可能性があることに、わたしはこれまで心を動かされたことはありませんでした。それに、あなたは害悪の作用に関わるこの二つの条項の間に一体どんな必然的な、または可能性のある関係がある［と考える］のかということもわたしをまだ納得させてはおられません。しかし、反論を一つひとつ分けることもできます。もしあなたがお望みなら、まずこの反論を一つずつ分けて考察してみましょう。第一に、個人財産の課税に関わることです。この条項がまさに一般に認められた国法だと述べることは、それを一つの革新とする方がたへの答えを提供するとしても、［政治経済学の］原理を擁護することにはなりません。しかし、わたしはこの条項が公正であると申し上げます。資本の大半は、労働の作用によって生産的になります。したがって、労働を用いる資本を生産的にするために必要な人口の緊急事態を救済するために土地に課税したように、こうした資本はある程度の人口をもたらすのですから、この人口の緊急事態を救済するために、ある程度の課税はされるべきでしょう。こうした資本だけが、各教区で明らかな生産的な資本になるために課税されるのです。もしも労働者の支援がなければ、元本のなかの金銭(Money in the Fund)は明らかではありませんので、あらゆる資本が利益をもたらしているために課税を免れているのです。わたしは労働によって生産的になっている醸造業の資本を有しておりますが、その資本は人口を生み出します。また、大規模な石灰製造業(Lime Work)[の資本]も有しておりますが、同様の状況にあります。わたしは驚くほどの利益をもたらす資本の作用により急増した人口の緊急事態を救済するためにそれ相応の分を負担しないことが妥当なのでしょうか?わたしはそうは考えられないと申し上げます。個人財産から税を徴収することには大きな困難が伴うかもしれず、たとえ克服できないことではないとしても、それはじつに憎悪されるものと自覚しております。それゆえ、わたしはこの条項にこだわることをお約束はしません。しかし、この条項は正義に基づいていると確信しております。第二に、教区に小屋を建設する権限を与えようと提案していることに関わることです。ここでわたしは、小屋の新たな需要が生じるたびに、じつに限定された趣旨で(すなわち、強い必要性に迫られた場合を除けば、決して行使されない権限として)小屋を建てることを教区に権限として与えるように述べたにすぎないのです。しかしあなたは、わたしがありとあらゆる教区に小屋の新たな建設を強要するような提案をしたかのように論じておられると申し上げることをお許しくださいますか。また、あなたが書簡において貴著『人口論』にもまして住居の不足から生じる予防的な効果を断言しておられると申し上げることをお許しくださいますか。あなたは、先の[『人口論』の]最新版が刊行されたときよりも、まさにその作用について完全に決心されたように思われます。しかし、品位または愉楽をもって居住させることができる[人口]よりもはるかに多くの人口に生活資料を十分に与えるかもしれないことに、自然の成り行きが確実にあるかもしれないと必ずしも認めてはならないのではないでしょうか?一般的にこうした事例などあり得ないのではないでしょうか?ましてや地方でこうした事例などありそうもないのではないでしょうか?上記は、わたしが概して信頼するイングランドの事例なのですが、わたしが知る[あくまで]部分的な事例です。(十分な生活手段を持たない人びとのための住居を生み出す心配がなく、)生活手段を十分に持って生活する人びとの住居のためにより多くの空間を提供しようとわたしは法律として制定したいと望んでいるのです。近隣の村を例に挙げてみましょう。そこでは人口が生活手段に比例して少しも増えていません。しかし何件かの家は取り壊されてきており、人口の健全な増加はたとえば深刻な不品行を生む若干の小屋の取り壊しをもたらしてきました。ひどい不品行は、その必然的な結末です。わたしは少数の小屋を［新たに］建設することで、明らかに道徳的かつ肉体的に良い影響をもたらし、こうしたより愉楽のある住居を得ようと労働者たちの野心を刺激することを望みます。しかしわたしは少数の小屋を建設するという条項によって、ある人が教区の人口を増加させるとは考えません。わたしは、もう一度この条項を一つずつ分けてお考え直しいただくことで、あなたにこの条項がじつに有益であり、危険にはなりえないことをお分かりいただけることと信じております。いくつかの条項を組み合わされるので、あなたは誤解されて悩まれておられるのだと思います。あなたの主張を理解するならば、それは以下の通りです。この法案は速やかに人口の激増をもたらす結果、小屋の件数が現在ある住居［の件数］に加えられます。労働供給が増加するために、労働［の価格］は当然いっそう安価になりましょう。その結果、家族をもつすべての人びとに教区の救済に依存することを余儀なくしましょう。また農場主は、大資本家が［救貧］税の一部を支払うために誘惑にかられ、同様の利益を引き出せない教区税（parish rate）によって、労働者たちの仕事、あるいはその大半を獲得するために、この作用を促進するような支援を与えます。まず何よりも、課税された資本家は、あまりに誤用された税に不服申し立てをするでしょう。しかし、あなたには農業教区が概して言えば、生産的な個人財産がほとんど見出だされない教区だということをお考えいただきたいのです。いまこの書簡でわたしがお伝えできる教区を例に挙げてみましょう。生産的な資本は大部分が都市（Town）に限定されています。したがって、小屋を建てうるところではこうした資本があることは極めてまれでしょう。農業と商業の財産が併存しているところでは、それぞれに従事する労働から生じる人口の集団が存在します。現在ある不公平は、こうして少なくなるでしょう。また、二種類［農業と商業の］の資本家はいずれも、あなたが示唆されたように、どちらか一方の利益を奪うことはないでしょう。

以上が、貴君が法案のいくつかの部分を考察する際に強調されたご懸念から、わたしの見解を守る根拠です。わたしの目的はあなたの議論に異議を唱えることではなく、あなたがわたしの信頼できるじつに称賛すべき見解をもって、わたしのためにお時間をつくり、また関心を持ってくださったように、こうした個人的な交流や情報をあなたから得るために、自分の見解を述べました。わたしは、できるかぎり最善を尽くし、自身の判断の指針になるような、あらゆる情報を得ることを望んでおります。あなたより得た情報が最も価値あるものと考えていることは申し上げるまでもありません。わたしは重い負担を抱える教区に救済を認める法案の一部としてある地方債（County Stocks）に、あなたが抱いておられるような害悪に向けられた警戒にご注意を促したいと思います。法廷は教区のいかなる事情も一切考慮に入れることはなく、また貧民を救済するために引き上げられた税額の平均は、州全体で引き上げられた平均的な税額の二倍をこえることはありません。［被救済権の］審査は適用される教区の貧民監督官の管理に関する誓約に基づいてなされるべきことですが、権利を要求できる支援はありえません。また、州平均の税額の二倍以下に引き下げて与えうる救済もありえません。疑いなく、こうした事実がローズ氏のパンフレットより引用された注で述べられたとお思いになるのなら、すなわちその教区の労働が、救貧税によってある程度支払われていたならば、あらゆる救済が留保されたでしょう。ともかく、こうした実施が公開されることはじつに好都合であり、多くの害悪を修正するのに大いに助けとなるでしょう。わたしは教区全般に周知することで得られる大きな利益は法外に高い地代（Rack Rental）によって生じたか、あるいは、それから何らかの調和を生じさせたかのいずれかと推測いたします。もし、こうした事情のすべてを考慮にいれるならば、おそらくあなたは得られる利益が明確であり、可能性のあるいかなる害悪も阻止するために、治安判事に裁量の権限が十分に与えられたとお考えになるのではないでしょうか。わたしは、あなたが一般教育を規定する計画に賛同してくださり、また、比較的少ない費用でこの計画を実行できるかもしれないと確信されていることが分かり、大変うれしく思っております。わたしは自分の見解をあなたの称賛者の何人かに向けたのであり、あなた自身に向けたのではなかったと、ただ繰り返さなければなりません。わたしは本腰を入れて取り組むつもりですし、実際、わたしの言葉は自身の主張を余すことなく論じるために発しております。わたしはあなたの［名誉を］傷つけたのではないかとそのように心配しておりますが、それは故意ではありません。そしてわたし自身、いかにあなたに忠実で高潔な者かを確信していただく機会を持てれば幸いです。

サミュエル・ウィットブレッド

一八〇七年四月五日〔2〕　サウスヒルにて

わたしは明日ロンドンに参ります。法案は来週の水曜日に委員会付託を受けます。

訳注

〔1〕ウィットブレッドは、演説においてマルサスの『人口論』を丹念に読み、「彼の忍耐強くかつ深遠な研究に、彼の証明に見られる特有の鮮明さに、そして、彼の進める原理の正しさに、最大限に十分かつ正当に取り扱うことを望んでおります。わたしはこのマルサス氏の著作に論争の余地がないものと確信しております。」（Whitbread, Samuel, *Substance of a speech on the poor laws: delivered in the House of Commons, on Thursday, February 19, 1807. With an appendix, 1807*, p. 10. 柳田芳伸・田中育久男訳「ウィットブレッドの救貧法に関する演説」『長崎県立大学経済学部論集』第四九巻第三号、二〇一五年、六六頁）と述べており、『人口論』を重視していた。

〔2〕この後、審議は四月一三日に再開するが、ウィットブレッドが法案を分割する意思を固め、その延期を求めた。その後、同月一七日の審議で法案は四つに分割され、そのうちの一つである「教区学校法案（Parochial Schools Bill）」が同月二四日以降、数度に

わたり審議されることになったが、結果としては八月一日の審議で廃案にされた（松井一磨『イギリス国民教育に関わる国家関与の構造』東北大学出版会、二〇〇八年、一〇一～六頁）。

【書簡5】一八〇八年五月四日付のマルサスからパーネル宛ての書簡（柳田・中野訳）

[if not impossible の直前の頁が脱落] そのような見積もりは、どれか一つの商品だけでなく、すべての商品の合計に依存するので、その困難性は容易に理解されるでしょう。

アダム・スミスは穀物しか取り上げなかったので、たしかに、ある決定的な過ちに陥りました。彼は自分自身の原理に従って、労働を選ぶべきだったのです。労働を標準的価値尺度とみなしている点でわたしは彼に決して同意しませんが、それでも、労働がとても膨大な量の商品の構成要素となっていることから、指名されうるほかのどれか一つの基準よりも、労働を取り上げることをわたしは選びます。おそらく、農業労働と穀物との平均が最も実用的な尺度でしょう。スコットランドの牧師のパンフレットが提言している地代の追加は、貨幣価値とはまったく無関係で、他人の地位や富だけと関係のあるものなのです。

ハートフォード

一八〇八年五月四日

拝　啓

スミス[1]がわたしにあなたのいくらかの論考を残していき、それらの主題についてあなたに手紙を書くように頼まれたのですが、それがこんなにも遅くなりお恥ずかしい次第です。我が家に予期せぬ訪問者たちが滞在していたことと、大学の仕事の忙しさとで、今日の午後まで時間が取れませんでした。

わたしはこれまで一般的に、一定量の純地代やそれに類する地代を、イングランドの一〇分の一税の最良の代替物とみなす習慣がありました。地租の徴収を目指して、アダム・スミスは借地契約を登録する計画を想定しましたが、もしそのような計画が共謀を防ぐように改変されるなら、わたしはこれらの借地契約に従って支払われる実際の地代の五分の一やそれくらいの割合が、目標の達成として認められる最も自然で最も非暴力的な変化だと考えます。しかしながら、アイルランドの地所が非常に小さな土地に分割されていること、その結果として多数の借地人が、容易に克服することのできないこの制度に反対していないのかどうかについては、わたしは知りません。そして、あなた自身がご意見を出されなかったものですから、このことがあなたの地元の知識からのご意見だと、わたしは結論づけています。地所を見積もることで（一〇分の一税が見積もられているときにそれは実際に行われなければなりません）、そして、一〇分の一税の代わりに全体の一定量の純地代を割り当てることによって、その困難を克服することが可能であるのでしょうか。この場合においては、カトリックの借地人ではなく、カトリックかプロテスタントを問わず土地所有者が直接の貢納者となるでしょう。おそらく、この計画の最大の欠点は、ある一定期間をおいて、新しい調査や評価が必要になるので、費用がかさみ、評判も悪くなるということです。

わたしには十分な根拠があるとは思われませんが、聖職者に土地を与えることに対して一般的な偏見が強かったように思われます。しかしながらこの偏見のために、そのような代替案がおそらくは好意的に受け入れられないのではないかと懸念しています。そして、多くの教区では、その目的に適する連続的な土地の量を手にするために、とても法外な金額を支払う必要があるのではないかとわたしは心配しています。ほかの点においては、私見では土地の割り当てには多くの利点があります。とくに、あなたが正当にもとても重要なことだと述べておられるように、カトリック教会の直接的な貢納という観念をプロテスタント教会のほうに移転させるということです。

あなたが提案した第三の計画への主要な反論は、たしかに、貨幣価値の低下ですが、これをそれなりに正確に見積もることは非常に困難なことです。

ヘンリー・パーネル様
ベイカー街　四九番地
ポートマン　スクエア

［この文章の前に記されている書簡が脱落しているので、訳出不可能］そして、社会の発展においては、国家のさまざまな階級が富を増加させるような割合で、不平等が時として生じることが予想されうるでしょう。穀物と労働の価格の上昇に地代が決して追いついていない多くの地所がイングランドには存在します。当該パンフレットに言及されている価格についての若干の事実には、あなたと同様にわたしも大変驚いております。その著者の情報はイングランドで生じてきた事柄とあまりにも矛盾しますので、それが正しいとはとうてい信じられません。彼はスコットランドでは一七四〇年もしくは五〇年以降、労働［の価格、すなわち賃金］は一から六まで上昇し、穀物は一から二と二分の一まで上昇していると述べていますが、わたしがイングランドについて考察してきた資料から判断できるかぎりでは、その時期以来、労働よりもむしろ穀物の上昇率のほうが高くなっています。もしそのパンフレットで述べられたように、その事実が［書簡の破損］なら、それは、イングランドの救貧法が労働の価格を下げているという強力な証拠になるでしょう。しかしながら、わたしはスコットランドの貧民の生活状態はかなり改善されていると信じていますが、彼らが一七四〇年に支配しえた穀物量の優に二倍以上のものを現在支配し得ているということなどは、ほとんど信じられません。

一〇分の一税へのどんな特定の代替案に対しても多くの反

論が提出されるのは確実なことに鑑みて、スミスとわたしはともに次のような意見を持つに至りました。すなわち、カトリックの請願について議論するに際しては、まず一〇分の一税への特定の代案の提出は避けて、アイルランドの下層階級が蒙っている極端な抑圧と困苦についてのみ詳述し――これは彼らを買収する現在のやり方なのですが――可能であればこの点について何らかの変化が絶対に必要であるということの同意を得て、そのあとでそれを検討中の課題に適合させる特定のやり方に取り掛かるのが最も賢明であろう、ということです。

一〇分の一税の徴税においてアイルランド人の下層階級がさらされている特有の抑圧を、あなたは最も明確なやり方で述べられましたので、われわれはともに、あなたがもっぱら当該部分を詳述されることによって、この主題は議会で最も公平な機会に恵まれるであろうと考える傾向にありました。しかしながら、この問題につきましては、当然のことながら議会のもたつきについてご存じであられますので、わたしたちよりあなたのほうがすぐれた判断材料をお持ちです。

率直に申しまして、あなたのスコットランドにかかわるパンフレット［わたしにとりまして］あまりにも重苦しいものですが、わたし自身速やかに［判読不能］しておくか、それを破棄する機会を持ちたいと思います。

この重要な問題についてあなたの成功を祈っております。

敬　具

トマス・ロバート・マルサス

この性急な走り書きをお許しください。郵便に遅れそうですので。

［この直前の頁が脱落しており、文章が不完全］あなたにもうすぐ会えることを楽しみにしております。

わたしは現在その問題についてこれ以上深く立ち入ることはしません。

敬　具

トマス・ロバート・マルサス

訳注

〔1〕スミス(Smyth, William 1765-1849) のこと。スミスはアイルランド人の銀行家トマスの息子として、リバプールに生まれた。イートン・カレッジでの予備学習を経て、一七八三年にケンブリッジ大学のピーターハウス・カレッジに入学し、在学中に後輩のマルサスと交友関係を持ち、爾後生涯にわたって交流した。八七年に、第八席の数学1級合格者としてケンブリッジを卒業した後、ウィッグ派のシェリダン (Sheridan, Richard Brinsley 1751-1816) の長男の家庭教師となったのが機縁となり、ウィッグ派の拠点であったホランド・ハウスに出入りするようになり、マッキントッシュ (Mackintosh, James 1765-1832)、ブルーム (Brougham, Henry, 1778-1868)、ホーナー (Horner, Francis 1778-1817) らと知り合った。就任に際して醜聞が立ったけれども、一八〇七年にケンブリッジの近代史の欽定講座担当教授となり、以後没するまで在職した (*Oxford DNB*, Vol. 51, pp. 454-5 や *T. R. Malthus: The*

Unpublished Papers in the Collection of Kanto Gakuen University, ed. John Pullen & Trevor Hughes Parry, Vol. I, Cambridge Univ. Press, 1997, Cambridge, p. 85, n79 等を参照)。

【書簡6】一八〇八年五月九日付のパーネルからマルサス宛ての書簡（柳田・中野訳）

ベイカー街　一八〇八年五月九日

拝　啓

アイルランドの一〇分の一税の制度とその改革案についてのご意見をお届けくださり、感謝に堪えません。しかしながら、一〇分の一税の支払い方法の代替案を願っている我が州（County）の自由保有権保有者（freeholders）たちからの別個の請願を提出したこと、またその目的のための案件をわたしが議会に提案することをわたしの選挙民が期待していることをあなたとスミスはご存じなかったように思われます。論点は完全に一〇分の一税の議論に限定されるでしょう。そしてこの議論はカトリック問題の審議が終わるまで行われないでしょう。わたしの動議は一〇分の一税支払いの代替案のためのクイーンズ州の請願を全議会の委員会に付託することにあります。それというのも、委員会というのが、教会についてのある論点を初めて考慮をするにはしかるべき場所だからです。わたしが案件を提言する必要はなかったのでしょうが、わたしはそうすることを望まれたのであり、わたし自身の意図も次のような決議の形でそのことを提言することにあります。すなわち、議会にその説明をする際に、もし、わたしの動議が認められてその請願を扱う委員会に差し出されるとすれば、わたしは、一〇分の一税支払いの代替案として、これらの決議を提示するであろうというものです。

以上の説明から、わたしがこの案件に当然に全力を注いでいることをあなたは理解してくれるでしょう。

わたしは純地代の一部の代替案については何も述べておりません。それというのも、とても細かい案件をアイルランドで実行することは不可能であることをわたしは承知しているからです。あらゆる階層の人びとは事業（business）またはこまごまとした仕事（detail）をする習慣には不慣れであり、それにまた、支払われるべき地代量の正当な割り当てのようなものを保証することもまたほぼ不可能でしょう。このような理由で、また、一〇分の一税の代わりの貨幣支払いや地租に対してわたしがすでに反論してきた理由で、わたしの選択は土地の代用と大蔵省（Treasury）による支払いとの間で見いだされなければならないと考える傾向にあります。購入される地所はそれぞれの教区において、もしくは、教区のある州においてさえも、必ず存在するはずだとは考えられません。管区（province）のほうがより適切な範囲だと思われます。わたしの見解は、聖職者の所得は地代から与えられるべきであって、土地の耕作による利潤から与えられるべきではないというものです。

あなたがおっしゃるように、大蔵省による聖職者への［貨幣］支払いに対する主要な反論は貨幣価値の低下に由来しますので、この困難は、七年ごとに聖職者の俸給の実質価値が見直されるという保証を――議会での投票がその保証を与えられうるかぎり――彼らに与えることによって対処できるのではないでしょうか。議会の両院によって同意されたこのような趣旨の決議はそのような修正を保証するでしょうし、下院の委員会はほかのどの委員会とも同じように、低下した貨幣価値の量を確かめるための優れた裁定者とおそらくなるでしょう。わたしがアイルランドの聖職者について知っていることから判断しますと、彼らがそのような取り決めに不満を漏らすとは考えられません。

大蔵省がそこから聖職者に支払わねばならない資金、この資金を調達することは大した困難ではないでしょう。アイルランドの一〇分の一税の年額は三〇万ポンドを超えているとは思われません。国民は、一〇分の一税が免除されることを考慮して、どんな新税をも容易に受け入れるでしょう。気を付けるべき唯一のことは、まったく新しい課税体系を導入しないようにということよりも、むしろ旧税を増額しないように、ということなのです。

ダッドリー氏[1]の案件のように、もし土地を購入する手段が現在課せられている一〇分の一税を売却することから生じるならば、わたしは、聖職者のために土地を購入する案よりも、むしろ上記の案のほうに心を惹かれます。それというのも、わが国の土地所有者も農業経営者も購買者になるほどの資本を持っていませんし、土地所有者でも農業経営者でもない購買者を保証するほどの余剰の資本が国内にある――この場合アイルランドにおいて満期になったときに貨幣を取り戻す過程が非常に容易になりますが――わけでもないからです。

もしわたしがまる一日ロンドンから出ることができるのであれば、半時間の間この重要な問題についてもっと十分に説明をするために、あなたの州であなたへの面会をお許しいただけるとたいそうありがたいのですが。わたしは現在ダウンパトリック選挙委員会（Downpatrick Election committee）で拘束されておりますが、一週間から一〇日ほどで解放される見込みがあります。

敬具

H・パーネル

ヘンリー・パーネル様
ベイカー街　四九番地
ポートマン　スクエア

来週の始めか終わりごろに二、三日ロンドンで仕事があるかもしれませんので、その折に、ベイカー街のあなたのところを訪れることを楽しみにしております。

訳注

〔1〕ダッドリー卿（Dudley, Sir Henry Bate 1745-1824）のこと。父は長年ウースターに住み、後にエセックスのノース・ファムブリッジの教区牧師となった人物で、ダッドリーはその次男としてウォリック州に生まれた。オックスフォード大学のクイーンズ・カレッジで学んだとされているが、学位は取得していない。父の他界後、ノース・ファムブリッジの教区牧師を引き継いだけれども、ロンドンに出て、喜歌劇の脚本を書いたりした。一七七五年に『モーニング・ポスト』紙の編集者となり、八〇年には叔父の遺産によって同紙の所有者ともなった。八〇年七月にリッチモンド（Charles Lennox 1735-1806）公爵（Duke of Richmond）への中傷記事で有罪判決を受け、共同所有者のリチャードソン（Richardson, Joseph 1755-1803）と決裂し、『モーニング・ヘラルド』紙を創刊させた。巨富を得たダッドリーは一八〇四年に至り、高位の聖職を得るために、アイルランドへと渡り、〇五年にウェクスフォードのファーン教区の司教区尚書院長に指名され、また〇七年にはロングフォードのキルングラスの牧師補となった。そして一二年にイングランドに戻り、准男爵の称号を得ると共に、ケンブリッジ州のウィリンガムの教区牧師となった。マルサスは『エディバラ評論』の一二巻二四号（一八〇八年七月）でアイルランドの一〇分の一税の金納化や修正を提案したダッドリーの著書（一八〇八年）を論評した（*Oxford DNB*, Vol. 17, pp. 71-2や、John Pullen & Trevor Hughes Parry ed. *op. cit.*, p. 87, n87等を参照）。

【書簡7】一八〇八年五月一二日付のマルサスからパーネル宛ての書簡（柳田・中野訳）

ハートフォード　一八〇八年五月一二日

拝啓

スミスとわたしは、あなたが正しく想像しておられるように、あなたが選挙区民（constituents）の要請によって、一〇分の一税について陥った特定の状況をまったく知りませんでした。この状況は事態を一変させるものです。それゆえ、わたしはあなたの次のようなお考えに完全に同意いたします。すなわちこの主題についておそらくあなたがいくらかの具体的な提案をするよう期待されておられることに鑑み、概して反対されることが最も少ないと思われる代替案を採用する決心をするのが最善策であろうということです。

わたしはアイルランドの情報を最近は得ていませんし、さらに現在はほとんど時間がありませんので、あなたの役にほとんど、もしくは、まったく立たないのではないかと思われます。しかしながら、何か提案すべき事柄が思い浮かべましたなら、喜んであなたにお伝えいたします。ご都合の良い時にいつでもハートフォードにお越しください。当地でお目にかかれるのをとても楽しみにしております。快適な空気ベッドをご用意いたしますので、ご利用いただけることを願っています。

前の手紙で、国税（general tax）によってアイルランドの一〇分の一税の総額を増やそうという計画への異議を知らせることを忘れていました。それには大きな反対が生じるのではないかと危惧しております。アイルランドでは地租がないと思われますが、現在一〇分の一税を支払っているか支払うべき同一の人物に影響を与える税としては地租しかありません。以前は必要のなかった一種の賦課金の代替物を支払うことを要求されるこれらのすべての人びとからの激しい反対が当然に予想されるでしょう。以上の助言をあなたの考察の用に供します。どのような重要性がそれに加えられるのか、あなたなら判断することができるでしょうし、とりわけ次のような事柄についても判断がおできになるでしょう。すなわち、アイルランドの大蔵大臣〔1〕が、国家の支出に貢献する特定の社会階級の力を削減するがゆえに、その状況を強力な反対の根拠にしてしまうのではないかということです。まったく新しい課税体系を採用しなければ、当該損失は、一〇分の一税から解放された人びとの相応の負担増加によって補填されることはないでしょう。

敬具

訳注

〔1〕アイルランドの大蔵省は一八一七年まで残存していて、当時の大蔵大臣はフォスター（Foster,John , 1st Baron Oriel ,1740 - 1828）であった。（A. P. W. Malcomson, *John Foster. The politics of the Anglo-Irish ascendancy* ,Oxford Univ. Press,1978, Oxford）

【書簡8】一八〇九年六月六日付のホーナーからマルサスへの書簡（荒井訳）

拝啓

わたしは、［以前］ベンガルに向かったわたしと親交のあるいとこのブレア氏の件で、あなたに手紙を書き［判読不能］あなたがお許しになることを望んでおります。［判読不能］わたしは、彼の成功に大いに関心を持っただけでなく、あなたが彼を十分にお認めになる程の存在であることに気付くようになり［判読不能］確信しました。

わたしは、［東インド会社の］委員会の負債に関する考察から、理事長が辞職する必要を感じています。その点について、あなたは、御親切にもその職をわたしに任命して頂きました。わたしは、最後までその考察をやり通すために［判読不能］。ですが、ごく最近、マドラスで理事長からわれわれが受け取りました改革案は、異なる決定の採択をわたしに求めるものでした。負債は約四〇〇万英貨の額に達するとする調査により、それがかなり長い間言われてきました主張に加えて、二二〇〇万英貨にも達するとする主張が、マドラスでは声高に叫ばれてきたかもしれません。その主張は、インド国民によってなされた［判読不能］そうした膨大な負債額になったと言うものではありません。そうではなく、少なくとも一万人程度のインド国民は、委員長［の就任］以前から、近年の［判読不能］国内や軍の使用人［に使用した金額］からそのような膨大な負債に達するようになったと主張したのです。［判読不能］。

最終的に、この独占的な雇用と職に就けられる一般的な成功を掴む機会との双方を追究することは、わたしにとって急務の課題になりました。実は自分の仕事を終えていないままにしているので気が進まないのですが、［判読不能］決めてきましたので、わたしは、このことが、あなたのお考えと異ならないことを望んでいます。

わたしは、次のように言うことができて非常に嬉しいです。それは、ウィルソン氏が、最近患ったような病気から、以前に見られた程度にまで大いに回復を遂げたことであります。ですが、［判読不能］病気は、［判読不能］厳しい発作の後もいくらか長続きするに違いありません。彼は、［判読不能］諦めることによって、自分の専門的な仕事をかなりの程度、断念することが適切であると考えています。

ホランド卿のイングランドの到着は、毎日［判読不能］。最近の手紙は、スコーブルからのもので先月の一〇日になります。彼はその日、監獄に［判読不能］イングランド人の喝采から［判読不能］受け取りました。直近の彼の手紙は、フランスに対するスペインの対抗についての［判読不能］ものでした。これは、彼が、昔敗れた原因について目にしてきたこの国のほぼすべての人びとの意見に反対する感情でした。彼らは、あまりにもすぐにその敗北に絶望していたように思われました。ですが、何も起きなかったこの夏において、状況は、別の［判読不能］についてのボナパルテの注意を再び喚起した一方で、深刻な戦争のためにスペインにおける資源が何もないことが証明されているように思われます。彼らは、その資源を実行へ移す能力をもつ政府を少なくともなお存続させていますが。この手紙には、あなたのために小さなパンフレットを同封しています。そこには、［判読不能］の内容に関して、わたしが理解するいくつかの論点があります。わたしは、あなたに心から敬意を表しています。

フランシス・ホーナー

訳注

〔1〕解読できる範囲では、インドにおける軍事費の拡大（四〇〇万英貨→二二〇〇万英貨）について触れられている内容である。

〔2〕解読できる範囲では、スペインとフランスの戦争（スペインでは戦時への資源が何もないこと）について触れられていることである。

【書簡9】一八一〇年二月五日付のマルサスからホーナー宛ての書簡（山﨑訳）

一八一〇年二月五日、ハートフォード

あなたの手紙はヘーリーベリーの大学[1]に送られていました。しかし、わたしはまだハートフォードから引っ越していないものですから、昨日やっと受け取ることになったのです。わたしはあなたから、わたしの好奇心をかなり刺激する話題が開けてとてもうれしく思います。ただ、わたしの手元の情報が不足しているために、今のところその好奇心を満足することはできていませんが。また、わたしは文面から今あなたが何を研究しているかを知って[2]じつに喜ばしく思っています。なぜなら、あなたの手のうちにある問題はまさしく解決の方向に向かっていると確信しているからです。わたしは『モーニング・クロニクル』誌の第二号を読みました。あなたがなされている研究と、その内容がほかの方から紹介され称賛されていることについて、お祝い申し上げます。わたしはあなたが書かれた御論考のごく一部しか読んでいないのですが、わたしが知ることができた内容からすると、どうもその問題に関するわたしたちの考えは実際にそう違わないようです。わたしはどこにも、あなたがほのめかしているリカードウ氏やマシェット氏の見解の正当性を見出すことができませんでした。その問題について、わたしが思っている大まかな見方は次のとおりです。

わたしの考えでは、商人たちが感じているショック[3]は、現代ヨーロッパの混乱した状況から起こっています。一年半から二年続いたナポレオンの侵攻は、商品との交換のための貴金属の使用を、より必要なものに、そしてそれ以前よりも一般的にさせました。このことで増加した貴金属の使用によって引き起こされた需要は、大陸での貴金属の価値を増やしました。もし、貴金属の流通が自然なものであれば、つまり、紙券が銀行において金と引き続き交換可能であれば、ギニー金貨や金塊のかなりの規模で輸出が起こり、それが直ちにこの国の通貨の価値を大陸と同じ水準にまで引き上げたことでしょう。そして、その後、通貨の価値が安定したに違いありません。しかしながら、わが国の通貨は、現時点で、じつに多くの紙券が流通していて、しかも、その紙券には正貨で支払い可能ではありませんので、こうした均等化の過程は容易には起こりえないのです。たとえ、流通しているごくわずかの金がすべて輸出されたとしても、そうした結果になるには少なすぎるでしょう。もし銀行券の増発がこうした流通における空隙をただ埋める程度のものであれば、貴金属価値の水準を回復する見込みはないでしょう。このような状況下では、この国の通貨価値は大陸の諸通貨よりも低い水準に留まらざるをえません。為替レートは、わたしたちにとって大いに不利になり、貴金属の輸出に伴うプレミアムは永続的なものになります。わたしたちは、イングランド銀行が紙券をほとんどあるいはまったく増発しなければ、このような事態を目撃することになるでしょう。そのことは、大陸で金塊や通貨に起こっている価値の変化という状況とまったく別に生起するかもしれないのです。イングランド銀行が正貨での支払を制限することで、通常の通貨流通に戻ることが妨げられる事態になったのです。

あなたの御論文から伺えるのですが、もしあなたがイングランド銀行券の増発にまったく訴えていないのでしたら、上述の事態になったのは、今わたしが述べたことが原因だと強く主張します。イギリスの商人たちが現在の困難な状況の下で新たに切り開いた通商経路には、以前の経路に比べて、より早い決済と多くの貴金属の使用がどうしても必要なのです。ただ、気を付けなくてはいけないのは、イギリスの通商を制約している、こうした貴金属の使用の増加は予測できる効果を生み出さないであろう、ということです。大陸に比べてわが国の金塊の価値を高めるでしょうし、正貨の受取においては、特別な条件のない国ぐにとの間で交易条件が改善されるでしょう。前者について、事前に満たされなければならない必要条件の一つは、わが国の金塊の市場価格が大陸のそれに等しいかどうかということです。わたしが現状をそのように見ているように、正貨の絶え間ない流出によって、事態がそうならない場合には、困難の原因を、現在進められているブリテンの交易における金銭的な不足に帰することはできず、ブリテンと大陸との通貨の相対価値に影響を与えるような、もっと一般的な本質を持つ何らかの原因を考えなくてはならないでしょう。その原因とはイングランド銀行券の増発[4]かもしれませんし、大陸における貴金属の過度の使用[5]かもしれません。前者はわが国の通貨を大陸に比べて減価させるでしょうし、後者は大陸の通貨をわが国の通貨に比べて増価させるでしょう。どちらの場合でも、わが国の為替相場や、鋳造所での価格に比べて貴金属の市場価格がどのくらい高いかということに与える影響は同じです。ただし、そのどちらであるかによって、イングランド銀行の理事たちの罪の大きさには大きな違いが出るとはいえますが。

とは言え、イングランド銀行理事の罪深さが両者の間で異なるにしても、いずれにせよまったく責任がないということにはなりません。そして、そのどちらの考えが正しいとしても、今問題になっている害悪を正す方法は、紙券の縮減以外にないのです。イングランド銀行に規制がかけられる［金兌換が停止される］以前の物事の自然な状況では、どんな原因があるにせよ、ブリテンの通貨に比べて大陸の通貨が増加すれば、銀行券が還流して金と交換され、その金が輸出されることで事態が収まりました。規制の間は、イングランド銀行の理事たちにとって、正貨と交換できるために保持している価値とほぼ同じだけしか銀行券を発行できないとされ、それは必ず守らなければならないものでした。現在の流通における最も大きな害悪は、それが以前のようには、必然的に変化する大陸の通貨価値に自らを合わせることができないということです。いま必要なのは、イングランド銀行の理事側の関心、知識、無私にあります。それらの資質は、全体として彼らが、想像以上に持っているように見えるのですが、問題を解決するのに十分なほど持っていないと思われます。紙券の発行を十分に制限することは実際容易なことではないでしょう。なぜなら、イングランド銀行は、半年ごとの配当や政府に継続的に支援するなどのために多額の支払を余儀なくされているからです。もし、紙券の発行を制限すれば、商人向けの割引を狭め、わが国の通商に混乱を与えて、広く非難を呼び起こしかねないでしょう。それでもなお、紙券の縮減は、わたしには唯一の解決手段だと思われます。そして、予想されうる非難に対しては、その国の通貨の価値や信任が変動しているような状況では、いずれにしても商人たちが何らかの混乱にさらされることは自然なことであると答えたいと思います。たとえ、それが自然ではない状態で、しばらくの間苦しんだり、是正を不可避としたりするような場合に比べれば、混乱が大きくないにしてもそうなのです。いずれにしましても、紙券の縮減は、漸次行われる必要があります。[6]

商人間の交易で貴金属の使用が増えていることは、商業信用に与えられたショックから生じているとわたしは先に述べましたが、ヨーロッパで正貨での支払を要求する勢力が増していることによって、その貴金属の使用が大いに広がっているわけですし、多くの交易で貴金属が使用されているのかもしれません。

どのような原因から生じているのであるにせよ、ヨーロッパで貴金属の使用が増している問題を解明しようとする試みは、探求の目標をはっきりさせることになるでしょう。

あなたにもまた、通常の商人が、受け取った財貨の対価として金塊が輸出されているかどうか、それとも、為替相場をよく知りうる立場にある金商人が、昨今の状況下で手形を一般の商人に売ることによって、専ら輸出がなされているかどうかを確認するチャンスがあるといえるでしょう。一般の商人は金塊を送ることで取引相手に決済することができるのです。

たとえ、イギリスにおける金塊の価格がまだ大陸の金塊の価格よりも低いとしても、わたしは輸入による影響はごくわずかだと思います。ローズ氏が反対者に何を言ったとしてもそうです。実際、ローズ氏の結論は完全に馬鹿げたもので、これまでの研究によって十分に明らかにされた事実にまったく反しています。わたしは、輸入品の価値がどのように決まるかを正確に知っているわけではありませんが、為替相場がそれに影響を与えないとは思えません。自国の五五〇〇万の輸出は為替相場が二〇〜二五パーセント程度安い場合に、四五〇〇万の輸入によって相殺されて余りあるでしょう。そして、わが国は、正貨の放出を通じて、為替相場を均衡するに至るといえます。このことは税関の勘定を考慮に入れましても、現実に反しておりません。

とはいえ、この計算はあまり信頼できるものではありません。なぜなら、（提案されているやり方で訂正されないかぎり）

それは、ブリテンに有利で安定的な均衡を想定しているからであって、あなたもちょうどコメントされている浅はかな内容を含んでいるからです。

わが国の貴金属の多額の輸出がなされる仕方を解明する研究は、すべて大変有益なものでしょう。わたしは、何らかの対価として、わが国が正貨でかなりの支払いをすることは知られているようですが、金塊を受け取る方法については存じておりません。金塊が出回る市場はかなりの規模であるに違いありません。より正確に言われているところでは、現在のイングランド銀行は、保有しうる額の二倍の規模で金塊を輸入しているかもしれないとのことです。ですが、民間の金商人が決してそのように答えてはならないでしょう。金商人は、海外の金塊よりも安く手に入れられる、銀職人の作ったプレートを購入することに従事しています。

しばらく前に聞いたことがありますが、と言っても、その当該分野の権威ある人が言っていたからということではないのですが、大陸では、銀に比べて金が異常に値上がりをしているとのことです。それは本当でしょうか。貴金属の使用が普及しているなかで、遠方への送金には金が有用であることは確かです。

手紙が長くなったことをお許しください。また、書き方も要領を得ないものでした。さらに疑問が沸きましたら、また手紙を書かせて頂きます。政治が［以上の問題を解決するうえで］かなり進展してくれることを祈っています。ご研究が進展されましたら、是非またお聞かせください。家内も読みたがっております。

訳注

〔1〕マルサスは一八〇五年、東インド会社の教育機関であるヘーリーベリー・カレッジの教授に就任し、生涯その職にあった。

〔2〕同年の二月一日であるから、この書簡の四日前、当時のイギリスにおける金地金の高騰問題を調査する、下院地金委員会の委員長にホーナーが就任した。この委員会がまとめた『地金報告』の主な執筆者もホーナーである。

〔3〕当時のイギリスでは、大幅な物価上昇、金地金の高騰、為替レートの下落などがあった。『地金報告』はこの原因を巡る論争を引き起こした。

〔4〕リカードウらの地金派は、イングランド銀行券の過剰発行が原因でイギリス通貨の減価が生じていることを主張した。『地金報告』も基本的にはこの立場であり、同『報告』はイングランド銀行券の発行規制と二年間の兌換再開を勧告した。

〔5〕地金派に対して反地金派は、イギリスの現状を金需要の増加と不利な国際収支状況に起因するものとした。通貨の過剰発行はないという主張である。

一八一一年、下院は戦争下の政治的配慮から『地金報告』の勧告を拒否して反地金派が勝利するかたちになった。しかし、ナポレオン戦争が終結すると地金派の主張は下院に受け入れられて、一九年の兌換再開条例をして結実した。

〔6〕マルサスは地金派に属するが、為替レートの下落は銀行券の過剰発行だけが原因としたリカードウに対して、対外送金の変化なども重要であるという意見を持っていた。後にリカードウも、兌換再開に関する委員会証言でほかの要因を認めている。

【書簡10】一八一〇年九月一五日付のホーナーからマルサス宛ての書簡（荒井訳）

わたしは、あなたからの手紙を昨夜受け取りました。ヘーリーベリーでは、大変御親切にもわたしをお招き頂きました。存じているかぎりでは、あなたが地金報告書に満足していることは喜ばしいことです。この主題の理論において、いくつか問題点がなおありますが、それは、わたしには難しく、とくに交換に関する点においてそのように感じています。また、それらの問題点が、もう少し検討されることによって整理されましたら、わたしは考察を試みたいと思っています。ですが言うまでもなく、報告書のなかで記されております、実際の結論についての有用で必要な論点に見られるような、あらゆる問題については考察を諦めております。そうした問題のなかには、これまで長い間、当たり前とされてきた原理についての簡単なものもありますが、その内容の多くはそうではないように、報告書は、手に取ってすぐに分かる論考よりも格式高い論考の方が多いのです。また、報告書がどれだけ斬新で考え抜かれた論考であっても、それがこれまでどのようなものであるにせよ、生粋のイングランド人すべて「の地金に関して考察してきた論者たち」に対して、そうした思索的な論考を広めたことでありましょう。わたしは、下院にて、すぐに成功を手にした経験がありますが、その最たる望みは、かすかな望みでもありますが、次の点にあります。それは、わたしたちが銀行の理事たちの『理論』（*Theory of the Bank Directors*）と呼ぶことに批判して、わたしたちがかつての経験および教義に執着しているように思われることに、何らかの新たな議論を打ち立てるということです。それを声高に叫ぶことによって、そうした新たな議論を広めていくことは非常に喜ばしいことでありましょう。わたしは、銀行における責任欠如からすぐさま生じた弊害によって、議会が旧制度の議会へとすぐに逆行するようなものになるとは疑っていません。わたしが唯一懸念しているのは次の点であります。それは、何らかの損害が、当面の間、地方銀行をいたずらに悪影響を与えるということと、遠くの国の地域で、少数の資本家たちの企てに対してそうした妨げによって悪影響を被る、隅から隅まで広く普及した信用（credit）を同じく妨げる場合についてであります。わたしは、この国でいかなる種類の政治的な考察を行うための時間がこれまでまったく持てませんでした。ですが、わたしは、この二、三か月の間、ダブリンにおける通貨と信用の状態について、少しだけ勉強しました。そしてそのことから、この四半期からのわが国の報告書の全教義についての十分な説明を理解できるように努めております。

フランシス・ホーナー

【書簡11】一八一一年一月四日付のホーナーからマルサス宛ての書簡（荒井訳）

本日、非常に多くの重要な議論がある点について、あなたに手紙をお送りしました。紙券信用を生産的に用いる人びとの間で資本を分配することにおいて、紙券信用の作用についてのあなたの説明は、わたしがその問題について長い間とりかかってきた視点と完全に合致しています。その問題は、紙券信用が実際の資本もしくは擬制資本を与えるかどうかをめぐって激論になり、かなりの論争になっていたのですが。また、あなたは、スコットランドにおける物価の高騰について、ヒュームとスミスとの違いの真の解決策を提示されたと受け止めております。

［ところで、あなたの御論考の］軍隊と海軍の支払いについてですが、議論が難しくなり、明快な表現も少なくなっているので、三二頁であなたが論じている真実を、もう少しわかりやすくまとめられないでしょうか。わたしは、その点について、お答えする用意が整っていないので、そのように率直にお尋ねする次第であります。その点については、軍隊や海軍の支払いという幅広い範囲の主題の真実を得ることができるため、とくにお伺いしたいのです。おそらく、あなたは、このわたしの小心的な気持ちを、いくぶん堅い表現でよけいなものとお感じになるかもしれません。このように申し上げることによってわたしが理解を得ようとしているように、わたしは、このようにお尋ねすることで、あなたに迎合的な言い方をしていることを好んでいるわけではないことを認めます。また、謎の言語を理解することができるすべての人びとを除いてというわけではないのですが、議論の出発点として、わたしはむしろ、実際的な議論すべてについて、門外漢にも分かる内容から理解したいのです。といっても、むしろ実際的すぎる論法の方法を好む人たちを読者として得たくはないのですが。

わたしは、［あなたの御論考の］二一頁から開始されている論法、その論法がわたしの心にいくらかの疑念を引き起こさせていますが、納得しておりません。あなたは、預金銀行の原理によって基づかれたオランダの流通とこの国の流通との違いについて、事実を正確に論じています。ですが、それでもわたしが認めることができないのは、この国の紙幣の流通は、そうしたオランダの流通についてと同様に、次の信念に依存しているわけではないということです。すなわち、紙幣の全所有者が、その一定量の紙幣を、一時的な需要において金に交換するようになるという信念に依存していないということです。わたしが思うに、紙幣のあらゆる所有者は、今わたしが言ったことを信じており、それゆえに紙幣を保有します。ただ謎めいているのは、銀行家です。紙幣の一定量の保持者である銀行家は、すぐに金を手に入れようとすることが予想されますし、自分たちにとって、金を保持することが十分と考えます。しかし、わたしがすでに述べましたように、わたしは、その問題についてあなたに問いかけました内容の難しさから今答えることができないので、この点について明快な考えを持っておりません。

わたしは、ゴールデン・クロスから進んできましたギルドフォードの馬車の近くであなたにマシェット[2]のパンフレットと報告書についての手紙をお送りしました。あなたが町に来る際に、それらの内容について、わたしに感想をお聞かせ頂けないでしょうか。わたしは、多くの素晴らしい問題が記されている、ボウズンキット氏にリカードウが応答したものをその小包のなかに加えました。ボウズンキットについてのある注意書きを、あなたの論文に付け加えることが重要だと思われました。とくに、価値尺度についての彼の新しい理論は、全問題についての完全な回答になるからです。

わたしは、来週の木曜日にあなたにお会いできることを楽しみにしております。

フランシス・ホーナー

（一八一一年一月四日）

ロンドン

訳注

〔1〕経済議論に精通した専門家のことを指しているように思われる。

〔2　マシェット（Mushet, Robert 1782-1828）のこと。一七八二年一一月に、スコットランドのミッドロジアンにあるダルケイス(Dalkeith)で生まれた。マシェットは、王立造幣局の役員で知られ、通貨問題の論争の重要人物の一人として取り上げられる。マシェットの著作『銀行制限法案による国内通貨と交換率において生じる効果に関する考察』は、『エディンバラ評論』第一七巻（一八一〇～一一年）のなかで論じたマルサスによって注目された。その後も、紙幣と金価格の変動率の歴史について著したほか、一八二一年四月に、経済学クラブの創設者の一人として知られる（*Oxford DNB* vol.40. pp. 29-30）。

【書簡12】一八一一年四月二日付のジェフリーからマルサス宛ての書簡（荒井訳）

拝啓　親愛なるマルサスへ

この快晴にもかかわらず気持ちは晴れないでいます。自宅で椅子に座って研究することもできません。また、怠惰な習慣は、日に日にますますそうさせています。ですが、わたしは、今月の半ば頃、あなたにお会いすることをなお望んでいます。もしわたしが、このN[1]において、あなたがわたしのために何らかの論考をお書きになることを当てにしていますが、これが実現されるのであれば、一〇倍喜んであなたにお会いしたいと思っています。今のところ、締め切りについてはまだ時間があります。というのも、わたしが出発する前に、そのN

が半分以上印刷されえないことが明らかだと見ているからです。わたしは、帰宅後に最後の編集作業に努めるでしょう。その時に、わたしからあなたにお願いしたいことは、あなたが、地金と紙幣に関する別の論文を執筆して下さることです。ですが、あなたは、ホランド・ハウスで行われる議論の後までNに論文を執筆しないでしょう。ですので、わたしは、五月一二日頃にここに戻りましたら、あなたの原稿に対応させて頂きたいと思っております。わたしは、地金と紙幣の主題に関する二、三のスコットランド人の書いたパンフレットをあなた宛てにお送りするよう、書籍業者に命じました。［スコットランドの］大方の人びとは、大部分の南部の人びとよりもその問題について少なくともより大胆な視点をとるように思われます。あなたは、最近のブリテン人による地金問題の一方の側に立つ議論の批評を見ているでしょうし、また、そうした一般的でかなり基本的な思索がいくらかの注意に値しないかどうかもまた考察していることでしょう。あなたの御論文の唯一の欠陥は、その地金の主題についてある程度精通している者たちによって、ほとんどもっぱら論じられているということです。そうした彼らは、有能な判断力を併せ持っているように、繊細な書き手だからこそ着手できる唯一の人たちであります。ですが、あなたの才能もさることながら、あなたは、この地金の主題についてこれまで取り扱ってきた人びとの誤った考えにもまったく動揺することがありませんでした。こうしたことから、わたしは、あなたが以前から、あなたの多くの読者たちに懸命な判断を与えてきたかもしれないと考えます。［判読不能］この地金問題についてのわたしたち側の視点が不十分であることについても、何かしらおっしゃって頂けましたら、自分の考えに固持しているわけではないので、大変喜ばしいかぎりです。そうした固執しない見方は、常に何らかの新たな考えを生み出すように、わたしたちは、地金問題に関するあなたの視点を対立的に見ていないので、地金問題の主題を柔軟に考えております。

わたしは、ものごとの明るい面をよく見ています。わたしは、習慣的にそうしていますし、自身の些細な関心事にもよく目を配っていますので、自分とは異なる見解についても真剣に理解しようと努めています。わたしは始めからそのように今努めており、そうした異なる見解についてどうしたら完全かつ理論的においるところです[3]。そうしたことから、わたしは、かなり複雑断りすることができるかについても考えてな心境ではありますが、実際に不安であるわけではありません。

わたしは、以上のように努めてはおりますが、能力のなさについても御理解頂ければと思っています。また、恥ずかしながら急に質問させて頂く必要もあろうかと思います。わたしは、専制政治の愛好者が、自由な統治制度の下で、不満の声を上げていることをしばらく非難されることを望んでいます。わたしが今後はっきりと物事を考えることができるようになった時、あなたにその考えをお伝えするために再び筆をとるでしょう。ですが、今のところは地金に関してもう少し考える猶予を与えて下さい。それではまた。

敬具

F・ジェフリー

訳注

〔1〕このNとは、まもなく発行される予定の『エディンバラ評論』第一八巻、三五号（一八一一年五月）を指す。マルサスが執筆した論文、「地金問題に関するパンフレット」は、その次号の第三六巻、一八号（一八一一年八月）に掲載された。

〔2〕ジェフリーがここで言及したのは、マルサスの論文、「紙券の減価」（『エディンバラ評論』第一八巻、三四号、一八一一年二月）であることに間違いない。

〔3〕『エディンバラ評論』の編集者であったジェフリーは、同雑誌への投稿論文の査読者として、自分とは異なる見解の地金に関する論文に掲載不可を下した場合に、その説得的な理由を論じられるかどうかを、ここで述べようとしているものと思われる。

【書簡13】一八一一年四月七日付のマルサスからジェフリー宛ての書簡（荒井訳）

わたしは、あなた方［が編集する『エディンバラ評論』］の次の号において、地金問題に関する別の論文を執筆したいと考えています。しかし、もしあなた方で何か問題が起こるようでしたら、執筆するのを控えたいと考えています。あなたがこの判断をお決め頂くように、わたしは、自分の裁量でこれを決めることができません。あなた方の何らかの回答に［判読不能］注意を怠らないでしょう。わたしは、地金論争が、四月以前に生じないことをひたすら［願っています］。わたしの執筆が許される場合においては、提出期限までに、論文が書き終えられればと思っています。あなたは、わたしの論文が十分なものではないとおそらく［考えると思われます］。わたしは、このような主題に関してそう考えます。またわたしは、読自分の能力の限界を認めざるをえません。わたしは、読者を惹きつけることよりもむしろ、もっとも通俗的な論者たちの考えの誤りを説明することによって、［判読不能］どの論者の考えが良いかを論評しながら、自分の考えを述べたいと思っています。さまざまな言葉で［判読不能］は、かつて明瞭に繰り返し主張されてきました。

わたしは、あなたのパンフレットを受け取り、わたしがこれまで見てきた問題のうち［判読不能］反減価（anti depreciation）の主張［判読不能］に関するウィルソンの最良の見解に注目しているところです。わたしが常に考えてきたことは、程度の差こそあれ、反減価の主張の側に関するただ一つの議論についてです。［判読不能］ウィルソン氏は、非常に明快ですが、わたしは今その主題に関して立ち入りませんでした。ブリティッシュ・レヴューでの大部分の論文は、わたしには非常に膨大であるように思われます。ですが、わたしたちがお会いする時にウィルソン氏らの問題点について是非お話ししましょう。そのためにもすぐにお会いできることを願っています。あなたもそのことをお忘れにならないで下さい。心より感謝を込めて。

マルサス

【書簡14】一八一一年四月八日付のホーナーからマルサス宛ての書簡（荒井訳）

ロンドン

あなたの論文はロンドンでは非常に有名です。[1] ティアニーは、[2] あなたの論文の中身についてもっとも正確な視点から検討していますが、その論文についての特別の賛辞をわたしに話して頂きました。彼は、あなたが明示した論考のいくつかの論点を正しく有用なものとみなしていました。銀行の理事たちもまた、わたしに対してその論文について言及し、明快で正当であるとしてあなたの論文を褒め称えておりました。わたしが、その理事たちに、その論文が誰によって書かれたのかを率直に伝えたところ、そのように称えておられました。[3] これらの点から、あなたは、双方を喜ばせる類まれな幸運を得ているといえます。わたしからは、それに加えて、あなたにとって喜ばしい、あなたにお伝えするより良いお知らせがあります。あなたの同論文の主題についての深い知識を持っており何の先入観も持ち合わせていないハラム[4]は、わたしが最近受け取った手紙のなかで次のように述べております。それは、これまで読んできたうちでも包括的な研究であり、あなたの問題提起についてももっともしっかりとしていると考えたとのことです。[5]

あなたの反論に対するリカードウの応答は、彼のいつものスタイルのように、はっきりと十分に書かれていません。[6] わたしは、あなた方の間での論争により真実が見出されると思いますし、また、論点によっては、あなた方の間で互いに一致する考えがあるのではないかと考えております。

わたしは、穀物輸入の説明に関する手紙をあなたに送っています。その手紙には、昨年の穀物の輸入が莫大で、最近の飢饉の時期に穀物を輸入した時とほぼ同程度であることが記されています。昨年が、凶作の一つとして数えられると言うことに誇張する気はありませんが。わたしは、この穀物輸入のかなりの割合が、ポルトガルへの再輸出のためであったと見ています。ですが、わたしが強く確信しているのは、貨幣の減価が、輸入への奨励金として作用したということであります。必要な穀物の輸入が、金の価格の上昇のもっとも大きな原因であると伝えられていますが、そうではないと思います。穀物法により、［判読不能］名目的な関税の支払いにおいて、小麦がすべての外国の国ぐにから輸入される価格です。今では、ここ数年間、平均価格は、かなりの年月の間、［判読不能］かなり上回っています。

また、政府は、敵対する国からでさえ、穀類の輸入への許可証を進んで認可してきましたように、穀類の輸入はこれまで完全に自由でした。したがいまして、貨幣の減価は、法律によって決定される限度を超えて平均価格を上昇させることによって、実質的にその穀物輸入を保護する法律を無効にし、外国の栽培者たちを自由な競争にさせているように、イングランドの穀物市場を開放してきたのです。現在のところ、フランスにおける穀類の実質価格が、国内における穀類の実質価格よりもずっと低いので、わが国の栽培者たちがフランスの栽培者たちに対して太刀打ちできないというのは、まさにそういうことです。それは、もしフランスの栽培者たちが市場で上手く行っているのであれば、とくにそのようにいえそうです。ここ最近の二、三か月もの間、わが国の穀類地域における農民たちは、穀類の低い価格について声高に不満を述べており、その地域のいくつかの所では、市場の不足のため、実際に彼らの地代を支払うことができないでいます。これは、外国からの莫大な輸入に伴って起きている、異常な状態です。わたしは、減価の効果によるよりも別のやり方でこうした状態を十分に説明することができません。わたしは、その異常な状態についてあなたのお考えを心からお聞きしたいのです。

昨年、いくら輸入されたのか、またどの外国の国から輸入が行われたのかを調べるために、わたしは今晩ここを発つ予定です。

フランシス・ホーナー

訳注

〔1〕ジェフリーは、紙券の減価について書かれたマルサスの二月の論文について別のところで明快に論じていた。

〔2〕ティアニー（Tierney, George 1761-1830）のこと。ティアニーは、一七六一年三月二〇日に、ジブラルタルで生まれた。一七八八年に、彼は、選挙で当選し政治家としてキャリアをスタートさせる。そして、一七九一年にウィッグ・クラブに参加したほか、ピットの政策への批判者として積極的に政治活動を行った。一八〇三年には、フランスのボナパルテが軍事力を行使し始めるやいなや、海軍の財務長官に任務した。その後も、政府の財務関係の長官を務めるなど、政治家としての幅広い能力を発揮した（*Oxford DNB*, vol. 56, pp. 767-9）。

〔3〕ピアース（Pearse, John 1760-1836?）は、一八〇一年一一月において、なお副支配者をしていた一方で、地金報告委員に情報を提供していた。

〔4〕ハラム（Hallam, Henry 1777-1859）のこと。ハラムは、一七七七年七月九日に、イングランドのウィンザーで生まれた。彼の最初のキャリアは法曹界において法律の専門家からであった。そのなかで、ウィッグの有力な政治家たちとの関係を深めながら、印紙局で職を得ることになった。そして、ウィッグの機関紙で知られる『エディンバラ評論』において、一八〇五年から一八〇九年までの間で、文芸や政治など、さまざまな種類の論考が九本掲載された。彼は、議会の議員にはならなかったが、政治問題については常に関心を払い続けた（*Oxford DNB*, vol. 24, pp. 674-6）。

〔5〕ハラムの手紙はこれまで見つけられていない。

〔6〕ホーナーが先日のマルサスの手紙に言及しているのは、リカードウが、『地金の高価格』の第四版において、マルサスへの応答として、四月初頭に加筆した付録についてのことである。

【書簡15】一八一三年六月一六日付のマルサスからホーナー宛ての書簡（山崎訳）

一八一三年六月一六日、ブライテルムズトン

　穀物貿易についての議論をこんなに早く聞けるとは思いませんでした。わたしは、あなたが親切にも送ってくださったレポート[1]に目を通したばかりです。現在の事態が議会の介入をとくに必要としていないと考えている点に、わたしも同意したいと思っています。しかし、あなたがお考えの次の意見には同意できません。すなわち、輸入制限が穀物自給を増やす傾向を持たないという見方です。ほかの論点では、議会の政策を疑う十分な理由があります。あなたが目的のために犠牲にした富という論点のことです。しかし、自国産穀物への需要が増加するときに供給も対応して増加するということを信じないならば、経済学の最も基本的な原則と思われるもののいくつかを侵してしまうことになります。一八〇三年に一クォーターの小麦の価格は五六シリングにまで下がりました。一八〇四年まで継続して起こった外国産穀物の輸入減少が、その年の法律によって引き起こされたものでないとは決して信じられません。一八〇四年から一八〇九年にかけて、貨幣価値の大幅な変化は起きていないのです。一八一二年の輸入減少は、一二四シリングというとてつもない価格（一年前に比べて三〇パーセントもの増価）だったにもかかわらず、きっと、わたしたちの必要に合わせた穀物供給を国内で満たすことよりも、むしろ大陸で穀物を入手することが難しかったために違いありません。

　もし穀物法がなければ、わが国の国民の富はもっと早く増加するだろうと、わたしも間違いなく信じていますが、わたしたちの消費は現在以上には伸びないだろうと考えています。ヨーロッパが輸出と輸入ということに関して一つの大きな国であったら、そこでの農業も一つの大きな国の農業のように行われることでしょう。有益な情報交換があるかぎり、ほかの地域の良質な土地が耕作されるまで、ある地域の普通の土地が耕作されることは決してないでしょう。

　ブリテンは、ヨーロッパのなかでは大きな製造業がある国と考えられるかもしれません。そして、こうした国では、かなりの量の穀物をほかの地域から輸入するのが当然だと考えられるかもしれません。［穀物が］必要な時において、わが国自体が穀物を栽培する力を持っていてもそうです。穀物を栽培する力を用いるうえで、農業を伸ばすよりも製造業を抑制することが必要だと信じるのには十分な理由があります。わたしにはこれがシステムに対する本当の議論を形作ることになると思われます。大変重要な議論ですが、わたしはこうした手法で自給が可能になると考えます。

　中間的で安定した価格ということに関して、わたしはこの方法で達成可能かどうかは分かりません。食糧自給が可能に

なるまで、穀物価格は、輸入が可能な額以上の価格に留まることになるでしょう。また、後に若干の供給過剰が生まれてもそれは輸出によって緩和されることはないでしょう。国内の高い穀物価格のために、価格が安定するかどうかは疑わしくなっています。レポートにある重要な議論は、食糧自給のことであって、穀物価格を下げることや安定させることではありません。

地主の利害については、わたしはあなたと意見がまったく一致しません。穀物の名目価格が高いことはわたしには有利なことのように思えます。それは、海外からの商品に対する大いなる支配力を与えてくれるからです。しかし、人は地主や農業者の利害を聞こうとはしません。報告や証拠というものは、この点で責任をもちます。

訳注

〔1〕 ホーナーは一八一三年から一五年にかけて、穀物法と奴隷制度に反対する論説を発表していた。一八一五年三月二〇日、シティ地区の金融業者は、ホーナーの保護主義批判に対して謝意を表する声明を発表している。

【書簡16】 一八一四年五月一二日付のジェフリーからマルサス宛ての書簡（荒井訳）

親愛なるマルサスへ

あなたから親切なお手紙を頂いたにもかかわらず、わたしがスコットランドに戻ってからあなたに一度も手紙をお送りしなかったことをとても恥ずかしく思っております。わたしは、やるべき事についてごくわずかしかできておらず、あらゆる種類の滞っている仕事に追われているところです。ここにいるわたしたちは、あなたのことについて話し合ってきました。あなたは、率直に信じる多くのことがあるかもしれません。それは、あなたの家族が、このスコットランドにおいて、わたしとJさんに等しく知られている数少ないことを思い出して頂ければわかることです。またそのことは、わたしたちが熟知していることでもあります。彼女は、あなたとマルサス夫人と親密な関係でありたいと願っています。たとえあなた方が、わたしたちに会うためにスコットランドにお越しにならなくても、そう考えております。もし、あなたがこちらまで来られるようでしたら、今度は、あなた方がどこにいようとも、わたしたちがヘーリーベリーに向かいたいと思っています。

もしわたしが、今あなたに手紙をあまり気が乗らずに書いているということをお伝えしましたら、あなたはかなり気分を害するでしょうか？というのも、わたしは、穀物貿易に関するあなたのパンフレットをたった今読んだところですが、残念な気持ちと称賛する思いが入り交じった複雑な気持ちでいるからです。あなたの明快で堅実な考察、ならびに無類の研ぎ澄まされた考察に対して称賛しますが、その一方で、あなたがその論考を『評論』に投稿しなかったことを残念に思っています。御存知のように、わたしたちの多くの読者は、『評論』を通じて、あなたの論考のパンフレットをこれまで二回も読まれています。あなたの栄光と評判についてはこれまでも揺るぎないものでありました。あなたの名前が書名のタイトルに記されていたかのように［判読不能］。ですが、今はそのように言うことができません。わたしは、この残念な思いがもっぱらなくなるまで、わたしからあなたに称賛する気持ちには今はできません。わたしは、この間、非常に素晴らしいあなたの御論考をわたしどもの媒体物で［発表できず］、もどかしい気持ちでおりましたが、今後、あなたがわたしどもに御論考を提出して頂けることにより、そのような気持ちにはもうならないことを信じたく思っております。ホーナーは、穀物貿易の主題に関するいくつかの論文原稿をわたしに提出してくれることを約束しました。ですが、わたしは、あなたのパンフレットが、ホーナーの気持ちを落胆させるのではないかと半ば思っております。穀物貿易の主題に関する考えにおいて、わたしよりもずっとあなたの方が長けているので、わたしとしては、これ以上加えて述べさせて頂くことは何一つありません。ホーナーはかなりのスミス主義者です。わたしは、この点の主題に関する自分の不十分な議論が分かるだけで十分なのですが、彼の自信［判読不能］彼に二通の長めの手紙を書きました。

以上の点からもわたしにとって難しい立場に置かれているように、わたしのこうしたご覧の通りの無礼な態度ではありますが、友人として、一、二行でも構いませんので御返答頂きたく思っています。また、ボナパルテやアレクサンダー、ならびに世界の将来の運命について何かしらわたしに御教示下さい。あなたは、わたしよりも知っている［判読不能］ことがずっと多いからです。

あなたの編集したスミスの『国富論』版はどうでしたか？また、ヘーリーベリーで続けられているあなたのお仕事はどうでしょうか？ところで、あなたは、ケンブリッジで言語を教えている同僚のスピネト博士について何か知っていますか？彼は、この国の若い女性と最近結婚しました。この結婚は、彼女の友人たちの意志に反するもので、彼らは、スピネト博士の性格と評判や、大学での彼の真の友好関係がどういうものなのかについて、聞きたがっています。もちろん、この点について、首を突っ込まず、無理にお答えする必要はありません。ですが、もしあなたが、そうしたスピネト博士の事柄について何か正確な情報を得ましたら、わたしに知らせて下さい。また有能なハミルトンにわたしからの心からの敬愛をお伝え下さい。それから、もしハミルトンが今年の夏にわたしのもとにお越しになるならば、わたしは彼に妻を紹介することもお伝え下さい。ですが、わたしは、そのハミルトンがおそらくパリに〔判読不能〕行くのではないかと思っています。わたしは、一緒に行くことのできる友人がいましたら是非行きたいのですが、今すぐにあえてここを発とうという気はありません。プレイフェアは、ちょうど今ロンドンに行っており、わたしは、あなたが彼に必ず会ってほしいと思っています。スコットもまた、騒がしい人たちのなかにいます。わたしは、あなたのお近くにいる女性に囲まれて羨ましく思っています。わたしは、わたしの知人のウィルクス氏から、あなたとあなたのご家族について多くのことを聞きました。それは、わたしがアメリカにいた時——そう昔のことではないのですが——わたしが結婚してから、あなた方の旧友のことを思い浮かべていた時のことであります。これまで通り、これからもどうぞ宜しくお願いします。

心より感謝を込めて。

F・ジェフリー

追伸。わたしは、不幸にも、前例のない程に多くの論考を必要としている状況に置かれています。わたしのために何かして頂けることはないですよね。さもなければ、ハミルトンに何か手助けして頂けるよう連絡をお願いします。もし、あなたが、どれほどわたしがばかで忙殺されているかを存じているならば、わたしへのお気持ちを強く察して頂けると思っております。

【書簡17】一八一四年六月三日付のマルサスからヤング〔1〕宛ての書簡（柳田・中野訳）

拝啓

あなたが海外物価〔穀物価格〕表を公表されたのは『農業年報』〔2〕のどの巻なのかお尋ねしてもよろしいでしょうか。

わたしはそれをぜひとも拝見したいと思っておりますが、実地の農学者でもなく、お恥ずかしいことにその雑誌の定期購読者でもありませんので、どの巻を参照すればよいのかわからないのです。

敬具

トマス・ロバート・マルサス〔3〕

お返事はアルベマール街五〇番地のマリー氏にお届けいただければ幸いです。

訳注

〔1〕一八一一年にヤングと出会ったフランシス（Francis, Marianne 1790-1820）が晩年のヤングの秘書ではあったけれども（飯沼二郎『農業革命の研究』農山漁村文化協会、一九八五年、三九二頁注）、長女のメアリー（Mary, Young, 1766-?）が一八〇八年七月以降失明状態になっていたヤングの身の回りの世話をし、通常は手紙

の代読や代筆をもなしていたと推察される（John G. Gazley, *The Life of Arthur Young 1741- 1820*, American Philosophical Society, 1973, Philadelphia, pp. 659, 692）。

〔2〕ヤングが一七八四年に創刊した『農業年報（Annals of Agriculture and other Useful Arts）』の四六巻二七一号（一八一五年）一四一～二二〇頁に自ら寄稿した「ヨーロッパの物価上昇についての研究」のこと（Amery, G. D, "The Writings of Arthur Young", *The Journal of the Royal Agriculture Society of England*, Vol. 85, London, 1924, p. 205 を参照）。

〔3〕二代目マレー（Murray, John, II 1778-1843）のこと。マレーはエディンバラの出身で、父マレー（Murray, John 1745-1793）がロンドンのフリート街で創業した出版業を継承、発展させた。とくにバイロン（Byron, George Gordon 1788-1824）の全二巻の『チャイルド・ハロルドの巡礼』（一八一二年）以後の詩集の大半等を刊行し、多大の利益を得た。マルサスも一八一五年以降の『経済学における諸定義』（一八二七年）に至るまで諸著作の上梓をマレー書店に委ねた。また一八〇九年にトーリー党寄りの『クォータリー評論』を創刊し、時勢にも乗って成功を収めた。ちなみにマレーが自宅と事務所をアルベマール街（ロンドン中心部のメーフェアにあり、出版社が立ち並んでいた）に移転させ、著者たちと午後の喫茶の一時を楽しむようになったのは一八一二年のことである（出口保夫『イギリス文芸出版史』研究社、一九八六年、九八～一〇一頁）。

【書簡18】一八一五年二月一六日付のマルサスからホーナー宛ての書簡（山崎訳）

一八一五年二月一六日

わたしの本に対してあなたが関心を示して頂いたことに感謝しています。わたしは、あなたが反論に口をつぐんでいることを咎めるつもりはありません。ただ、わたしも今、直ぐに取りかからなくてはならない手紙や原稿の仕事が捗らずにいるのです。告白するなら、わたしがシティ地区で見たことから、あなたに現実的な問題に関して方向転換させることになるとは思っていませんでした。それでも、わたしが書いた地代論についてもう少し好意的であることを期待していたのです。それはじつに興味深く重要な問題です。そして、地代に関する理論ではわたしは正しいことを言っていると確信しています。あなたが、輸入に関しての政策の有無について、どのような推論をわたしの理論から引き出そうとしてもそうです。

わたしは、そのすべての生産について耳にした、フランスで穀物価格が安いということについて、何を書いたかを言いました。その要因について、フランスではそう言われてはいません。穀物についてフランスでの現状を言えば、革命前とは随分違っているからです。また、そうした要因はここ二〇年間、フランスとは関係ないものです。ただし、一八一〇年の免許に基づかれる貴金属の貿易を除いてのことですが。そのときの穀物価格は、今と比べても大変安かったと思っています。それに、旅行者の話では、今年の穀物価格がとりわけ安いとは言われていないようです。それゆえ、わたしは疑いなく、概ね豊作の年にはフランスから穀物を輸入すべきだと思っています。穀物という要因を考えると、わたしたちが必要とする際の確実な輸入先としていつもフランスに頼ることは、必ずしもそうできないということです。

正直に言って、現在のフランスの法律は、じつに興味深いもので、なぜ穀物の自由貿易が現実には理論が教えるような解決策にならないかを理解させてくれます。そして、このような法律が本当の隣国で成立したことは（さらに、フランスの穀物の生産が伸びているという現状下では）、すべての受け入れられた原則に照らして、大きな経済変動を生み出すことになるといわざるを得ません。

あなたが一八一三年に至る過去七、八年に注目して、それより前の七、八年と比較されるならば、穀物の輸入が半分に落ち込んでいることがお分かりになることでしょう。これはもちろん大きな違いです。今あまり時間がないため、論文に正確に言及することができません。しかし、ブリテンの農業における改善や輸入の困難を示すために一八一二年のデータを用いることは、あまり整合性がないように思います。高い国内価格と比較しながら輸入量が少ないこと（わたしの表では一万五八一一クォーター）を論じることは、後者［一八一二年のデータ］を示すことであります。また、ブリテンが援助なしに不作の年を乗り越え、しかも餓死者が出ていないことは、前者［一八一三年の七、八年前］を示しています。

わたしが地代に関する［考察の］事実から受け取った印象は、あなたと違います。調査した地主のほとんどは、地代の減少についての救済があまりなされていないと考えているようです。事実が本当に示しているのは、価格低下が地代よりもずっと大きな影響を生産に与えているということです。今耕作されていない粘土質の土地も、以前の半分か三分の一の収穫が可能かもしれません。しかし、実際に生産量は一〇分の一程度に落ち込む可能性が高いでしょう。

今、耕作しているブリテンの農民が自分たちの賃金の低下に十分な注意を払っていないという点に関して、わたしはあなたに同意します。賃金の低下は、間違いなく起こったでしょうし、穀物の価格低下が賃金低下を引き起こしたことから、それが必ず賃金だけでなくすべての財の「比例的な」価格低下を引き起こすと結論されても、決して誤っているとは言えないでしょう。わたしがここで言いたいのは、あなたが基本原理について本質的で根底的な間違いをしているということです。わたしは、穀物価格が高い豊かな国での方が、穀物価格の低い貧しい国よりも、同じ量の穀物でずっと多くの工業製品や外国製品を支配できると確信を持って言うことができます。

わたしは調査にバイアスが付き物であることをよく分かっ

ていますし、そのことも配慮に入れているつもりです。

わたしはあなたの千とか一万という議論に少なからず驚きました。あなたの推測によれば、穀物が一ブッシェル八シリングで売れれば、農業資本は損失を被りません。なぜなら、労働は同じ比率で下がりますし、農場の出費も比例的に低下するため、資本を補填する稼得分は同じ額になるためです。どうしてですが、労働が小麦価格と比例して減価するなら、千や一万といった金額が別個に与えられることがあるでしょうか。このような目覚ましい効果を持つ魔法の力が、一〇や一二ではなく六や八シリングにあるのではないでしょうか。労働が比例的に減価しなくても、農業資本は損失を被りません。では、減価するとして、あなたの言う救済はどこにありうるでしょう。あなたはまさにジレンマに陥っているのです。

あなたは、判事たちによって調べられたいかなる地主たちの食糧分の計算について、以上の反論を行うことができないことを知るべきです。あなたの、この問題に対する義憤とは志を一にするものです。ですが、その二つの問題を混同するのは決して公平、公正とは言えないでしょう。両者はいかなる関係も持たないと思われるからです。今、判事や裁判官が初めて穀物法を援護するようになり、教区割当の制度に参加してきたかのように、あなたはおっしゃります。ですが、事態はその逆で、輸入制限の法律は(短い例外期間を除けば)一三〇年に渡ってわが国の政策であり続けているのです。

わたしたちが他国に依存している期間中、実際に起きた価格変動を論じる際に、わたしは一〇〇年以上前に戻らないことが正しいと信じています。というのも、どんな制度が採用されていようと、わたしたちが歴史的に遡れば遡るほど価格変動が大きくなるからです。わたしたちがやっと安定的な農業システムを確立できたのは、アン女王戦争後になってからのことでした。あなたが一七四三年から一七五七年の間に確認されたさまざまな事例は当を得たものです。正直に言って、わたしはその期間中の正確な価格変動を見出すことができませんでした。さて、問題の理論に戻りましょう。需要と供給の原則に基づいて言わなくてはならないのは、フランス、バルチック諸国、アメリカとの間にあるような穀物貿易に、輸入制限下に比べて価格の大きな変動が起こることは先験的に予測できるということです。たとえ、理論を支持する事実がないにしても、それに反するような証拠が提出されることは決してないでしょう。

地金問題について敵に塩を送ることになっても、わたしはそうせざるを得ません。わたしの目的は正しいと思っていますが、自分自身ではとても駄目な理論家だと思っていますので、もしわたしが現実からの経験に常に心を開いておかないならば、注目に値されないことでしょう。わたしは、金の兌換の停止以降、何が起きたかを、興味深い教訓になる一連の事実として考えています。こうした考察は紙幣の理論と、金塊価格に影響を与える諸原因に解明の光を当てることになるでしょう。

もし、金と紙券に関する一般の地金主義者が考えている以上の大きな違いが、商業的な原因と貴金属への固有の需要によって引き起こされていることと今お考えでないとすれば、それはわたしの考えでは、あなたと意見の異なる時にいつも感じざるを得ない疑いや居心地の悪さをなくすような、最も明白な事実に基づいて得た意見に固執している一つの事例に思われます。

勝手なことを急いで書いてしまったことをお許しください。

【書簡19】一八一五年五月一四日付のマルサスからホーナー宛ての書簡（山崎訳）

一八一五年五月一四日[1]、東インド・カレッジ

あなたのご意見を拝聴することが本当に心から望んでいる者として、経済学に関してあなたに一つの質問をすることをお許しいただけますか。

豊かな先進国では、穀物が工業製品や外国製品に比べて値上がりするのが自然であるという、一般的に受け入れられた仮定に基づけば、農業者が前貸しする実物資本は、単に農産物だけから成っているわけではなく、犂や荷車、脱穀機、さらには、労働者が使用する茶葉、砂糖、洋服などなどもあるので、もしより少ない農産物でもって農業者が同量のこれらの品物を買えば、より大きな量の農産物が、農業者と地主の手元に残ることになります。これらは、製造業者や商業者の階級の維持や耕作が増進される土地からの余剰として使うことが可能です。

経済学者の計算によれば、農業者が手に入れる農産物の三分の一は非生産的な階級に前貸しされます。この仮定に基づき、一エーカーの農産物を八として、その四分の一は地主に、四分の三は農業者のものになるとしましょう。つまり、二が地主に、六が農業者にいくわけです。後者の量の三分の一、つまり、二が先に述べた品物の購入に支出されます。こうして、農業者は四を自身の農産物支出や利潤として手許に残します。つまり、彼は粗生産物の半分の価値を手にします。

今、小麦価格が二倍になり、工業製品と海外製品の価格が四分の一だけ値上がりしたとしましょう。この場合、全生産物を一六で表して、前と同じく、その四分の一である四が地主に行くとします。ですが、四ではなく二と二分の一しか、今度は工業製品や海外製品にはいきません。結果として、八のうちの四ではなく、一六のうちの九と二分の一が農業者の手許に残るのですが、割合は二分の一から五分の三に増えています。こうして増えた農産物から、農業者は比例的に多くの利潤を得ます。そうでなければ、農業者は地主とこれを分割することになりますので、いずれにしましても、穀物価格の値上がりは、以前に比べて土地に投下された資本の生産性を高めるのです。

この命題は国内需要についてとても重要な結論を含んでい

ると思われますので、あなたに前提や結論に間違いがないか確認してほしいのです。

　興味深い、リカードウ氏の表の問題は、農業者の前貸しが、穀物ではなく資本を構成する実際の素材か、さまざまな品物を最もよく表現できる貨幣額で計算されるべきだということです。わたしがこの問題で採用した見方によって、リカードウ氏の結論は大いに変わることになるでしょう。

　わたしは先日の晩、あなたが均衡規制について行ったスピーチに大いに満足しています。わたしはあなたにまったく賛成です。わたしは規制政策についてのわたしの意見に確信を持てました。わたしは大衆に譲歩するつもりはないですが、大量の請願には耳を貸すつもりです。彼らには彼らの道を進ませましょう。ナポレオンが試みたように。

訳注

〔1〕ロンドンの言論界で活躍していたホーナーであったが、経済的には決して恵まれていなかったため、健康を害してしまう。この書簡の翌年である一八一六年一〇月、主治医のアドバイスに従ってイタリアに療養に出かけたホーナーであったが、数か月後にピサで没した。遺体はリヴォルノのイギリス人墓地に埋葬された。享年三九歳であった。ウェストミンスター・アビーには彼の像が置かれている。

【書簡20】一八一六年二月六日付のマルサスからヤング宛ての書簡（柳田・中野訳）

農務長官など等
アーサー・ヤング様

東インド・カレッジ　ハートフォード
一八一六年二月六日

拝　啓

次の問題についてあなたのご意見をお聞かせ願えれば幸いです。ここ二〇年間に国の生産物を大いに増加させ、通貨価値の変化とは無関係に地代を上昇させた農業資本は、借地人と地主のどちらによって主にもたらされたのでしょうか。

　わたしはこの問題を確認したいと心より願っております。わたしがほしい情報を手に入れる見込みのある人にお願いしようとするとあなたしかいないのです。それゆえ、この不躾な手紙にもあなたのお許しがいただけるものと思っております。あなたの「ヨーロッパの物価上昇についての研究」から貴重な情報を得ることができました。感謝申し上げます。

敬　具

トマス・ロバート・マルサス

【書簡21】一八一六年五月二六日付のマルサスからヤング宛ての書簡（柳田・中野訳）

アーサー・ヤング様

東インド・カレッジ
一八一六年五月二六日

拝　啓

お手紙どうもありがとうございました。お返事が遅れました理由はご想像のとおりです。

くだんの主題につきましては、すでにいくらかの情報を入手しておりましたが、それをあなたのご意見や卓越した権威によって承認が得られたことをうれしく思います。あなたのご意見は、わたしが近年の農業改良の進展に注目してきた人びとと時折交わしてきた会話の結果と一致するものであります。それゆえ、それらの改良に用いられてきた資本の大部分が土地で生み出され、高価格によって引き起こされたものであるということは、疑問の余地がないと思われます。わたしはかなり以前から、原生産物の価格が国富に及ぼす効果に気付いておりましたし、この点で紙券流通が及ぼす効果についてもなるほど十分知っておりました[1]。しかしながら、それは危険を伴うもので、容易に拡張されて、固定所得を有する人びとに対してはひどい不正行為にまでなると思われます。地金と紙券との間の明確な分離が始まった一八〇八年以前の四、五年間、小麦の価格は一クォーターあたり七五シリングから八〇シリングの間で始まりました。小麦の価格は、たとえ正貨での支払いに復帰したとしても、現在の穀物法のもと[2]ではこの価格にとどまるべきであり、またおそらくこの価格は十分な国内供給を維持するための十分な刺激になると思われます。紙券流通という手段によって刺激を与えすぎると、おそらく供給過剰（glut）を引き起こして、いわば自殺行為となるでしょう。現在、われわれの消費は非常に増大しつつありますので、（平均して）ほんのわずかな消費超過でも、十分な紙券流通の突然の減少をさえ引き起こすかもしれません。戦争が終わらなかったとしても、たとえ現在の水準ほどではないにしても、価格は下落したでしょうし、もし一年前に穀物法が通過していたら、疑いもなく多くの困難を減ずることができたでしょう。

活字になった報告書をご親切にもお届けいただけるとのこと、感謝の念に堪えません。

敬　具

トマス・ロバート・マルサス

〔1〕　マルサスは『エディバラ評論』一七巻三四号（一八一一年二月）に寄稿した「紙幣通貨の減価」において、ある程度の通貨量の増大が諸商品価格の騰貴を連続的に誘発し、それを契機にして流通媒介物ないしは国民生産物の不生産的階級から生産的階級への移転が生じていき、その結果として生産とインダストリが促進されるということを明確に論述している（拙著『増補版マルサス勤労階級論の展開』昭和堂、二〇〇五年、四五～六、五八～六〇頁や、佐藤有史「トマス・ロバート・マルサスの貨幣理論」『三田学会雑誌』九四巻三号、慶応義塾経済学会、二〇〇一年、四二一～九、六一頁等を参照）。

〔2〕　商務省副長官のロビンソン（Robinson, Frederick John 1782-1859）が一五年二月一七日に下院に提案した新決議案に基づき翌月二三日に成立した穀物法のこと。この法令の主旨は、一クォーター当たりの小麦価格が八〇シリングに達するまでは外国産小麦の輸入を認めないということであった。これは、ナポレオン戦後（一五年六月）も戦時の高穀価、高地代を維持していくことを企図したものであり、当時「地主独占法」とまで酷評された（北野大吉『英国自由貿易運動史』日本評論社、一九四三年、八九～一〇六頁、および金子俊夫『イギリス近代商業史』白桃書房、一九九六年、二九～三五頁）。

【書簡22】一八一九年一一月二一日付のマルサスからヤング宛ての書簡（柳田・中野訳）

アーサー・ヤング様
サックヴィル街　三二番地
ロンドン

東インド・カレッジ　一八一九年一一月二一日

拝啓

あなたからのご依頼にお応えすることがわたしにとって常に非常な幸福となりますので、現在の問題にわたしがほとんどお役に立つことができないのが悔やまれるばかりです。現在の状況下でのあなたの友人が、東インド会社の国内採用に応募しないという理由はありえません。東インド・カレッジではわが国出身の教師の一人が最近退職しました[1]ので、欠員はヨーロッパ部門の教授（Professor）か、東洋語の助手（assistant）で補充するといううわさが流れております。しかしながら、これらの機会にカレッジの教授たちが干渉することに理事たちは用心していますので、わたしからの手紙は何の役にも立たないと思われます。それゆえ、もしあなたがその方面に友人がおられないようでしたら、なすべき唯一の事柄は、学科長（Chairman）のマジョリバンクス氏に直ちに問い合わせて、東インド・カレッジの東洋語部門で欠員があるのかどうか、そして、あなたの友人が候補者となって、推薦状を提出する道が開かれているのかどうかお尋ねになることだと思われます。単なるうわさとしてゴア・ウーズリ卿の兄[2]が話題になっているということをお伝えすることはできますが、教授会にはほとんど何も知らされておりませんので、行われるかどうかについてさえ、わたしたちはまったくわからないのです。大きな影響力を持つある理事がつい先ごろ校長[3]に語ったところによりますと、欠員を埋める必要はないだろうというのが彼の意見のようであります。

最近話題になっております踏鍬深耕（spade husbandry）についての最良の情報が得られる小著がありましたらぜひお教えください。あなたがそのことについてどのように考えているのかも、それと、教区の貧民を雇用する目的[4]とは無関係に、土地での労働を増やすよりもむしろ減じることによって、われわれの荒れ地が最もよく耕作されるというご意見にあなたが与されないのかどうかも知りたいと思います。荒地の耕作に対する大きな障害が、その生産物が生産費を償わないことにあるのは確かでありまして、この困難は、より多量の労働によってではなく、技術と価格によってのみ克服されることになるように思われます。

敬　具

トマス・ロバート・マルサス

訳注

〔1〕一八一九年九月二九日、東インド・カレッジの一つの機密委員会はステュアート（Stewart, Major Charles 1764-1828）教授（在職は一八〇七～二六年）との意見対立のために東洋部門の助手ケーリール（Kheleel, Mirza Maulavi）から提出された辞職願を受理した。その結果ケーリールは十分な年金を給付され、インドへと戻っていき、カレッジの教員に欠員が生じていた（Patricia James, Population Malthus, Routledge & Kegan Paul, 1979, London, p. 324）。なお、一八〇六年以来、東インド・カレッジで、アジア史とヒンズー文学とを担当していたハミルトン（Hamilton, Alexander 1762-1824）教授が一八一八年秋に退職したことにも一言及しておきたい。ハミルトンはスコットランドのレンフルー州のグリーノック（グラスゴーの西）で六人兄弟の長男として生まれ、地元の文法学校でラテン語やキリシァ語を学びつつ、貿易人となるべく育てられた。しかし父の事業が傾いたため、八三年に東インド会社のベンガル軍の士官候補生としてカルカッタへ赴任した。けれどもやはり軍務は肌に合わず、専らサンスクリット語の勉学に励んだ。また八七年にはジョーンズ（Jones, William 1764-94）によるアジア協会の結成にも参加した。七五年に父の事業破綻を清算するためにグリーノックに戻り、従兄の推薦でアメリカ海軍の中尉になったけれども、実際には大英博物館での調査が主たる用務で、『マンスリー・レヴュー』に諸事について寄稿した。九八年になると、エディバラに転居し、エディンバラ大学のタイトラー（Tytler, Alexander Fraser 1747-1813）による文明史の講義に出席したりして、ジェフリー（Jeffrey, Francis 1773-1850）らと親しく交流するようになり、後にマルサスがホーナーやジェフリーと出会う仲立ち役を果たした。ちなみにアミアンの和約時（一八〇二～三年）にパリでフランス帝国図書館の有するサンスクリット語文書の調査を終えたハミルトンがマルサスと初めて対面したのは、

一八〇六年の春（東インド・カレッジへの就任時）のことである（Patricia, James, *op. cit.*, p. 179, *Oxford DNB*, Vol. 24, pp. 760-1、および拙訳「フランシス・ジェフリーのマルサス『人口論』評」『長崎県立大学経済学部論集』四五巻三号、長崎県立大学学術研究会、二〇一一年、一一〇頁）。ちなみに、ハミルトン教授の後任に就任したのはホートン（Haughton, Graves Chamney 1788-1849）であり、ホートンは〇八年に東インド会社のベンガル商館の陸軍士官として赴任し、多くの功績を挙げた後、一二年にカルカッタのフォート・ウィリアム・カレッジで東洋語を学ぶ機会を得、一四年一二月に中尉に昇格したけれども、健康不良のために一五年末にイングランドへの帰国を余儀なくされ、一七年二月に東インド・カレッジの東洋語の助教授に任命された（P. James,*op. cit.*, pp. 234, 237,241,324、および *Oxford DNB*, Vol. 25, pp. 832-3）。

〔2〕弟ゴア（Ouseley, Gore 1770-1844）は外交官としてインド、ペルシアで活躍し、二三年にロンドンで王立アジア協会を創設したメンバーの一人である。兄ウィリアム（Ouseley, Sir William 1767-1842）の方はモンマス州で生まれ、一時騎兵隊の士官候補生ともなったけれども、パリやライデンでペルシア語を中心に東洋語の学習に励んだ。そしてペルシア語の手稿の読解法や、東洋に関する書籍を多数公刊したり、あるいはアハマド・カズウィーニーの『ペルシア古代概史』の抄訳を行ったりした。また一九年には、長年の成果、全三巻の『中東諸国旅行記、とくにペルシア旅行』（一八一九～二三年）の刊行を開始していた（*Oxford DNB*, Vol. 42, pp. 136-8）。

〔3〕当時の校長は古典担当教授のバッテン（Batten,Joseph Hallet 1778-1837）で、三七年まで在任した。

〔4〕ラウンズマン制度（The Roundsman System）によって、農業家はその教区の貧民の雇用を割り当てられたけれども、低賃金で雇い、その賃金不足については教区から支給されていた（小山路男『西洋社会事業史論』光生館、一九七八年、一〇六頁、および大前朔郎『英国労働政策史序説』有斐閣、一九六一年、七二～六頁を参照）。

【書簡23】一八二一年八月二三日付のマルサスからチャーマーズ宛ての書簡（真鍋訳）

東インド・カレッジ　一八二一年八月二三日

チャーマーズ師、博士様

グラズゴウ　スコットランド

拝　啓

わたしはあなたのとても親切で価値のある便りを、カレッジに戻る途中にカークランド氏[1]から受け取りました。もっと前にあなたにお礼を述べるべきだったのですが、その前にわたしは大都市のキリスト教的および市民的な経済[2]に関するあなたの著作を、その主題の重要さにふさわしい注意をもって読むことを望みました。そしてわたしの不在中にいつもよりもかなり蓄積した仕事によって妨げられてきました。しかしながら、今やわたしの目的を達し、国の実際の状況と改善の手段の両方に関してのあなたの力強く見事な見解にどれほど喜ばされ、また教えられたかを表現することは難しいです。大あなたは大いに新鮮で慰めとなる見通しを開かれました。大多数の人々の慣習と生活様式において根本的な変化を期待するとはいえ、忍耐と根気強さでなされる熱心で賢明な努力で達成できないことではないことを明らかにされました。グラズゴウのような都市で、しかも時期は非常によくなかったのに、極端な困窮の危険もほとんどなく、貧民がほぼ完全に自らの資源のもとにおかれるということの実効性に関するあなたの個人的な経験は、最も重要なことです。わたしは、その主題についてほとんど絶望していたこと、そして人口の多くの部分が産業の変動に、すなわちそれに結果する賃金の突然の変化に従属する高度に工業化した国では、全体の利益のために非常に多くの個々人を犠牲にすることをなしにして、強制的な救済を完全になくすことは可能ではないだろうと考え始めていたことを告白します。しかしグラズゴウのような困難な状況でのあなたの異なる経験はわたしの希望を復活させ、もしわれわれが適切な道を進めば、わたしがこれまで、また少なくとも当初に予期していた重圧もほとんどなく、わたしが長く望ましいと考えていた目的を達成できると示してくれました。しかしながら、まだ浮浪状態に関しては困難があり、わたしはいまだに道がはっきりとみえないのです。もし貧民のための食糧がないのであれば、乞食になることを妨げることは明らかに不当でしょう。しかし乞食への惜しみない公平な救済は、このような国では、救貧法の廃止のあり得る結論になるでしょうが、そのような廃止の最も大きな目的の一つを打ち砕くでしょうし、それ自体、（アイルランドや革命前のフランスのように）ほとんど耐えられない大きさの害悪になるでしょう。あなたが期待する多くの人びとの道徳的および宗教的な改善のもとでは、そうした浮浪状態の増加はあり得ないと言うでしょう。これは、実際に正しく、そしておそらく害悪への唯一の対策です。しかし、まだその主題は、特別で重要な反対意見を含んでいるため、次巻[3]でのあなたの格別な注意に値します。わたしは地域性の有利さに関してあなたが述べたことのすべてに完全に賛成します。また、考えが広がり改善された地区がそそぐことができる力に釣り合い、とくにこの制度において大規模な援助を待つ必要がないようなごくわずかな人々の力に釣り合うことの重大さに完全に賛成します。わたしのすべての考えはそれに基づいています。しかし、原理が十分に認められたとしても、あなたはそれから引き出されるであろう利益に新しく［判読不明］な光を当てました。重大で輝かしい同一の原因、すなわち人類の道徳的および宗教的な改善に主にかかわっていることから、わたしはあなたの完璧な［判読不明］に敬服し、それらに励まされます。しかし、わたしは帝国中で広くあなたの目的を成立させるにあたって、あなたが最終章[4]でメソジストに対して与えた助言から、あなたが［判読不明］の知恵を用いたかどうか疑わしいと感じています。わたしはそれらの力と能率をとてもよく知っています。また、あなたは以前、実際に十分にそれらの助けを求めていました。わたしが唯一心配なのは、あなたが最後の部分でした方法から、あなたのではないとするとわれわれの教会を不安にさせる［判読不明］〔5〕。

敬具

T・R・マルサス

訳注

〔1〕ここに記されたカークランド氏については詳細不明。

〔2〕『大都市のキリスト教的および市民的な経済（Chalmers, T. *The Christian and Civic Economy of Large Towns*, Vol. I, Chalmers & Collins, 1821, Glasgow.）』のことを示している。この本は、スコットランド国教会の牧師であったチャーマーズが、グラズゴウの教区での貧民救済活動をもとに書いた著作であり、救貧法による強制的な救済に効果が無いことを主張している。そしてチャーマーズが主張する貧民の救済策は教区単位での私的慈善であった。チャーマーズの経済思想とのかかわりでの教区活動については、関源太郎「トマス・チャーマーズの窮民対策思想」『経済学史学会年報』第四二号、二〇〇二年、三二～四五頁を参照。

〔3〕『大都市のキリスト教的および市民的な経済』は一八二三年に第二巻が、一八二七年に第三巻が発行される。

〔4〕『大都市のキリスト教的および市民的な経済』第一巻、三五五～六頁参照。

〔5〕これ以降の部分では、書簡の宛先が書かれた部分の余白に小さな文字で記してあり、判読が難しい。

【書簡24】一八二二年七月二一日付のマルサスからチャーマーズ宛ての書簡（真鍋訳）

ホーリン・ホール　リポン　一八二二年七月二一日

チャーマーズ師、博士様

グラズゴウ　スコットランド

拝啓

あなたがわたしへの最後の手紙でしたような自由さを文通の相手に示すことはとても危ないことです〔1〕。しかし、この夏の休暇の間に、グラズゴウでわたしがあなたに個人的に敬意を示すことができるという大きな希望をもちえなかったなら、わたしは以前もらったあなたの親切で価値のある贈り物〔2〕に対して、もっと早く謝意を示したことは間違いありません。わたしはいつかスコットランドに夫人と家族とともに旅行しようと計画していて、この夏ヨークシャーを訪問しようとしていた時、われわれは南に戻る前に、近くまで来たことを利用してスコットランドまで行くべきでした。しかし、諸事情によりその計画は実行不可能になり、別の機会まであきらめられなければならなかったです。私はそれがすぐに来ることを望んでいます。

わたしは、あなたの二つの最新作、とくに第一〇章によって大変喜ばされています。そして、困難な時期にもっとも親身に幾度となく観察してきた後の、貧民がもしその自然の資源にまかされるなら、自分自身を支える力があるということへのあなたの自信をうれしく思います。わたしはあなたがわたしの有能で最良の同盟者であり、主張が否定される時はいつでも、あなたの経験に言及したい気持ちになります。わたしは正しいキリスト教組織がしばしば、その特定の目的を成し遂げるというよりは、文明化と進歩にはるかに大規模な影響をもつというあなたの考えに完全に賛成です。そしてわたしはこのことはかなりの程度、スコットランドの教区では前の世紀に貧民がより良い状態だったことの原因であったと思います。イングランドでは、同様のキリスト教的あるいは道徳的管理はしばしば見られるものではないと思いますが、この点に関して少しだけ改善していると思います。しかしわたしは救貧法の制度に対する意見に関して、今のところ、その廃止のための手段の採用を当然のこととすることが十分に一般的になりつつあるという見通しをほとんどもてません。人口の問題は疑いもなくこれまでよりもより一般的に理解されています。しかし、イングランドの救貧法に関わる実際の状態と、飢饉や行き過ぎた貧困が比較的無いことは、不正直の増大の大きなおそれとともに、力強く人々の気持ちに作用し、社会の上層あるいは中間層の間、そして最も知識のある労働者階級の間での、その重要さについての広く一般的な確信なしには、きっと根本的な変化を試みないでしょう。それゆえわたしは、実際には、教育と道徳の管理のより一般的な仕組みとともに、法律の運営の改善から来るであろう第一の改善を期待するつもりです。わたしは本当に、今や、人口原理はより一般的に理解されるようになっているので、もし、より思慮深く救済を管理する間に、われわれが人口抑制に対する、救貧法の間接的な影響を取り除いたり弱めたりしないように気をつけるならば、何か重要なことがこの方途でなされるだろうと思います。各教区がその貧民を支える義務は、たしかに数多くのみじめなあばら家を建てることを抑制する大きな効果があります。そしてほかにも、可能なかぎり最も自由な労働の循環があることが一番望ましいとしても、わたしは現在の居住法の廃止のようなことは、よいことではなく、より大きな害悪を伴うと考えます。この点に関して、わたしはむしろスカーレット氏[3]の居住法に関する改良のいくつかを恐れており、それはとくにこの点に関するいかなる大きな変化も現代の評価の諸制限に一致しないと思うからです。

次回あなたが南に来られるときには、わたしは前回以上に［判読不明］です。

敬具

T・R・マルサス

訳注

〔1〕チャーマーズのマルサス宛ての書簡が確認できないため、この冒頭の表現の意味ははっきりしない。

〔2〕ここでの「以前もらったあなたの親切で価値のある贈り物」が何であるかははっきりしないが、以下の書簡の内容からする

と『大都市のキリスト教的および市民的な経済（*The Christian and Civic Economy of Large Towns*, Vol. II, Chalmers & Collins, Glasgow.）』の第二巻の第九章、第一〇章にあたるものだと考えられる。第二巻の出版は翌一八二三年であるので、完成していた二つの章を先に送ったと推測される。ちなみに第二巻は、第一巻の全八章構成の後を受けて、第九章から始まる。第一〇章のタイトルは 'On the Bearing which a Right Christian Economy has upon Pauperism' である。

〔3〕James Scarlett, first Baron Abinger（1769-1844）のこと。スカーレットは、ピーターバラ選出のウィッグ党の国会議員であり、一八二一年に救貧法改革法案を、一八二二年に救貧法廃止法案を提出したが、実現しなかった。*Oxford DNB*, Vol. 49, pp.186-8参照。

【書簡25】一八二二年一〇月付とされる[(1)]マルサスからチャーマーズ宛ての書簡（真鍋訳）

一八二二年一〇月

拝啓

われわれはまもなく家に着くのですが、あなたに木曜日に会えることをうれしく思います。わたしはあなたがバッテン博士[(2)]の家にベッドを用意したことを容赦してくださると思います。彼は宿を提供できることを幸せに感じるでしょう。われわれの二つの予備のベッドは、わたしがデルトリー氏[(3)]に話したように、二人の病弱で動かすことのできない姉妹のために占拠されています。われわれは六時に夕食会を行う予定で、あなたと会えることを楽しみにしています。もし夕食会に来られる可能性が無いのであれば、申し訳ないですが、折り返し返事を書いてください。そしてその場合は、われわれはバッテン博士とデルトリー氏がここであなたに金曜日に会えることを希望します。［欠損］もっとも近い道は、ケンブリッジ通り［欠損］ホデスデンに着くおよそ一と四分の一マイルほど前の左側です。ハーフォードに行ってはなりません。ヨークシャーから手紙が来ることを望んでいます。

敬具

T・R・マルサス

訳注

〔1〕手紙には日付が書かれていないが、エディンバラ大学ニューカレッジの図書館の目録では一八二二年一〇月とされている。ただし James, P., *Population Malthus, His Life and Times*, Routledge and Kegan Paul, 1979, London. によると、二人が最初に会ったのは、チャーマーズがイングランドを巡っているときにヘーリーベリーを訪ねた「一八二二年九月の終わり」とされている（p. 428参照）

〔2〕Rev. Joseph Hallet Batten D. D.（1778-1837）のこと。東インド・カレッジの古典教授で、後に学長となる。前掲 James, 1979, pp.229-30参照。

〔3〕Rev. William Dealtry（1775-1847）のこと。東インド・カレッジの数学教授で、のち自然哲学教授。*Oxford DNB*, Vol. 15, pp.624-5参照。

【書簡26】一八二二年一一月九日付のマルサスからチャーマーズ宛ての書簡（真鍋訳）

東インド・カレッジ　一八二二年一一月九日

拝　啓

あなたがこちらに戻ってくるとき、カレッジで再び会えることをどれほど楽しみにしているか言うまでもありません。ジェイムズ・マッキントッシュ卿[1]は、あなたがこちらに来た時に会うことができなかったことをとても後悔していて、あなたの次の南へ［＝イングランドへ］の訪問で、彼の家かわたしの家のどちらかであなたに会うことを非常に楽しみにしているとわたしに言ってほしいと望んでいます。[2]彼はわたしと同じく、あなたが望むように廃止の手順を徐々に実行するやり方が最も効果的になるであろうと考えています。しかし、逸脱が比較的軽微で、さらに本当に短い時間だけであるスコットランドと比べると、イングランドでは非常に長くそこからはずれているため、正しい道に戻すのは非常に難しいということを、わたしと同様に理解されるでしょう。最も一般的に広まっていて、とくに下院の現在の雰囲気からくる意見には、最近わたしは救貧法の完全なる廃止のような希望を抑制せざるを得ないように感じ、そして現在の制度の改善への期待に満足しなければならないと感じていました。しかし、あなたの熱心さと労力は、あなたの経験と相まって、わたしの希望を復活させました。そしてわたしは心配しながらも何が結論になるかを待っています。

デルトリー氏は先日ここにいました。そしてあなたがわたしたちと夕食をとった日にあなたに会えなかったことを非常に後悔しています。彼はクラパム[3]で現在の制度を改善するために非常に努力しています。そしてわたしは、もしその法が、満足する［判読不明］の困難さを十分に知っている人によって管理されるなら、多くのことがなされると考えるようになりました。しかしながら、効果的な改善の計画にのっとって、貧民が救済される権利を否定し、あるいは少なくともわれわれの法律がその権利をもっていないかのようにふるまう必要があります。

妻がよろしくお伝えしてほしいと申しており、また近いうちにカレッジで会うのことを望んでいます。

敬　具

マルサス

バッテン博士とわたしはあなたの二つの手紙を無事受け取りました。バッテン博士はあなたが去ってから体調が悪かったですが、いま再び少し良くなったことをお伝えしておきます。

訳注

〔1〕 Sir James Mackintosh (1765-1832) のこと。もともとは医学を学んでいたが、後に政治の世界に入っていく。*Oxford DNB*, Vol.35, pp.674-9 参照。

〔2〕 チャーマーズのイングランドへの旅行は、一八二二年の八月後半から六週間であり、主な目的は、イングランドの貧民救済について直接見聞することであり、さらには彼がグラズゴウのセント・ジョーンズ教区で実践をした方法にイングランドでの導入の方法を決めるためであった。Brown, S. J. *Thomas Chalmers and the Godly Commonwealth in Scotland*, Oxford University Press, 1982, p. 152 を参照。

〔3〕 クラパム (Clapham) はロンドン南部の地区。一八一三年にここの教区牧師になったデルトリーは、教区での病人や貧困者の訪問を推し進めた。また一八〇二年代にはデルトリーはチャーマーズと書簡のやり取りをしており、チャーマーズの考えをクラパムの教区民に広めていた。*Oxford DNB* の William Dealtry の項目 (Vol.15, pp.624-5) を参照。

【書簡27】 一八二三年二月二一日マルサスからウィルモット・ホートン宛ての書簡（山﨑訳）

東インド大学　一八二三年二月二一日

閣下、

わたしはあなたの観察と計画の概略を興味と関心をもって読みました。ずっと以前にお返事を書くべきだったのですが、とても忙しかったのです。

わたしは移民を禁止したり妨げたりしていることで政府の側に問題があると思ってきました。ですが、政府が筋道立てて移民を推進していいかは疑問に思っています。移民したいと思っている人びとを入植させる責任を負うことについてです。あまりにも強力な部局が監督をすることが入植者自身の努力を弱めることがしばしば見られるからです。

ですが、これは単なる疑問であって強い意見ではないので、移民に自由な許可を与えるだけでなく、移民が十分に効果的になるような程度の支援をするという、時代の奇妙な環境に譲歩しているかもしれません。

あなたが提案している計画は理にかなっていて、有利な点を多く持っているように思われます。わたしは、あなたの支出計算がよいデータの下で行われていると思います。それは十分な水準に達していると見るべきでしょう。ですが、わたしの心を原理的な反対が占めるのです。彼らの教区が除去されるような傾向を強く持つ人口の性格は、一般的に言って、最も勤勉で効率的な入植者を生み出さないでしょう。入植させ、人生のよい時期に、よいかたちで移民させるのに、さまざまな困難から三五ポンド以上かかるかもしれません。しかし、イングランドの教区にいる人はどんなときでも、おそらく何がしかは怠惰になりますし、自分自身の努力に頼らないという彼の習慣は一緒に入植地まで持っていかれるでしょう。そして、支援を引き延ばすために彼に大騒ぎをさせることになると思います。そうして、支出は大いに増えるのです。

それにしても、いくつかの理由に基づいて、わたしは次のように思うと申しました。計算された支出は低く見積もられており、教区の便宜性が高く見積もられていたとわかると。しかし、現代の危機はほかの人びとがこぞって移民を求めるものであるので、関わりのあるすべての党派がそれを採用したがっているかぎりにおいて、わたしは計画の可能な利益がそれに対する反対を大きく上回っていると言うべきでしょう。

わたしはあなたに思い出させる価値があるかどうか分かりません。継続的な移民がはるかに大きな割合の結婚をもたらし、一定の時間の後に、新しい家族を入植させるための支出が警告的に累積するかもしれないということを。入植を自然な状態に任せておくならば、何の害悪も移民から生じることはないかもしれません。しかし、少なくとも支出ということに関して、移民を直接促進することの結果がどうなるかを誰もはっきりとは予測できないのです。しかも、この促進がある期間継続するならば、どれほどお金がかかろうとも、大きな抑圧なしに、それを止めることは不可能になるでしょう。

あなたの忠実な僕であることを光栄に思います。

T・R・マルサス

【書簡28】一八二七年一月一八日付のマルサスからチャーマーズ宛ての書簡（真鍋訳）

東インド・カレッジ　一八二七年一月一八日

チャーマーズ師、博士様

セントアンドリューズ　スコットランド

拝啓

もしわたしが手紙でできる以上により十分に、まだあなたと異なっている点について説明できると考えている小さな著作[1]を計画していなければ、セント・アンドリューズで昨年の夏にあなたに会う[2]喜びを得る前にわたしは確実に、あなたが親切にもわたしにくださった二つの価値のある贈り物[3]の主題に関して手紙を書いたでしょう。わたしはスコットランドのマレーの取引先を通じてわたしの著作を送らせていただきました。わたしはそれが無事あなたのもとに着いて、いずれかの点であなたの賛同を聞けると嬉しいです。

わたしは、あなたがわたしにくれた二つの著作を大いなる喜びと教訓とをもって読みました。言わずもがなですが、わたしは人口に関する主題についてあなたに賛成ですし、社会の労働階級の幸福にとって非常に重大な問題に関する、あなたの最も有能で開明的な支持に多くを負っていると感じています。わたしは実際、その主題に対してあなたがしてきたことは、あなたのよく知られた宗教的意見から来ていることから、特別にそして卓越して重要であると感じています。というのも、その問題の奇妙な誤解から、宗教者のなかには強く人口理論に対する偏見を持つ人もいるからです。

経済学の問題に関して、わたしはあなたにそのほとんどで賛成します。そして、あなたが多くの重要な点で本質的に誤っているとわたしには思われる新しい学派[4]に身を投じていないことをうれしく思います。わたしは特に、資本の増進を支配する法則と、人口の増加を支配する法則の間の著しい類似性に関してあなたがわたしに賛同してくれていること、そして人口の力と同様にその損失を回復する資本の力について、十分に認め、非常に上手に説明していることに気づき、特にうれしく感じました。この学説をわたしは非常に重要だと考えざるを得ません。しかしながらこれはセイ、リカードウ、ミル、マカロックの供給と需要と販路に関する主題についての学説と真っ向から反対します。わたしはまた、主に課税という主題に関して、そして国の大いなる資源についてあなたにおおむね賛成します。しかし、わたしはあなたが富と生産的労働という言葉に与えようとしている意味については同意できません。

わたしは言語の一般的な用法に関して、そしてわれわれの共通の感情にのっとって、安全、独立、道徳的または宗教的指導、そして道徳的または宗教的習慣は、それらがその用語に含まれていると考えるよりも、われわれが富という言葉によって通常意味するものよりも非常に高度な重要さがあると考えざるを得ないです。たしかに独立や道徳の追求を奨励するため、それらをより劣った名前で呼ぶ必要はないです。そして、もし富がすべての人間の幸福の源を含むように定義されるなら、人間の富の過剰な追求から思いとどまらせるわれわれの神学者や道徳家の言葉の意味はどうでしょうか。たしかに、説明できるようになるためには、区別というものが必要です。そしてわたしは、われわれが、物質から引き出される幸福とほかの異なった源から引き出される幸福とを区別すること以上に、自然で明白なものを見つけられるかどうか、非常に疑わしいと思います。わたしは、開明的な立法者の労働にあなたがおそらく付与したいと望むすべての重要さをあたえることに意欲的です。しかし彼が生み出す富を見積もることはできないので、わたしは栄誉をあたえ、同時に彼を製造業者とは別の労働階級におくことにより、国富に関する結論の正確さに寄与したいです。わたしは製造業から引き出される富についてあなたが言っていることの多くに賛成します。しかしわたしは、両著作において、あなたはあなたの原理を押し出しすぎていると思います。わたしは、製造業の繁栄なしには、われわれが同じ可処分人口をもたず、そしてたしかに、労働、食糧、そしてヨーロッパの軍隊を支配する同じ力をもたなかったということを、強く確信しています。われわれは、もしナポレオンがわれわれを侵略したなら、彼を国から追い出します。しかしわれわれはスペインからは追い出しはしないです。わたしはあなたの結合〔5〕を論じ方に完全に賛成します。しかし、一般的な問題として、労働者階級に有効な雇用を与える難しさを過小評価していないでしょうか。国が有利に雇用できる以上の人口を支える手段をもつだろうというのは、とくに移民レポートで明らかではないでしょうか。われわれの労働者は、時には穀物が最も安い正にその時に仕事から投げ出されます。込み入った殴り書きをご容赦ください。妻はあなたとご夫人によろしく伝えてほしいとのことです。

敬具

T・R・マルサス

イングランドにお越しの際は、必ず立ち寄ってしばし滞在していかれることを願っています。

訳注

〔1〕『経済学の諸定義』(Malthus, T. R., Definitions in political economy, preceded by an inquiry into the *rules which ought to guide political economists in the definition and use of their terms, with remarks on the deviation from these rules in their writings*. John Murray, 1827, London.〔玉野井芳郎訳〕『経済学における諸定義』岩波文庫、一九五〇年）であると考えられる。James (1979) *op. cit.*, p. 430 参照。富の定義をめぐる両者の相違点は、後の書簡でも話題になる。

〔2〕マルサスは、一八二六年の六月から七月にかけてスコットランドを旅行しており、六月二九日木曜日にチャーマーズとセント・アンドリューズで朝食を共にした。James, P. ed., *The Travel Diaries of Thomas Robert Malthus*, Cambridge University Press, 1966, Cambridge. を参照。

〔3〕ここでいう二つの贈り物は、ひとつはチャーマーズの最初の経済学上の著作である『国民的資源の範囲と安定性に関する研究（Chalmers, T. *An Enquiry into the Extent and Stability of National Resources*, John Moir, 1808, Edinburgh.）』であり、書簡の内容にあるように、人口原理を援用している点でマルサスの強い影響下にあるものの、富の定義や可処分人口をはじめとする人口三区分など独自性をもって経済理論を構築している。この点に関しては深貝保則「チャーマーズにおける人口三区分論と生産構造把握」『商経論叢』（神奈川大学）第三二巻第四号、一九九七年、三三～七二頁に詳しい。もうひとつは、Chalmers, T., *The Christian and Civic Economy of Large Towns*, Vol. III, 1826, William Collins, Glasgow. である。James (1979) *op. cit.*, p. 430 参照。

〔4〕ここで言う「新しい学派（the new school）」については、マルサスは『クォータリー評論』の論文（"Political Economy," *Quarterly Review*, January 1824, Vol. XXX, No. LX, Article I, Semmel, B. ed., *Occasional Papers of T. R. Malthus, on Ireland, Population, and Political Economy from Contemporary Journals, written anonymously and hitherto uncollected*, Burt Franklin, 1963, New York.）において「経済学の新しい学派（the new school of political economy)」(p. 207) あるいは「イングランドにおける新しい学派（new school in England)」(p. 208) という言葉でリカードウを中心とするグループをさしている。

〔5〕ここでいう「結合」(combination) とは、『国民的資源』の「結論」(pp. 322-41) の章で展開されている議論に見られる、「軍の強さを国の憲法上の自由と結びつける（combining the military strength with the constitutional libertis of country)」(pp. 338-9) のことを

指していると考えられる。チャーマーズは、人々が自発的に軍に参加する形態が望ましいと考えている。

【書簡29】一八二七年三月八日付のマルサスからウィルモット・ホートン宛ての書簡（山﨑訳）

一八二七年三月八日

わたしは概してあなたの計画に賛同していますし、それが実行可能であると考えます。ですが、支出が再現されないだろうということが明白にな

らないかぎり、同意できるものであるかどうか疑問です。とくにスコットランドに関して、わたしはアイルランドから比例的な流入があるということをよく理解しています。そのことは、提案されている計画の利益を覆してしまうことになるでしょう。このため、わたしはアイルランドが関心の第一の焦点だと見ています。しかし、アイルランドの土地問題の現代的な変化なしに何も効果的なことはなし得ないでしょう。もしこの変化が、わたしがそう聞いているように始められたら、それはまさに移民を始める好機と言うべきです。でも、もし何の変化も起きていないのなら、支出に見合った、何らの恒久的な救済も諦めるべきだと言うことを告白しなければなりません。アイルランドからの労働者の流入を防ぐが大規模に縮小することは、イングランドとスコットランドにとって計算できないほど大きな利益になります。すべての観点からして、害悪の焦点はそこにあります。アイルランドの掘立小屋を何とかすることなしに成功は期待できません。そして、同様のことがイングランドの最も粗末な小屋についてもなされることが紛れもなく望ましいのです。

【書簡30】一八二七年一一月八日付のマルサスからウィルモット・ホートン宛ての書簡（山﨑訳）

一八二七年一一月八日

わたしの主な質問への疑問点は次の通りです。

一、移民の国民的システムが恒久的な手段として拡張された規模で採用された場合、人口原理に基づいて、結婚の割合を自然に増加させることはないのか。植民地の分離から来る中断の下で、または、過剰な負担と思われる支出が人口余剰を増加させることはないのか。

二、与えられた証拠にも関わらず、わたしたちは前貸しの元利の支払いを本当に当てにできるのか。当てにできないのなら、利子は最初規則性に耐えて払い得るにしても、本国において大きな不平を引き起こすような大量の負債を引き受けるかなりなリスクに耐えることができるだろうか。

三、もしシステムが先を見通してしばらくの間実行されて、

カナダから大量の元利金が送られてくるとしたなら、それらの借金と利子から来る救済の約束が、植民地にアメリカ合衆国との戦争の際に抵抗を試みる誘因を与え過ぎることはないのか。

四、このような借金と利子がイギリスからカナダが友好的・平和的に分離する際の障害となることはないのか？植民地が、十分に人口が増えて自身の独立を守るほど強大になったときのことである。このような分離は、わたしには予測可能なことと思われる。そして、そうなるのが自然なときがやってくれば、借金と利子は植民地が平和的な分離よりは敵意をもった独立をする動機となるのではないか。

これらの反対は、移民を促進することへの大きな一時的犠牲に適用されるものではありません。移民の促進は特定の時期に、ある特定の目的を達成するために起こる悲惨を和らげるために行われるものです。たとえば、土地制度の改革とか、救貧法の適用の方法のある変化とかです。

【書簡31】一八二九年五月二六日付のマルサスからヒューエル宛ての書簡（山崎訳）

東インド・カレッジ　一八二九年五月二六日

「経済学のいくつかの命題の数学的表現[1]」と題する論文をお送りいただいたことに感謝しております。わたしは論文をたいへん興味深く拝読しました。しかし、わたしが現代の代数的表現法に慣れ親しんでいないために、また、まったくそれらに触れることなく長い年月を過ごしてきたために、思いのほか内容を理解できませんでした。大学の試験期間中でもあり、わたしが通常持っている以上の関心や配慮を払えなかったことも理由です。

わたしは、しかし、貴方がまったく正しい結論に達していると思いますし、わたしのこれまでの知見からしましても、数学的計算を経済科学に持ち込むことは多いに有意義なことだと推測します。仮定が異なれば、事物が影響を受けるその度合いが異なることの程度を確定する場合にとくにそう言えるでしょう。それでも数学の実際利用という観点からすると、難しさはこれから十分に真理に近付くべく分析をする、入手したデータそのものにあります。そして、それは数学的言語で明確に述べうるようなものです。人がはっきりした結論に達しようとしている多くの場合において、これは実現不可能なようにわたしには思えるのです。たしかにわたしは、経済学の結論の多くが最大化・最小化といった問題によく似ていると思ってもきました。これは、土地財産を大きも小さくもなく最もうまく分割するとか、（富が恒常的に増加する状況で）資本の生産物が資本家と労働者で分割される、最も成長促進的な比率は何か、というような話です。しかし、こうした命題がどうしたらまとまりのない解答を正しく表す言葉に直せるか、わたしには分かりません。その解答自体、土地の肥沃さや資本の生産性によって結論が異なれば異なるでしょうから。

貴方が論文で論じられている諸論点に関して言えば、わたしより手際がよいと思います。貴方の公理のすべてが、十分に一般的ではないとしても恐らくそうなのです。貴方の第三論文では労働の節約ということが扱われていますね。そこでは土地の生産物の価値を増加させることなく新しい土地が耕作されます[2]。そして、貴方の第四論文は一定の供給に対して需要が増加する場合が扱われています。生産費がそれに基づいて決定される土地の制限性を仮定せずに、これらの結論に達し得ないとわたしは思います。しかしこの、そして、トンプソン氏の論文[3]の後半の諸結論は、挙げて地代の新理論に属するものであり、トンプソン氏自身が初めてそれと取り替えた真実理論と呼ばれるものではありません。すなわち、そこからハンガリーの高級ワインであるトカイの価格が出てくるような独占の場合です。これがその問題の通常の見方であり続けていました。リカードウ氏が言及しているわたしの元の著作がとくに目指したのは、通常の地代と、トカイの葡萄畑のような全面的で厳密な独占が生み出す地代とをはっきり区別することでした。わたしは、地味の異なる土壌が連続的にあることは、地代の存在にとって必ずしも必要ないという点で、トンプソン氏に全面的に同意します。そして、そのことは、トンプソン氏がそれについて書くずっと前に、わたし自身が印刷物で繰り返し表明していたことなのです。もちろん、実際には地味の異なる土壌がすべての国に見られるために、税金や一〇分の一税に関連するすべての現実問題は、そのことによって基本的に調整されなくてはなりません。わたし自身リカードウ氏にたびたび言ってきたように、農産物への課税や一〇分の一税は一定の品質を持つ土地を耕作から投げ出させたり、それらが耕作され続けることを妨げたりし、そのようにして地代に課されることになると、トンプソン氏が言っていることはほとんど正しいのです。他方で、供給が税金に影響されないならば、それが消費者に課されることは火を見るより明らかです。ですが、これらの問題をトカイの葡萄畑に適用することはまったく以ってできません。小麦がほぼ現在通りの量で供給されるためには、小麦が現在の価値を持つことが不可欠です。しかし、トカイは、現在よりはるかに低い価値であっても現在と同じ量が供給され続けることになるでしょう。小麦の価値が持続的に上昇しないのは、小麦が需要者にとって必需的な食糧であるという環境によって厳密に制限されているためです。これに対して、トカイの価値の上昇には、ごく一部の消費者の富や気紛れから来る限界以外になんの制約もないのです。ですから、この比較は残念なものだったと言わざるを得ません。そして、トンプソン氏がこのことに拘泥していたなら、論文は現実の状況にまったく適用できないものだったでしょう。優良地に投下される資本が劣等地の二倍、三倍、四倍に及ぶと考えることができるでしょうか。逆の場合だってあるのではないでしょうか。ところで、貴方は、リカードウ氏は賃金課税が労働者に帰着すると考えていると、ついうっかり述べていらっしゃいますね。リカードウ氏が言っているのは、それが利潤に帰着するということ[4]ですよ。もちろん、そうした過ちは、あなたが経済学に数学を適用して行った描写の素晴らしさに、なんら影響を与えるものではありません。乱筆にて取り急ぎ。

訳注

〔1〕 ヒューエルはこのパンフレットによって、古典派経済学の完成者と言われるリカードウの体系について最初の数学モデルを構築した。

〔2〕 労働価値説を根底に持つ古典派経済学では、労働投入量が増加すれば生産物の価値が増大するが、労働生産性の上昇があればこのかぎりではない。

〔3〕 ペロネット・トンプソンの『地代の真実理論』を指している。トンプソンは、リカードウが土地の肥沃度の制限性だけを根拠に地代の発生を論じたことを非難し、高級ワインの生産地の例をあげてより一般的な結論を導こうとした。土地の生産物に対する需要がその供給を上回っているところでは、常に地代発生の余地はあるというのである。

実は、リカードウの最初の数理モデルを作ったヒューウェルは、経済学方法論の面ではリカードウの演繹主義を全面的に排除しようとする急先鋒でもあった。そこで、演繹の過程の一面性を批判するためにトンプソンの著書を好意的に取り上げていたのである。

以下、マルサスによるリカードウ地代論の擁護が続く。

〔4〕 リカードウ体系、あるいは基本的に古典派経済学では、実質賃金が生存水準になるように人口法則が働くため、税金が賃金に実質的に転嫁されることは不可能である。

【書簡32】一八三〇年二月一五日付のマルサスからウィルモット・ホートン宛ての書簡（山﨑訳）

東インド・カレッジ　一八三〇年二月一五日

親愛なる閣下、

わたしはあなたとP・トンプソン氏の書簡[1]を拝見しました。また、あなたの新しいシリーズ[2]を受け取りたいへん興味深く拝読いたしました。わたしは以前にM・ダチャテルの著作と出会っており、よいものと思いました。あなたものご存じのとおり、わたしは移民の問題について概してあなたに同意しています。しかし、わたしたちの間にはいつも何らかの違いが存在しています。現在の出版物で、あなたがおっしゃるのがむしろ性急過ぎると思わざるを得ません。過剰人口を取り去ることは残ったものの増加を刺激する傾向を持つことほど真実で哲学的なことはないというものです。わたしは何度も言っていますので、よい賃金が二つの異なった方法で働くことは真実です。いずれの方法でも快適さは増加し、労働者階級の恒常的な条件を改善するか、彼らの増加のスピードを速めます。ごくわずかな例外を除けば、人口は直ぐに自らを回復すると言うのはよく知られた事実ですので、それがもたらすいかなる大きな損失の後でも、二つの結果のうち前者よりも後者の方がよりありがちであると経験が示しているということが言えるのです。

もう一つの論点に行きましょう。あなたは、アイルランドの貧民が何らかの方法で国家によって支援されているが、現在彼らが負担を認識していないのに、租税についての確固とした認識はあり、認識されない支出から彼ら自身を救済するための租税の支払を進んで行おうとはしていないことを証明しているのではないかとむしろ思います。実際事実の問題として、過剰人口が労働者階級を大いに貧しくすることを示すのは容易であり、だから、可能であれば過剰人口を取り除くべきなのですが、彼らの維持に事実上何も貢献しない健常な肉体を持った多くの大衆がいること、そのような過剰が、労働の価格を一般的に引き下げるにも関わらず、社会の上流階級、中産階級の富を、過剰とされる人口の支援全体に比例して、減らすことを示すのは容易ではないのです（上流階級、中産階級の人びとは労働者の第一の雇い手なのです）。

そういうわけで、国の現状においてわたしは自身移民の確固たる支持者であり、それを実現するための必要なわたしの税金を喜んで払うでしょう。ですが、わたしは、この目的のために多額の貨幣を借りる提案がなぜ人気がないのかをよく理解しています（とりわけ、すべての省庁で経済に対する大きな要求があるので。）し、だから、ほとんどの大臣は敢えてそうしようとしないのです。

親愛なる閣下、敬具

T・R・マルサス

訳注

〔1〕『貧困の原因と救済』第一シリーズにC・プーレット・トンプソンとの書簡が収められている。

〔2〕『貧困の原因と救済』第二シリーズ。M・ダチャテルとの書簡が収められている。

【書簡33】一八三〇年六月九日付のマルサスからウィルモット・ホートン宛ての書簡（山﨑訳）

グレート・マルヴァーン

一八三〇年六月九日

親愛なる閣下、

第四シリーズにおけるあなたの疑問について、わたしはメモであなたに示した通り、シーニア氏の答えに、完全にすべての場合についてでないにしても一般的に一致しています。しかし、問題のこの部分に帰る前に、次のことを見ておきましょう。穀物法の廃止を移民についてのあなたの計画で代える提案に対するあなたの答えは、完璧に満足のいくものだと思います。もし、穀物法が今のままであるとしたときに、植民がひどく過剰な農業人口のために必要な救済措置であるならば、穀物法の規制が弱められた場合にはなおさら、それが廃止された場合にはもっと、植民が必要になることでしょう。そうなったら、さらに多くの労働者が仕事を失うことになるでしょうから。

あなたやシーニア氏とわたしの原則的に違う点は、移民によって作られた空間が埋められてしまうということです。シーニア氏が言うように、社会の下層階級の状態を改善する傾向がたしかにありますが、個別のケースや中間的な時間で見た場合には、進歩は非常に不確かです。たとえ、生存手段の増加に伴って人口の比例的な増加が起きない場合でさえ、もし移民が前の期間に望ましいとしても、後の期間では望ましくないということになるでしょう。アイルランドの貧民の状態が一〇〇年前の方が現在よりはるかに悪いことが確かだとしても、このことはアイルランドからの移民が現在非常に望ましいということを意味しないのです。この国において四〇年間移民が繰り返されてこなかったことは、それが真実であるとしてもシーニア氏の言明の唯一の結論ではないのです。今や、わたしたちはP・トンプソン氏が言及した条件が適用される点に来ました。空間が埋められないように効果的な手段が講じられるかどうか、あなたは疑いなく彼に最も完璧に答えるでしょう。しかし、わたしが思うに、あなたはこの目的を実現する極端な難しさについて十分にお気づきになっていないようです。あなたが、まったく反論できない方法で本当にそれを達成できるならば、あなたは人類のなかでもっとも偉大な恩人になるでしょう。直ぐに、そして恒久的に、よい賃金を働く能力があって働きたい人に保証し、しかも人口が継続的に増加することを許すということです。しかし、それが、人口は失われた数を回復する強い傾向を持つというすべての理論、すべての過去の経験に矛盾しているとしても、労働に対する有効需要を超えて労働者階級が増えないようにすることが極端に難しいとしても、わたしが思うに、政策と人間性の両方が、すべての実行可能な努力を彼らの状態を改善するために行うべきだと要求しているのです。そして、わたしは疑いもなくあなたの移民計画が、疑いもない現在の救済と恒久的な改善を提供する最善の機会に寄与し、基本的にこの最も望ましい目的に合致すると感じています。したがって、たとえ、最初の借入が次のそれの必要が出てくる前に必ずしも返済されることがはっきりと証明されないにしても、わたしたちはそれを試みるように要求されているのです。

あなたが十分に考えてはいないようにわたしに見えるもう一つの論点が存在します。すなわち、賃金の上昇が移民の後に、起きる、あるいは起きねばならないということです。未婚にせよ、既婚にせよ、完全に雇用されている健全な肉体の労働者の賃金が上がらないならば、そのような移民は望まれる効果においてまったく不完全なものでしょう。少なくとも、教区が四人の子どもを持つ既婚の男性に払う金額と等しくなるまで上がらなければということです。シプリー教区でこれは、家賃も含めて週一一シリング六ペンスのようです。ウェスト・グリンステッド教区では一一シリング三ペンスです。人はもちろん未婚の男性、四人以下の子どもを持った、あるいは四人以上の子どもを育てている既婚の男性の割合を知りません。しかし、このことは、あなたが、賃金の上昇について十分な配慮をしていないということを示しているように思われます。あなたが提案した方法を採用して料率を支払う人の金銭的利得を見た場合にそう思われるのです。

わたしはあなたの計画に反対するようなやり方で、状況に言及しているわけではありません。それらが下院へと提出されるならば、あなたがそれらへの最善の答えと考えているものに対して反対しているのです。わたしが思うに、あなたはより上流の階級が、労働者階級の物理的条件や道徳的慣習を改善するのに効果的と思われるすべての努力をする義務について、十分に考えていないのです。近年イングランドの南部で救貧法が実行されているやり方は両方に、とくに労働者階級の側に好ましくないようです。わたしたちはわたしたちの与えている害悪を除去するために救済を行わなければなりません。そして、疑いもなく移民の計画はその最善の第一歩なのです。

手紙は直ぐに送ります。わたしはこの手紙を現在の無礼かもしれない状態で、あなたのお考えのためにお送りします。あなたは、あなたが、ここに書いてあることと整合的なかぎりで、わたしが大衆のためにしてほしいことをおっしゃってください。しかし、もしどの部分が公にされてもわたしは手紙を再び書かなければなりません。もちろん、コピーは取っていませんので。

わたしたちはこの場所を、予定よりも早く土曜日に離れます。ですので、手紙は直接自宅の方にお書きください。

敬具

T・R・マルサス

【書簡34】一八三〇年八月一七日付のマルサスからウィルモット・ホートン宛ての書簡（山崎訳）

一八三〇年八月一七日

移民の新システムの主題について、確固たる是認者として表現されていることに少なからず驚いていると申し上げざるをえません。わたしのクルーガー氏[1]へのインタヴューのなかでそれに間違いなく反対すると思われる多くの論点を出しました。しかしながら、この国にとっては何の費用もかかりませんので、もし植民者自身が主題について納得しているならば、彼ら自身が代表されているのですから、わたしはそれが試みられることに何の苦痛も感じません。わたし自身の考えでは計画は成功しないと思われますが、協会がその計画を十分な根拠に基づいて採用していると思い、成功を信じているならば、彼らは後退してあなたの計画に賛成する方向へと変化するでしょう。

訳注

〔1〕 国民植民協会長官のロバート・クルーガー

【書簡35】 一八三〇年八月二三日付のマルサスからウィルモット・ホートン宛ての書簡（山﨑訳）

東インド・カレッジ　一八三〇年八月二三日

親愛なる閣下、

わたしは、あなたが、移民の起こった後で人口のすべての増加を妨げるよう要求されていないとまったくもって思っています。しかし、貧困が戻ってくるような人口の増加は例外です。そして、もしあなたが、わたしが人口に対する、あなたが言及しているような慎重な習慣や感情以外の抑制を目にしたいと考えたことがあると思っているとすれば、それは誤解です。しかし、主題を大きな目で眺めた場合、習慣や感情の改善はやはり最も望ましいものです。すべての行為が移民についてなされた後でそうなのです。そして、この改善を達成する困難はずば抜けて大きいものなので、たとえあなたの枠組みがそうすることの最善の見通しを提起しているとしても、わたしはそれが達成されないのではないかと端的に恐れます。政府も教区も制裁にさらされなければ、人口の無制限の増加を伴うような習慣を許す移民のための費用を払わないでしょう。実際このような変化は社会の構造とこの国における資本の方向性を根本的に変えることなしに生じないでしょう。わたしは、低賃金、悲惨、悪徳を生み出す、あるいはある程度の時間の後に、そうなる恐れがある、最大の人口増加が起きうることに対して反対するものではないのですが、移民の行為が非常に大きいもので労働者階級の間での結婚におけるいかなる慎重さの実践をも排除するようなものであれば、そこに何らかの警鐘を聞くべきです。わたしはそのような行為は恒久的に継続しないし、それらが止んだときには、新しい、最も苦痛に満ちた教訓が再び学ばれることになるだろうと確信しているからです。

しかしながら、あなたの移民計画やほかのどのような計画の結果としても、この国でそのような事態が実際におきると考える僅かな理由もないでしょう。わたしはただ示したいのです。高度に集中化された人口をよい賃金と恒久的に結び付ける唯一の手段として、わたしが最も期待するのは、いかなる個人でもその特定の計画が特定の水準の慎重さに影響を与え、それがいかなる国においても拒絶されるような結果を伴わずに最大量の幸福を集中させることです。

わたしはあなたがアイルランドのジェントリたちに大きくなっていく確信を日に日に感じていることに対してとてもうれしく思います。彼らの金銭的な利害は、たとえ彼らがそれに影響する基金を自ら準備したとしても、移民の方法によって大いに利益を得るでしょう。わたしも、物事の現在の状況において、労働者階級の状態を改善する、人間性と政策に適った正しい見通しを示すのは移民だけだと確信しています。そして、議会によってアイルランドに救貧法が導入されることが決定されれば、わたしには、事前の大きな移民が準備的な段階として絶対的に必要になると思われます。イングランドにおいては、わたしたちは次のような結論になるようです。教区の割当により健全な肉体の男性を恒久的に支援することは救貧法の悪弊であり、漸次止めていく必要があると。しかし、アイルランドにおける特定の害悪は雇用のない健全な肉体の労働者が莫大に存在するということです。しばしば語られる修正されたかたちの救貧法は困難を解決することができないでしょう。もしアイルランド労働者の失業している部分が法律によって適切な仕事を見出す権利を持つとしても、あるいは、適切な量の食糧や衣服を自分自身と仕事のない家族のために見出す権利を持つとしても、わたしは必要な基金がどこからやってくるのかをまったく知り得ないのです。わたしはアイルランドの地主に頼るつもりは持っていません。彼らがこのような基金を出すのは、土地を現在より小さい部分に分けることなしにはほとんど不可能に思われるからです。そして、そのことは一定の時間の後、失業している人間の数を一層増やすことによって困難を一層強めることになるでしょう。これは農業と言う産業のまさに本性なのです。商業や製造業からの助けもほとんどありません。こうして失業人口の大きな割合がいつも生み出されます。さて、わき道にそれたようですので、締めくくる時間でしょう。

親愛なる閣下、敬具

T・R・マルサス

【書簡36】一八三〇年八月二五日付のマルサスからウィルモット・ホートン宛ての書簡（山﨑訳）

東インド・カレッジ　一八三〇年八月二五日

親愛なる閣下、

あなたの質問にあなたが望んでいると思われる答えを逐次お送りいたします。

第一、植民者の真の政策は疑いもなく彼がそこから最大限の利潤を引き出す土地を耕作することです。いかなる特定の時点でも資本を利用する二つの方法を比較するならば、それぞれの利潤率は、収益の貨幣価値と比較した支出の貨幣価値を上回る分によって決定されるでしょう。それは収益の量と比較した支出の量（たとえば、穀物や衣服で測った）を上回る分によって決定されるものではありません。労働者が農民の家に暮らしていて、賃金を原則としてもので受け取る新しい植民地では、供給の過剰から来る農産物価格の低下は、比例的な量の過剰が同じであるかより大きいときに、しばしば利潤を消滅させます。他方、もし労働が貨幣で支払われていれば、農産物で評価された支出は二年の間同じであることはほとんどありません。そうであるがゆえに、与えられた穀物のクォーターで正確に表現できることはないのです。

第二、わたしはたしかにあなたの疑問へのマクヴィカー博士の答えに同意したいと思います。その主題に関するわたしの見方では、疑問の主に現実的な部分は経験に依存しているので、新しい国で土地を売るシステムの働きを観察する機会を彼の状況のなかで持った、無関心な人の意見を大きな注意を払って聞きたいと思います。

第三、ニュー・サウスウェールズの実際の統計的な状況において、わたしは政府の土地を売ることによって、教区、地区、政府に支出をさせることなく、その国の適切な数の若い貧民の移民に影響するのに十分なお金を作ることはできないと思います。

第四、わたしは、もしその意志と能力があるなら、植民地によって移民の資金が出されることに対して確固たる反対を見出しません。また、あなたがほのめかしている危険についてほとんど懸念を持つべきではないでしょう。しかし、わたしは彼らが意図された目的のための適切な資金を出す能力も意思も持たないと思うと告白します。そして、植民地の実際の状態において、政府がかなりの前貸しに関して適用を任されることが植民協会によって認められているので、ほとんど乗り越え難い障害が計画の実行には投げかけられると思われます。

第五、それが行われるべきかどうかよりも、何ができて行われるかが問題でしょう。結局、イングランドやアイルランドの貧民の移民による国民への支出を貯蓄することに関して言えることは、必要な基金の前貸しが主に現実的な困難を形作るということですから、もしそれに余裕があるとすれば、植民地から資金を受け入れることを嫌がるべきではないということです。わたしが移民の新しい計画にあまりに多くの冷水を浴びせかけようと思わないのはこの種の熟慮があるからです。わたしは最初、この国による支出があるべきではないということを理解していました。その場合、それを試みることにあまり苦痛を感じませんでした。しかし、わたしはなぜ成功を疑うかについて確固とした理由を提起しました。わたしはグーガー氏に言ったのです。彼とだけはコミュニケーションが取れたのですが、相容れない目的を結びつけようとする計画に思えると。すなわち、新しい肥沃な領土を耕作することによって労働へのとても高い報酬を与え、労働者階級の植民者が絶えず継続して来ることの有利さと、人口を集中させること、安い労働、より商業的なやり方で資本を利用することから来る有利さとを結び付けています。わたしはいつも、語られている土地の最も安い価格が、安すぎるというより高すぎるというわたしの意見を述べているのです。

人口の増加とあなたが示唆している植民地貿易から導かれる有利さは、疑いもなく国民的目的です。しかし、それは一般的に納税者の立場からよく考えられるべきです。

第六、わたしは確固として、教区ないしは地区が移民の費用を払うべきであるならば、彼らが、誰が行く意欲と適性を持っているか、彼らが誰を送り出すかを決めることが許されなくてはならないという意見を持っています。

第七、二〇〇人の父親、二〇〇人の母親、六〇〇人の子どもを送り出すことは疑いもなく、二〇〇や三〇〇の若いカップルを送り出すことよりも高くつきます。しかし、その方が母国にとってはより大きな救済になるだろうし、植民地にも大きな利益を与えるでしょう。父親や母親はまだ働けると想定されるし、子どもは労働年齢まで成長します。そして、より自然で有利さのあるかたちで結婚するでしょう。若いカップルは一九、二〇年以下では成長した労働者を生み出せないことを思い出すべきです。しかしながら、選択の原理が母国の人口にチェックを与えてくれることを考慮しなくてはなりません。そして、植民地には少ない費用で一定の援助を与えることになります。これは特別な有利さであり、もしほかの根拠によって反対がなされないならばこの有利さがそれを最も適格なシステムとして示すことになります。

もちろん、一定の数の男女の子どもの移民は、遅れの期間や妨げとなる死亡率に適切な考慮がなされれば、植民地と母国に対して年頃の同数のカップルを送るのと同じ効果を持つでしょう。

第八、若いカップルはもちろんコミュニティのなかで最も貧困な部分と考えることはできないし、したがって、彼らに正当な見通しが示されなければ、十分な人数が申込みをしてくるとは言えないでしょう。

第九、もし土地の値段が独立した入植を比較的難しくし遅らせるものであれば、とくにもし彼らが、カナダやアメリカ合衆国で、高い賃金で働く有利さと入植する大きな機会を持つとすれば、母国の若いカップルがニュー・サウスウェールズに継続的に志願して行くとは信じられません。そして、さらにわたしがグーガー氏に述べたように、年頃の年齢に到達したばかりの若い男性の大きな割合が移民するということは、彼らがコミュニティのなかで最も貧困な部分とは決して考えられないのだから、一般的に人気のあるものとはならず、政府の好ましい目から見て公務員や国の強さのための軍隊に迎えると見られるのです。残った人口はその効率性の観点からして、数に比べてかなり小さいものにならざるを得ないでしょう。

第一〇、新しい植民地で導入することが望ましい人工的な集中の正確な程度を決めることはどのような特別の計画をしてもまったく不可能です。集中は明らかに有利さを持っています。そして、政府は土地の新しい認可の価格を決めることですべての人に最大の幸福を与えるべきであり、最大の可能な人口増加を禁止しない土地の最高価格を決めるべきだという点で植民協会にまったく同意します。しかし、この目的を念頭に置くと、価格は低くあるべきだと強く考えたいと思うのです。政府に必要な道路やほかの基礎的な改善に支出させるのに十分な価格は最も優位性を持つものでしょう。一つの町へ集中させる困難な試みのような何物も賃金を引き下げ、植民の真の原理を破壊してしまいます。大きな国に入植することにおいて、多くの集中の中心が必要なのであり、いろいろな状況に応じて村が確立されなくてはなりません。それは町へと成長し農産物への市場が開かれるでしょう。これらの多くは、土地の肥沃さや川からの距離などの条件に応じて、大都市から自然とそれなりの距離に定まるでしょう。集中度の大きさと新しい国に割けるよりも大きな資本の支出は、やせた土地をもともと肥沃な土地と等しくするのに必要なものです。ロンドンから二〇、三〇マイル以内にある耕作された土地のほとんどは、わたしたちの田舎にある元来肥沃な土地よりもかなり安い地代で貸し出されます。集中を恒常的に強制することで植民の大きな目的をだめにする危険が存在します。同時に、わたしは思いますが、わたしが以前に考慮したように、土地に最大の可能な人口増加を妨げない最高価格を設定することが有利さを持つことは間違いなく事実です。しかし、命題の後半部分の限定は非常に強いものです。それを決定することに対して未だにアプローチはなされませんでした。わたしの意見ではそれは長い経験を通じて決定されるものです。わたしたちの現在の経験ではすでに行き渡ったシステムに確固とした変化を保証するのに十分ではありません。もしより大きな集中を強制されていたならば、アメリカ合衆国の人口がより速く、あるいは同程度に速く増加していたと確信することは極端に気が早いことです。また、もし五万の若いカップルが労働者として毎年困難なしに植民地へと運ばれていたならば、彼らの誰も何年間かの間植民者にならなかったならば、労働の賃金は最も速い人口増加を許すようなものであり続けていたでしょう。現在植民地に住んでいるような少数の資本家では、十分な利益を伴って莫大で到来する人びとを雇うのに必要な資本量がどんなに多かろうと、その数に比例して増加するということは決してありえないでしょう。彼らのなかの適当な部分が植民者になることができるならば、直ぐに物事は考えうるものとなるのです。しかし、労働者の雇い手が正当に増えていかなければ、やはり考えにくいことです。

敬具

T・R・マルサス

【書簡37】一八三一年二月二八日付のマルサスからヒューエル宛ての書簡（山﨑訳）

東インド・カレッジ　一八三一年二月二八日

富の分配に関するジョーンズ氏[1]のご労作を最近拝受いたしました。たいへん感謝申し上げております。たいへん興味深く拝読いたしましたし、筆者が主題に多大な思索と才能を注ぎ込み、わたしとリカードウ氏とに意見の相違のあるほとんどすべての点について、ご同意くださっていることにとくに感謝申し上げます[2]。しかし、筆者はどうして、持続的蓄積、人口増加、耕作の進行がその土地の利潤や穀物賃金を引き下げる傾向をしぶしぶ認めるとき、どうして真理の先まで行こうとしなかったのでしょう。そして、もし筆者がこの主題についてこれでもう完了したのであれば、最も面白くて重要な分野の一つの起源と進行について考察し損ねたと感じずにはいられません。それは、古い先進国の知識や慣習が、アメリカ合衆国や、わたしたちの世界の新しい部分を埋めつつある植民地からの独立国の、無垢で肥沃な土地に適用される場合です。これらの場合は、旧世界で支配的であるように、利潤が一〇パーセント減少したり、穀物賃金が大幅に減少したりすると考えてはなりません[3]。アメリカ合衆国では、穀物賃金がわが国の二倍を超えていることははっきりしています。他方同時に利潤率もはるかに高いのです。これらの高賃金や高利潤が低下することが、合衆国がすべて耕作され植民されることの絶対的必要条件であることはもはや明らかです。わが国で農業労働者が毎年九クォーターではなく二〇クォーターの小麦の価値を受け取るべきであるなら、現在耕作されている土地のかなりの部分で耕作を維持するのがまったく不可能になるでしょう。新しい植民地での利潤と賃金に関して言えば、それらが次第に下がることによって、農業経営の在り方が改善されなくても地代がかなり増加できるようになっています。これに対して、わたしがこれまでそれについて述べてきたような旧世界の国ぐにでは、利潤も賃金も高くないため、利潤や賃金を減らすことによって地代を増やせる余地は極めて少ないのです。そこでは、地主の所得はほとんどすべて農業技術の改善でもたらされているのです[4]。地代が増加しているのに伴って利潤と賃金が減少しているところであっても、それを単に地主への移転と考えるのは誤りです。そのことはいつも資本と生産の増加を伴っているのです。事実、農業技術の改善を伴わない時期を考えれば、それはもちろんわたしたちが考慮に入れるべきケースなのですが、資本と生産の増加は耕作の拡大と農業の富の増大の必要条件なのです。もし、耕作の進展と人口の増加が傾向として穀物賃金を減らさないのであれば、どんな原因で新たな植民地の人口増加率を減らすのか分かりません。わたしは、ジョーンズ氏が、異なった国と異なった時期に異なった種類の地代が一般的であるという説明がとても気に入っています。〔5〕新たな植民地での地代が、未成熟な独占や劣悪な政府によって中断されずに進展することは、ヨーロッパのより発展した国ぐにで農民が支払う地代同様に、最も重要な主題の一つです。それはとりわけわたしたちにとって、この移民の時代ではとくに重要なのです。

土地に投下される補助的な資本が農業人口を減少させ非農業人口を増加させるという、ジョーンズ氏の見方はとても優れたものです。廉価な製品を作っている製造業が穀物賃金の維持に貢献していると言っているところもそうです。〔6〕尤もそのことはさして新しい指摘でもありませんし、少しばかり行き過ぎているところもあるのですが。

わたしが理論の支持者に恵まれていないとジョーンズ氏が言っているのはまったく以ってその通りです。わたしは彼には分かっていると思います。わたしが自分自身の人口と地代の原理から導いた一般的で現実的な結論が、わたしの読者たちが抱いているような憂鬱な内容を持っていないということを。

ジョーンズ氏の著作の残りも一刻も早く読むつもりです。貴方がわたしの謝意を伝えてくれますように。

ところで、わたしは最近『ブリティッシュ・レヴュー』に載った、ライルの地学についての書評を読みました。貴方の手になるものと聞いています。それはとても魅力的で勉強にもなり、そしてもう一つ、同じくらい興味深いものでした。

訳注

〔1〕 リチャード・ジョーンズの『富の分配と課税の源泉』を指している。ジョーンズはヒューウェルの盟友であり、古典派経済学に帰納主義を全面的に導入するために攻撃的な論陣を張っていた。

〔2〕 古典派経済学は親友でありライバル関係にもあったリカードウとマルサスの論争を通じて発展し完成に導かれたと言っていい。その際、ほとんど数理モデル寸前の論理的・演繹的な展開を行うリカードウに対して、マルサスは実際的にも、また当時の人びとの目にも、アダム・スミスにあった総合的・帰納的な方法論を守り抜こうとしたように見えた。このため、古典派経済学における帰納主義的方法論の積極的推進者であったヒューウェルとジョーンズはマルサスに親近感を持ち、マルサスの支持を求めて多くの論文や著作をその都度送っていたのである。

〔3〕 マクロ的均衡状態では実質賃金が生存水準に一致することになるが、これは生存水準から離れた実質賃金が労働人口の増減を促すことを通じてである。であるから、マクロ的均衡以外での実質賃金あるいは穀物賃金は、労働市場における需給の状況によってマクロ的均衡水準よりも高かったり低かったりする。ここでの記述の前提は、新世界では労働不足の状態にあるため、現在の穀物価格が生存水準よりはるかに高い水準にあり、これが新世界の人口増大を促すことで耕作が進行し、地代の押し上げと利潤の削減、また同時に穀物賃金の低下を促すであろうという展望である。

〔4〕 リカードウは利潤率の低下によって旧世界の経済成長が停止するのを防ぐために、イギリスは大陸や新世界から廉価な小麦を輸入して、イギリス国内の制限された土地の耕作がさらに進展することを止めさせることが必要だと考えた。ここでマルサスは生産性の上昇について言及している。

〔5〕 ジョーンズはリカードウの差額地代論を批判するために、新世界を含む世界各地の地代の現状とその発生原因を列挙し、イギリ

スなど旧世界で見られる差額地代は世界的に見た場合例外的なものであると述べたのであった。マルサスはこれに対し、リカードウの差額地代論の経済法則としての普遍性を主張して対抗している。

〔6〕　実際には、労働者の消費バスケットは穀物だけから構成されているわけではない。そのなかには工業製品である必需品も含まれている。このため、そうした必需品の生産性が上がれば、労働者は廉価な必需品を購入できるようになり、貨幣賃金が一定の状況下で実質賃金は高く維持されるわけである。

【書簡38】一八三一年三月五日付のマルサスからウィルモット・ホートン宛ての書簡（山﨑訳）

東インド・カレッジ　一八三一年三月五日

親愛なる閣下、

わたしはあなたの講義〔1〕をそんなに長く読まずにおいて、恥ずかしいかぎりです。しかし、わたしは最初それを運悪く置き忘れ、最近は試験の答案と選挙で少しの暇も取れず参っていたのです。しかし、わたしは今日あなたの小さいが価値ある仕事をクラブ〔2〕に持っていくつもりになっています。あなたとはそこでお会いするでしょう。でも、残念ながら、大学の避けられない仕事に引きとめられているところです。わたしは多くの理由で、今日クラブで食事がしたいのです。とくにわたしは、ペニントン氏を通じてデルトリー氏にわたしの名前を伝えています。わたしは彼にとても会いたいのです。

わたしは、あなたの講義はとてもよいと思います。そして、それが広く出回ればとても役に立つものになるでしょう。わたしとあなたの違いはごく些細なものです。それらの点について、直ぐに問題にしなければいけない本質的なものはほとんどありません。わたしは鉛筆の書き込みもほとんどしませんでした。

わたしは来週のいつか、シティ地区に行くでしょう。もし可能であれば、ご訪問します。

敬具

T・R・マルサス

訳注

〔1〕　ウィルモット・ホートン『勤労労働階級の条件に影響を与えるものとしての統計・経済学の講義』一八三一年、ロンドン。

〔2〕　ウィルモット・ホートンは、一八二九年一二月に経済学クラブのメンバーに選出され、一八八一年六月まで留まっている。

【書簡39】一八三一年五月三一日付のマルサスからヒューエル宛ての書簡（山﨑訳）

東インド・カレッジ　一八三一年五月三一日

講義期間が終わり、わたしは試験の答案に目を通すのに多大な時間を割かねばなりません。そのため、あなたのたいへんなご労作[1]に、それにふさわしい時間をかけることがまだできないでいるのです。しかし、家を出るや否や、そのご論考について貴方に謝意を伝えざるを得ません。わたしには代数学的な表現を読解する習慣はなかったのですが、慌ただしく読ませていただいて判断するかぎり、貴方ご自身が提起した点をはっきり明瞭に示しているように見えます。貴方も言っているように、大きな困難があるのは公式に関してなのです。しかし、それはまだ、証明の過程にいかなる過ちも潜り込まないようにすることが重要である、といった類いの問題です。リカードウ氏も過程から結論を導く際に必ずしも間違いを侵さなかったわけではないということを考慮する必要があるでしょう。外国貿易と貴金属の価格について、貴方はリカードウ氏の命題を正しく理解していると思います。ただし、その命題は彼のものである以前にわたしのものなのですが。わたしが拙著の注でその一般的な原理について書いた後、わたしたちはよくその主題で議論したものです。リカードウ氏が著作を出版したのはその二年後でした。貴方もお気づきの通り、わたしは、ご著書で言及されている効果が単に製造業の技術だけでなく、特定の国の輸出財に大きな比較優位を与えるすべての原因に依存していると考えます。現在この比較優位はアメリカ合衆国に保有されており、輸出資源の豊富さから来ているものです。いかなる国も労働の貨幣価格を、貿易で結びついた他国よりも高いままに保持することが不可能なのは明らかに思われます。[2]農業、工業、植民地経営など何らかの能力によって、隣国よりも少ない労働で貴金属を買えないかぎりは、です。さまざまな原因のために、貴金属の流入に伴って物価が上昇するかも知れません。その原因とはたとえば、労働の希少性、貨幣の流通速度が高まること、紙幣の発行などです。しかし、自然のものであっても獲得したものであっても、固有の優位性が働き続けないかぎりは、貿易によって物価は直ぐに下がることになります。[3]紙幣が兌換可能であれば、貴金属の流入につながる原因なしに紙幣の増発は起こりません。紙幣の発行自体がこうした流入を妨げることになるのですが、それが物価に関する問題を本質的に変えるのかどうかは分かりません。しかし、通貨量の増加に関して何か特定の結論が導けないのははっきりしています。そもそも、いかなる国についても流通に必要な通貨量を決めることは、単に難しいだけでなく絶対的に不可能だからです。すべては相対的なのであり、他国との貿易に依存しているのです。

わたしが経済学でなし得たことについて、ジョーンズ氏と貴方が下した判断に、わたしはとても満足しています。実を申しますと、わたしがリカードウ氏との見解の相違において孤立しており、化学の新発見の真只中にあったプリーストリ氏に例えられたとき、最終的にはそうではないと感じておりました。それでもわたしは、極めて短い時間の間に、「リカードウ氏の業績で初めて提起された原理で現在正しいと確証されたことがあるかどうか」ということが経済学クラブにおける問題の一つになることを、ほとんど予想していませんでした。わたしの現在の理解では、大勢はリカードウ氏に厳し過ぎるようです。また、わたしは、ジョーンズ氏も、それとは違うものの少し誤ったコースを辿っているように思えます。地代増大の唯一の原因として農業資本の収穫逓減について考えた際に、リカードウ氏が全面的に間違っていたということを示したいという情熱のあまり、たしかにそれはそうなのですが、ジョーンズ氏は、限定された空間のなかでは、農業や工業の技術改善で妨げられなければ、そのような収穫逓減という自然な傾向があるという、疑う余地のない真理をも否定する傾向があるようです。もしそのような傾向がないなら、そして、そのような傾向が頻繁に働いていないならば、なぜ新しい植民地で資本が蓄積され、最初に占拠された土地に投下され続けるのか、アメリカの東部諸州の住人が今あんなにもたくさん西部に移住しているのか、について、適切な理由が見当たらないことになるでしょう。収穫逓減の傾向が一般的な原理であることは間違いありません。それは、古い諸国において、賃金と利潤がある点まで低下した後で、わたしが述べたように、地代が技術改善によって増大するかもしれないとしても、です。たとえば、賃金と利潤がとても高い状態を考えましょう。よく繁栄している新しい植民地では見られることですが、それらは人口増大と耕作の進展によって低下していくでしょう。それ以上にわたしが信頼を置く真なる命題はありません。たとえ、いかなる国においても、実質賃金がどんな大家族にも困難をもたらさない程度に高いとしても、また、高利潤からの資本蓄積がこれらの賃金を払うのに事欠かない程度に速いとしても、その国がそのままやっていき、多くの人口で繁栄するには、賃金・利潤双方の相当程度の低下は不可欠でしょう。そして、その低下はやがてもちろん地代にも及びます。観測された自然法則からしますと、すべての動植物は、なんらかの困難によって妨げられなければ、幾何級数的に増えていくのですから。急いで書いた長文の手紙、ご容赦ください。明日参ります。お会いできるのがとても楽しみです。

訳注

〔1〕 ヒューウェルの「リカードウ氏の『経済学および課税の原理』における主要命題の数学的説明」を指している。

〔2〕 現在の中国における貨幣賃金の上昇にも見られるように、最初は低賃金を利用して比較優位のある製品の輸出を行うが、やがて労働需給が逼迫することで貨幣賃金の上昇が始まる。外国貿易に

は賃金水準を均等化する効果があるわけである。

〔3〕 貿易黒字が貴金属の流入をもたらすと国内物価が上昇する。しかし、これによって輸出品の国際競争力が弱まるため、貿易赤字と貴金属の流出がもたらされて物価水準は低下していくことになる。

【書簡40】 一八三二年三月六日付のマルサスからチャーマーズ宛ての書簡（真鍋訳）

東インド・カレッジ　一八三二年三月六日

チャーマーズ師、博士様
エディンバラ

拝　啓

わたしはちょうどあなたの親切な手紙を受け取り、わたしが意図したよりも長い時間、あなたのとても価値ある贈り物[1]へのお礼を言わずに経ってしまったことを恥ずかしく思います。しかしわたしは、あなたの著作を注意深く読むまでは手紙を書きたくなかったし、最近はかなりの間中断させられていました。実際、わたしは今ロンドンから戻ったばかりで、やることがたくさんありすぎて、しばらくの間、ペンと紙をもって心地よく腰を下ろすことのできませんでした。しかしながらわたしは、どこかに呼び出され、わたしが読んだ大きな利益と感謝をあなたに伝えることを妨げられる前に、あなたの著作をちょうど読み終えました。あなたがとても多くの重要な点においてわたしに賛成してくれていることを見つけること、そしてそれらをあなたの個性的な力で説明し強化していることは、わたしに大きな喜びを与えました。人口問題と救貧法というわれわれがいつも十分に同意していることをはなれても、わたしはあなたが地代の学説、人口と資本の増加を支配する法則の並行性、過剰生産の可能性あるいは一般的供給過剰、無制限に増大する資本を生み出し支えていく限りない節約のまったくの力なさ、限嗣相続法、移出、そして国内植民に力強い支持を加えてくれたことを見てとてもうれしかったです。ほかの多くの点において、わたしは心からあなたに賛成しますし、その論じ方について称賛します。ほんの少しにおいて、わたしはあなたと違わざるをえないのです。あなたは、富と生産的・不生産的労働の定義に関するわたしの見解を知っているでしょう。不生産的という用語は不運で、また、わたしはそれを個人サービスというものに変えようと思います。しかし、社会に利益を与えるこれら二つの手段の間には、ある程度の区別が必要だと思われます。あなたの表現を使うならば、区別が必要なのは「定義するためであり、烙印を押すためではない」のです。わたしは、裁判官、外科医、道徳的あるいは宗教的指導者のサービスは、農業以外の労働より重要であると考え、また道徳を綿と同じカテゴリーに入れ、その価値をそれに与えられる貨幣によって見積るということは、道徳に対して非常に悪い賛辞を与えると思います。徳を富よりも良いと考えると、われわれはいつも、そして非常に適切にも教えられてきました。しかし、もし道徳が富ならば、道徳と宗教の指導のすべての言葉になんという混乱が一度に持ち込まれるのでしょうか。加えて、わたしは、富（通常の語義で）の増進に関する生産と消費の適切なバランスは大いに生産的労働と個人サービスの適切な割合によっている、そしてもしそうならば、この命題を表現するには異なった用語が絶対に必要であるという断固とした意見をもっています。

経済学者たち[2]のすべての税を地主の地代に負担するという学説に関して、あなたはそれを採用しているようですが、わたしは、もし税が賃金と利潤に対するまったくの直接税ならば、両方を釣り合って上昇させ、そして地主のところにはほとんど残らないであろうというあなたの考えに賛成です。しかしわたしは、直接税の主たる作用は、十分に課された時には、一般的な労働の賃金や一般的な資本の利潤を変えることなく、そしてそれゆえ地主にかかることなく、それを蓄えることができた異なる階級の個々人から富のある部分を取ることだと考えざるを得ません。物品税や関税に由来する税の大部分は、こういう種類であって、最終的に消費者にかかってくるとわたしには思われます。あなたが戦争のためにその年に税を上げる要求を提案しましたが、一つの源泉だけから十分な供給を得ることはできるのでしょうか?わたしは、資産課税はよい課税で、有利にほかの多くのものと置き換えることができるという明確な意見をもっています。

あなたは外国との通商の重要でなさの学説を押しすぎていないでしょうか。要約的見解の二九節において、グレート・ブリテンの離れた他国へ優位な影響はその輸出であると認めています。それゆえこれらがなければ、この国は以前より強くなく、そして以前より富んでいないとわたしは確実に付け加えます。たとえこの国がまだ防衛戦争において以前と同じように強くてもそうなのです。貨幣地代と穀物と労働の価格が高いこと、そして少ないイギリス人の労働によって大きな量の外国人の労働を買うことができるのは、技術・機械・資本に由来するその輸出の豊富さによっています。有用で利益のある個人的サービスへの要求は限られています。そしてこれらが十分に支払われたのち、地主に扶養される人たちを、豊かな資本家と資本の利潤で生活する快適で独立した取引業者のために置き換えることとは、貧しく非常に不利な交換ではないでしょうか。実際、国内外のぜいたく品の取引に用いられる資本は、あなたの考える可処分階級に、地主の富のかなりの部分に対して自由に請求をする唯一の手段を与えます。わたしはあなたの労働者の三区分が好きです[3]。わたしは一〇分の一税によっておこされる農業の進歩への抑制の意見に対してまったく同意します。活字にはしてはいないと思いますが、講義では言いました。そして、わたしは穀物法を廃止する道徳的な利点についてはまったく同意します。いかにわたしがあなたの著作で喜ばされ、それを称賛しているかをもう一度言わせてください。

わたしはしばらく非常に調子がいいです。あなたがた南方に来られるとき、ここでお会いできるとうれしいです。

敬具

T・R・マルサス

訳注

〔1〕この贈り物とは『社会の道徳的状態および道徳的見通しとの関連での経済学（Chalmers, T. *On Political Economy in Connection with the Moral State & Moral Prospect of Society.* William Collins, 1832, Glasgow.）』である。この著作はチャーマーズの経済学上の主著であり、一般的供給過剰論を展開したことで、「マルサスの弟子」としての位置づけがされるようになる。ここでの経済理論の内容、とくに一般的供給過剰論については真鍋智嗣「チャーマーズの一般的供給過剰論――リカードウ学派への批判――」『マルサス学会年報』第一五号、二〇〇六年、二五～四五頁を参照。

〔2〕経済学者たち（the Economists）とは、リカードウやマカロックを示している。

〔3〕ここで言う「労働者の三区分」とはチャーマーズの経済理論における人口三区分のことである。詳しくは前掲の深貝（一九九七）を参照。

【書簡41】一八三三年二月一六日付のマルサスからチャーマーズ宛ての書簡（真鍋訳）

東インド・カレッジ　一八三三年二月六日

チャーマーズ師、博士様

［判読不明］エディンバラ

拝啓

もしわたしに届くのに重大な遅れが起こらなかったら、わたしはあなたの価値ある贈り物[1]に対してもっと前に謝意を表したでしょう。わたしはリッジウェーを訪ねるまでそれを手に入れていませんでした。一週間前、わたしが町にいた時、スコットランドからの小包がちょうど着いたところで、開けられていなかったようです。ブリティッシュ・クリティック[2]の評者がわたしより前にコピーをもっていたのがなぜかは、わたしには分かりません。それはリッジウェーへの小包とは異なる経路で到着したに違いありません。評者はル・バス氏[3]の特別の友人で、さらに、カレッジを訪れることが少なくないです。彼の名前はジョン・カゼノウブ[4]です。彼は重商主義関連者との論争をしてきたし、わたしは彼を非常に賢い人で、優れた経済学者だと考えています。彼は書評を書いてから、匿名で小さな著作を出版しました。『経済学概要』です。

同封の手紙は、あなたの小冊子を見た後の彼からのものです。わたしがそれをあなたに見せる機会があるから、彼はそれに名前を書かないと言いました。しかし、彼は名前をあなたに言うことに反対ではなかったことを知っているので、わたしはル・バス氏の許可のもと、わたしがその情報を伝え、そのほとんどの部分に賛成する手紙を同封することに躊躇しませんでした。わたしがあなたの序文が非常に好きで、あなたの小冊子の全体がもっとも重要で、完全に勝利を得るものであるとわたしが考えていることを言う必要はないと思います。しかしながら、あとがきにある一つか二つの点について、あまり気が進まないのですが、わたしはまだあなたと違うと言わざるを得ないです。しかしわたしは、資本が浪費された後、それ自体が急速に回復する強い傾向の重要な点について、そしてマカロック氏によってもたらされた、それに反する議論がまったくの誤りであることについても完全に同意します。実際、［判読不明］労働者の破壊によっておこされた賃金の上昇と同様に、利潤率の上昇が資本の破壊によっておこされたと仮定することなしに、わたしは先の戦争の結果をどのように説明することができるのか分からないです。しかしおそらく同じ年に回復するとは言えないでしょう。

　わたしはあなたの素晴らしい著作への感謝の手紙において、大量の（とくに奢侈品への）間接税が消費者たちによって最終的に支払われ、最終的には、それは労働の賃金と資本の利潤にほとんどあるいは全く影響がないこと、そしてそれゆえ土地にはかからないというわたしの意見を述べたと思います。同時に、一〇分の一税、救貧税、農業資本へのすべての課税、労働に対するすべての直接税などは、直ちに地主によって払われるものではないが、究極的には彼にかかっていくというあなたの意見に、これまでのところ賛成です。

　もし、仕事の［欠損］不足のようなことがあるならば、わたしにはすべてがこれによっていると思われる［欠損］の支配的な原理によって［欠損］もたらされているのではないと言うでしょう。すべてのあなたの説明はその一定の作用を示していますが、しかしあなたはそれに十分に言及していないです。あなたの言う、ゆっくりと後退していく限界のなかで、供給が過剰あるいは過小な土地でさえも資本の急激すぎるあるいは少なすぎる蓄積から、利潤において大きな変化が起こります。あなたはおそらくゆっくり後退する望ましくない限界にのみ限定的に言及してきました。これで結びとします。

敬具

T・R・マルサス

ル・バスとエンプソン[5]があなたの小冊子を称賛していました。

繁栄した製造業と商業は国の歳入を増やしそれに応じた力を拡大させないでしょうか。わたしは、もし奢侈品や上級の便宜品への好みが終わったら、少なくとも現在の土地財産の分配のもとで土地の耕作は本質的に後退すると考えざるをえないです。もし商業と製造業が大規模に減少するとすれば、いかにして実際の数の労働者が土地の生産物に対する十分な要求をもつことができるでしょうか？どれほどの数が仕事を失うことになるのでしょうか！救貧法や公的そして私的なすべての慈善の拡充に対する何という絶えざる要求になることでしょうか‼。

訳注

〔1〕 *Chalmers, T. The Supreme Importance of a Right Moral to a Right Economical State of the Community: with observations on a recent criticism in the Edinburgh Review*, William Collins, 1832, Glasgow. と考えられる。

〔2〕 British Criticは一七九三年に創刊されたイギリスの保守派の雑誌。マルサスとの関わりについてはJames（1979）p.110, 291-2等を参照。

〔3〕 Rev. Charles Webb Le Bas（1779-1861）のこと。東インド・カレッジの数学および自然哲学の教授、のち学長。*Oxford DNB*, Vol.33,pp.15-6 参照。

〔4〕 John Cazenove（c. 1788-1879）のこと。商人、のち経済学者。一般的供給過剰の可能性を認める。また、マルサスの『経済学原理』第二版の編者であると考えられている。経済学史学会編『経済思想史辞典』丸善。二〇〇〇年、または*Oxford DNB*, Vol.10, pp.711-2 参照。

〔5〕 William Empson（1791-1852）のこと。東インド・カレッジの行政学およびイングランド法の教授。*Oxford DNB*, Vol.18, pp.427-8参照。

【書簡42】 一八三三年四月一日付のマルサスからヒューエル宛ての書簡（山崎訳）

東インド・カレッジ　一八三三年四月一日

一般にそう思われているように、そして当然のことですが、本が送られてきたことを知ったらすぐに、読む前に価値のある贈り物に謝意を呈するのは、最も熟慮された賢明な行動でしょう。あなたにはお分かりのように、わたしはこの瞬間までそのようにしておりません。そして、その理由はわたしが、熟読によってこそ、喜びと利益を得ましたと心底述べられるであろうことを強く確信していたからです。この点についてのわたしの予想はじつにはっきりしています。そしてわたしは、ご業績の多くの場所をうれしく読み、また教わりもしたということを、はっきりとあなたにお伝えすることができます。ご著書〔1〕のいちばんはじめの部分は残りの部分ほどはよくないかもしれません。しかし、大方は素晴らしいものです。そして、あなたはご自身の目的に沿った優れた論考をご提起なさり、それをとても卓越した驚くべきとやり方で整え、適用したとわたしには思われます。よく考えられた証明はいたるところで明瞭ですので、ペイリー〔2〕によって述べられたところのいわゆる論証力に付けくわえられることはほとんどありません。しかし、自然の持つほとんど無限の多様性が与えてくれるところの新しい説明、それはあなたによって豊富に示されているものですが、それらについて熟考することでもっと魅力的になるかもしれません。いつも完璧にはほかと区別できない、同じ主題の諸部分をたくさんの枝葉に分けることで、あなたが可能なかぎりの速さで著作を出されたことは正しいことでした。しかし、そこには、考察や説明がぶつかり合う危険性もあります。わたしの家内は、あなたの作品がそれに値する称賛に、彼女の証言も付け加えてほしいと言っています。彼女はとても楽しんで読んだようです。

あなたがジェレミー氏〔3〕を通じて送ってくださったご業績〔4〕について、正直を言うと最初ちょっとおやっと思いました。そして、それがわたしの経済学上の定義についての攻撃であると思ったのです。わたしはその定義が無意味であると思いません。もちろん、真実に至るためにいつも用語の新しい定義が必要であるという点でわたしはあなたに同意します。もっとも正確な定義が、わたしたちの知識の進歩の原因というより結果であるという点でもです。ただ同時に、後者に関しては、それらは互いに作用・反作用をしており、知識の進歩に使われる用語の意味について、何らかの理解なしには進歩はゆっくりしたものになるだろうと言わざるをえません。それは、あなたが到達した定義が最高のものだとしても、です。大きな進歩には時間がかかります。あなた自身、自分が有用と思ういくつかの定義に言及されていますね。しかし、それももっと完璧なほかの定義に席を譲ることになるかもしれません。アダム・スミスの業績に基づいている経済学では、諸事実が分類されてきましたが、それにはわたしたちが呼び、議論するときの名前が必要です。わたしが主にやってきたことは、アダム・スミスが紛れもない意味で使っている名前に従うことでした。あなたも間違いなく、人びとを説得するときに、同じ用語を同じ意味で使うことの有用性について、わたしに合意してくださるでしょう。あなたが攻撃したいのはわたしではなくウェイトリー〔5〕だと思います。ですから、紙幅もないようですし、これ以上は言いません。こちらにお出でになるときはぜひお会いしましょう。家内もよろしくと伝えください、とのことです。

訳注

〔1〕ヒューウェルが著した『天文学と一般物理学：自然神学に言及しつつ』を指している。
〔2〕『自然の見方』の著者であるウィリアム・ペイリーのことである。
〔3〕トリニティ・カレッジの卒業生で当時講師であった人物。
〔4〕ヒューウェルの論文「定義の使用について」を指している。
〔5〕マルサスはここで、著書『論理の諸要素』におけるリチャード・ホェートリーのことを言っている。

【書簡43】一八三三年六月二三日付のマルサスからチャーマーズ宛ての書簡（真鍋訳）

東インド・カレッジ　一八三三年六月二三日

チャーマーズ師、博士様

［判読不明］エディンバラ

拝　啓

あなたの最も興味深く価値のある作品[1]がカレッジの試験中に届きました。二週間のロンドンでの気晴らしと、サリーでのいくつかの仕事の処理ため、家族とすぐに出発するので、わたしはそれにふさわしいだけの注意をもって熟慮する適切な余暇がありませんでした。けれどもわたしはもちろんそれを通して読み、大きな喜びと示唆を受けました。われわれは昨夜家に戻ったばかりで、ケンブリッジでの大きな哲学の会議のために月曜の朝に再び出発することを考えています。わたしはあなたの重要な贈り物に対して心から感謝するのに時間がかかってしまいましたが、それはわたしがもう少し急いでいない時に、より大きな喜びとともに再び言及したいです。

この主題の表明において直接には具体的に挙げられてはいないですが、あなたがしたように、意識それ自体の性質、つまりライプニッツ[2]の「知性そのもの」からはじめたことはとても正しいと思います。実際、外的自然は［判読不明］創造と同様であって、結果の大きな違いは主に受領者のもともとの感受性と能力の違いから生じるに違いないです。わたしはあなたのバトラー[3]への評価、とくに彼の説教への評価にまったく同意します。わたしはアダム・スミスの道徳感情論を非常に好みますが、おおむね彼［＝バトラー］がすべての形而上学者の本質に最も一致していると考えています。思うに、彼らはしばしば考えられているほど、異なっているわけではないです。わたしは完全に、良心の優位に関してあなたが言っていることと同じ考えであって、神についてのそれからの推論も同じです。それが外的な印象が展開していくために適合された特定の構造に対する作用から徐々に来るのであっても、あるいは別個の、もっとも通常のその用語の解釈に従っていうところの道徳感覚から来るのであってもです。神の先見の明のある配慮は等しく、両方の事例に具現されています。そして、わたしが思うには、あなたはすべての章においてとても強力な説明によって、人間は自分自身とその経験を信頼しすぎることはないと言います。しかし、目的が達成されるのをより早くそしてより大きな確実さをもって確信するために、生まれつき先見性が備えられているのです。この主題のこの見解に関して、わたしは、経験に由来する功利のはっきりした感覚の前でさえ、財産の概念が子どもの心にわいてきて、［判読不明］に彼ら自身を固定しさえするあり方についての、あなたの説明に心を打たれました。そしてまた、共に自然の衝動である好奇心と空腹の比較についても——それぞれの特定の功利の明確な知覚が得られる前に、一方は知識を得て、他方は食事を得るのだけれども。しかし、わたしはあなたにどれだけ多くの点で賛成するかを続けるべきではないし、あるいはまたわたしは簡単に手紙を終えてはならないのです。おそらく、いくらかの章であなたはもっともな議論をあまりにもしばしば繰り返しています。それは小さな過ちです。全体の主題における主な困難は「どこから悪しきことが発生したのか〔4〕」ということが常に心に繰り返すことを防ぐことができないことです。そしてそうした問題の論考においていわれているすべてのものは、いつもでわたしに創造や人々の将来の幸福状態への準備の難しさを示唆し、そしてそれは究極的には力の限界のようなものに帰結するにちがいないと思います。この結論のため、同時に私は、自然神学の著作と旧訳・新約聖書とを研究せずにはいられないのです。そして、わたしはそれが後者と矛盾すると考えることはまったくできないです。バトラーのいくつかの文章からは、彼がそれについて長々と論じることを好まなかったけれども、同じ感情をもっていたとわたしは思います。

　スコットランドかイングランドで、いつか再びあなたに会えることを楽しみにしています。

敬具

T・R・マルサス

訳注

〔1〕この作品とはChalmers, T., *On the Power of Wisdom and Goodness of God as Manifested in the Adaptation of External Nature to the Moral and Intellectual Constitution of Man*, 2 vols., William Pickering, 1832, London. であり、自然神学をテーマとした著作である。この著作を中心としたチャーマーズの自然神学の位置づけについては、松永俊男『ダーウィンの時代——宗教と科学——』名古屋大学出版会、一九九六年を参照。

〔2〕Gottfried Wilhelm Leibniz (1646-1716)。ドイツの哲学者。ここではラテン語で 'intellectüs ipse' と書かれている。ライプニッツは「知性の存在と働き自体は経験に還元されることのできないものだとした」。酒井潔・佐々木能章編著『ライプニッツを学ぶ人のために』世界思想社、二〇〇九年、二二九頁参照。

〔3〕Joseph Butler (1692-1752) のこと。一八世紀の道徳哲学者、神学者。道徳論の神学的基礎づけを見当したほか、良心と自己愛から道徳的行為者を明らかにする議論を展開した。日本イギリス哲学会編『イギリス哲学・思想事典』、二〇〇七年、研究社、あるいは *Oxford DNB*, Vol.9, pp.173-80 参照。

〔4〕ギリシア語で 'ποθεν το κακον;' と書かれている。

索　引

人名索引

アダム・スミス（Smith, Adam 1723-90）　9-11, 70, 109, 111, 194, 214, 227, 281, 291
イーデン（Eden, Frederic Morton, Sir 1766-1809）　34, 77, 212, 221-2
ウィットブレッド（Whitbread, Samuel 1764-1815）　iii-iv, viii, xv, xviii, xxiii, 59, 60, 62-75, 77-84, 86-9, 209, 222, 226
ウィルバーフォース（Wilberforce, William 1759-1833）　34, 65
ウィルモット-ホートン（Wilmot-Horton, Robert John 1784-1841）
ウェイクフィールド（Wakefield, Edward Gibbon 1796-1862）　xii-xiii, 177-82
ウェイランド（Weyland, John 1774-1854）　62, 83, 222
カーウェン（Curwen, John Christian 1756-1828）　79, 87
グルレー（Gourlay, Robert 1778-1863）　45
グレイ（Grey, Charles, 2nd Earl Grey 1764-1845）　63-4, 84, 86, 95, 132
グレンヴィル（Grenville, William Wyndham, Baron 1759-1834）　67, 85, 93
ゴドウィン（Godwin, William 1756-1836）　iii-vi, xv, xvii, xxiii, 1-11, 13-23, 25, 111, 204, 207
サドラー（Sadler, Michael Thomas 1780-1835）　xii, 162-4
サミュエルソン（Samuelson, Paul Anthony 1915-2009）　196-7
ジェフリー（Jeffrey, Francis 1773-1850）　iii, iv, ix, x, xiv, xix, xxiii, 104-5, 110-1, 113-18, 121, 123-6, 131-4, 139, 199-201, 241, 243, 245, 247, 249, 257-8
シドニー・スミス（Smith, Sydney 1771-1845）　113-4, 117, 131
ジョーンズ（Jones, Richard 1790-1855）　xiii, 33, 37, 144, 157, 160, 183-4, 187-8, 191-93, 195, 197, 257, 264, 280-1, 283-4
スタージェス・ボーン（Bourne, William Sturges 1769-1845）
ステュアート（Stewart, Dugald 1753-1828）　iv, 114, 116, 132, 138, 208
ステュアート（Stewart, Major Charles 1764-1828）　257
ソーントン（Thornton Henry 1760-1815）　93, 107, 125, 130
チャーマーズ（Chalmers, Thomas 1780-1847）　iii-iv, x-xi, xiv, xx, xxiv, 140-45, 147-50, 152-59, 258, 260-5, 267, 285, 287, 290, 292
ティアニー（Tierney, George 1761-1830）　134, 244-5
パー（Parr, Samuel 1747-1825）　3, 14
バーナード（Bernard, Thomas, Sir 1750-1818）　34, 46, 67
パーネル（Parnell, Henry Brooke 1776-1842）　iii, iv, ix, xv, xix, xxiii, 91-9, 101, 103-9, 111-2, 130-1, 199, 227-8, 230-2
ハスキッソン（Huskisson, William 1770-1830）　93-4, 125, 130
ハミルトン（Hamilton, Cpt. Alexander 1762-1824）　iv, 105, 118, 132, 248-9, 257-8
ハラム（Hallam, Henry 1777-1859）　134-5, 244-5
ピアース（Pearse, John 1760-1836?）　135, 245
ピット（小ピット）(Pitt, William Morton 1759-1806)　1, 34, 64, 66-7, 70, 85, 89, 92, 108, 135, 222, 245
ヒューウェル（Whewell, William 1794-1866）　iii-iv, xiii, xiv, xxi, 183-4, 186-9, 191, 194-7, 271, 281, 284, 290
ヒューム（Hume, Joseph 1777-1855）　95, 108, 211, 221-2, 240
フォックス（Fox, Charles James 1749-1806）　63-4, 85
フリードマン（Friedman, Milton 1912-2006）　xiv, 196-7
ブルーム（Brougham, Henry, 1778-1868）　95, 113-4, 131-2, 229
ホーナー（Horner, Francis 1778-1817）　iii,-iv, ix-x, xix-xx, xxiii, 93, 104-5, 110-1, 113-21, 123-36, 138-9, 200, 207-8, 229, 233-5, 238-

事項索引　あ　行

か　行

さ　行

た　行

な　行

は　行

や　行

わ　行

（二）未刊のマルサス書簡の原文

※チャーマーズ宛て書簡における[　]は判読できなかった語句、[○]は書簡自体の欠損を表す。なお、欠損があっても文章自体の流れや、本書の「マルサス書簡」一覧表にある先行研究をもとに推測できる場合は、[　]内に記入してある。

【書簡5】1808年5月4日付のマルサスからパーネル宛て書簡

if not impossible. As it clearly depends, not on any one commodity only, but on the sum of all taken together, the difficulty of making such an estimate will readily be conceived.

Adam Smith has certainly fallen into some decided errors by taking corn alone. According to his own principles he ought to have preferred labour; and though I by no means agree with him in thinking that labour may be considered as a standard measure of value, yet as it enters into the composition of such a vast proportion of commodities, I should prefer taking labour to any other one criterion that could be named. Perhaps a mean between country labour and corn would be the best practical measure. The addition of the rent of land which the pamphlet of the scoth minister proposes has nothing to do properly with the value of money, but merely with rank and riches of another

Hertford May 4th 1808

Dear Sir

Smyth left your papers with me with a request that I would write to you on the subject of them, and I am much ashamed that I should have delayed it so long; but some unexpected visitors who have been staying in my house, together with a little press of College business have left me no leisure till this afternoon.

I have generally been in the habit of considering a certain portion of the neat or such rent as upon the whole the best substitution for tithes in England. With a view to a land tax Adam Smith has supposed a plan of registering leases, and if such a plan could be adapted to as to prevent collusion, I think that fifth or some such portion of the actual rents paid according to these leases, would be the most natural and least violent change that the attainment of the object would admit. I do not know, however, whether the very small portions of land into which estates are divided in Ireland, and the consequent great number of tenants, may not occasion objections to this system which cannot readily be got over; and I conclude that this is your opinion from your local knowledge, as you have not yourself suggested it. Would it be possible to get over the difficulty by valuing the estates, (which must in fact be done when tithes are valued) and assigning a certain portion of the neat rents of the whole in lieu of tithes 〔?〕 In this case the landholders, whether Catholic or Protestant would be the direct contributors, and not the Catholic tenantry. The worst of this plan perhaps is that it would require new surveys and valuations at certain intervals, which might be both expensive and unpopular.

A general prejudice seems to have prevailed against giving land to the clergy, though not I think with sufficient reason; but on account of this prejudice I should fear that the proposal of such a substitution was not likely to be favourably received. And I should also be apprehensive that in many parishes it would be necessary to pay a very exorbitant sum in order to get a contiguous quantity of land fit for the purpose. In other respects the assignment of land would in my opinion possess many advantages, particularly that which you justly state as so important, that of removing the idea of the direct contribution of the Catholic to a Protestant church.

The principal objection to the third plan you have proposed is certainly the depreciation of money and to estimate this with tolerable accuracy is most difficult.

Henry Parnell Esq
49 Baker street
Portman square

set of people, compared with the clergy, and in the progress of society, it may be expected that inequalities should occasionally take place in the rate at which the different classes in the state increase in riches. There are many estates in England where the rents have by no means kept pace with the advance in the prices of corn and labour. I am quite surprised as you were at some of the facts relating to Prices mentioned in the pamphlet; and can hardly believe that the information of the writer is correct as it so contradict what has taken place in England. He says that in Scotland since 1740 or 50 labour has risen from 1 to 6 and corn from 1 to 2 1/2, but as far as I have been able to judge from the data I have seen respecting England, corn since that period has risen rather more than labour. If the fact 〔○ he〕 as stated in the pamphlet, it is a strong proof of the effect of our poor laws in England in lowering the price of labour; but though I believe the poor in Scotland to be pretty well off, yet I can hardly believe that they are now able to command considerably above double the quantity of corn that this did in 1740.

On account of the numerous objections which would certainly be stated to any particular substitute for tithes, Smyth and I were both of opinion that in discussing the Catholic petition, it would be most prudent to avoid at first the proposal of a specific plan of commutation for tithes, and to dwell only on the extreme oppression and distresses to which the lower classes of the Irish on subject in the present mode of buying them, in order to get if possible, an assent to the absolute necessity of some change in this particular before the specific mode of doing it easier under consideration.

The peculiar oppression to which the lower classes of the Irish are exposed in the collection of tithes, you have stated in the clearest manner, and we were both inclined to think that the subject on the whole would have the fairest chance in the House, by your dwelling almost exclusively on that part of it; but of this of course from knowing the Limper of the House you have better means of judging than we have.

Your Scoth pamphlet is too heavy for 〔 〕 frank, but I shall either be in 〔 〕 myself soon, or shall have an opportunity of rending it.

I am, dear sir
with best wishes for your success
on that important question.
Your best humble S[ervan]t

T. Rob[er]t. Malthus

Excuse this hasty scrawl
but I fear I shall be too late for the post

to have the pleasure of seeing you soon. I shall not enter further on the subject at present. I have the honour to be

Dear sir
Your very obe[dien]t humble S[ervan]t
T. Rob. Malthus

Henry Parnell Esqr
49 Baker Street
Portman Square

It is possible that I may have business in Town for a couple of days, either quite at the beginning of next week, or quite at the end of it, in which case I will have pleasure of calling upon you in Baker Street.

【書簡 7】1808 年 5 月 12 日付のマルサスからパーネル宛て書簡

Hertford May 12th 1808

Dear Sir,

Smyth and I, as you justly suppose, were by no means aware of the particular situation in which you were placed with regard to tithes, by the wishes of your constituents. This situation alters the state of the case entirely; and I fully agree with you in thinking, that as it will probably be expected of you, that you should make some specific propositions on the subject, it will be best to make up your mind to that plan of commutation which appears on the whole to be least objectionable.

I have not been in the way lately of acquiring information relating to Ireland, and have besides at present but little leisure, so that I fear I can be of little or no use to you; but any suggestions that may occur to me I shall be most happy to communicate, and I shall have great pleasure in seeing you at Hertford at any time that you can make it convenient to call. We shall have a well-aired bed at your service, which I hope you will do us the favour to make use of.

I forgot to notice in my last letter an objection to the plan of raising the amount of tithes in Ireland by general taxes, which I fear may occasion considerable opposition to it. You have no land tax I believe in Ireland, and there is no tax but a land tax, which will affect the same persons who pay, or ought to pay, the tithes at present; a very strong opposition may naturally be expected from all those persons who may be called upon to pay a commutation for a species of impost to which they were not before subject. I just throw out this hint for your consideration. You will be able to judge what weight ought to be attached to it; and whether, in particular, an Irish Chancellor of the Exchequer would not make such a circumstance a strong ground of objection, as it would diminish the powers of certain classes of the society to contribute to the

expences of the state, while without an entire new system of taxation, the loss could not be compensated by the proportionably increased contribution of those who had been relieved from tithes. Hoping

【書簡 8】1809 年 6 月 6 日付のホーナーからマルサス宛て書簡

My Lord,

I hope you forgave …… of writing to your Lordship in favour? of my cousin? Mr. Blair, who went out to Bengal in the last …. I should not have done so, if I had not been, not only much interested in his success, but persuaded, also, that he will never …… of the notice which your Lordship may be good enough to bestow on him.

I have found it necessary to resign the office of Commissioner for the investigation of the Committee debts, to which your Lordship had the kindness to appoint me. I was ……, …… possible, to follow out the inquiring to its conclusions; but the reformation, which we received very lately from the Commissioners at Madras, forced me to adopt a different determination. In addition to the claims which we have been employed so long in investigating to the amount of about four millions sterling, claims to the extent of two and twenty millions have been might forward at Madras; not to mention the indefinite demands for …… and allowances which have been made by nations, who, to the number of not less than ten thousand, have gone before the Commissioners and claimed such areas due to them as domestic or military servants of the late ……? …….

final adjudication; and it thus became necessary for me to chase between this exclusive employment, and the chances of general success in the profession; However reluctant to leave my task unfinished, I have decided for the ……; and I hope that this will not meet with your Lordship' s disapprobation.

I am very happy to have it to say, that Mr. Wilson is now so much recovered from his late illness, as to be in very respect what he was before, but for the …… and weakness what …… must remain for some time after so severe an attack. He has thought it proper, however, to relinquish his profession in a great measure, by giving up the …….

Lord Holland' s arrival in England …… every day. The last letter was of the 10 th of last month from Scorble, and he had that day received his…… from the English admiral at …… was ready to jail. All his letters to the very last have been …… of the Spanish resistance to France; a sentiment in which he opposes the opinion of almost all persons in this country, who seem long ago to have looked upon that cause as lost. They seemed indeed to despair of it too soon; but this second summer of inaction, while circumstances have again drawn Bonaparte' s attention to another ……, …… appear to prove that there are no resources in Spain for a serious struggle, or at least that they have yet a government to make that shall be capable of bringing them into play. In the little pamphlet which enclose for your Lordship, there are a few particulars, which I understand ……with regard to the interior of ……. I have the honor to be, my Lord, most nicely your Lordship' s faithful servant.

Francis Horner

【書簡 13】1811 年 4 月 7 日付のマルサスからジェフリー宛ての書簡

Me dear Jeffrey,

The ladies say that if you come to Haileybury, and pay [visit] of a decent length, they are determined that I shall write another article on the Bullion questions in your next member, but that if your disappoint ……, be the cause what it may, they are equally determined that I shall not draw my pen in your service. As you are by this, that I am not master of my own determinations, it will be careless for me …… your any further ……. I am only …… that the debate does not come on before the dg. the of April, as in the case of my being allowed to write, …… business may present my being able to get the article finished in time for you to take it back. You are probably …… in thinking my article not sufficiently popular; But I own that on such a subject. I cannot but despair of the ……; and generally speaking I am rather inclined to be of opinion that in reviewing ……, may …… [good] in likely to be done by explaining the errors of the most popular visitors, than by attracting. ……in different words …… restate in different words …… [at] had been repeatedly laid down with sufficient clearness before.

I have received your pamphlets, and think Wilson' s by far the best on the anti depreciation …… of the questions that I have seen; I have always thought that was only one argument on that side which was in any degree. ……, and this, Mr. Wilson is very clearly and will, but I have not [been] to go into the subject now. The greatest part of the article in the British Review appears to me to be very enormous; but we will talk of their matters when we meet which I hope will be very soon. Don' t [forward] will ever …… yours not to fail you.

Malthus

【書簡 17】1814 年 6 月 3 日付のマルサスからヤング宛ての書簡

London June 3 1814

Dear Sir,

Will you allow me to ask you in what volume of your Annals of Agriculture you have published a list of foreign prices [?]

I wish much to see it but not being a practical agriculturist, I am ashamed to say, I have not regularly taken in the work, and do not know in what volume to refer to it.

I am dear sir
with great respect
your obed[ien]t humble s[ervan]t
T. Rob[er]t Malthus

Have the goodness to address your answer to Mr. Murray's 50 Albemarle S

【書簡 20】1816 年 2 月 6 日付のマルサスからヤング宛ての書簡

A[.] Young Esq[r]
Secretary to Board of agriculture &c &c

East India College Hertford
Feb 6th 1816

Dear Sir,

You would very much oblige me if you would give me your opinion on the following point. Whether the agricultural capital which has so much increased the produce of the country during the last 20 years, and raised the rent of the land, independently of any change in the value of the currency, has been furnished chiefly by tenants or landlords?

I wish much to ascertain this point; and know no person to whom I can apply with so fair a prospect of getting the information I want, as to you. I know therefore you will have the goodness to excuse the liberty I take in writing. I am much obliged to you for the information what your "Enquiry into the Rise of Prices in Europe" has given me.

I am dear Sir
with great respect
sincerely yours
T. Rob[er]t Malthus

【書簡 21】1816 年 5 月 26 日付のマルサスからヤング宛ての書簡

Arthur Young Esq

East India College
May 26th 1816

Dear sir

I am much obliged to you for your letter. The delay in mine was occasioned in the way you suppose.

Though I had obtained some information on the subject on which I write to you, yet I am happy to have it sanctioned by your opinion and superior authority. What you state agrees with the result of the conversations I have occasionally had with persons who have attended to the progress of agricultural improvement of late years and I believe there can be no doubt that much the greater part of the capital that has been employed in their improvements has been generated on the land, and been occasioned in no inconsiderable degree by the high prices. I have long indeed been aware of the effects of a high price of raw produce on national wealth, and aware also fully, of the effects of a paper circulation in this respect, but I think that it is accompanied with risk, and may easily be pushed so far as to be a gross act of injustice toward all those who have fixed incomes. For four or five years before 1808 the commencement of the

great separation between bullion and paper, the price of wheat was between 75 and 80 shillings a quarter, At this price I think it might remain, under the present corn laws, even should we return to payment in specie; and probably this price would be sufficient stimulus to maintain an adequate home supply. Too great a stimulus by means of a paper circulation would probably occasion a glut and defeat itself. Growing as we now do our own consumption nearly (on an average) a moderate excess may occasion a considerable fall in fits even of a full paper circulation. Prices would have fallen, if the war had not ceased, though not nearly to their present degree, and if the corn law had passed a year before much distress would undoubtedly have been saved

I shall be very much obliged to you for the printed returns you are so good as to promise me, and am dear Sir, with Sincerely regard and respect

very truly Yours
T Rob[er]t Malthus

【書簡 22】1819 年 11 月 21 日付のマルサスからヤング宛ての書簡

A[.] Young Esqr.
32 Sackville street
London

E[ast] I[ndia] Coll[ege] Nov[embe]r 21st 1819

Dear Sir,

I shall always be most happy to comply with a request coming from you, and only regret that in the present case I can be of little use. There can be no reason why your friend, under the circumstances in which he stands, should not apply for any employment in the Company's service which may occur at home. At the College one of our native teachers has lately retired and there has been some rumour that the vacancy would be filled up by a European Professor or assistant in the Oriental languages; but the Directors are jealous of any interference of the professors upon these occasions, and a letter from me would do no sort of good. The only thing to be done therefore, unless you have any friends in the Direction, is to apply at once to the Chairman Mr. Majoribanks requesting to know whether there is a vacancy in the Oriental Department at the East India College, and whether it is open to your friend to become a Candidate and send in his testimonials. I may mention as a mere report that I have heard that a brother of Sir Gore Ousely has been talked of, but the resident body are kept a good deal in the dark on the subject of appointments, and indeed we are by no means sure that any appointment will take place on the present occasion. A Director of considerable influence told the Principal not long since that he thought it would not be considered as necessary to fill up the vacancy.

Pray can you tell me in what small work I can obtain the best information respecting the spade husbandry which has lately been talked of. I should like also to know what you think of it; and whether you are not of opinion that independently of the object of employing Parish poor, our wastes are most likely to be cultivated by saving labour on the land, rather than increasing it. The great obstacle to the cultivation of

Wastes is surely that the produce does not pay the expense of procuring it; and this difficulty it appears to me is only to be overcome by skill and prices—not more labour.

Believe me dear Sir
with great respect and esteem.
truly yours
T. Rob[er]t Malthus

【書簡 23】1821 年 8 月 23 日付のマルサスからチャーマーズ宛て書簡

(CHA 4.18.21)

Revd Dr Chalmers
Glasgow Scotland

E I Coll Augt 23 1821

My dear Sir,

I received your most obliging and valuable communication from Mr Kirkland on my return to the College, and should have thanked you before, but that I wished previously to give to your work on the Christian and Civic Economy of large Towns the attention which the importance of the subject to fully demands, and have been seriously interrupted by business which had accumulated in a greater degree than usual during my absence. I have now however completed my intentions, and can hardly express to you how much I have been gratified and instructed by the powerful and masterly views you have taken both of the actual situation of the country and the means of its improvement. You have opened a prospect which is refreshing and consolatory in a high degree, and yet though it looks forward to a fundamental change in the habits and manners of the mass of our people, you have made it appear not beyond the reach of earnest and enlightened efforts applied with patience and perseverance. Your personal experience of the practicability of throwing the poor almost entirely on their own resources, with little risk of extreme distress, even in such a Town as Glasgow and at so unfavourable a period is of the highest importance. I confess I had almost despaired on the subject, and almost begun to think that in a highly ma[nu]facturing state where so large a portion of the population must be subject to the fluctuations of trade, and the consequent sudden variations of wages, it might not be possible entirely to give up a compulsory provision without the sacrifice of too many individuals to the good of the whole. But your experience in so difficult a situation as Glasgow has revived my hopes, and has shown me that the end which I have long considered as so desireable may be attained, if we proceed in the proper way, with as little pressure as I had ever, even at first, anticipated. There is still however a difficulty with regard to vagrancy where I do not yet clearly see my way. If there were no provision for the poor, it would be obviously unjust to throw any obstacles in the way of begging. Yet a profuse and indiscriminate relief of beggars, which in such a country as this might be the probable consequence of the abolition of the poor laws might defeat one of the great objects of such an abolition, and become in itself an evil (as in Ireland, and in France before the Revolution) of a magnitude scarcely to be tolerated. You will say, and [ ] that such an increase of vagrancy is not probable un [un]der the moral and religious improvement of the mass of the people to which you

look forward. This is indeed the true and perhaps only remedy for the evil; but still the subject as it involves a specific and prominent objection deserves your particular attention in your next volume. I most entirely agree with you in all that you have said respecting the advantages of locality, and of the very great importance of proportioning the districts to be pervaded and improved to the strength which can be applied, and particularly to the powers of a very small member of individual who, upon this system need not wait for extensive cooperation. All I think depends upon it. But though the principle is acknowledged in way that in all for enough; and you certainly placed the benefits which may derived from it in a new and [ ] light. I greatly admire your perfect [ ] of all [ ], and win encouragement of them, as engaged mainly in the same great and glorious cause — the moral and religious improvement of mankind; yet I feel doubtful whether you exercised the wisdom of the [ ] in the formation of your great object generally throughout the Empire, by the advice which you give to the Methodist in your last chapter. I am greatly aware of their power and efficiency; and you had in effect fully called for their aid before. I am only afraid that from the manner in which you have done it in the last section, you may so alarm our church if not your own as to [ ] [ ] in the [ ] to [ ] your [ ] which [ ] [ ] have done [ ].

Believe me my dear Sir with the greatest respect and esteem truly yours.

T R Malthus

【書簡 24】1822 年 7 月 21 日付のマルサスからチャーマーズ宛て書簡

(CHA 4.21.51)

Revd Dr Chalmers
Glasgow Scotland

Hollin Hall Ripon July 21st 1822

My dear Sir,

It is very dangerous to give such a latitude to a correspondent as you gave me in your last letter; but I certainly should have acknowledge your kind and valuable present before if I had not had considerable hopes that I should be able during the vacation of this summer to pay my respects personally to you at Glasgow. I have been projecting for sometime an expedition into Scotland with Mrs Malthus and my family, and thought that as we were going to pay a visit in Yorkshire this vacation we might take advantage of our comparative proximity to proceed as far as Scotland before our return to the South; but circumstances have rendered the plan impracticable, and it must be given up till another opportunity, which I hope will occur before long.

I have been much gratified by your two last numbers particularly the 10th; and your confidence as to the power of the poor to support themselves if left to their natural resources, after the opportunities of observation which you have had in critical times in most consolatory. I consider you as my ablest and best ally, and am disposed to refer to your experience whenever the proposition is denied. I quite agree with you that a right Christian Apparatus will often have a much more extensive influence in civilizing and improving than in accomplishing its more specific object; and I attribute in a great degree to this cause the superior condition of the poor in the Scotch parishes during the

last century. In England I am afraid, the same Christian and moral superintendence is not to frequently to be found, though I think we are improving in this respect; but I see little prospect at present of the opinion against the system of the Poor Laws becoming sufficiently general to warrant the adoption of measures for their abolition. The subject of population is no doubt very much more generally understood than it was; but the actual situation of England with her poor laws, and her comparative exemption from famines and excessive poverty, together with a great fear of the increase of mendacity, op[era]te very powerfully on the public [mind] and it [cer]tainly would not do to attempt a fundamental change, without a pretty general conviction of the importance of it, among the higher and middle classes of society, and the best informed among the labouring classes. Practically therefore I am inclined to look forward to the first improvement as likely to come from an improved administration of our actual laws, together with a more general system of education and moral superintendence. I really think now that the principle of population is more generally understood, that something considerable may be done in this way, if while we administer relief more judiciously, we take great care not to remove or weaken the indirect effects of the poor laws in checking population. The obligation on each parish to support its own poor has certainly had a great effect in checking the building of numerous and wretched hovels; and though it would be most desireable on other accounts to have the freest possible circulation of labour, yet I think that anything like an abolition of the present laws of settlement would be accompanied with more evil than good. On this account I have been rather afraid of some of Mr Scarlett's amendments relating to settlements, particularly as any great change in this respect would not agree well with the contemporaneous limitations of the assessments.

I hope when you next come into the South I shall be more [ ] than I was the last time.

Believe me my dear with great respect truly yours T Robt Malthus

【書簡 25】1822 年 10 月付とされるマルサスからチャーマーズ宛て書簡

(CHA 4.21.53)

My dear Sir,

We shall be at home and delighted to see you on Thursday. I know you will excuse the having your bed at Dr Battens who will be happy to furnish that accommodation. It so happens that our two spare beds are occupied, as I told Mr Dealtry they would be, by two invalid sisters whom I cannot remove. We will dine at six o'clock, and hope to see you to dinner. If you think there is no chance of your coming to dinner, have the goodness to write alone by return of post, and in that case we shall hope that Dr Batten and Mr Dealtry will meet you here on Friday. The nearest way [○] the Cambridge road is [○] on the left about a mile and a quarter before you get to Hoddesdon. You must not go to Hertford.

I hope you get my letter from Yorkshire.
Believe me my dear Sir
with great respect
very truly yours

T Robt Malthus.

【書簡 26】1822 年 11 月 9 日付のマルサスからチャーマーズ宛て書簡

(CHA 4.21.54)
E I Coll Novr 9th 1822

My dear Sir,

I hardly need say how happy we shall be to see you again at the College, when you return to this part of the world. Sir James Mackintosh much regrets that he had not the Pleasure of meeting you when you were here, and desires me to say that he shall be most happy to see you either at his own house or at mine, on your next visit to the South. He thinks with me that the mode by which you prefer to put your system of abolition gradually into execution is the most likely to be effectual: but is apprehensive, as I am, that it will be found much more difficult to get back into the right course in England, where we have so long deviated from it, than in Scotland where the aberrations have been comparatively trifling and only for a short time. From the opinions which have appeared to me most generally prevalent and, particularly from the present temper of the House of Commons, I own that I have latterly felt myself compelled to restrain my hopes of anything like a complete abolition of the Poor Laws, and to satisfy myself with the prospect of an amelioration of the present system; but your ardour and energy, together with your experience, have renewed my hopes; and I wait with anxiety to see what may be the result.

Mr Dealtry was here the other day, and regretted much that he could not meet you on the day you dined with us. He is making great exertions to improve the present system at Clapham; and I am inclined to think that much might be done if the laws were administered by persons who were fully aware of the [ ] of the difficulty to be contended with. It seems to be necessary, however, upon any effectual plan of improvement to <u>deny the right</u> of the poor to support, or at least to act as if our laws had not given that right.

Mrs Malthus begs to be kindly remembered, and hopes to see you again soon at the College.

Believe me my dear Sir
with great respect,
Mr Malthus

Dr Batten and myself received your two letters safe. I am sorry to say that Dr B has been worse since you left us, but is now again rather better.

【書簡 28】1827 年 1 月 18 日付のマルサスからチャーマーズ宛て書簡

(CHA 4.80.19)

Revd Dr Chalmers
St Andrews Scotland

E I Coll Jan ^{y} 18th 1827

My dear Sir,

I should certainly have written to you before on the subject of the two valuable presents which you were so kind as to make me, when I had the pleasure of meeting you at St Andrews last summer, if I had not been projecting a little work which I thought would explain to you more fully than I could do it in a letter the points on which I could not help still differing from you. I have taken the liberty of sending you my publication through some correspondent of Murray in Scotland. I hope it will reach you safe and I shall be happy to hear that any part of it has met with your approbation.

I have read with much pleasure and instruction the two works which you gave me. It is needless to say how entirely I agree with you on the subject of population, and how much I feel indebted to you for your most able and enlightened assistance on that question so vital to the happiness of the labouring class of society. I feel indeed that what you have done on the subject is peculiarly and preeminently important as coming from a person with your known religious opinions; because from a strange misapprehension of the question some religious people have been strongly prejudiced against the doctorin of population.

With regard to the questions in political economy, I agree with you on most of them, and am glad to find that you are not devoted to the new school which appears to me essentially erroneous on many important points. I am particularly pleased to find that you agree with me in regard to the striking resemblance which exists between the laws which govern the progress of capital, and those which govern the progress of population, and that you fully acknowledge, and illustrate so abley, the power of capital like the power of population to recover its losses. This doctrine I cannot but consider as highly important. It is however directly opposed to the doctrines of Say, Ricardo, Mill and M'Culloch on the subject of supply and demand and debouche's. I agree with you also mainly on the subject of taxation, and the great resources of the country. But I cannot agree with you in the meaning which you seem inclined to give to wealth and productive labour.

I cannot help thinking that it is more correct in rega[rd] [to] common usage of language, an[d] [in] accordan[ce] with all our common feelings to s[ay] that security, independence, moral and religious instruction, and moral and religious habits, are very superior in importance to what we usually mean by wealth, than to say that they ought to be considered as included in the term. It surely cannot be necessary to call independence and morals by an inferior name in order to encourage the pursuit of them. And what will be the meaning of the language of our divines and moralists who dissuade men from the too eager pursuit of riches, if riches are so defined, as to include every source of human happiness. Surely distinctions are wanted in order to enable us to explain ourselves; and I much doubt if we can find one more natural and obvious than that which distinguishes the gratifications derived from matter and those which are derived from other and different sources. I am quite willing to give all the importance which you can possibly desire to the labours of an enlightened legislator, but as I cannot possibly estimate the gross wealth that he produces, I think I do him much more honour, and at the same time contribute more to the precision of the conclusions respecting national wealth by placing him in a separate class of labourers from a manufacturer. I agree with you in much of what you say about the wealth derived from manufactures, but I think in both your publications you have pushed your

principle too far. I feel strongly persuaded that without our manufacturing prosperity, we should not have had the same disposeable population, and certainly not the same power of commanding the labour, the provisions, and the armies of Europe. We might have driven Buonaparte from this country if he had invaded us, but we could not have driven him out of Spain. I entirely agree with you as to the mode of treating combinations; but as a general question, do you not rather understate the difficulty of giving effective employment to the labouring classes. Does it not appear, particularly in the Emigration Report that a country may have the means of supporting a larger population than it can advantageously employ. Our labourers are sometimes thrown out of work at the very time that corn is the cheapest. Excuse this crowded scrawl. Mrs M joins with me in kind regards to you and Mrs Chalmers. Believe me my dear Sir most truly yours.

T Robt Malthus.

When shall we see you in this part of world. I hope you will not fail to call upon us and stay awhile.

【書簡40】1832年3月6日付のマルサスからチャーマーズ宛て書簡

(CHA 4.185.32)

Rev[d] D[r] Chalmers
Edinburgh

E. I. Coll. March 6th 1832

My dear Sir

I have just received your kind letter, and feel ashamed that I have let a longer time, than I intended, elapse without acknowledging your very valuable present. But I did not like to write to you till I had read your work with attention, and I have lately been a good deal interrupted --- indeed I am only just returned from London at present, where I have been for some little time in the midst of too many engagements to allow me to sit down comfortably with pen and paper. I had however just finished your work before I was called away and prevented from then expressing to you with what great interest and gratification I had read it. It gave me very particular pleasure to find that you agreed with me in so many important points, and had illustrated and enforced them with your characteristic power. Independently of the questions of population and Poor laws where we have always so fully agreed, I was much gratified to see that you had added your powerful sanction to the doctrine of rent, the parallel between population and capital in regard to the laws which govern their increase, the possibility of overproduction or a general glut, the utter powerlessness of indefinite parsimony to create or sustain an indefinitely increasing capital, the law of primogeniture, emigration and home colonisation. On many other points I am warmly with you and very much admire your mode of treating them. On a few only I am compelled to differ from you. You know my views respecting the definitions of wealth and of productive and unproductive labour. The term unproductive is unfortunate, and I am going to change it for personal services; but that some distinction is necessary between these two different means of benefiting society, I feel strongly persuaded. To use an expression of your own, 'It is for the sake of defining, not of stigmatising' that the distinction is required. I consider

the services of Judges, Physicians, and moral and religious instructors as vastly more important than any but the labours of agriculture and that it is paying morals a very bad compliment to put them in the same category with cottons, and estimate their value by the money which has been given for them. We have always been told, and most properly, to prefer virtue to wealth; but if morals be wealth what a confusion is at once introduced into all the language of moral and religious instruction. Besides I am strongly of opinion that the proper balance between production and consumption in regard to the progress of wealth (in its ordinary acceptation) depends greatly upon the proper proportion between productive labour, and personal services, and if so, different terms are absolutely necessary to express such a proposition.

With respect to the doctrine of the Economists on the incidence of all taxes upon the neat rents of the Landlords, which you seem to have adopted, I should agree with you, if the taxes were direct taxes upon wages and profits all the way through, which would raise both proportionally, and leave less for the owner of the soil; but I am inclined to think that the principal operation of indirect taxation, when well applied, is to take a portion of wealth from the individuals in the different classes who can spare it, without altering the general wages of labour or the general profits of stock, and without therefore falling upon the landlord. A great part of the taxes derived from the excise and customs appear to me to be of this kind, and to fall en dernier resort upon the individual consumers. As you propose to raise the taxes required for a war within the year, would it be possible to obtain an adequate supply from this one source alone? I am decidedly of opinion however that a property tax is a very good tax and might be substituted advantageously for many others.

Have you not pushed too far the doctrine of the non-importance of foreign commerce. In the 29th section of your synoptical view you allow that the superior influence of Great Britain over other nations in distant parts is due to her exports. Without these therefore she would be less powerful, and I should certainly add less wealthy, though she might still be as strong in defensive war. It is owing to the abundance of her exports, derived from her skill, machinery and capital, that money rents and the money prices of corn and labour are high, and that with a small quantity of English labour a large quantity of the products of foreign labour is purchased. The demand for useful and beneficial personal services is limited; and after all these had been fully paid, would it not be an impoverishing and very disadvantageous exchange, to substitute for the rich capitalists and comfortable and independent traders living upon the profits of stock, a body of dependents upon the landlords. In fact the capitals employed in the foreign and domestic trade of luxuries afford the only means of giving to your disposeable class an independent claim to a considerable portion of the wealth of the landlord. I like your tripartite division of labourers. I am quite of your opinion on the check to improvement in agriculture occasioned by tithes; and have stated in my lectures, though not I believe in print. And I quite agree with you in regard the moral advantage of repealing of the corn laws. Let me again say how much I have been gratified with, and admired your work.

Believe me my dear Sir, with the greatest respect and esteem.
most truly yours, T. R. Malthus

I have been quite well for some time. We shall be delighted to see you here when you come southward.

【書簡 41】1833 年 2 月 16 日付のマルサスからチャーマーズ宛て書簡

(CHA 4.210.5)

The Revd Dr Chalmers
[ ] Edinb

E I Coll Feb y 16th 1833

My dear Sir,

I should have acknowledged your valuable present before, if a considerable delay had not occurred in its reaching me. I did not get it till I called upon Ridgeway when I was in Town a week ago and it appeared that the parcel from Scotland had only just arrived and was unopened. I don't know how it happened that the Reviewer in the British Critic got a copy before me. It must have arrived through some other channel than the parcel to Ridgeway. This Reviewer is a particular friend of Mr Le Bas, and more, and not unfrequently makes us a visit at the College. His name is John Cazenove. He has been very conversant with Mercantile concerns and I consider him as a very clever man, and good political economist. Since he writes the Review, he has published a small work without his name, entitled "Outlines of Political Economy." The enclosed letter is from him after he had seen your pamphlet. He said he would not sign his name to it, as I might have some opportunity of shewing it to you. But knowing that he could have no objection to his name being mentioned to you, I have not hesitated, under the sanction of Mr Le Bas, to give you the information and to enclose you the letter in most parts of which I agree. I need hardly say that I like your preface very much and I consider the body of your pamphlet as most important and completely victorious. With regard to one or two points in the postscript, I am still obliged, however reluctantly, to differ from you. I quite agree with you however on the important point of the strong tendency of capital to recover itself rapidly, after it has been wasted, and in the utter fallacy of the kind of argument against it, brought forward by Mr M'Culloch; indeed I don't see how it is possible to account for the results of the last war without supposing that a rise of profits is occasioned by a destruction of capital, in the same manner as a rise of wages is a occasioned by [ ] a destruction of labourers; but perhaps it might have been as well not to have insisted upon a recovery in the <u>same year</u>.

I believe in my letter of thanks to you for your great work I mentioned my opinion that there was a good deal of indirect taxation (particularly on luxuries) paid by the consumers <u>en dernier resort</u>, which had little or no effect on the wages of labour, and profits of stock, and did not therefore fall on the land. At the same time I so far agree with you that tithes, poorrates, all taxes on agriculture capital, all direct taxes on labour, &c: &c: with some others, though not paid immediately by the landlord fall ultimately on him.

If there is anything like a deficiency [○]work, I should say it was the not having brought [○] forward the Dominant Principle of [○], on which everything appears to me to depend. All your illustrations show its constant operation but you have not referred to it enough. Within your slowly receding limits great variations may take place in profits, even on the land from over or under supply from a too rapid or a too scanty accumulation of capital. You have perhaps referred rather too exclusively to the slowly receding and unavoidable limit. I am obliged to conclude.

Believe me my dear Sir with the greatest respect and esteem
most truly yours T Robt Malthus

Le Bas and Empson admire your pamphlet.

Do not prosperous manufactures and commerce increase the Revenue of a country and enlarge the returning power. I own I cannot but think that if the taste for luxuries and superior conveniences were at an end, the cultivation of the land would be essentially deteriorated at least under the present division of landed property. How could the actual number of labourers have an adequate demand for the produce of the soil, if commerce and manufactures were greatly to be diminished? What numbers would be out of work! What constant calls for an extension of Poor Laws, and of all public and private charities!!

【書簡43】1833年6月23日付のマルサスからチャーマーズ宛て書簡

(CHA 7.2.28)

Rev[d] D[r] Chalmers
[ ] Edinburgh

E I Coll June 23rd 1833

My dear Sir,

Your most interesting and valuable work reached me in the midst of our College examinations; and as I set off with my family immediately afterwards for a fortnight's dissipation in London, and the transaction of some business in Surrey, I have not had the proper leisure to consider it with the attention it deserves, though I have of course looked through it, and that with great gratification and instruction. We only returned home last night and think of starting again on Monday morning for the grand philosophical meeting at Cambridge, I seize the interval to thank you most sincerely for your important present, which I know I shall refer to again with even greater pleasure, when I am less hurried.

You were quite right in beginning as you have done with the constitution of the mind itself, the "intellectūs ipse" of Leibnitz, although it was not directly specified in the enunciation of the subject. In fact external nature is the same to the [ ] creation, and the grand differences in the results, must arise chiefly from the difference in the original susceptibility and capacity of the recipients. I quite agree with you in your admiration of Butler, and particularly of his sermons. I have generally considered him as the most true to nature of all our metaphysicians, though I have a great liking for Adam Smith's Theory of moral Sentiments. They do not I think differ so much as it has been sometimes supposed. I entirely go with you in what you say on the Supremacy of Conscience, and that the inferences from it in regard with Deity are the same, whether it arises gradually from the operation of external impressions upon a particular structure adapted to develop it, or from a distinct moral sense, according with most usual interpretation of the term. The provident care of God is equally manifested in both cases. And you have shown I think with great force of illustration in almost all your chapters, that man is not too much trusted to himself and his own experience; but that

a provision is made by nature to secure earlier, and with greater certainty, the end to be accomplished. In regard to this view of the subject I was much struck with your account and illustrations of the manner in which the notions of property spring up in the hearts of children, and even fix themselves in [ ], anterior to a distinct sense of their utility derived from experience: and also with your comparison of curiosity to hunger, both being natural impulses --- the one to obtain knowledge, the other food, before a distinct perception is acquired of the specific utility of each. But I must not go on saying in how many points I agree with you, or I should not easily finish a letter. Perhaps in some chapters you have too frequently repeated a good argument; but that is a small fault. The principal difficulty in the whole subject is the impossibility of preventing the constant recurrence to the mind of the ποθεν το κακον; and everything that is said in treatises on such matters, always suggests to me some difficulty in creation, and in the preparation of beings for a future state of happiness, which must ultimately resolve itself into something like a limitation of Power. This conclusion is equally forced upon me in works on natural theology, and in the old and new Testament; and I cannot think it in any degree inconsistent with the latter. From some passages in Butler I think he had the same feeling though he does not like to dwell upon it.

I hope some time or other to meet you again either in Scotland or England.

Believe me, with the greatest respect, most truly yours T. Robt Malthus.

編者紹介

柳田　芳伸（やなぎた・よしのぶ）（第２・４章）

長崎県立大学経済学部教授。経済学博士（京都大学）。

著　書『マルサス勤労階級論の展開』（昭和堂、1998 年）。
『マルサス派の経済学者たち』（共編、日本経済評論社、2000 年）。
『マルサスと同時代人たち』（共編、日本経済評論社、2006 年）。
『マルサス人口論の源泉――17 ～ 18 世紀文献復刻集成――』（ユーリカ・プレス、2006 年）。
『マルサス人口論の国際的展開』（共編、昭和堂、2010 年）。
『マルサス　ミル　マーシャル――人間と富との経済思想』（共編、昭和堂、2013 年）。
『マルサス人口論事典』（責任編集、昭和堂、2016 年）ほか。

山﨑　好裕（やまざき・よしひろ）（第７・８章）

福岡大学教授（経済学部・大学院経済学研究科）。経済学博士（東京大学）。

著　書『経済学オープン・セサミ』（ナカニシヤ出版、2003 年）。
『新版・おもしろ経済学』（ナカニシヤ出版、2004 年）。
『経済学の知恵〔増補版〕』（ナカニシヤ出版、2010 年）。
小柳公洋・岡村東洋光編著『イギリス経済思想史』第６章（分担執筆、ナカニシヤ出版、2004 年）。
永井義雄・柳田芳伸編著『マルサス人口論の国際的展開』第５章（分担執筆、昭和堂、2010 年）ほか。

執筆者紹介

中野　力（なかの・つとむ）（第１章）

啓明学院中学・高等学校専任教師「社会科」担当。

主要業績：『人口論とユートピア――マルサスの先駆者ロバート・ウォーレス』（昭和堂、2016 年）。

田中　育久男（たなか・いくお）（第３章）

名古屋大学大学院経済学研究科博士課程後期課程単位取得。愛知大学非常勤講師。

主要業績：「わが国におけるマルサス研究の動向――2000 年代の研究を中心として――」（『マルサス学会年報』第 20 号、2011 年、61-84 頁）。

荒井　智行（あらい・ともゆき）（第５章）

東京福祉大学国際交流センター特任講師。

主要業績：『スコットランド経済学の再生――デュガルド・スチュアートの経済思想』（昭和堂、2016 年）。

真鍋　智嗣（まなべ・ともつぐ）（第６章）

早稲田大学大学院経済学研究科博士後期課程退学。

主要業績：「チャーマーズの「享楽の一般標準」の概念について」（柳田芳伸・諸泉俊介・近藤真司編『マルサス　ミル　マーシャル――人間と富との経済思想』（昭和堂、2013 年、26-45 頁）。

マルサス書簡のなかの知的交流――未邦訳史料と思索の軌跡――

2016年11月30日　初版第1刷発行

編　者　柳田　芳伸
　　　　山﨑　好裕

発行者　杉田　啓三

〒606-8224　京都市左京区北白川京大農学部前

発行所　株式会社　昭和堂

振替口座　01060-5-9347

TEL（075）706-8818／FAX（075）706-8878

印刷　亜細亜印刷

ISBN978-4-8122-1607-1

＊落丁本・乱丁本はお取り替えいたします

Printed in Japan